教学关键问题解析丛书

指向核心素养的初中地理

教学关键问题解析

主编 吉小梅

中国教育出版传媒集团
高等教育出版社·北京

内容提要

本书依据《义务教育地理课程标准（2022 年版）》，紧密围绕学生核心素养培养编写。全书共分五个单元，梳理了 31 个初中地理教学关键问题，对这些问题进行解析，结合具体的教学案例提出了可操作性的解决策略和途径。本书配有丰富的数字资源，读者可以扫描二维码观看。本书及配套的数字资源全方位地呈现了指向核心素养的初中地理教学关键问题的课堂实践和教学指导，有助于教师提升教学能力，发展教师专业素养，从而促进学生核心素养的培养。

本书为初中地理教师的培训教材，可供初中地理教学研修使用，对中学地理教育研究者有一定的参考价值。本书可作为初中地理教师资格考试的参考书，还可作为高等院校相关专业师范生的学习参考书。

图书在版编目（CIP）数据

指向核心素养的初中地理教学关键问题解析 / 吉小梅主编 . -- 北京：高等教育出版社，2024.9. --ISBN 978-7-04-062736-7

Ⅰ. G633.552

中国国家版本馆 CIP 数据核字第 2024PQ7370 号

Zhixiang Hexin Suyang de Chuzhong Dili Jiaoxue Guanjian Wenti Jiexi

策划编辑 王文颖　责任编辑 王文颖　封面设计 赵　阳　版式设计 李彩丽
责任绘图 易斯翔　责任校对 马鑫蕊　责任印制 刘思涵

出版发行 高等教育出版社
社　　址 北京市西城区德外大街 4 号
邮政编码 100120
印　　刷 三河市骏杰印刷有限公司
开　　本 787mm × 1092mm　1/16
印　　张 21
字　　数 450 千字
购书热线 010-58581118
咨询电话 400-810-0598
网　　址 http：//www.hep.edu.cn
　　　　 http：//www.hep.com.cn
网上订购 http：//www.hepmall.com.cn
　　　　 http：//www.hepmall.com
　　　　 http：//www.hepmall.cn
版　　次 2024 年 9 月第 1 版
印　　次 2024 年 9 月第 1 次印刷
定　　价 55.00 元

物 料 号 62736-00

前言

《义务教育地理课程标准（2022年版）》（以下简称新版课程标准）为广大初中地理教师实施新课程指明了方向。但在实际教学过程中，教师会面临许多现实问题，如何体现义务教育地理课程在立德树人方面的育人价值？如何引导学生学习对生活有用、对终身发展有用的地理？如何帮助学生打好核心素养基础，实现初高中核心素养进阶？如何优化教学设计，凸显学生主体地位？如何运用信息技术提升地理教学的实效性？如何开展单元学习，有效推进地理课程建设？如何设计项目式学习，实现地理教学增值？如何构建基于学业质量的诊断与评价体系？如何在学习过程中实施表现性评价？如何促进多学科融合开展跨学科主题学习？等等。这些现实问题成为初中地理教学关键问题的直接来源。

针对这些问题，在北京市海淀区教师进修学校地理教研室的组织下，一批优秀的海淀区一线骨干教师，经过反复探索、潜心研究，提炼出覆盖初中教育地理学科主要内容的一系列教学关键问题，依据课程改革理念，精选大量实践案例，对关键问题及其解决途径进行细致阐述，最终编写成本书。希望本书能为初中地理教师提供切实的帮助，促进初中地理学科核心素养扎实落地。

本书主要根据以下四个方面，凝练初中地理教学关键问题。

一、体现地理学科育人价值

第一，地理学科研究的核心内容是人类活动与地理环境的关系。随着社会经济的发展，人地关系不断发展变化，尤其是特定区域的人口、资源、环境、发展等问题越来越受到人们的关注。地理学科从人地关系的角度来认识这些问题产生的根源，并据此探究以科学合理的方式协调人地关系，实现可持续发展，这些内容具有极高的育人价值。第二，地理学科在帮助学生了解国情、认识家乡，以及理解不同国家和地区的文化和发展差异方面，具有不可替代的功能，对培养学生的家国情怀、国际视野意义重大。第三，地理学科作为实践应用学科，特别强调通过开展各类实践活动提升学生能力，培养学生创新精神和批判性精神，这也是地理学科育人价值的切实体现。因此，本书所提炼的初中地理教学关键问题，首先必须能够体现地理学科的育人价值，强化地理学科在落实立德树人根本任务方面的积极作用。

二、凸显核心素养的培养

核心素养的培养是新版课程标准的基本理念与目标。地理课程要培育的学生核心素养是地理学科育人价值的集中体现，包括人地协调观、综合思维、区域认知和地理实践力，涉及正确价值观、思维方式和能力、意志品质和行动能力等不同方面。它既是知识与技能、过程与方法、情感态度与价值观三维目标的整合与提炼，也是学生在解决真实情境中的问题时所表现出来的正确价值观、必备品格和关键能力，指明了初中地理教学的根本出发点和落脚点。本书提炼出的教学关键问题旨在帮助一线教师解决学生核心素养培养的问题，提升教师对核心素养内涵及水平进阶发展的理解。

三、强化地理学科过程方法

核心素养的培养是通过具有学科特色的具体过程和方法来实现的。新版课程标准倡导选取能引导学生主动学习的教学过程和教学策略，精心创设教学情境，在真实情境中探讨真实地理问题，通过问题式教学激发学生的学习兴趣；强调开展地理教学实践的教学过程，从收集资料、查阅文献，到动手实验、开展调查，再到提出解决方案；强调正确价值观的养成过程，坚持求真求实的科学态度，形成人地协调观。通过这些具有地理学科特色的学习方法，提升学生的综合思维和地理实践力，实现学生核心素养的进阶发展，从而使教学关键问题迎刃而解。

四、落实地理学科主干知识

地理学科有综合广泛的知识内涵与逻辑严密的知识体系，新版课程标准搭建了基于地理空间尺度的主题式内容框架，各个主题体现了学科知识体系的不同内容，是落实新版课程标准的载体。基于新版课程标准，从不同主题内容中选择更能反映主题主干知识与核心本质的教学内容，深入解析，并结合必要的教学案例阐释，对有效促进学生学科核心素养的提升具有重要的现实意义；对改变学生的学习方式，提升其思维品质，更有效地发挥地理学科立德树人的教育功能也有直接的指导意义，更是必然要解决的教学关键问题。

本书中凝练的初中地理教学关键问题共包含五个单元，第一单元是总论，探讨对初中地理课程的整体认识，教学关键问题内容以立德树人为目标，聚焦学科核心素养，涉及学科育人价值、学科思维方式、初高中衔接等方面。第二单元至第五单元属于分论，依据新版课程标准分别探讨以学生发展为主体的学习方式探索、以问题情境为依托的课程内容解析、以激励发展为导向的评价方案优化、以生活实际为素材的实践活动探究四个方面的具体的关键问题。每一个教学关键问题都对问题进行了分析，并结合具体教学案例给出了解决策略或途径。其中，需要注意的是，书中呈现的策略和案例都具有普适性，如“制作地理模型”这一教学策略可以用来帮助学生建立空间思维，也可以用来帮助学生认识地球运动、提升地理实践力；同时，相同的教学内容也可以用不同的过程与方法来落实，如在渗透宇宙观、科学观的思想观念时，可以利用实践教学资源开设研学活动，也可以将科学精神和民族自豪感融入教学，丰富学生的情感体验。因此，本书中呈现的大量生动的教学案例并不是只能用于解决某些特定的教学关键问题，我们鼓励阅读此书的教师将教学案例举一反三、延伸拓展，将其灵活运用于自己的教学实践当中，以便更加准确而深刻地理解和把握新版课程标准的要求，这也是编写本书的初衷所在。

由于研究水平有限，文中难免存在一些疏漏，恳请同仁不吝批评和帮助。

2024年2月

目录

第一单元 以立德树人为目标 聚焦地理核心素养 / 1

关键问题 1-1 如何体现义务教育地理课程在立德树人方面的育人价值？ / 3
关键问题 1-2 如何在地理教学中帮助学生厚植家国情怀、培养全球视野？ / 14
关键问题 1-3 如何引导学生学习对生活有用、对终身发展有用的地理？ / 26
关键问题 1-4 如何引导学生形成动态地看待地理问题的思维方式？ / 35
关键问题 1-5 如何将中华优秀传统文化融入初中地理教学实践？ / 46
关键问题 1-6 如何帮助学生打好核心素养基础，实现初高中核心素养进阶？ / 54

第二单元 以学生发展为主体 探索地理学习方式 / 61

关键问题 2-1 如何通过概念建构，完善地理知识体系？ / 63
关键问题 2-2 如何优化教学设计，凸显学生主体地位？ / 73
关键问题 2-3 如何借助地理工具，帮助学生建立地理空间观念？ / 86
关键问题 2-4 如何运用信息技术，提升地理教学的实效性？ / 96
关键问题 2-5 如何开展单元学习，有效推进地理课程建设？ / 107
关键问题 2-6 如何设计项目式学习，实现地理教学增值？ / 116

第三单元 以问题情境为依托 解析地理课程内容 / 129

关键问题 3-1 如何在地理教学中渗透宇宙观、科学观的思想观念？ / 131
关键问题 3-2 如何使用地球仪、地图等地理工具开展地理教学？ / 140
关键问题 3-3 如何把握不同空间尺度下地理要素的教学？ / 152
关键问题 3-4 如何通过案例构建认识区域地理特征的基本方法？ / 162
关键问题 3-5 如何通过增强学习体验加强对地理知识的识记？ / 172
关键问题 3-6 如何辩证地看待人地关系？ / 179
关键问题 3-7 如何从区域综合性与差异性开展中国分区主题教学？ / 190
关键问题 3-8 如何理解人地协调是区域可持续发展的必然选择？ / 201
关键问题 3-9 如何引导学生树立生态保护意识、守护中国绿水青山？ / 211

第四单元 以激励发展为导向 优化地理评价方案 / 225

关键问题 4-1 如何构建基于学业质量的诊断与评价体系？ / 227
关键问题 4-2 如何设计体现核心素养的多层次、多维度作业？ / 237
关键问题 4-3 如何遵照学业质量标准研制真实情境试题？ / 247
关键问题 4-4 如何在学习过程中实施表现性评价？ / 257
关键问题 4-5 如何体现“教—学—评”一致性？ / 264

第五单元 以生活实际为素材 探究地理实践活动 / 273

关键问题 5-1 如何通过模型制作、地理实验等活动提升地理实践力？ / 275
关键问题 5-2 如何依据校园环境特点设计和开展地理实践活动？ / 285
关键问题 5-3 如何利用乡土地理资源设计地理实践课程？ / 293
关键问题 5-4 如何结合劳动教育提升学生地理实践力？ / 305
关键问题 5-5 如何开展以地理学科为中心的跨学科主题学习？ / 313

后记 / 324

第一单元

以立德树人为目标
聚焦地理核心素养

以立德树人为目标的地理课程，应坚持德育为先，紧扣时代发展，从学生立场出发，结合课程内容，提升学生核心素养，厚植爱国主义情怀，培育生态文明理念，完善人格修养。因此，如何在地理教学中引导学生探究人地关系，体现地理学科独特的育人价值，强化地理学科在落实立德树人根本任务方面的积极作用是初中地理教学的关键问题。

本单元从地理课程的育人目标出发，围绕培养学生核心素养展开，通过案例教学，将育人价值渗透在生动丰富的案例和学生的亲身探究和实践中；通过活化地理课程内容，优选与学生生活和社会发展相关的地理素材，引导学生学习对生活有用、对终身发展有用的地理；通过学习内容的单元整合，助力学生初高中核心素养的进阶。本单元结合生动鲜活的教学案例，探讨在地理教学中如何体现新时代背景下地理学科独特的育人价值，聚焦核心素养培养，落实立德树人根本任务。

关键问题 1–1　如何体现义务教育地理课程在立德树人方面的育人价值？

问题提出

《教育部关于全面深化课程改革落实立德树人根本任务的意见》明确指出，全面深化课程改革的指导思想是“全面贯彻党的教育方针，遵循教育规律和学生成长规律”。地理学是研究地理环境以及人类活动与地理环境关系的学科。“作为地理学研究对象的地理环境，是由自然环境、经济环境和社会文化环境相互重叠、相互联系所构成的整体。”[①] 地理学不仅关注地球表面自然和人文现象的空间格局和变化过程，也关注不同尺度空间区域的结构、特征、发展和变化，关注人类活动和地理环境的关系。“地理学中闪耀的人与自然和谐共生观念、因地制宜科学发展观念、人类命运共同体观念等，是进行社会主义核心价值观教育、生态文明教育、爱国主义教育、国家安全教育等的优质素材，有利于培养能够担当民族复兴大任的社会主义建设者和接班人。”[②] 因此，地理学科具有独特的育人价值，立德树人是地理课程最重要的价值所在。

问题分析

一、新版课程标准是地理课程育人价值的全方位体现

课程标准规定课程性质、课程理念、课程目标、课程内容、学业质量和课程实施等，是教材编写、教学、考试评价以及课程实施管理的直接依据。坚持素养导向，体现育人为本。落实党的教育方针，依据义务教育培养目标，凝练课程所要培养的核心素养，体现课程独特育人价值和共通性育人要求，形成清晰、有序、可评的课程目标。

新版课程标准明确提出义务教育地理课程要引领学生认识人类的地球家园，培育学生的人地协调观、家国情怀、全球视野，以及批判性思维、创新精神和实践能力，体现了地理学科独特的育人价值。

新版课程标准强调学生人地协调观、家国情怀、全球视野的培育，人地协调观是地理课程贯穿始终的价值观，家国情怀是学生爱国热情、爱国精神的高度凝练，全球

---

① 刘南威．自然地理学 [M]．北京：科学出版社，2014：1.

② 韦志榕，朱翔．普通高中地理课程标准（2017 年版 2020 年修订）解读 [M]．北京：高等教育出版社，2020：40.

视野是学生建立人类命运共同体理念的基础，这些都是新版课程标准在正确价值观和必备品格方面侧重的育人价值。同时，新版课程标准还侧重学生批判性思维、创新精神、实践能力等关键能力的培育，这也是育人价值的体现。

二、地理课程要培育的核心素养中蕴含的育人价值

新版课程标准凝练了地理课程要培育的核心素养，主要包括人地协调观、综合思维、区域认知和地理实践力等，是中国学生发展核心素养在地理课程中的具体化，体现了地理课程对培育有理想、有本领、有担当的少年的独特价值。

人地协调观、综合思维、区域认知和地理实践力等核心素养是学科育人价值的集中体现，是学生通过课程学习逐步形成的正确价值观、必备品格和关键能力，体现了地理课程的独特育人价值和共通性育人要求，如表 1-1-1 所示。

表 1-1-1　地理课程要培育的核心素养的育人价值

核心素养	内涵	育人价值	与共通素养的联系
人地协调观	关于人地关系的正确价值观	尊重和保护自然观念，绿色发展观念，人文情怀，社会责任感	人文底蕴、责任担当
综合思维	综合地认识地理环境及人地关系的思维方式和能力	系统、动态、辩证地看待问题的思维方式，求真务实、开拓创新的科学精神	科学精神、学会学习、健康生活、实践创新
区域认知	认识地球表面复杂性的思维方式和能力	空间观念，热爱家乡的情感，国家认同感，人类命运共同体意识	科学精神、学会学习、健康生活、实践创新
地理实践力	在地理实践活动中表现出的行动力和意志品质	实践意识和行动能力，知行合一、乐学善学、不畏困难	责任担当、实践创新

问题解决

地理课程要培育的核心素养是一个相互联系的有机整体。人地协调观是地理课程内容蕴含的最为核心的价值观，综合思维和区域认知是学生建立人地协调所需要的重要思维方式和能力，地理实践力则是学生秉持人地协调观、运用综合思维和区域认知方法，在分析和解决地理实践中遇到的问题所具备的行动力和意志品质。核心素养贯穿地理课程标准的各个部分，尤其是用核心素养统领课程理念和课程目标，同时核心素养也是设计课程结构、课程内容和研制学业质量、实施建议的基础，培育核心素养是落实立德树人根本任务的重要途径（图 1-1-1）。

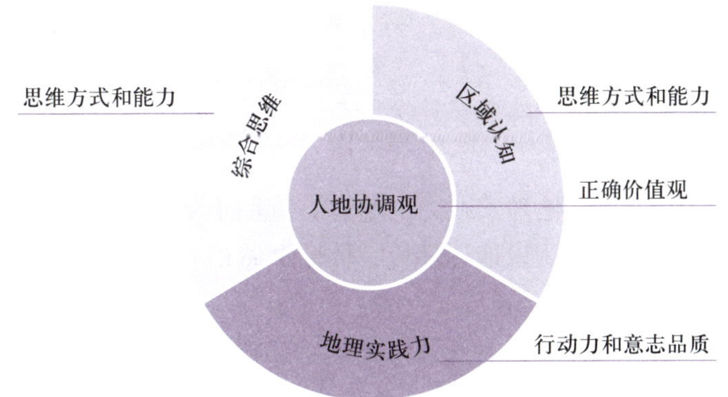

图 1-1-1 地理课程要培育的核心素养的构成

一、明确地理课程要培育的核心素养的内涵

地理课程要培育的核心素养是中国学生发展核心素养在地理课程中的具体化，体现了地理课程对培育有理想、有本领、有担当的少年的独特价值。人地协调观是地理课程内容蕴含的最为核心的价值观，包括正确的人口观、资源观、环境观和发展观等；综合性和区域性是地理学的两大突出特点，由此形成的综合思维和区域认知是学生分析和理解地理过程、地理规律、人地关系系统所需要的重要思维方式和能力；地理课程具有很强的实践性，地理实践力则是学生秉持人地协调观、运用综合思维和区域认知方法，在分析和解决地理实践中的问题时所具备的行动和意志品质，是学生体验现实世界中人地关系的重要途径。

1. 人地协调观

人地协调观指人们对人类活动与地理环境之间的关系秉持的正确价值观。人地关系是地理学研究的核心内容，协调人类活动与地理环境的关系，是建立人与自然生命共同体的需要。人地协调观的培育，有助于学生形成尊重和保护自然、绿色发展等观念，滋养人文情怀，增强社会责任感。

2. 综合思维

综合思维指人们综合地认识地理环境及人地关系的思维方式和能力。人地系统是一个综合体，需要从多种地理要素相互联系、时空变化等角度加以认识。综合思维的培育，有助于学生形成系统、动态、辩证地看待问题的思维方式，树立求真务实、开拓创新的科学精神。

3. 区域认知

区域认知指人们从空间—区域的视角认识地理环境及人地关系的思维方式和能力。人类生存的地理环境复杂多样，人们将其划分成不同空间尺度、不同类型的区域加以认识。区域认知的培育，有助于学生建立地理空间观念，认识不同的区域既各有特色，又相互联系，增强热爱家乡的情感和国家认同感，增进对世界的理解，逐步形成人类命运共同体意识。

4. 地理实践力

地理实践力指人们在地理实验、社会调查、野外考察等地理实践活动中所具备的行动力和意志品质。地理实验、社会调查、野外考察是地理学常用的研究方法，也是地理课程重要的学习方式。地理实践力的培育，有助于学生在真实环境中运用适当的地理实践活动方式，观察和认识地理环境，体验和感悟人地关系，并在活动中做到知行合一、乐学善学、不畏困难。

在明确核心素养内涵的基础上，教师要根据课程标准，梳理教学内容与核心素养的关系，从而明确本部分教学内容的育人价值及目标。

【案例 1】中国土地资源的特点（内容分析）

课程标准内容要求：运用地图和相关资料，描述中国水资源、土地资源、矿产资源和海洋资源等自然资源的主要特征，举例说明自然资源与人们生产生活的关系，认识开发、利用、保护自然资源的重要意义。

根据此内容要求，梳理各个教学环节及内容与核心素养的对应关系，从而明确育人目标，如图 1-1-2 所示。

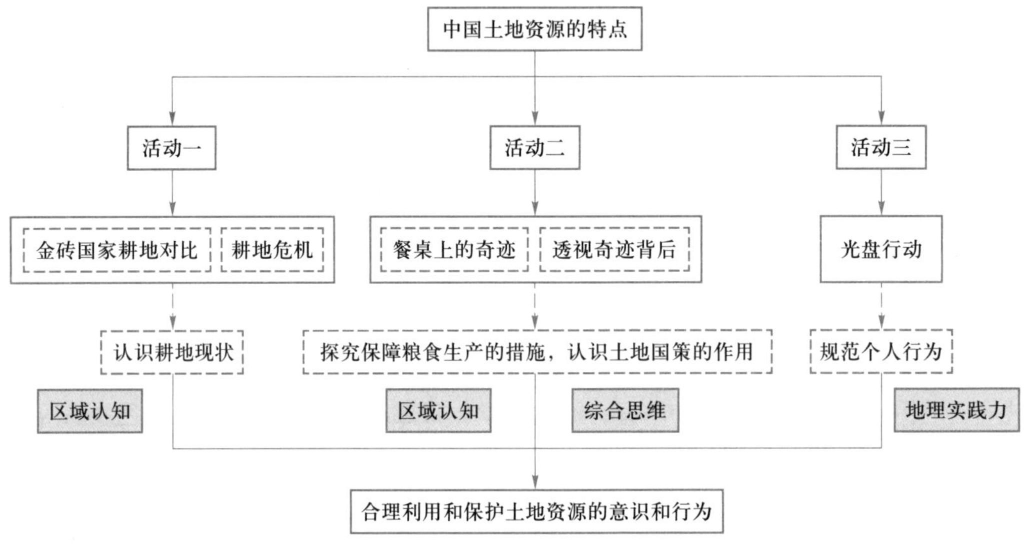

图 1-1-2　土地资源各个教学环节及内容与核心素养的对应关系

（案例提供：赵煜，北京市八一学校）

【案例分析】

在“中国的自然资源”第二节“土地资源”的教学中，教师从课程标准出发，结合核心素养的内涵，对教学环节及内容与核心素养的对应关系进行了梳理。这种梳理可以帮助教师更好地把握核心素养与教学内容之间的关系，从而为实现育人目标提供方向和依据。

二、理解核心素养贯穿地理课程标准的各个部分

地理课程要培育的核心素养统领了课程理念和课程目标，也贯穿了课程标准的各个部分。在落实课程标准的过程中，核心素养既是地理教学的出发点，又是地理教学的最终归宿，对日常教学具有指导意义，对地理教学目标的达成具有决定性作用。

1. 课程性质和理念

课程标准将课程性质表述为：义务教育地理课程以习近平新时代中国特色社会主义思想为指导，引领学生认识人类的地球家园。地理课程贴近生活，关注自然与社会，体现地理学特点并具有很强的实践性，对培育学生的人地协调观、家国情怀、全球视野，以及批判性思维、创新精神和实践能力具有重要价值。

新版课程标准以核心素养为出发点，揭示了课程目标从静态知识向动态素养转化的内在要求。课程目标体现了核心素养的内涵与培养方向，引导地理教学从关注学科内容向关注学生素养水平和学业成就转变。

课程标准将课程理念表述为：地理课程以提升学生核心素养为宗旨，引导学生学习对生活有用的地理、对终身发展有用的地理，为培养具有生态文明理念的时代新人打下基础。

新版课程标准强调地理课程的根本宗旨是学生核心素养的发展，提出了基于核心素养培养的地理课程目标；同时提出优化课程结构、活化课程内容、推进教学改革、发挥评价功能等理念，促进学生的学业进步和全面发展。

2. 课程内容与实施

地理课程从空间尺度的视角对课程内容进行组织，按照“宇宙—地球—地表—世界—中国”的顺序，引导学生认识人类的地球家园。地理课程以认识宇宙环境与地球的关系、地理环境与人类活动的关系为主要线索，并将地理实践活动和地理工具的运用贯穿其中，形成将学科知识与学科活动融为一体的课程内容结构（图 1–1–3）。

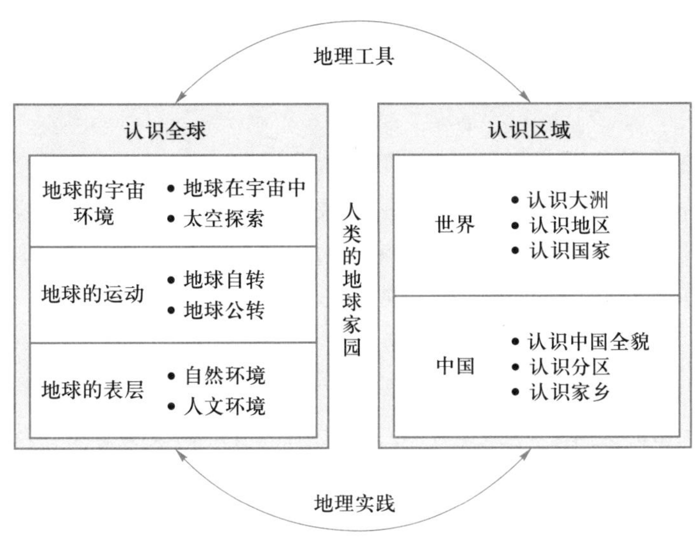

图 1–1–3　地理课程内容结构

地理课程内容体系建设以核心素养为培养目标，紧扣四大核心素养，通过整体设计、优化结构、增加跨学科主题学习等途径组织课程内容。课程内容按照空间尺度进行主题结构化的组织，突出了主题知识间的联系，强调了地理学科的空间观念，是核心素养在内容结构中的具体体现；跨学科主题学习立足于核心素养的培育，通过多学科的融合，关注学生跨学科思维的培养，鼓励学生在真实、复杂情境中，强化能力、提升素养。

3. 学业质量和评价

新版课程标准强调，评价要以落实立德树人根本任务为目标，以核心素养的培育为宗旨，树立科学的质量观；要以课程目标、内容要求、学业要求、学业质量标准为基本依据，多途径收集学生在学习过程中的表现、达成课程目标要求的学业成就等信息，强化过程评价，健全综合评价，科学、客观、准确和有效地测评学生核心素养的发展状况。

在教学中，以素养为导向，确立适切的评价目标，以始为终，以评促教，指导学生的地理学习过程。采取过程性评价和终结性评价相结合的评价方法，以优化学习过程、提高学习效果、促进个体发展。采用多元评价和多主体评价，从多个维度测量学生的学习过程和学习效果，充分发挥评价对地理日常教学的正面导向作用。

三、将核心素养培养贯穿地理教学的各个环节

地理教师的教学实践是培养地理学科核心素养的有效途径，设计地理教学各个环节是地理教学的基本功。地理教学环节主要包括：理解课标要求、重视学情分析、明确教学目标、选择教学方法、实施教学评价等几个重要部分。

1. 理解课标要求

教师通过对新版课程标准的深入解读，体会地理课程要培育的核心素养在教学内容中的具体体现。新版课程标准中的内容通过行为条件、行为动词、认知内容的不同表达，理解其中蕴含的核心素养。所以，在教学设计中教师要善于分析和准确把握课程标准要求。

【案例 2】中国的自然资源（课程标准内容要求分析）

课程标准中“中国的自然资源”的内容要求为：运用地图和相关资料，描述中国水资源、土地资源、矿产资源和海洋资源等自然资源的主要特征，举例说明自然资源与人们生产生活的关系，认识开发、利用、保护自然资源的重要意义。

“运用地图和相关资料”属于行为条件，“描述”“举例说明”“认识”属于行为动词，“中国水资源、土地资源、矿产资源和海洋资源等自然资源的主要特征”“自然资源与人们生产生活的关系”“开发、利用、保护自然资源的重要意义”属于认知内容。

对于本条内容要求，我们可从以下两个方面去把握。

第一，自然资源的主要特征。自然资源的特征主要从数量特征、结构特征、分布特征等方面去认识。数量特征主要关注自然资源的总量和人均状况；结构特征强调自

然资源内部的类型及其占比；自然资源的分布特征可从时间、空间两个角度认识，其中土地资源、矿产资源的分布特征主要从空间角度认识，水资源、海洋资源的分布特征可从时间、空间两方面加以认识。

水资源的教学要突出其时空分布特征，为学生提供中国主要河流径流量分布图，引导学生认识我国水资源在地区分布上极不均匀，南丰北缺、东多西少的特征；运用主要河流流量年变化图、某地区降水量柱状图、某地区年降水量变化图，引导学生认识我国水资源在时间分配上季节变化和年际变化大的特征。

土地资源的教学要突出其空间分布特征，可为学生提供中国土地利用类型分布图，引导学生从总体上认识土地利用类型空间分布不均的特征，同时认识耕地、草地、林地、难以利用的土地等不同土地利用类型的分布特征，引导学生探究不同土地利用类型的空间分布与地形、气候等自然特征的关系，初步认识自然环境的整体性特征。

矿产资源和海洋资源种类多、范围广，可让学生搜集资料介绍自己感兴趣的矿产资源、海洋资源的分布特征，在沟通交流中加强对相关内容的理解和把握。

第二，自然资源与人们生产生活的关系。可以从学生的衣、食、住、行、用等方面或当地相关的工农业生产出发，引导学生认识到人类对自然资源的开发、利用有利于经济发展和人类生活；可以让学生搜集我国或当地较为短缺的自然资源信息，认识该资源的短缺对经济发展或生活的限制，例如，我国耕地分布不均，人均耕地面积较小，影响我国的粮食生产，因此应该尤其重视对耕地的保护；可以联系学生生活实际，规范学生的行为，认识到自然资源的开发、利用、保护与自身行为的关系，例如，学生了解了我国许多地方严重缺水，但发现现实生活中存在着许多浪费水资源的现象，由此意识到要节约水资源，并且知道自己该怎样做，从而提高资源意识。

依据地理学科核心素养的内涵，该内容要求关注学生资源意识的培养，强调正确人地观念的形成，因此在教学中要善于选取学生生活中的案例，给学生提供真实情境，让学生产生共鸣，从而实现素养的提升。

（案例提供：赵煜，北京市八一学校）

【案例分析】

上述案例，首先对课程标准内容要求进行分解，辨析出哪些是行为条件，哪些是行为动词，哪些是认知内容；然后对行为动词进行解释，明确具体要求的类型和程度；然后分析行为条件和内容要求，解释其构成要素的内涵；最后参照内容要求，确定该条课程标准内容要求对应的核心素养发展水平。

2. 重视学情分析

教师在进行教学设计时，需要考虑课程标准、教学内容、学生情况、教学方法、教学资源等诸多因素。其中学情分析，既是我们确定教学目标的基础，又是解析教学内容的依据，还是教学方式选择和教学活动安排的落脚点，学情分析是对以学生为中心的教学思想的具体落实。教师必须认真研究学生的已有知识水平、学习障碍，以及实际需求与学习能力水平和认知倾向之间的差距，才能更有效地优化教学过程，达成教学目标，提高教学效率。

【案例 3】中国的土地资源第 2 课时（学情分析）

本课的授课对象是八年级学生。从思维水平看，八年级学生处于形象思维向抽象思维过渡的阶段，应通过具体丰富的案例助力其思维水平的提高；从知识背景看，学生在七年级通过对俄罗斯、巴西等地区地理环境的学习，初步了解了“自然资源”的相关知识，但是没有系统深入地认识“自然资源”，特别是未接触到“自然资源保护”的相关内容，资源意识尚未形成。对于八年级学生，其资源意识的形成，关键要联系实际，尤其要联系当地实际和学生的生活实际，深化学生认识，从而规范学生的行为。

【案例分析】

对学生认识水平的分析，主要包括学生已经具备的知识与技能。在上述的案例中，教师基于学生已经具备中国土地资源基本特点的相关知识和能力，分析学生目前在认识上存在的问题，找到教学的着力点，为教学目标确定提供重要依据。

3. 明确教学目标

义务教育地理课程是学生认识地理环境、培养地理技能和发展核心素养的课程。地理课程总目标是从基本知识、基本技能和学习能力、态度和价值观等方面提高学生核心素养。地理课程的总目标和分目标大致勾勒出地理课程要培育的核心素养的内涵，应当注意的是达成这些目标并不是相互割裂、单独进行的，而是需要渗透在同一个教学活动中，它们又可以分解为一系列具体目标（即内容目标），在不同学习阶段逐步完成。

地理课程目标是一座桥梁，它上承教育目标和培养目标，即核心素养；下启地理教学目标和评价目标，即教学设计中的教学目标，课程目标确定了地理课程发展的总体方向。地理教师在设计教学活动、开展教学的过程中，必须兼顾课程目标和核心素养，不可偏废。如果说教育目标是由国家政策决定的，课程目标是由教育部制定的，教学目标则主要是由地理教师设计确定的。

教学目标是教学设计的关键环节，是引导教学的出发点和教学走向的归宿点，也是引导学生学习方向和评价学生学习效果的标准。在进行教学设计过程中，需要在研究课程标准内容要求和学情分析的基础上确定教学目标。

【案例 4】中国的土地资源第 2 课时（教学目标）

1. 通过了解与其他金砖国家耕地的对比、耕地危机等内容，学生能进一步认识我国的耕地国情，意识到耕地保护的紧迫性。

2. 学生能通过小组探究“中国餐桌上的奇迹”，认识政策、科技等在保护耕地、保障粮食生产中发挥的重要作用，进一步理解合理利用、切实保护耕地的重要意义，并提高分析和表达能力，激发民族自豪感和爱国热情。

3. 学生能通过开展“光盘行动”，将个人行为与国家命运紧密联系起来，增强爱护耕地、节约粮食的意识，树立正确的资源观。

【案例分析】

上述教学目标明确，与教学要求紧密结合，不仅关注知识传授，更强调了学生核心素养的培养。通过具体的活动设计，引导学生认识我国耕地国情、开展小组探究活动、实践“光盘行动”，从认识到探究，再到实践，使学生在人地协调观、综合思维、区域认知和地理实践力方面获得发展。

教学目标的表述要科学、严谨、规范，要明确在教学过程中学生需要掌握的基础知识，以及如何掌握这些知识的过程和方法，还要提炼学生在人地协调观、综合思维、区域认知和地理实践力方面的发展目标，从而将提升学生核心素养落实到具体的教学过程中。

4. 选择教学方法

地理教学方法是在地理教学过程中，教师和学生为实现地理教学目的，根据特定的地理教学内容而采取的教与学相互作用的一系列活动方式、步骤、手段和技术的总和。教学方法的选择是实施教学过程的手段。适合的才是最好的。教学方法的选择要关注教师的“教”和学生的“学”的过程，要关注如何让学生有获得感。

【案例 5】 中国的土地资源第 2 课时（教学过程）

教学环节	教学活动	设计意图
导入：土地资源与生产生活的联系有哪些？	【提问】回忆说出土地利用类型，说一说土地与我们的联系。 【提问】粮食来自哪种土地资源呢？	过渡，引出主题
环节一：我国耕地现状如何？	【引导对比】与金砖国家中的俄罗斯、印度、巴西三国相比，我国耕地的状况如何呢？ 【互动】阅读图表资料，说出我国耕地资源的特点。 【总结】我国国土面积虽大，但耕地面积少，人均耕地面积更少	调动学生积极性，锻炼学生图表阅读和归纳总结能力
	【展示】我国耕地危机的漫画。 【提问】漫画分别反映了我国耕地在利用过程存在哪些问题？ 【归纳】耕地污染、占用耕地、弃耕增多、耕地退化等问题。 【小结】可以看出，我国人均耕地不足，还存在不合理利用的问题，我国粮食生产面临巨大挑战	使学生认识耕地国情，引发学生思维冲突，激发学生进一步探究兴趣
环节二：如何合理利用耕地资源？	【展示】我国人口数量变化与人均粮食占有量的变化统计图。 【提问】读图说出我国人均粮食占有量的变化特点，并与世界水平进行对比。 【讲述】中国用世界 7% 的耕地，养活了世界约 20% 的人口，从当初 5 亿多人吃不饱，到现在 14 亿人吃得好，创造了中国餐桌上的奇迹 【承转】奇迹的背后到底是什么在支撑？我们以此进行小组探究活动	展示冲突，创设情境，引发学生探究欲望

续表

教学环节	教学活动	设计意图
	【布置活动】小组探究活动“餐桌上的奇迹” 学生阅读学案资料，完成以下任务。 1. 说出我国保障粮食生产的具体措施。 2. 这些措施分别对粮食生产起了哪些作用。 【展示】各小组展示找到的我国保障粮食生产的具体措施。 【归纳】这些措施主要从政策、科技两方面保障粮食生产。 【展示】各小组展示这些措施在粮食生产方面的具体作用。 政策——保证耕地面积、提高耕地质量。 科技——提高粮食产量、开发难以利用的土地，间接增加了耕地面积。 【总结】通过政策保驾、科技护航，把中国人的饭碗牢牢地抓在自己手中，真正做到藏粮于地、藏粮于技	通过小组活动，锻炼学生阅读图文资料、提取信息、总结归纳能力，落实教学重点、难点
环节三： 我们在日常生活中可以什么来保护耕地？	【展示】学生“光盘行动”调查问卷结果展示。 【总结】日常行为——不浪费就是节约耕地	推动学生理解国策，并将之转化为个人行为
总结与反思	我们以耕地资源为例，进一步认识了我国的耕地现状，更加理解了合理利用、保护耕地的意义。同样，我们对草地、林地等土地资源和其他自然资源也应该采取同样的态度，合理利用，注意节约、保护，树立正确的资源观	引导学生反思所学，总结所获

（案例提供：赵煜，北京市八一学校）

【案例分析】

本课是在学生学习了中国自然资源的基本特征、整体认识了中国土地资源的基本特点的基础上展开的，突出了耕地保护的重要性。教学设计从认识我国耕地现状出发，探究餐桌上的奇迹背后的原因，从而让学生真正认识我国耕地存在的实际问题。

建构主义认为，知识是学习者在一定情境即社会文化背景下，借助教师、学习伙伴的帮助，利用必要的学习资料，通过意义建构的方式获得的。根据这一理论，本课创设了“餐桌上的奇迹”和“光盘行动”的学习情境，通过提供一系列图表及文字资料，将耕地与粮食问题有机联系起来、将个人与基本国策生动联系起来，带领学生探究“餐桌上的奇迹”背后的原因，认识“餐桌上的奇迹”发生的个人力量，激发学生的好奇心和探究欲，以开放性的小组探究活动给予学生自由讨论的空间和展示表达的机会，使学生体验获得知识的过程，完成知识的意义建构，并树立正确的资源观。同时，展示我国在粮食生产中创造的伟大成就，激发学生的爱国热情。

5. 实施学习评价

在学生的学习评价中，教师要对学生是否掌握关键的知识内容予以检测。过程性评价除了关注学生知识的获得和运用，更应关注学生区域认知、综合思维等的提升，注重学生回答问题时的逻辑性和全面性，设计评价量表用以评价师生“教与学”的效果。教师在关注学生回答问题的逻辑推导过程时，不仅要及时纠正学生的错误认识，对学生的精彩答案更要不吝夸奖，及时予以肯定，并通过对优质答案的点评，让更多的学生理解好的答案到底好在哪里。精彩、到位的点评不但可以推动课堂的顺利前进，还有助于增加学生学习地理的自信。

教学建议

第一，育人价值重在渗透而非说教。地理课程通过核心素养体现育人价值，而核心素养应在地理课堂中通过地理问题的探索和解决逐步渗透、培养和塑造，并体现在学生的日常行为中。学生核心素养的培育不能通过简单的说教来实现，而应通过生动丰富的案例、学生亲身的探究和实践来实现。

第二，将地理课程的育人价值切实体现在教学活动中。一提到育人价值，教师往往觉得抽象、无从下手，容易使课堂教学流于形式。实际上，地理课程的育人价值体现在每节课、每个教学活动中。教师要将教学内容像“剥洋葱”一样逐渐展现给学生，并与学生的生活紧密联系，让学生认识到地理课程与个人生活、社会发展、前途命运的紧密关系，培育学生的人地协调观、家国情怀、全球视野。在教学设计时，教师应贴近学生生活进行案例设计，让学生去感知地理问题、发现地理问题，从而运用地理知识解决生活实际问题，培育学生的批判性思维、创新精神和实践能力，在此过程中潜移默化地实现地理课程在立德树人方面的育人目标。

1-1

中国的土地资源（教学课件）

关键问题 1-2 如何在地理教学中帮助学生厚植家国情怀、培养全球视野?

问题提出

新版课程标准强调学科教学要落实立德树人根本任务。地理课程贴近生活，关注自然与社会，具有很强的实践性，对培育学生的人地协调观、家国情怀和全球视野具有重要价值。地理课程需要引导学生具备家国情怀和全球视野，站在国家安全、国际合作的高度，认识当代人口、资源、环境、发展的现状及问题，形成关注地方、国家和全球可持续发展问题的意识。

一、厚植家国情怀、培养全球视野是地理课程育人价值的重要组成部分

白眉初先生认为，地理学是“铸造爱国心之学科”[①]。地理课程的育人功能具有明显的时代特点，培养学生的家国情怀，在过去的百年间一直是地理课程建设的永恒主题，是地理课程育人功能的核心。在全球化时代，面对世界各国应如何共同应对全球性的人口、资源、环境和发展问题这一“时代之问”，作为负责任的大国领袖，习近平总书记立足人类文明与全球命运的视角，给出了中国答案——构建人类命运共同体。“构建人类命运共同体”理念已被多次写入联合国决议，人类命运共同体的构建需要一代又一代人的持续努力，培养具备全球视野的社会主义接班人，能为构建人类命运共同体积蓄力量。新时代的家国情怀培养以全面建设社会主义现代化国家、全面推进中华民族伟大复兴为核心；新时代的全球视野培养以促进世界和平与发展、构建人类命运共同体为核心。义务教育阶段地理课程通过不同空间尺度的区域地理教学，渗透体现人地协调观的可持续发展理念，培育学生家国情怀和全球视野，体现了地理课程在落实立德树人根本任务上的重要育人价值。

二、厚植家国情怀、培养全球视野是核心素养的具体体现

核心素养是课程育人价值的集中体现，是学生通过课程学习逐步形成的正确价值观、必备品格和关键能力。义务教育阶段的“认识区域”的学习，将不同空间尺度的区域作为学习对象，认识世界大洲、地区、国家等不同区域的地理事物和现象，认识中国的整体面貌、不同分区及家乡的地理事物和现象。人地关系是地理学研究的核心问题，在不同空间尺度区域的学习中，面对不同区域的人口、资源、环境和发展问题，

---

① 白眉初 . 地理哲学 [M]. 北京：北京新共和印刷局，1923：17.

能够立足家乡、胸怀祖国、放眼世界，初步树立人与自然和谐共生的观念，对区域发展方向作出初步的分析和评价。可以说，家国情怀、全球视野的培养需要建立在运用综合思维和秉持人地协调观，正确认识不同空间尺度区域人地关系的基础之上。通过区域认知、综合思维、人地协调观核心素养的培育，帮助学生认识区域特征、分析区域差异和评价区域人地关系，增强热爱家乡的情感和国家认同感，增进对世界的理解，逐步形成人类命运共同体意识。学生只有具备地理实践能力，才能将家国情怀外化为行为方式。因此，培养家国情怀、全球视野是培养学生核心素养的具体体现。

问题分析

一、家国情怀的内涵和培养途径

1. 家国情怀的内涵

家国情怀是人们对家乡、国家持有高度认同，并促使其朝着积极的方向发展的思想和情感。家国情怀是中华民族得以存续，中国优秀传统文化得以传承与创新的民族“基因”，其内涵从“修身齐家治国平天下”到“天下兴亡匹夫有责”，再演变为如今“实现中华民族伟大复兴的中国梦”。家国情怀体现在对祖国持有的归属感、认同感、使命感和责任感等，是为实现国家富强、人民幸福的理想追求，是对自己国家和民族，乃至全人类社会的深情大爱。其内涵包含认知家国的理性维度、爱乡爱国的感性维度、建设家国的实践维度。

2. 家国情怀的培养途径

从家国情怀的内涵及维度出发，可将家国情怀的培养途径归纳为：认识祖国（理性认知）—热爱祖国（情感认同）—建设祖国（实践行动）。地理课程通过区域地理教学，促使学生掌握祖国基本的地理知识，形成理性认知，是培养家国情怀的前提和基础；将对祖国的了解转化为对祖国在情感上的认同对祖国充满感情；在爱国之心的驱使下，家国情怀最终体现在为实现中华民族伟大复兴而奋斗的责任感和使命感，转化为建设家国的实际行动。

二、全球视野的内涵和培养途径

1. 全球视野的内涵

《地理教育国际宪章 2016》指出：“地理教育的最大优点在于能够为青少年建立批判性的全球观念做出独特的贡献。”在全球化程度更高的当今社会，如何应对日益严重的全球性资源与环境问题、实现人类可持续发展，是全人类共同面对的问题。全球视野是学生在认识地球表层地理环境各要素及其相互关系、空间分布规律，初步评价和分析人类面临的人口、资源、环境、发展等全球性问题的过程中形成的放眼世界的意识和观念。全球视野的培养有助于增强对世界的理解，从而促进国家发展与强大；有利于形成人类命运共同体意识，实现人类的共同发展。

2. 全球视野的培养途径

地理学习能够激发学生对身边地理事物的关注与好奇，使学生重视生态环境及资源问题，从而提升学生的责任意识和全球观念。义务教育阶段全球视野的培养，可以通过引导学生关注全球变化等全球性的资源、环境问题及治理措施，通过关注“一带一路”等国际合作案例，激发学生关心全球发展的责任担当意识；通过“认识世界”专题教学，促使学生认识、理解其他国家和地区的自然环境和社会文化差异，用区域认知的一般思路批判性地认识其他国家和地区的人地关系，激发关心世界发展的情感，形成人类命运共同体意识。

问题解决

新版课程标准指出：“认识中国”主题旨在帮助学生认识中国辽阔的疆域、优越的地理位置，强化国家领土主权、国土安全意识，感受祖国山河的壮美、人们生产生活的丰富多彩，培育生态文明意识和热爱祖国、热爱家乡的情感。“认识世界”主题旨在帮助学生理解世界不同区域自然地理环境的差异性、社会文化的多样性，以及人与自然的关系，初步形成人与自然生命共同体、人类命运共同体等意识；要求学生通过该主题学习形成从地理视角看待、探究现实世界的意识和能力，初步具备全球视野和社会责任感。以上述主题教学内容为培养家国情怀、全球视野的主要载体，通过确定培养目标、选择教学素材、开展情境教学、开展跨学科主题学习等方式促进学生的深度学习，逐步帮助学生厚植家国情怀、培养全球视野。

家国情怀和全球视野的培养有时是一件“润物细无声”的事，并不是所有的地理学科知识都适合培养家国情怀和全球视野，不能生硬糅合。为了让心系家国、胸怀世界的种子在地理学科基础知识的学习中自然而然地生根发芽，教师需要适时地整合课程标准要求、深入挖掘教学内容，分析渗透家国情怀、培养全球视野的可能性，对利于开展家国情怀、全球视野渗透教育的课程内容进行整合与归类。

【案例 1】海陆的变迁（课程标准及教学内容的整合）

（一）课程标准分析

本节课整合了新版课程标准中的三条内容要求，三条课程标准内容要求的内在逻辑关系如图 1-2-1 所示。

首先，板块构造学说的基本观点表明，地壳是不断变动的，地壳变动是海陆变迁的主要原因，因此将火山、地震带的发育作为海陆变迁的实例，落实“结合实例，说明海洋和陆地处于不断的运动变化之中”这一课程标准内容要求。其次，以“证明台湾自古以来就是中国不可分割的领土”为情境，通过海陆变迁和板块运动这两个证据，证明海峡两岸曾经地处同一大陆，如今依然处在同一板块，落实“认识台湾自古以来就是中国不可分割的领土”这一课程标准内容要求。通过整合不同学段的多个课程标准内容要求，创设问题情境，创造性地将教学内容重组，在从地理角度理性认识台湾归属问题的基础上，激发学生的家国情怀。

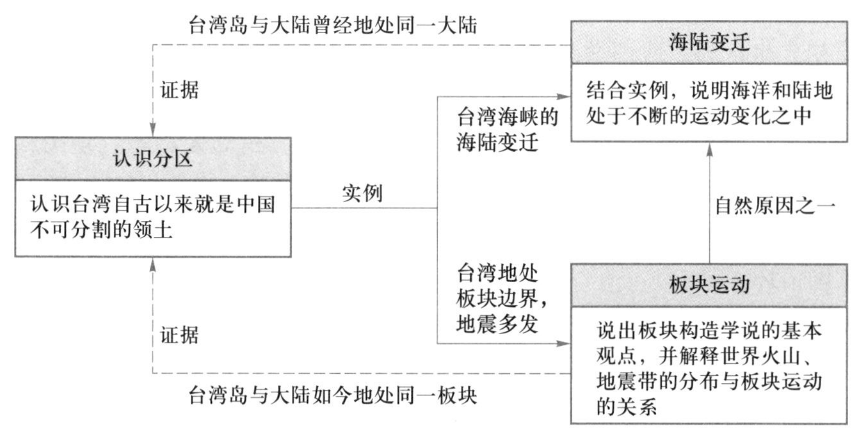

图 1-2-1　本节课相关内容要求之间的逻辑内涵

（二）教学内容分析

“海陆的变迁”是人教版《地理》七年级上册第二章“陆地和海洋”中第二节内容，在第一节“大洲和大洋”部分，学生从静态角度学习了世界海陆的分布，本节课引导学生从长时间尺度分析海陆的变迁。“祖国的神圣领土——台湾省”是人教版《地理》八年级下册第七章“南方地区”中第四节内容，教材从地理位置、自然环境、人类活动等角度对台湾进行了详细介绍；提供史实等阅读材料，引导学生论述台湾是祖国领土的一部分。该节教学内容也属于国土安全教育的范畴，对引导学生维护祖国统一、形成家国情怀具有重要作用。

【案例分析】

本节课整合了义务教育阶段课程标准的相关内容要求，重组了教学内容，结合时事热点，选取“台湾问题”为案例，通过海陆变迁和板块运动的事实，从理性角度增强学生对“台湾自古以来就是中国不可分割的神圣领土”的认识，强化国家领土主权、国土安全意识，厚植家国情怀。

一、明确内涵，确立家国情怀、全球视野的培养目标

学习目标明确阐释了预期达到的学习效果，确立体现家国情怀、全球视野培养的学习目标，是在课堂教学中培养学生家国情怀和全球视野的第一步。

1. 家国情怀的培养目标

家国情怀的内涵包含认知家国的理性维度、爱国爱乡的感性维度、建设家国的实践维度。

培养家国情怀的第一步就是要“知”家国，掌握基本的地理知识，形成国家认同，

是培养爱国情感的前提和基础。通过学习中国的疆域特征与行政区划，强化国家领土主权意识、国家安全意识；通过学习中国地理和乡土地理，对家国的地理位置、自然环境、人地关系等形成理性认识，进而形成地域认同和国家认同，是地理学科培养家国情怀的题中应有之义。

白眉初先生认为，地理学的独特育人价值体现在：人们对自己国家的地理物产等有一定的认识后，往往会激发起爱国之心。地理课程通过诸如国家安全、中华优秀传统文化等重大主题教育，引导学生形成国家认同观念，树立爱国家、爱民族的思想，培养爱国之心。在爱国之心的驱使下，家国情怀最终体现在为中华民族伟大复兴而奋斗的责任感和使命感。地理教学以知识理解为基础，增强学生的理性认识，从而激发学生的家国情怀。

家国情怀培养的最终目标是将其落实在实际行动中。通过实践活动让学生直接从真实情境中获取建设家国的经验，引导学生综合运用所学知识分析现实问题，激发对家国的使命担当意识。当前，我们已经开始向第二个百年奋斗目标进军，开启了全面建设社会主义现代化国家新征程。地理学科通过培养学生的爱国之心，引导学生将个人的发展与家国的需要联系在一起，成长为有理想、有本领、有担当的时代新人，成长为德智体美劳全面发展的社会主义建设者和接班人。

在确定培养目标时，要注意三个内涵维度的进阶关系，循序渐进厚植家国情怀。需要注意的是，并不是所有的教学章节都能体现家国情怀的三个内涵维度，在目标确定过程中，不用刻意面面俱到。

【案例 2】海陆的变迁（学习目标）

（一）学情分析

学情分析包括对学生已有的知识和能力的分析，这是学习本节内容的基础点，学情分析还包括发现学生在达成学习目标时存在的障碍点和生长点，为教学设计和实施提供依据。

基础点：通过课外阅读等途径大致了解大陆漂移说和板块构造学说；通过第一章“地球和地图”的学习初步具备阅读地图的能力；对台湾问题有感性认识。

障碍点：难以深刻认识板块构造与火山、地震带的关系；对研究地理问题的科学方法缺乏认识；对台湾问题缺乏理性认识。

生长点：用研究科学问题的一般方法自主探索地理问题，形成对海陆变迁和台湾归属问题的理性认识；深化维护国家统一的情感。

（二）学习目标

1. 在“证明台湾是祖国不可分割的神圣领土”的情境中，能借助“发现问题—提出猜想—证据论证”的科学研究路径，探究海陆变迁和板块构造的事实，形成对海陆变迁、台湾问题的理性认识。

2. 通过读图、绘图，能养成利用地图解决学科问题的意识和技能，提升地理实践力；在图中对地理要素进行综合分析，培养综合思维。

3. 通过跨学科主题学习，能综合运用地理、历史、语文等学科知识和工具，证明台湾是祖国不可分割的神圣领土，形成国土安全意识，激发家国情怀。

【案例分析】

本节课学习目标的设置在高效落实三条课程标准内容要求的同时，以国家领土主权为内容载体，从认识家国的理性维度出发设立了从海陆变迁和板块运动角度理性认识台湾问题的学习目标；从爱乡爱国的感性维度出发设立了培养爱国情怀的学习目标。通过本节课的学习，学生的家国情怀在多个内涵维度得到了全面激发。

2. 全球视野的培养目标

全球视野的内涵是在认识全球性问题时形成的思想和观念，主要体现在人类命运共同体意识和实现全球可持续发展的人地协调观，要注重培养学生认识、分析全球环境问题时的命运共同体意识，解决全球环境问题时的责任担当意识。

综上，培养目标要紧紧围绕促使学生形成关注家乡、中国和世界的人口、资源、环境和发展问题的意识，形成理性认识，内化为情感，进而外化为行动。

二、精选素材，创设多样的教学情境

以教学目标为导向，选择利于家国情怀和全球视野培养的教学素材创设教学情境，是培养家国情怀和全球视野的第二步。随着网络的普及、科学技术的发展，教学素材更加丰富多样。选择体现学科特色的多时空尺度素材和体现时代特色的时事热点素材，创设多样的教学情境，能更好地激发学生兴趣，培养学生的家国情怀和全球视野。

【案例 3】发展与合作（教学片段）

<table>
<tr><td colspan="2">环节二：通过分析“一带一路”的实例，认识国际合作的意义</td></tr>
<tr><td>教师活动 1
①出示丝绸之路经济带相关地区及世界其他地区具有代表性的风景和物产图片。
②以表格形式出示全球及各国家、地区的人口、面积 GDP 等数据，引导学生进行对比分析。
③提出问题：我国可以通过“一带一路”与各地区开展哪些方面的国际合作？</td><td>学生活动 1
读图表，明确丝绸之路经济带相关地区和世界其他地区主要生产的产品类型，交流我国与这些地区进行贸易往来的必要性和可能性</td></tr>
<tr><td colspan="2">设计意图：结合“一带一路”案例，运用大量图表材料进行实例对比分析，认识区域差异，分析交流合作的必要性和可能性</td></tr>
<tr><td>教师活动 2
①播放“‘一带一路’推动世界发展”的评价视频，引导学生提炼“一带一路”和平合作、开放包容、互学互鉴、互利共赢的理念，强调以人地协调为前提的智能、绿色可持续发展理念。</td><td>学生活动 2
观看视频，在总结中认识“一带一路”合作内容及发展理念，在讨论中认识“一带一路”对全球发展的影响</td></tr>
</table>

续表

②引导学生讨论“一带一路”的影响，出示图文材料展示“一带一路”在国际和国内各个方面的主要影响和积极意义，验证和补充讨论结果	
活动意图：从国际影响和国内影响两个层面，了解“一带一路”在能源、物产、经济、人才、政治、文化等方面起到的积极作用，理解以人地协调为前提的智能、绿色可持续发展理念。通过案例，认识我国在建设人类命运共同体中的大国担当和可持续发展理念，培养人类命运共同体意识和全球视野	

（案例提供：宋溪，首都师范大学附属玉泉学校）

【案例分析】

本节课选用了“一带一路”这一国际发展与合作的真实案例，呈现了许多反映“一带一路”沿线地区自然环境及经济社会发展差异的统计数据，体现教学素材选择上的时代性。上述素材关注了区域差异，为建立区域联系埋下伏笔。首先，依托素材创设了“我国可以通过‘一带一路’与各地区开展哪些方面的国际合作”这一问题情境，以认识区域差异为前提，明确国际合作的必要性和可能性，引导学生认识“一带一路”的合作内容、理念和积极影响，了解国际合作的途径和意义，从理性思考到情感激发，逐步深化对全球视野的培养。然后，通过问题情境，激发学生对区域和全球环境问题的好奇心。接着，从情境中引发问题，再将之转化为解决问题的任务，促使学生在完成任务的过程中，从“为什么—怎么做—有何影响”三个层面全面认识人类命运共同体的建设，领会我国在国际合作中的大国担当，成长为有理想、有本领、有担当的时代新人。最后，组织学生讨论和师生交流活动，将学生的全球视野可视化。在全球视野的培养中，增加了智能、绿色发展的实例，有助于学生形成可持续发展观念，成长为德智体美劳全面发展的社会主义建设者和接班人。

三、依托情境，采取多样的教学方式

家国情怀与全球视野的培养不是靠教师的说教与灌输，也不是靠学生的记忆与背诵，需要的是“经历”“体验”与“感悟”。培养家国情怀和全球视野要注意教学方式的转变，选择增强学生体验和感受的教学方式是关键。依托情境或案例，采用以学生为中心的问题式教学、跨学科主题学习、地理实践教学等方式，更有利于家国情怀和全球视野的培养。

1. 问题式教学

问题式教学是用“问题”整合相关学习内容的教学方式。问题式教学的关键过程包括依据教学目标创设情境提出核心问题，围绕核心问题设计问题链，以问题的解决为目的设计学生探究活动。通过问题式教学，引发学生动脑、动心、动手的深度学习，从理性角度增强学生对家国及世界的理解，培养学生的家国情怀和全球视野。

2. 跨学科主题学习

家国情怀是义务教育和普通高中历史学科核心素养之一，义务教育道德与法治学科和普通高中思想政治学科核心素养中的政治认同、义务教育语文学科核心素养中的文化自信、普通高中语文学科核心素养中的文化传承与理解等，都与家国情怀密切相关。地理学科培养家国情怀往往是建立在区域教学的基础上，引导学生从综合思维与人地关系视角认识、热爱家国，并鼓励学生“知情化行”，将家国情怀落到实处。因此，地理课程中的家国情怀、全球视野既与历史等学科的核心素养有相贯通的地方，又体现地理学科的特点与内涵。

将社会主义先进文化、革命文化、中华优秀传统文化、国家安全、生命安全与健康等重大主题教育有机融入课程，关注全球性的人口、资源、环境、发展问题，通过跨学科主题学习，厚植家国情怀、培养全球视野。

3. 地理实践教学

家国情怀、全球视野的培养需要关注家乡、国家、全球三个空间尺度。义务教育阶段家国情怀、全球视野的培养可以从小处着手，从学生身边的生活实际出发。教师应充分利用乡土素材，通过社会调查和野外考察的方式，引导学生在做中学，认识家乡的自然环境和人地关系，形成关心家乡发展的意识，激发热爱家乡的情感，落实建设美丽家乡的行动。在此基础上，通过将实践中获得的经验用于认识国家、全球尺度人地关系问题，培养家国情怀和全球视野。

【案例 4】海陆的变迁（教学设计）

课堂导入	
教师活动 1 以与对台湾问题相关的漫画导入，引出“如何说明台湾自古以来就是中国不可分割的领土”这一问题	学生活动 1 观看漫画，思考漫画背后反映的问题
设计意图：以时事热点问题导入，引出学习主题，激发学生的学习兴趣	
环节一：历史角度“同文同种”	
教师活动 2 播放教师录制的“历史时间轴看台湾”视频	学生活动 2 观看视频，从历史角度思考台湾问题
设计意图：利用历史学科时间轴工具，呈现相关史实资料，引导学生从历史角度理解“台湾自古以来就是中国不可分割的领土”	
环节二：地理角度“同根同源”	
任务一：阅读地图提猜想	
教师活动 3 出示台湾等深线图，引导学生通过读图了解台湾岛东西两侧地形差异，从而发现问题，提出猜想	学生活动 3 阅读地图，思考并发现问题，提出猜想

续表

<table>
<tr><td colspan="2">设计意图：地图是学习地理的重要工具，等深线图是上一章已学过的内容，引导学生温故知新，通过读等深线图发现问题，提出猜想，培养其科学探究精神</td></tr>
<tr><td colspan="2">任务二：合作拼书寻方法</td></tr>
<tr><td>教师活动 4
宣读拼书游戏规则，组织学生小组合作进行游戏。
提问：自然界中是否有这些“页码”和“文字”？引发学生思考</td><td>学生活动 4
小组合作，完成拼书游戏，总结拼书方法</td></tr>
<tr><td colspan="2">设计意图：通过拼书游戏活跃课堂氛围，提高学生参与度，同时引发学生思考，总结出证明海峡两岸曾经地处同一大陆的方法</td></tr>
<tr><td colspan="2">任务三：实践证实悟精神</td></tr>
<tr><td>教师活动 5
列举前人研究成果，总结科学研究方法；介绍具有代表性的地质学家李春昱，引导学生总结和领会科学精神</td><td>学生活动 5
学习科学研究方法，感悟科学精神</td></tr>
<tr><td colspan="2">设计意图：呈现发现问题—提出猜想—论证证据的完整科学探究路径，帮助学生形成理性的科学研究思路</td></tr>
<tr><td>教师活动 6
呈现台湾海峡最后一次海陆变迁过程示意图，引导学生初步分析海陆变迁的自然原因</td><td>学生活动 6
观察示意图，思考、分析海陆变迁的自然原因</td></tr>
<tr><td colspan="2">设计意图：利用已有的科学研究成果证实台湾与大陆曾经地处同一陆地，利用海陆变迁说明海峡两岸的密切联系；从地理学角度说明“台湾自古以来就是中国不可分割的领土”</td></tr>
<tr><td colspan="2">任务四：绘制地图提猜想</td></tr>
<tr><td>教师活动 7
结合数据，介绍大陆和台湾多地震这一共同特点，展示学生课前利用地震发生点位资料绘制的地震点位图。
播放视频，展示利用现代地理信息技术绘制更多样本的地震点位图的过程。
引导学生观察地图，发现问题，初步提出猜想</td><td>学生活动 7
回顾地震点位图的绘制过程，感受现代地理信息技术的奥妙。
观察地图，发现问题，初步提出猜想</td></tr>
<tr><td colspan="2">设计意图：培养学生绘图能力，使其在实践中加深对地震集中分布这一现象的认识，提升地理实践力核心素养；通过现代地理信息技术高效处理数据，创新学习资料，同时加深学生对知识点的理解；引导学生通过读图提出关于地震集中分布的猜想</td></tr>
<tr><td colspan="2">任务五：合作探究做论证</td></tr>
<tr><td>教师活动 8
引导学生利用世界六大板块分布图、地震点位图等资料，选取合适的方式对猜想进行验证。
播放利用现代地理信息技术进行验证的过程。引导学生体会地理学科通过图层（要素）叠加进行空间分析的方法</td><td>学生活动 8
小组合作，写出猜想，探究论证的方式，完成论证过程。
观看视频，领会图层叠加分析的方法</td></tr>
<tr><td colspan="2">设计意图：用地图呈现地理要素，引导学生使用地图，发现、验证要素之间的关联；再次感受现代地理信息技术的奥妙，初步具备通过图层叠加分析地理事物关联的意识，充分认识“地震多发生于板块交界处”</td></tr>
</table>

任务六：结合地图做梳理	
教师活动 9 引导学生结合世界六大板块分布图对板块知识进行梳理	学生活动 9 思考问题，梳理板块知识
设计意图：通过地图梳理板块知识，认识台湾和大陆地处同一板块，进一步从地理角度说明“台湾自古以来就是中国不可分割的领土”	
环节三：文化角度“同国同愿”	
教师活动 10 介绍《乡愁》写作背景	学生活动 10 齐诵《乡愁》
设计意图：利用文学作品，引导学生从文化角度理解“台湾自古以来就是中国不可分割的领土”，认识到维护祖国统一是海峡两岸人民的共同心愿，培养学生的家国情怀	
【课堂总结】 政治的翻云覆雨，历史的波谲云诡，并没有割裂山水相连的人心。我们读着一样的乡愁，怀着一样的赤诚，两岸同胞血脉相连	
设计意图：表达对祖国统一的美好愿望，充分激发爱国情感和家国情怀	
【课后拓展】 1. 从地理位置、物产资源等角度说明台湾为什么被称为“宝岛”？ 2. 开展文学作品征集活动，通过诗歌、短文等方式表达对台湾的赞美、对祖国统一的期盼。 3. 查阅资料，多角度说明维护祖国统一的重要意义。作为学生，自己可以为维护祖国统一做哪些努力？	
设计意图：通过查阅资料和拓展思考，引导学生明确维护祖国统一、领土完整的现实意义，提升国土安全意识；通过书写文学作品，厚植家国情怀；通过对自我行动的思考，引导学生知情化行，积极实践	

（案例提供：潘红梅，首都师范大学附属中学）

【案例分析】

本节课围绕“证明台湾自古以来就是中国不可分割的领土”这一问题情境，采取了问题式教学、跨学科主题学习等教学方式，课后围绕学习主题进行了拓展延伸，开展了地理实践。

本节课依托情境，开展了问题式教学。围绕“如何说明台湾自古以来就是中国不可分割的领土”这一开放性的核心问题，将零散的课堂提问组织成有逻辑的问题链，引导学生自主思考、合作探究。两个探究活动中分别设计了问题链（图 1-2-2），第一个问题链由教师遵循科学研究思路提出，第二个问题链由学生参照科学研究思路提出，体现了科学研究路径学习的进阶。通过问题链引导学生沿着“发现问题—提出猜想—论证证据”这一科学研究路径发现问题、创造性地解决问题，激发了对学习和科学研究的兴趣，增强了学生对祖国统一的理性思考和认识，为从情感、实践维度培育家国情怀提供了基础。

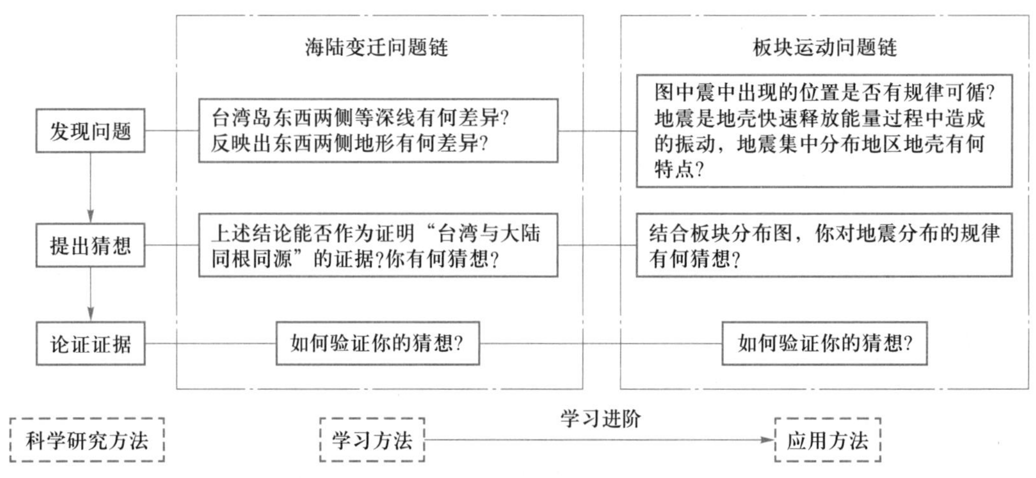

图 1-2-2　围绕科学研究思路设置的问题链

本节课依托情境，开展了跨学科主题学习。跨学科主题学习可以充分发挥各学科的优势，多维度地解决情境问题。就本节课而言，在认识海陆变迁和板块运动这类大时空尺度问题的分析上，地理学科常运用地图这一工具和系统的研究方法；在说明台湾自古以来就是中国不可分割的领土这类问题上，历史学科可以利用时间轴比较清晰明了地呈现史实；语文学科可以利用文学作品更好地营造情感氛围，在强化国土意识、渗透爱国主义情感、激发家国情怀上有优势。本节课紧紧围绕教学目标和家国情怀的培养途径，通过地理、历史学科理性认识台湾归属问题，借助语文学科增进感性认识、厚植家国情怀，依托课后拓展内容引导维护祖国统一的实践，分别从认知家国的理性维度、爱乡爱国的感性维度、建设家国的实践维度厚植了家国情怀。

教学建议

在地理教学过程中厚植家国情怀、培养全球视野，教师还应在以下几个方面不断探索和实践。

第一，利用网络搜集、储备相关的时事热点和典型案例，并开展教学研讨，集思广益，建立有利于家国情怀和全球视野培养的素材库。在素材选择上体现时代特色，例如融入脱贫攻坚伟大成就、生态文明建设巨大成果，融入社会主义先进文化、革命文化、中华优秀传统文化，引导学生坚定道路自信、理论自信、制度自信、文化自信，激发国家认同，进而培养家国情怀。又如选择“一带一路”等案例，引导学生在认识区域差异和区域联系的基础之上，看到中国在人类命运共同体建设中的实际行动和责任担当，形成人类命运共同体意识，培养全球视野。

第二，明确学生的主体地位，选择以学生为中心的教学方式。通过教学情境和教学活动的设计，充分引发学生的思考和体验，在教学过程中让学生经历充分的情感体验，进而知情化行，在实践层面培养家国情怀和全球视野。此外，地理教学应充分利用其他学科的优势，开展跨学科主题学习，多维度促成学生养成家国情怀和全球视野。

第三，家国情怀和全球视野的培养应立足地理学科视角，通过问题式教学的方式引导学生综合认识家乡、中国、世界等不同空间尺度区域的自然环境和人地关系，为学生情感的激发、行动的转化提供基础。

1-2

地理教学中培养学生思维品质的有效策略（论文）

1-2

海陆的变迁（教学设计）

关键问题 1-3 如何引导学生学习对生活有用、对终身发展有用的地理?

问题提出

新版课程标准明确了地理课程的基本理念，即“地理课程要以提升学生核心素养为宗旨，引导学生学习对生活有用的地理、对终身发展有用的地理，为培养具有生态文明理念的时代新人打下基础”。用学生身边的地理事物、地理现象、地理问题作为案例进行地理教学，能激发学生学习地理的兴趣，培养学生的批判性思维、创新精神和实践能力，使学生形成保护地球家园的观念、热爱祖国和家乡的情感以及关心世界的态度，形成人地协调观，厚植家国情怀。贴近生活的地理还能让学生感受到生活中处处有地理，地理知识就在我们的身边。

为什么要引导学生学习对生活有用、对终身发展有用的地理？首先，地理环境包括地形、气候、河流、生物、土壤等地理要素，对学生来说，这些地理要素既熟悉又陌生。熟悉是因为学生在课外书、互联网上会经常看到“地形”“气候”“河流”等词语，陌生是因为这些词语的含义、相关知识对学生来说是空洞的、抽象的、难以理解的，初中学生还不能够建立这些地理要素之间的联系。因此，在教学中如果单纯传授这些地理知识，既枯燥又脱离学生生活，学生缺乏学习兴趣和求知欲，也就失去了进一步探索的好奇心。其次，生活是多彩的，五彩斑斓的生活景观、生活实例和多种多样的社会生活现象、问题，往往会引起学生的好奇心和探究心理。如果将这些学生看得到、摸得着的地理现象和地理问题引入课堂教学，学生学起来容易接受，也能够主动去学习和探索，并将这些地理知识学以致用。最后，地理课程教学结合生活实际进行有关地理技能的操练，可以帮助学生增强生活能力，有效地应对生活中的困难，解决生活中的问题，提高对未来生活的适应能力，更大程度地满足学生发展的需要。

地理课程贴近生活，通过引导学生探究关注自然与社会，培育学生的核心素养。选择地理课程内容时，要以“学习对生活有用的地理、对终身发展有用的地理”基本理念为指导思想，在体现地理学科发展的基础上，更加关注学生发展和社会需求，形成融基础性与时代性、学科性与生活性于一体的课程内容体系，将丰富的地理素材与鲜活的地理活动相结合，促使学生在做中学，获得并积累学习经验，关心并乐于探究现实中的地理问题。在教学中，只有将这些地理知识回归到生活，才能让学生真正理解地理知识的内涵及重要性，学生才能够学习对生活有用的地理，也才能激发学生学习的主动性，最终影响学生终身。

问题分析

学习对生活有用、对终身发展有用的地理，能够使学生认识和领悟地理学科在解释周围环境、不同空间尺度区域乃至全球的各种自然特征和人文现象的独特作用；能够使学生认识到地理在生活中的重要价值，认识到学好地理、用好地理可以更好地适应生活、享受生活、规划生活；能够使学生运用地理知识解决生活中遇到的地理问题，感受到地理的趣味性和挑战性，感受到地理学科的魅力，提升地理学习的兴趣。

一、“学习对生活有用、对终身发展有用的地理”符合地理学科特点

新版课程标准明确了地理课程的性质：地理学是研究地理环境以及人类活动与地理环境关系的科学，具有综合性、区域性等特点。地理学兼有自然科学和社会科学的性质，在现代科学体系中占有重要地位，对于解决当代人口、资源、环境和发展问题，维护生态安全，建设美丽中国具有重要作用。人类的生存与发展与自然环境息息相关。自然环境是人类赖以生存和发展的物质基础，也是人类意识或精神形成的基础，同时，人类在发展的过程中也在不断地利用和改造自然环境。地理课程贴近生活、关注自然与社会，符合地理学特点并具有很强的实践性，对学生终身发展具有重要价值。

二、“学习对生活有用、对终身发展有用的地理”凸显育人价值

新版地理课程标准明确了地理课程的育人目标，即引导学生通过探究人类活动与地理环境的关系，认识到地球资源是有限的、生态环境是脆弱的，形成保护地球家园的观念、热爱祖国和家乡的情感，以及关心世界的态度，不断增强人文底蕴、科学精神和责任担当，并提高健康生活、终身学习和实践创新等能力。

学习对生活有用的地理，有利于凸显地理学科的育人价值，有利于激发学生学习地理的兴趣，有利于培养学生理论联系实际的学风，有利于增强学生的生活能力。学习对终身发展有用的地理，除了对生活有用外，对学生形成生态文明思想、可持续发展观念、全球意识和爱国情感，以及培养学生的地理思维和初步的地理研究能力等，都有极大的作用。[①]

三、“学习对生活有用、对终身发展有用的地理”提高学生学习地理积极性

对生活有用、终生发展有用的地理，一定是与学生日常生活密切相关的地理，这样的地理是学生熟悉、感兴趣的，学生通过学习，发现这些地理知识能够与生活中的一些常见现象、事物等联系起来，能够恰当运用所学知识正确处理生活中的问题。久而久之，学生会发现地理知识在日常生活中是必不可少的，是在生活中有用的、离不

① 韦志榕，朱翔 . 义务教育地理课程标准（2022 年版）解读 [M]. 北京：高等教育出版社，2022：49.

开的知识，这样学生就能够改变过去“应付学习”“应付考试”的行为，变被动为主动，使学习的积极性大大提高。

问题解决

选择地理课程内容时，不能超出学生的认知范围，要基于学生的年龄特征和学段特点，符合学生个体发展的需要，突出基础性、生活性；要站在培养时代新人的高度，满足社会发展对人基本素质的要求，突出学科性和时代性；选择的地理课程内容要体现情景化、结构化及思维价值。地理知识是核心素养培养的载体，学生获得并运用知识解决问题的过程，就是核心素养提升的过程。地理活动具有实践性、思维性、自主性、教育性和学科性，是培养学生核心素养的路径。只有在学科活动中，才能使学生经历地理知识建构的过程，并在这一过程中体悟和养成正确价值观、必备品格和关键能力，即提升核心素养。[①] 强化教学内容要以学生的活动为重要的组织形式，通过活动带动知识和技能的学习，让学生通过活动，在观察、思考、分析中学习地理，在交流中养成合作意识，在活动中领悟所学知识。

一、结合教材，适时插入与教材内容相关的生活素材

生活是五彩斑斓的，生活中的地理事物和现象也是方方面面的。例如，随着科学技术的发展，地图，尤其是电子地图在生活中的应用越来越广泛，教会学生正确使用地图，是地理教学必不可少的内容；随着生活水平的提高，旅游成为人们闲暇假日的娱乐之选，什么时间出发、去哪里旅游、旅游目的地的气候特点、适合穿怎样的衣物、有哪些地域文化特色以及特色商品等都属于地理教学的重要内容；现实中，时有自然灾害发生，正确认识各种自然灾害的发生、选择恰当的防御方式、提高安全意识，也是地理课程内容的一部分。学习这些地理知识对学生来说都是必要的，不仅可以提高生活能力，同时也能更好地指导以后的学习和生活。因此，教师在教学中要善于引导学生观察生活，寻找生活中与地理密切相关的实例、现象，并能够从地理的视角认识和解释其中的奥秘。例如，气候是重要的自然环境要素，也是地理教学中的重点和难点，气候特征是通过气温和降水两个基本要素表现出来的，也是随时随处伴着人类生活和工作的。在教学中可以以此引入，充分调动学生学习的积极性。

【案例 1】中国的气温第 1 课时（教学设计）

（一）教学内容

本节课是气候单元的第 1 课时，对应课程标准中的内容要求为“运用地图和相关资料，简要归纳中国地形、气候、河湖等的特征；简要分析影响中国气候的主要因素”。气候是主要且重要的自然环境要素，气候特征是通过气温和降水两个基本要素表

① 韦志榕，朱翔．义务教育地理课程标准（2022 年版）解读 [M]. 北京：高等教育出版社，2022：50.

现出来的。本单元首先介绍了我国的气温和降水的分布及特点，在此基础之上概括我国的气候特征并分析其影响因素。

专题地图和统计图表是表征气候的主要载体，阅读等温线图、等降水量线图、气温曲线图和降水量柱状图等是重要的地理能力。因此，本单元重视通过地理信息载体的使用，提高学生的地理实践力，在活动中教学生读图、析图，从图中获取信息，利用地图、统计图表解决地理问题。

本节课主要内容包括运用等温线图描述我国冬季、夏季气温分布特征；结合图文资料说出影响我国气温分布的主要因素；举例说明我国气温对生产和生活的影响。本节课的重点内容是阅读等温线图，这也是学生初次学习较大尺度区域等值线图的阅读，因此，要着重训练学生等温线图的读图方法。作为气候单元的起始课，本节课能够指导学生掌握等温线图的判读，继而顺利迁移到等降水量线图的判读及其他等值线图的判读过程中，为本单元后续课程的学习打下扎实基础。

（二）学习目标

1. 能够运用我国 1 月、7 月等温线图，描述我国冬季、夏季气温分布特征。

2. 结合我国等温线图、地形分布图等资料，能够分析影响我国气温的主要因素。

3. 能够举例说明我国气温的区域差异对当地生产和生活的影响，初步建立人地协调的发展观念。

（三）学情分析

学生在七年级上学期学习过世界的气候，能够理解气温、降水、气候等基本概念；能够运用气温曲线图和降水量柱状图，归纳世界气温、降水的时空分布特点；能够运用世界气候类型分布图等资料说出主要气候类型的分布及其气候特点等；能够举例说明影响气候的因素和气候对生产生活的影响。学生在七年级下学期学习过世界区域地理，能够运用气候图表分析某区域气候特点及其对农业生产和生活的影响。学生对气温曲线图和降水量柱状图的分析掌握得更好，而对等温线图、等降水量线图的阅读方法和步骤比较模糊，在运用等温线图、等降水量线图概括大尺度区域气温、降水或气候特征时仍存在一定难度。等温线图和等降水量线图作为等值线图的一种，对于学生的空间分析和抽象思维能力要求较高，是初中阶段地理学习的难点。

（四）教学过程

<table>
<tr><td colspan="2">环节一：导入</td></tr>
<tr><td>教师活动 1
【导入】老师搜集了我们班同学在假期旅游时拍摄的照片。
【展示图片】学生的两张旅游照片，一张拍摄于海南，一张拍摄于哈尔滨，拍摄时间为寒假。（时间、地点待学生回答后再公布）
【提出问题】你从照片中看到了哪些信息？根据信息推测这两位同学分别是在什么假期拍摄的？追问：如果两张照片都拍摄于寒假，那么最有可能的拍摄地点是哪里？
展示照片实际拍摄时间和地点，突出冬季南北温差大的特点</td><td>学生活动 1
观察照片，从照片中提取衣着、自然景观等信息，根据获取的信息分析、推测照片拍摄时间是寒假并说明理由。
明确拍摄时间之后，进一步推测可能拍摄的地点。
结合生活实际，从感性角度初步认识我国南北温差大的特点</td></tr>
</table>

续表

<table>
<tr><td colspan="2">设计意图：由学生自己的假期旅游照片导入，创设生活化教学情境，体现教学真实性特点，同时，能引发学生学习兴趣，从感性角度初步认识我国南北温差大的特点，引出本节课的主题——我国的气温</td></tr>
<tr><td colspan="2">环节二：回顾旧知——读图方法指导</td></tr>
<tr><td>教师活动 2
【承转】我们从照片中直观感受到我国南北温差大的特点，那么，有什么更科学的方式让我们进一步认识我国气温的差异呢？
【回顾旧知】我们学过哪些分析气温的图表呢？展示气温曲线图和等温线图。
【提出问题】分析气温空间差异需要用哪种图？
【读图指导】引导学生回顾旧知，并归纳阅读等温线图的基本方法</td><td>学生活动 2
回顾七年级气候相关知识，说出展示的图片对应的是气温曲线图和等温线图。
回答问题，说出分析我国气温南北差异需要用等温线图。
归纳阅读等温线图可以从等温线延伸方向、疏密程度、数值变化等角度</td></tr>
<tr><td colspan="2">设计意图：从学生已有知识和经验出发，联系七年级上学期学过的气候相关知识，回顾基本读图方法。本环节起到承上启下的作用，帮助学生由已知迁移到未知搭建“脚手架”，同时，让学生认识到各年级知识之间的联系，逐步建立起相对完整的知识结构框架</td></tr>
<tr><td colspan="2">环节三：寻冬之旅——分析我国冬季气温特征</td></tr>
<tr><td>教师活动 3
【承转】我们梳理了等温线图的读图方法，下面运用等温线图分析我国气温分布特点。
【提出问题】引导学生读图找规律，确定关键值。观察学生完成及回答问题时的表现并及时评价、反馈。
【展示资料】通过视频、图片等资料展示冬季特色旅游项目，引导学生思考气温与生活的关系</td><td>学生活动 3
说出我国东部地区等温线大致延伸方向。读出等温线数值，计算最南、最北两条等温线的温差。观察等温线数值变化规律，得出我国冬季气温分布规律。
在地图中指出秦岭、淮河，课堂白板展示描画 0℃等温线</td></tr>
<tr><td colspan="2">设计意图：等温线图的阅读是重点，本环节通过分步骤的、可拆解的学习任务，降低难度，引导学生掌握正确阅读等温线图的方法，落实重点</td></tr>
<tr><td colspan="2">环节四：访夏之旅——分析我国夏季气温特征</td></tr>
<tr><td>教师活动 4
【承转】通过阅读等温线图，我们认识到我国冬季南北温差大的特点，那么，我国夏季气温分布有什么不同之处？
【组织活动】引导学生通过小组讨论完成导学案，进行读图方法训练。
【总结】结合学生回答情况，归纳总结我国夏季气温的分布特点。
【展示资料】展示学生暑假旅游照片，引导学生思考青藏高原夏季气温较低的原因。播放“吐鲁番沙疗”等特色旅游活动视频，引导学生思考气温对人类活动的影响</td><td>学生活动 4
小组讨论，概括我国夏季气温分布特征。结合我国地形分布图，指出我国夏季气温较低的区域并分析原因。
小组代表回答问题，发言并展示。
观看图片、视频等资料，思考气温对人类活动的影响</td></tr>
<tr><td colspan="2">设计意图：通过前面的活动，学生已经学会等温线图的阅读方法，在此基础之上，用演绎法读图概括我国夏季气温分布特征，进一步训练学生读图能力。通过小组合作探究，培养学生团队合作意识</td></tr>
<tr><td colspan="2">环节五：小结——气温与生活</td></tr>
</table>

续表

教师活动 5 展示饮食、服饰、民居等多种图文资料，引导学生认识气温对生活的影响。 本课小结	学生活动 5 结合生活实际，举例说明气温对生活的影响
设计意图：地理即生活，通过该环节引导学生发现生活中的地理，学对生活有用的地理。最后进行本课小结	

（五）板书设计（图 1-3-1）

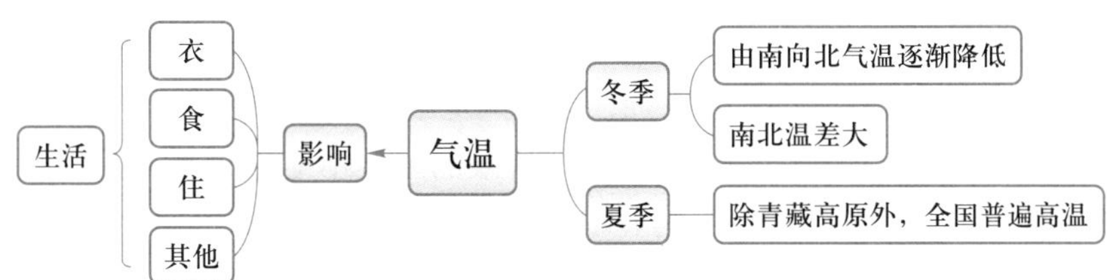

图 1-3-1　板书设计

（案例提供：王贤立，北京市上地实验学校）

【案例分析】

该教学案例以学生在不同假期外出旅游的照片和经历作为新课导入环节，以学生生活创设真实教学情境，充分诠释了“学习生活中有用的地理”的教学理念。用学生身边的实例导入课堂教学，符合学生学习特点，让学生感觉更熟悉、更贴近生活，从而对所学内容更感兴趣，也就更容易进入学习状态，课堂落实效果较好。

本节课的难点之一是等值线地图的阅读。在教学中，教师注重对学生阅读等值线地图的指导，充分利用地图引导学生分析在同一时间、不同地点看到不同景观的原因，将地理信息与生活实际有机结合，更有利于帮助学生理解不同地区产生气温差异的原因。此外，案例还注重课堂生成，同时充分利用教材、地图、景观图、视频等学习工具，指导学生完成学习任务，有利于学生基本技能和地理实践力的培养，最终落实教学目标。丰富的图像、动画等资料不仅能扩充教学内容，展示地理原理、地理过程，同时还能直观地呈现学习内容。本节课在讲解新知之前还回顾了七年级学过的内容，体现出学习内容的连贯性，有助于学生构建完整知识结构框架，提高理解力，促进深度学习。

二、善于将地理相关的热点新闻引入课堂教学、作业及练习

如今是网络发达的时代，学生很容易获取各种热点新闻。热点新闻是新近发生的事实报道，不仅“新”，还具有时效性。与地理环境相关联的热点新闻生动、鲜活，容易引起学生的兴趣和普遍关注，将其引入地理教学，既贴近学生实际，又符合学生追求新知识的需要，对激发学生学习地理的兴趣、提升学生的能力、开拓学生的视野都

有帮助，同时对培养学生理论联系实际的能力以及情感、态度、价值观都具有积极的意义。例如，每年冬至前后，颐和园的“金光穿洞”现象会吸引大批的游客前去观赏，因此，在回顾学过的知识时可以让学生解释产生“金光穿洞”现象的原因，甚至可以让学生写一篇百字小文章，训练学生归纳、总结的能力；节假日前夕，可以让学生设计假期旅游的行程路线，使学生在查找旅游目的地的各种资料、出行攻略的过程中，提高查找资料、筛选资料、整合资料的能力，同时还能加深学生对人们的生活、生产受地理环境特征影响的理解。重要的国内及国际会议、世界各地热点问题等，都可以作为课堂教学的素材，引导学生讨论并发表看法，在提高学生分析能力的同时，培养学生科学的世界观以及热爱祖国的情怀。

教材中使用的案例虽然具有代表性，但不同地区、不同时代、不同事件千差万别，初中学生正处在求知欲较强的阶段，教材中有限的内容不能够满足初中学生对知识的需求。让学生通过新闻媒介了解一些典型的地理现象、地理事件，将知识与现实有机结合起来，使学生不再局限于教材中的内容，而是通过关注热点问题“走出课本，走出校园，走向世界”，这也是对教材的必要补充和所学知识的具体应用。

【案例 2】关注热点，认识中国（暑期作业设计）

作业目标：熟记我国 34 个省级行政区的全称、简称及行政中心。

作业要求：

（一）制作中国政区图拼图

1. 制作各省级行政区轮廓图：将中国政区图粘贴在硬纸板上，并按照省级行政区轮廓剪切，形成拼图（面积小的省级行政区可以和其他行政区剪切在一起，如北京市、天津市与河北省连起来剪切）；将各省级行政区的简称标注在拼图相应的位置上。

2. 制作底板：将另一张大小一致的中国政区图粘贴在纸板上，并沿着国界线、海岸线剪切将中国陆地部分留空。

3. 涂色：用蓝色在底板相应位置填涂海洋部分，用红色描出国界线，用其他颜色填涂各省级行政区。

4. 将各省级行政区的拼图拼在底板上，并在假期反复练习拼图，熟悉我国 34 个省级行政区的全称、简称、行政中心。

（二）关注热点，认识中国

持续关注暑假期间的新闻热点，并任选 10 个省级行政区与地理相关的热点新闻记录到中国政区图相应的位置上，并将该省级行政区涂色，每个省级行政区 1 条，共 10 条。（标注新闻时请注意版面美观）

【案例分析】

本次作业为八年级学习中国地理之前的暑期作业，旨在帮助学生提前预习中国地理，尤其是中国 34 个省级行政区的全称、简称和行政中心。在课程标准中，相应的要求是“运用中国行政区划图，识别 34 个省级行政区，记住它们的简称和行政中心”。其中，“记住”是要求学生建立头脑中的地图，不仅知道 34 个省级行政区的位置，还要清楚各省级行政区之间的相对位置，熟悉它们的全称、简称及行政中心，这是中国地理必须掌握的基础知识。该作业以制作拼图的方法帮助学生熟悉 34 个省级行政区的名称和轮廓；以拼图练习的方式帮助学生熟悉 34 个省级行政区之间的相对位置；关注与地理相关的暑期新闻热点，不仅能够帮助学生区别和理解什么是地理相关的新闻热点，还能够进一步帮助学生熟悉 34 个省级行政区，为中国地理的学习打下坚实的基础，提高学生对中国地理的学习兴趣。

（案例提供：王晓玲，北京市上地实验学校）

"两耳不闻窗外事，一心只读圣贤书"的学生，很难适应当今由应试教育向素质教育的转轨。现在初中地理的内容越来越贴近生产生活实际，试题也常以生活实际中产生的问题为命题背景材料或切入点来创设问题情境，考查学生运用课堂所学的知识和方法解决实际问题的能力。例如，近几年的初中地理学业水平考试中就以我国西部"三区三州"为例，展现我国脱贫攻坚战取得的成绩；"国以民为本，民以食为天"，通过"农民丰收节"问题情境创设，反映我国重视农业的基础地位，关注"三农"问题；通过国际海洋日暨全国海洋宣传日活动主题"保护红树林，保护海洋生态"，以及极地海冰变化等话题，引导考生关注海洋环境问题和全球气候变化问题。地理试题紧密联系生产生活实际，坚持知行合一，让学生成为生活和学习的主人。

三、利用"新闻课上播"等活动帮助学生养成自觉关注地理知识的习惯

可以固定在课前安排几分钟让学生讲一讲近期与地理相关的新闻，并分析该新闻中体现的地理知识。每节课安排一名主讲人，不足之处由其他同学或者教师加以补充。利用这类活动促使教师和学生共同看新闻、讲新闻、评新闻，在看、讲、评的过程中，不仅训练了学生表述、归纳以及分析的能力，调动了学生的学习积极性，还增进了师生关系。

利用电视、报纸、网络等丰富的教学资源获取丰富的地理新闻知识，并将其融入地理课堂教学，不仅能拓展学生的视野，提高地理知识的应用价值，还能激发学生学习地理的热情，培养学生理论联系实际的能力，提高课堂教学效率。

教学建议

学生学习对生活有用、对终身发展有用的地理，不但有利于学生结合理论知识联系生活实际，将所学知识有效地运用于日常生活中，还有利于学生对地理知识的认识和把握，形成正确的人地协调观，并养成自觉学习地理的态度和习惯及地理思维的模式，从而实现学生核心素养的培养。要将"学生学习对生活有用、对终身发展有用的地理"这一理念最终变为现实，教师需要从以下几个方面做好。

第一，转变观念，活化教材内容。

随着新版课程标准的全面实施，教师要认真钻研和领会地理课程标准，理解"学

生学习对生活有用、对终身发展有用的地理”课程理念的真正含义。在这一教学理念的指导下，教师备课时不能墨守成规，只局限在课本教材，而要与时俱进，通过电视、报纸、网络、手机软件等渠道选择一些与教材内容相关的时事热点、学生身边常见的现象等，及时补充为课堂教学的资料，如“学习强国”学习平台是面向全社会的优质平台，宣传的内容小到街道邻里之间的琐事，大到经济发展、未来规划等国家大事，还有中国与世界各国的友好交往，此外，该平台之下还有各个省级行政区、各机关、政府部门的频道，资料丰富，更新及时，传播正能量，可以为教学提供良好的素材，同时也能帮助学生养成关注热点新闻、国家政策法规的习惯。

第二，创设情境，提高学生运用地理知识的能力。

地理思维是将分析、综合、抽象、概括、推理与地理课程知识结合在一起，并熟练运用。学会地理思维，不仅能提高地理学习的效率，扩展知识视野，而且能增进终身学习的能力和解决实际问题的能力。所以，提高学生运用地理知识的能力非常重要。学习教材知识之后，教师要创设适当的情境，引导学生用学过的地理知识去分析地理信息、解决地理问题，例如在学习中国地理的相关知识之后，可以让学生设计暑期避暑旅游计划，包括所选的避暑胜地、关于避暑胜地的自然环境特征、说明该地能够避暑的原因、避暑旅游的行程安排、交通工具及线路的选择、旅游费用预算以及旅游过程中的安全预案等。要制订一份完美的、符合实际的暑期避暑旅游计划，学生就要利用所学地理知识，综合考虑各种地理要素，这样的活动有助于学生将地理知识融入生活，提高运用地理知识的能力。

第三，利用学校及周边资源，开展地理第二课堂。

地理教师可以利用学生的游学或科学考察活动开展地理第二课堂，让学生有目的、有计划地走进自然、走进社会，培养学生地理实践能力和创新能力。传统的教育方式，只注重知识的传授，学生机械、被动地接受知识，不利于学生真正理解知识。学校在条件允许的情况下，增大地理教学的开放性，为学生创造宽松的学习环境，为学生自主学习提供条件，爱护和培养学生的学习兴趣，鼓励学生对所学地理内容提出自己的看法。

日常生活中的衣食住行与地理知识息息相关，生产建设、工业、农业也与地理知识密切相连，教师要秉持引导学生学习对生活有用、对终生发展有用的地理的理念，在教学中有意识地培养学生的地理实践力和跨学科整合能力，使学生能将地理知识应用于现实生活，为未来的全面发展奠定坚实的基础。

1-3

新闻课上播（活动设计）

关键问题 1–4　如何引导学生形成动态地看待地理问题的思维方式?

问题提出

新版课程标准提出，地理课程要引导学生通过探究人类活动与地理环境的关系，认识到地球资源是有限的、生态环境是脆弱的，形成保护地球家园的观念、热爱祖国和家乡的情感，以及关心世界的态度，不断增强人文底蕴、科学精神和责任担当，并提高健康生活、终身学习和实践创新等能力。地理课程要引导学生探究的人类活动与地理环境的关系，即人地关系，这是地理学科最为核心的研究主题和基本的思维视角。人地关系中，地理环境由地形、气候、水文、植被、土壤等自然地理要素组成，同时又包含人口、资源、交通、政策、市场、科技等诸多人文地理要素，这些地理要素之间相互关联、相互作用、相互渗透，其中某一个地理要素发生变化，其他地理要素会随之发生变化。地理环境是千差万别、瞬息万变的，这就要求我们用动态的思维方式来认识地理环境中各地理要素之间的联系和变化。

在分析地理事物时，要尽可能全面考虑各个地理要素，这就要求学生全面把握地理要素，并进行综合分析，培养一种习惯性的思维方式和能力，即综合思维。综合思维的培养，有助于学生系统、动态、辩证地看待问题，勇于探究、善于思辨、大胆尝试和创新。培养和训练学生的综合思维，旨在使学生能够初步学会应用多要素、多角度分析地理问题，而非孤立、绝对、静止地分析地理事物和现象。① 用动态的观点研究地理事物和现象，发现其发生、发展的演变规律，不仅是地理学本身发展的需要，也是地理学在国家建设、区域发展中发挥重要作用的需要。②

在人地关系中，人是地理环境中有性格、有思维、有创造力的活跃个体，受地理环境的影响，不同的人对地理环境、地理要素之间相互关系的认识，以及与对地理环境的改造、相处的方式也不尽相同。地理环境是动态变化的，人类为适应不断变化的地理环境而产生的行为也是千差万别的，这就要求地理课程要注意培养学生用动态的眼光、动态的思维方式来看待地理环境，要协调好人类活动与环境的关系，即人与地理环境之间要和谐共生发展。

① 韦志榕，朱翔 . 义务教育地理课程标准（2022 年版）解读 [M]. 北京：高等教育出版社，2022：59.
② 韦志榕，朱翔 . 义务教育地理课程标准（2022 年版）解读 [M]. 北京：高等教育出版社，2022：59.

问题分析

一、培养学生动态地看待地理问题的内涵

1. 培养学生动态地看待地理问题是综合思维的重要体现

所谓“动态地看待地理问题”，就是用发展的眼光、综合性的思维方式分析地理问题。地理学是研究地理环境以及人类活动与地理环境关系的科学，学科本身就具有综合性、区域性等特点，而且地理环境中的地理要素是不断变化的，人地关系也是不断变化的。我们在认识地理环境中各地理要素时，要根据环境的变化、条件的改变不停转换思维方式，准确地调整和把握地理事物和现象。这是一种运动的、变化的和择优的思维方式。培养学生动态地看待地理问题，也是地理课程要培养的核心素养之——综合思维的重要体现。

2. 培养学生动态地看待地理问题是地理考试改革的需要

在新中考深入改革的背景下，地理学业水平考试命题的基础性强，主要考查学生必备的基础知识的掌握和运用能力；综合性强，考查学生的综合思维；应用性强，注重理论联系实际，强调学以致用；探究性和开放性强，考查学生的地理实践力和创新能力。在地理试题中，动态问题占据着重要的地位，它蕴含着运动与变化的观点，需要综合运用多个知识点和多种解题思路。这类试题灵活性强、区分度及能力要求高，综合测试学生的实际操作能力、空间想象能力、分析问题和解决问题的能力等。例如，以下试题以极地海冰范围变化为情境，给学生提供 1979—2013 年北极 9 月海冰范围变化图，考查学生的综合思维能力。

近年来，极地海冰范围的变化引起人们的广泛关注。图 1-4-1 为 1979—2013 年北极 9 月海冰范围变化图。读图，完成以下三个小题。

1. 北极地区有大范围的海冰体现了该区域（ A ）。

A. 纬度高，气温低　　　　B. 海拔高，光照强

C. 陆地广，风力大　　　　D. 海域小，降水足

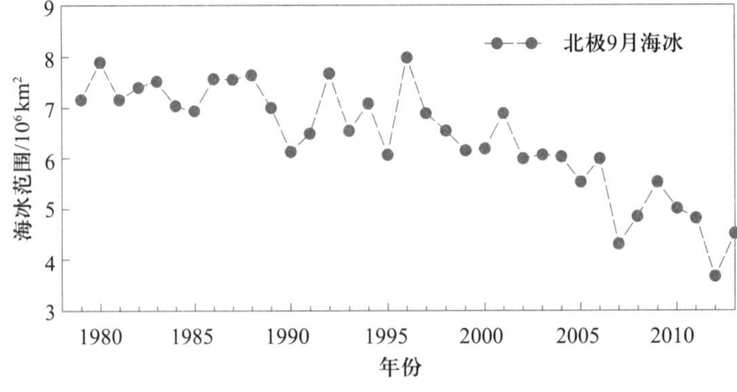

图 1-4-1　1979—2013 年间北极 9 月海冰范围变化图

2. 1979—2013 年北极地区（D）。

A. 淡水资源增多　　B. 海域面积缩小

C. 陆地植物减少　　D. 适航范围扩大

3. 开展极地地区的海冰研究有助于（A）。

A. 研究全球气候变化　　B. 改变极地生态环境

C. 大量捕捞海洋生物　　D. 开采极地矿产资源

第 1 题从北极地区有大范围海冰这一区域地理特征入手，让学生结合区域自然环境特点分析原因，考查区域位置认知，这也是认识该区域自然要素特点及其影响的基础。第 2 题从 1979—2013 年北极地区的变化入手，在认知区域位置和基本自然环境要素特点的基础上，结合自然环境要素间的相互作用和影响进行判断，因此对学生的思维要求有所提升，同时也体现了过程性学习。第 3 题则是在认知自然环境要素及其相互关系的基础上，探讨自然环境对人类生产生活的影响，只是本题设问形式较新颖，题目设问开展海冰研究的作用意义，实际是问极地海冰范围变化的原因，即回归到地理学的核心——人地关系的考查。这一组试题很好地复原了考生的课堂学习过程，考查考生对地理问题的综合思维能力，引导考生从地理的视角认识生活中的问题。这些不仅是关注社会热点问题，利用所学知识解释、解决身边的问题的具体体现，也是提升地理学科素养的教学导向，这些探究方法与探究意识会使学生终身受用。

3. 培养学生动态地看待地理问题是地理教学目标的要求

由于地理学科本身具有综合性强的特点，学生在地理学习中既要了解各地理要素的特点、空间分布和时间变化规律，还要明晰各地理要素之间的关系，而这种关系也要建立在空间分布和时间变化的共同作用之下，因此新版课程标准强调：学生能够初步理解地理事物和现象是由地理要素在不同时空条件下相互作用形成的；能够通过观察、比较、分析等方法，认识地理事物和现象的自然、人文特征及其时空变化特点，初步形成从地理综合的视角看待和分析问题的意识和能力；能够初步具备崇尚真知、独立思考、大胆尝试等科学品质。可见，培养学生动态地看待地理问题是地理教学目标的要求。

二、培养学生动态地看待地理问题的意义

1. 有利于学生形成多角度分析问题的思维方式

“动态地看待地理问题”就是从发展的角度来认识地理事物和现象的时空分布和变化。某种地理事物和现象朝着什么方向发展变化，关乎这种地理事物和现象时空之间的相关性，它们都有发生、发展演变、蜕化变质等一系列过程。所以，对于这些地理事物和现象，不能静止、孤立地去看待，而要用动态的思维方式、用发展的目光去发现、探究其发展演变的过程和规律。动态地看待地理问题，有助于学生学会综合、多角度分析地理问题，形成辩证、全面地看待问题的意识，综合思维得到训练和巩固。

2. 有利于学生大胆尝试和创新

培养学生动态地看待地理问题，有助于学生更有效地面对和处理信息化、全球化时代日益复杂、层出不穷的各种问题，更好地适应社会的需要，养成独立思考和解决地理问题的意识和习惯，勇于探究、善于思辨、大胆尝试和创新。

3. 有利于学生发展核心素养

地理环境是多元的，具有时空性，人类活动与地理环境之间的关系也是复杂的，这就要求学生要用动态和发展的眼光和思维方式看待地理环境，分析人类活动与地理环境之间的关系。学生在解决现实生活中人地关系的问题时，学会运用综合思维和区域认知的思维方式和能力，形成科学精神和意志品质，最终建立人地协调观。

问题解决

一、加强读图指导，提高阅读分析能力

地图是地理学的语言，它集中了大量客观世界的信息，通过对地图的观察和分析，可以概括出各种地理事物的空间分布以及它们之间的相互关系。但是初中学生在生活中较少使用地图，因此对地图的认识不足，读图缺少方法，读图能力也比较欠缺，这就要求教师在教学过程中不但要强调地图的重要性，还要教会学生阅读各类地图。在教学中，教师要重视学生读图技能的培养，让学生掌握这把学好地理的钥匙，从熟悉地图到看懂地图，进而能分析、运用地图，并逐步建立起有确切空间概念的知识系统。

教师要有步骤、有顺序地指导学生读图，不能杂乱无章。在观察一幅地图时，一般应注意先看清图名，知道地图的主题或主要内容；再阅读图例和比例尺，知道地图方向；最后深入到地图内部，对应图例获取能够解决问题的具体信息。例如，地形图就是初中地理教学中经常使用的一类地图，指导学生学会阅读地形图，不仅是教学的重点和难点，也是提高学生综合思维能力的重要手段。

【案例 1】亚洲的自然环境（地形图阅读教学设计）

教学环节：看图归纳亚洲的地势地形特征并总结方法。

活动一："势"倾天下

教师出示亚洲的地形图、六大洲的海拔范围数据，提出任务：

1. 通过读图步骤的引导，首先阅读图例，找出亚洲的海拔范围；通过亚洲陆地最高点、最低点信息，计算亚洲的高度差。

2. 归纳亚洲的地势特点。

活动二："形"以类聚

1. 找一找亚洲有哪些地形类型？并阐述地形与地形区的区别。

2. 总结概括亚洲的地形特征。

3. 读图，找到给定地形区的位置，并用不同颜色圈出不同地形类型，同时标注海拔范围，通过观察亚洲主要地形单元分布及其海拔，总结亚洲地势高低起伏的状况。

活动三："剖"丝剥茧

教师出示 30° N 附近的地形剖面图和亚洲大陆沿 80° E 的地形剖面示意图，提出任务：按照地形剖面图的读图步骤，读出 30° N、80° E 沿线的主要地形区，并总结的地势分布特点，并与根据分层设色地形图得出的结论进行对比，验证结论。

总结：亚洲地形特点可以从两个角度进行描述，一是地形类型的种类，二是地势起伏的状况。其具体特点为地形类型复杂多样，地势起伏大，中间高、四周低。

活动意图说明：引导学生通过阅读地图、图表等信息，归纳亚洲地势地形的特征并引导学生掌握通过地形剖面图提取信息和总结地势地形特点的方法，培养学生严谨的思维能力。

（案例提供：杨青霄，北京市十一学校龙樾实验中学）

【案例分析】

本节课教学设计通过读图逐步引导，活动层层递进，帮助学生明确读图方法，由判断地势落差到分析地形类型再到地形剖面图的验证，最终归纳出亚洲地形的特点。本活动在读图分析区域自然环境地形特点的过程中，强调培养学生识图、用图的能力，以及从各种图文资料中提取相关地理信息的能力，有利于学生综合思维发展。

首先，读图指导应根据各种地图的实际情况，按照一定的顺序分步进行。当然，看图顺序也不是绝对的、一成不变的，有时可根据需要及学习情况灵活变通。其次，观察地图要有整体性。在看地图时，特别是区域性地图，不能孤立地看一条线或者一个点，而应综合观察，从点、线扩大到面。指导学生整体阅读地图，有助于学生形成地理事物的空间位置、空间分布、空间结构的正确观念。最后，要指导学生观察地图时要从不同的方面、不同的角度多次进行图解、勾勒，使主要的地理事物更加明显，加深对每个知识点的印象，从而得到良好的读图效果。

二、建构结构式板书，培养综合思维

地理环境及各个地区的地理特征都是地理要素相互作用和密切联系的综合表现，都具有一定的时间和空间条件。因此，教师要帮助学生理清地理环境中的位置、自然环境、人文环境等要素之间的关系，教学要突出地域特征，引导学生比较地区差异，分析产生特征和差异的原因，明确区域发展的方向。结构化板书能够显现地理要素、地理事物之间的相互联系、相互作用以及前因后果的关系，层次分明、条理清楚，具有综合性、逻辑性、直观性强的特点，是培养学生的综合思维核心素养的重要方式。

【案例 2】长江三角洲地区（板书设计）

"长江三角洲地区"一课的板书设计如图 1-4-2 所示。

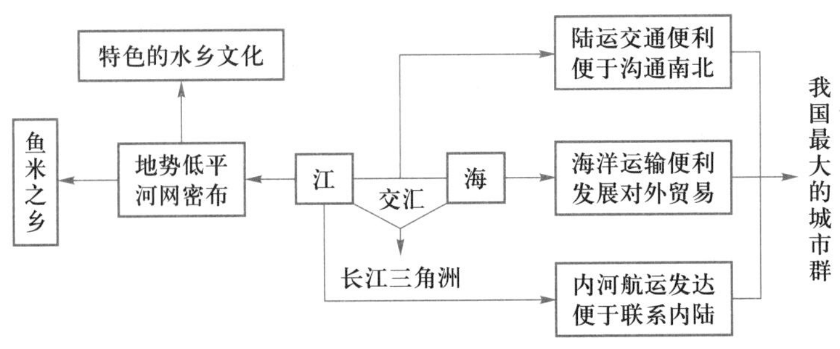

图 1-4-2　板书设计

（案例提供：王卫宁，北京市上地实验学校）

【案例分析】

“长江三角洲地区”一课的板书设计中，突出了长江三角洲地区重要的位置特点——江海交汇之处，在此位置特点的影响下形成“鱼米之乡”“特色的水乡文化”的农业特色和文化特色，以及重要的地理位置对该区域经济发展、城市群落形成的积极作用。该板书设计清晰地展示出各地理要素之间的结构关系，综合性、逻辑性强，有利于学生综合思维的培养。

三、结合时事热点，动态地看待地理问题

时事热点与地理学科关系紧密，挖掘时事热点中的地理要素，引领学生参与和探究地理学问题，有助于发展学生人地协调观，提高学生核心素养。时事热点材料在地理课堂中具有良好的学习价值和意义。时事热点将地理教学与社会问题衔接，丰富地理课程资源，激发学生的兴趣，有助于提高学生地理综合思维能力，运用地理原理和认识、解决生活问题。

【案例 3】跟着主席品“湘漓”

（一）教学内容分析

本节是专题复习课。以时事热点“习主席的广西之行”为教学背景，以湘江、漓江两条河流为线索，引导学生分析广西地形地势、气候、河流等自然环境特点。补充灵渠的历史资料，引导学生分析河流对人类生产生活的影响，归纳河流在区域联系和区域发展中的重要性。基于对自然环境特点的分析，补充当地服饰、民居等资料，使学生进一步认识和体会“一方水土养一方人”，感受区域人文地理环境受自然环境的影响。基于地方特色农产品的作物习性，引导学生分析农业发展的“因地制宜”。最后，补充工业发展的趋势，引导学生思考高新技术产业发展的必要性。借助资料分析区域发展面临的问题及考验，引导学生思考新时代背景下如何实现人地协调发展，帮助学生理解区域间协同发展的必要性及具体方式，形成区域学习的综合思维。

（二）学情分析

学生在学习了南方地区的自然特征与农业、长江三角洲地区等内容的基础上，了解了我国南方地区的自然、人文环境特点，掌握了学习区域地理的一般方法，并初步理解了区域内的地理各要素之间的联系及差异。但是学生对一些学科专业名词理解不够到位，还停留在单点知识的理解层面，对自然环境要素间相互作用的关系理解不足，无法实现知识串联，有待在实际案例中进行灵活运用。对于地区的开发与保护，学生无法从地理视角去分析某区域发展的优势与劣势，也反映出学生对地理事物间作用影响的抽象思维尚有欠缺，仅停留在表层，不能深入分析各个区域的特色及区域内的因地制宜。对于区域发展及人地关系协调发展的理念，学生理解不够，仅有一定的意识，缺乏深度的感知。我国注重生态文明建设，学生的人地协调观尚未完全形成，对于国家实施的生态建设战略措施，学生理解有障碍，难以理解区域发展与生态保护两者如何协调。

考虑到这样的学情，希望本课能够将抽象内容具体化，概念逻辑可视化，依托区域情境，运用综合思维进行区域认知和实践运用，并在实践运用的过程中渗透人地协调观，实现核心素养的培养。

（三）学习目标

1. 能借助地图分析广西地形地势、气候、河流等自然特征，梳理地理要素间的作用与影响，综合已学内容和灵渠历史资料，归纳区域发展中河流的作用和价值。

2. 能借助图文资料和自然要素特征，分析当地服饰、民居等人文地理要素形成的原因，结合当地特色农产品，理解区域农业发展的因地制宜。

3. 能分析地区工业发展特点及高新技术产业发展的必要性，了解区域间协同发展的方式，感受区域合作发展的必要性及交通运输建设对区域合作的重要性。

4. 能了解区域经济发展中的生态问题，感受人地协调发展的必要性。

（四）教学重点和难点

1. 重点：借助地图分析广西自然环境特征，归纳区域发展中河流的作用和价值。分析自然环境对人文环境的影响，理解农业发展要因地制宜。

2. 难点：分析地区工业发展特点，理解交通在区域协同发展中的重要性，树立生态保护理念。

（五）教学过程

<table>
<tr><td colspan="2">环节一：情境创设——广西考察团记录</td></tr>
<tr><td>教师活动 1
1. 导入：我国“十四五”规划的开局之年，习主席来到广西考察。习主席去哪里了？做了哪些重要指示？ 今天我们就跟着习主席的步伐认识一下广西壮族自治区，并完成导学案。
2. 情境创设：成立学生考察团，跟着习主席的脚步一同，感受湘江之畔、漓江之岸的广西壮族自治区的魅力</td><td>学生活动 1
1. 回顾这几天的新闻。
2. 回顾广西基础知识，填写完成导学案</td></tr>
</table>

续表

<table>
<tr><td colspan="2">设计意图：借助习主席考察之路激发学生求知欲。设计考察团的情境，增强学生学习的专注度。借助导学案引导学生回顾旧知，促进新知学习</td></tr>
<tr><td colspan="2">环节二：品自然</td></tr>
<tr><td>教师活动 2
1. 展示中国政区图，定位置赏风光。在我国的南方地区，这里红壤绿植交相辉映，还有波光粼粼的梯田风光。为什么会有这么特别的景致？与哪些地理因素有关？
2. 思考：了解和熟悉一个区域的自然环境，我们需要从哪些方面进行？
3. 借助资料包，小组合作完成对广西自然环境方面的探究，讨论完毕后由学生代表发言。
要求：①说明广西地理位置；②归纳广西地形地势、气候特征；③概括河流水文特征；④绘制简单的逻辑图表，简要分析广西地形、气候、河流是如何相互作用、影响的。
4. 区域发展中河流的作用。展示资料“灵渠的前世今生”，提问：①漓江、湘江分别属于什么水系？②为什么要修建灵渠这样的人工河？③结合已学的我国南方地区的内容，归纳河流在区域发展中有什么价值？
5. 归纳梳理：区域自然环境要素的分析思路及逻辑关系</td><td>学生活动 2
1. 梳理探究区域自然环境的一般思路，绘制简图进行分析。
2. 分析地图，完成导学案，绘制思维导图展示自然环境要素间的影响与作用。
3. 小组讨论，合作完成探究任务，小组代表发言，说明“用了哪张图 + 分析思路 + 要素特征”。
4. 结合已学，借助材料，总结河流的航运、灌溉、文化交流及军事地位</td></tr>
<tr><td colspan="2">设计意图：借助南方地区地形图、广西地形图和桂林气温降水图表等资料，进一步训练学生的读图意识和析图能力。另外，通过小组合作环节，培养学生小组合作意识，并在绘制逻辑框图的过程中，引导学生建立自然环境要素间的相互关系，形成区域认知的综合思维。借助灵渠的资料补充，帮助学生复习回顾河流在区域内发展的价值。课本上例子更多是从航运、灌溉等方面展示的，希望借助资料让学生理解河流在区域文化交流及国家政治、军事方面的重要地位</td></tr>
<tr><td colspan="2">环节三：品特色</td></tr>
<tr><td>教师活动 3
1. 背景：4 月 27 日，习主席来到了广西民族博物馆，参加了三月三“歌圩节”活动。歌圩节是哪个民族的特色节日？这里又有哪些区域特色的内容值得我们考察了解的呢？
2. 展示民族服饰图片：歌圩节是壮族的传统节日，这一天人们身着华服，走上街头巷尾唱山歌庆祝。壮族的服饰有什么特点？体现了当地什么自然特征？
3. 展示民居图片：壮族的传统民居有什么特点？体现出当地有什么样的自然环境特征？
4. 展示茉莉花相关资料：广西横州市是我国的“茉莉之乡”。结合材料以及月均气温和降水表格数据，当地能够盛产茉莉的有利条件有哪些？</td><td>学生活动 3
1. 借助图片归纳民族服饰特点（厚薄、长短、松紧），填写完成导学案，感受气候对民族服饰的影响。
2. 借助图片归纳民居特点，完成导学案表格填写，说明民居如何反映出当地气候特点。
3. 小组合作讨论：利用导学案提供的茉莉花生长习性和横州市月均气温和降水表格数据探究横州市盛产茉莉的原因</td></tr>
</table>

设计意图：此部分的设计思路来源于近年来的考试试题。初中阶段，学生需要在分析出区域自然环境特点的基础上，联系当地的衣食住行，感受区域自然环境对地区人文环境的影响。另外，为了凸显农业受自然因素的影响，引导学生从作物习性出发分析区域发展的因地制宜，锻炼学生综合思维能力，引导学生探究地理现象背后的原因	
环节四：品发展	
教师活动 4 1. 展示横县茉莉产业的曾经与现在。如今的茉莉生产更加注重生态保护。横县还做了哪些努力来推进茉莉产业发展？还有哪些措施可以推动区域农业的发展？ 2. 背景：习主席的考察之路不仅有桂林和南宁，还去了柳州，在这里参观了柳工集团，了解集团的发展。 补充柳工集团的资料并提出问题：该集团产品属于什么工业类型？我国重工业如今又向什么方向发展？ 3. 区域合作的必要性。补充北部湾建设的资料。观察资料及图片，省区的发展还需要“单打独斗”吗？区域之间的合作又借助了什么样的“桥梁”？ 4. 区域生态发展的重要性。补充广西凤山生态破坏的资料。你认为一个区域要想获得长久的经济发展需要具备什么样的条件？如何做？ 5. 小结：在习主席的考察过程中，特别提到了漓江的生态治理问题。同学们想想看，我们需要注意些什么问题。习主席提到“广西生态优势金不换”，每个区域都有独特的魅力，而我们要做的，是用地理的视角去观察、去发现、去思考、去感悟。 6. 请同学们完成导学案的考察反思并进行组内导学案互评和推荐，竞选出今天的“考察团学者”。 7. 课后拓展：从地理视角看柳州螺蛳粉的大火	学生活动 4 1. 完成逻辑框图的内容填写。通过对比过去与现在对老旧花枝的处理方式，感受茉莉产业的发展，体会发展中的生态环境保护。阅读新闻资料，了解横县为推广茉莉产业发展做的具体措施。结合时代发展提出推广地方农业发展的具体建议。归纳区域农业发展的可行方式。 2. 阅读材料，了解当今柳工集团对云计算、大数据、5G 等信息技术平台建设的重视，通过自动化、机械化的工厂生产图片，感受高新技术产业发展的重要性。 3. 以小组为单位，探究讨论材料内容。了解我国北部湾建设政策，分析示意图感受区域间合作对广西发展的重要性。借助示意图，理解区域协作发展中交通建设的必要性。 4. 小组探究合作，归纳广西目前面临的问题，提出有效建议。 5. 思考区域发展与生态治理的关系，感受人地协调发展的必要性。思考区域经济发展与生态保护的关系。 6. 梳理区域学习的一般思路和方法。 7. 完成导学案并进行评选
设计意图：借助过去与现在茉莉生产的对比，让学生体会区域农业发展的进步。补充新闻资料，引导学生归纳区域农业发展和推广的具体路径。借助我国北部湾经济发展区的设置，引导学生思考区域合作发展的优势，感受区域协同发展中交通建设的重要性。补充的广西地质公园被破坏的新闻资料，引导学生思考区域发展与保护间的关系，让学生感受生态文明建设的重要性，帮助学生形成人地协调观	

（六）板书设计（图 1-4-3）

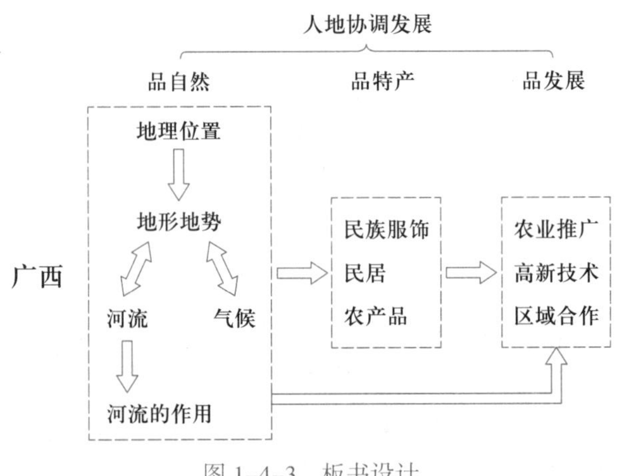

图 1-4-3　板书设计

（案例提供：李丹君，北京市第二十中学附属实验学校）

【案例分析】

本节课以时事为线索，学生学习兴趣很高，讨论热烈，课堂参与度高，能够从前面对南方地区学习中梳理出区域学习的思路和方法，迁移运用到本节拓展复习课的学习之中，效果较好。在总结教材中河流对区域发展价值的基础上，借助灵渠资料，补充了河流对区域政治统治的影响，引导学生体会河流的军事价值。另外，教材对区域工农业经济发展的具体路径涉及较少，本课以实际案例给学生以思路的指导，将抽象内容具体化，有助于学生的理解与体会。

教学建议

第一，信息技术助力学生动态地看待地理问题。在地理教学中恰当地运用信息技术，能够激发学生的学习兴趣，增强地理教学的直观性、形象性，丰富教学内容，使抽象的概念更加形象，使枯燥的地理原理更加生动，使静态的事物更加灵动，使微小的细节被放大，使复杂的过程变得简单，使知识的信息通过各种视听手段，有声有色、有静有动地展现在学生眼前，有助于促进学生多思善想，主动探究、自主学习，从而培养学生的思维能力、探究意识，更大限度地发挥学生的主体性。例如，在学习地球的公转及公转产生的现象时，受到空间认知的影响，学生很难理解地球公转的过程、公转时地球与太阳之间的位置关系以及公转产生的现象。教学时通过地球公转的动画演示，可以使学生直观地看到地球绕太阳公转的过程，帮助学生建立地球与太阳之间的空间位置关系，有利于学生进一步探究生活中的哪些现象受到地球公转的影响，促进思维能力的发展。

第二，设计贴近生活的地理作业。新闻热点和乡土地理贴近生活，可以作为地理作业的切入点。这样的作业能拉进学生与地理的距离，使学生认识到生活中处处有地理，学习地理不能忽视身边的地理现象。贴近生活的地理作业，从学生的实际情况出发，符合学生身心发展的实际需求，符合学生的认知能力。从学生熟悉的环境、现象、问题着手的作业，有利于激发学生学习兴趣，使学生主动去思考、创意，并完成作业。例如，利用寒假，地理组与美术组联合设计了地理实践活动“老北京前世今生”作业（图 1-4-4），从北京的地名入手，了解北京地名的发展变化，并为该地名设计文创产品。学生在假期选择喜爱的、有一定历史地理意义的地名，并对该地进行走访，了解地名演变的“前世今生”，对比北京的发展变化，形成动态地看待地名及北京发展变化的思维方式。在设计文创产品时，小组组员充分合作、讨论，积极创新，设计精美的文创产品。在完成作业的整个过程中，学生的核心素养得到训练和提高。又如，当发生地理相关时事热点时，为了引导学生形成能够时刻关注社会、关注新闻热点的意识，教师可适时补充相关学习资料。在这个过程中，学生能够感受到哪些新闻热点是和地理学科相关的，应该在平时关注哪些热点，这些热点新闻中包含了哪些地理知识和地理问题等。学生在作业要求的引导下，用分析地理问题的方法来分析、认识这些新闻热点，从而开拓视野，看待地理问题的思维能力得到了训练。

图 1-4-4 “老北京前世今生”作业

我们身边的地理环境是时刻变化的，用僵化的、静止的思维模式去学习是行不通的。教师在教学过程中要注重培养学生动态地看待地理问题的思维能力和创新思维品质，激发学生学习地理的热情，使学生成为具有地理素养的国家栋梁。

1-4

老北京前世今生（学生活动片段）

1-4

“鱼米之乡”——长江三角洲地区（教学设计）

关键问题 1-5 如何将中华优秀传统文化融入初中地理教学实践?

问题提出

中华优秀传统文化源远流长、灿烂辉煌，积淀着中华民族深沉的精神追求，是中华民族独特的精神标识。2021 年，教育部制定《中华优秀传统文化进中小学课程教材指南》，积极倡导将中华优秀传统文化融入中小学课程教材，并认真贯彻落实。开展中小学中华优秀传统文化教育，对于永续中华民族的根与魂，坚守中华民族的共同理想信念，坚定民族文化自信、价值自信的根基，维护国家文化安全，增强国家文化软实力，培养青少年做堂堂正正的中国人，具有重要意义。本着育人为先的理念，初中地理课程建构基于地理学的本质，具有综合性、区域性等特点，研究地理环境以及人类活动与地理环境的关系，兼有自然科学和社会科学的性质。在地理课程中闪烁着中华优秀传统文化的智慧之光，在初中地理教学实践中融入中华优秀传统文化教育，在初中阶段强化中华优秀传统文化的铸魂育人功能，是深入挖掘地理学科育人价值的切实体现。

初中地理教学实践中饱含着中国不同地区的地理特征、社会文化和风土人情，有很强的代入感，是地理学习内容重要的现实情境载体。不难看出，中华优秀传统文化的形成、演变和升华都与中国的地理环境有着密切的关系，中国疆域辽阔，各地区差异明显，这是产生地方文化特色并形成自身独有魅力的源泉。而中华优秀传统文化的源泉追溯，正是地理教学实践中的重要研究内容，也是结合实例分析探究人地关系的重要组成部分。当然，将中华优秀传统文化的格局的动态化研究融入课堂，又可以在初中区域地理中分析传统文化的扩散与不同传统文化区的形成。在强调可持续发展的新时代，从研究传统文化到研究传统文化与自然环境的关系，再到传统文化与地方生态环境保护，建立了因地制宜地建设区域生态的发展观念。总之，中华优秀传统文化强有力的生命力是建构于人与自然和谐共生的基础上，这也是为什么要研究将中华优秀传统文化融入初中地理教学实践的重要原因。

问题分析

一、中华优秀传统文化与初中地理教学

传统文化指某种文明演化而汇集成的反映民族特质和风貌的民族文化，是民族历史上各种思想文化、观念形态的总体表征，包括一个民族历代相传的价值观、认识论、方法体系、生活方式、思维习惯，是结构较为完整的精神体系。中华文化源远流长，中华优

秀传统文化积淀着中华民族最深沉的精神追求，是中华民族生生不息、发展壮大的丰厚滋养，是中国特色社会主义植根的文化沃土，是当代中国发展的突出优势，对延续和发展中华文明、促进人类文明进步，发挥着重要作用。中华优秀传统文化包含实事求是、惠民利民、道法自然、天人合一等核心思想理念，求同存异、以文化人、俭约自守的教化思想等中华人文精神，热爱祖国、自强不息、孝老爱亲等中华传统美德。中华优秀传统文化的内涵丰富，初中地理教学可以选择其中的一部分典型内容进行分析研究，有效融入教学实践，便于在初中地理课堂深化挖掘育人价值，顺利开展中华优秀传统文化主题教育。

初中地理教学实践不是无本之木、无源之水，而是需要沉浸在某一真实主题中的，具有现实研究意义和探索价值。中华优秀传统文化博大精深，不同传承的表现形式和丰富内涵恰是地理教学所需要的主题，是地理课程建设的重要载体。有效地开展地理教学实践活动，需要创设有吸引力的问题情境激发学生的求知欲和主动探究的动力，中华优秀传统文化以它独特的魅力编织出一个又一个具有时代探索价值的问题情境，同时结合身边生活的实例展现出来，这也符合地理学科“学习对生活有用的地理”这一课程理念，在生活中收集、观察与中华优秀传统文化相关的地理现象，以地理的观点分析相关问题，就是将中华优秀传统文化融入地理教学实践。

二、将中华优秀传统文化融入初中地理教学实践的必要性

地理环境是文化产生和发展的根本，我国幅员辽阔，地理环境复杂多样，在历史的发展中孕育了丰富多彩的地域文化，它们体现在饮食、服饰、建筑、民俗、交通等不同方面，与我们的生活息息相关，也是初中地理教学重要的组成部分。将中华优秀传统文化融入初中地理教学实践，能丰富初中地理课堂教学内容，初中学生的学习需要具有挑战且富有趣味的话题来激发动力，当教材平面的图文材料被中华优秀传统文化点燃后，多样的研究内容和立体的展现形式能吸引学生的注意、激发学生的兴趣，为继续开展地理教学实践打下基础。近年来，文化自信成为社会热点问题，我们拥有悠久灿烂的文化，将中华优秀传统文化渗透地理课堂，向学生展现不同地域的地理风貌和民族特色文化，是厚植家国情怀、坚定文化自信的重要举措。找到中华优秀传统文化与地理教材和学习内容的切入点，是有效挖掘地理课程中的中华优秀传统文化及其深刻内涵的途径，在这一基础上培养学生爱家乡、爱祖国的家国情怀。

问题解决

一、将中华优秀传统文化融入地理课堂教学

1. 结合诗词谚语，将中华优秀传统文化融入初中地理教学实践

诗词谚语作为中华民族文化的瑰宝，具有深厚的文化艺术价值，既结合生活实际，

又富含哲理，初中地理教材多次使用诗词谚语，或引入地理课程活动，或构成重点研究话题，或展现地理环境特点，或引出地理实践探究。作为传统文化的典范，诗词谚语本身就蕴含着中华民族优秀的文化基因，推动中华民族智慧的传承。将诗词谚语这一教学资源融入初中地理教学，就是把经典的传统文化再次打磨成精品教学内容。

诗词谚语由何而来呢？是作者通过观察周边地理事物和地理现象得到的感慨感悟，其记录的固定内容长期流传，得到了广大人民群众的认可。谚语多用简洁流畅的语言反映出深刻的道理和规律性的事物发展变化，反映劳动人民智慧的结晶和经验的总结，将丰富的内容用浓缩的语言高度概括，起到传播经验哲理的作用，引人深思。二十四节气是我国古代人民对寒来暑往、春华秋实的记录，是对地理现象有规律的总结和系统性的认知，朗朗上口的“白露早，寒露迟，秋分种麦正当时”，就是结合二十四节气的农业耕作规律。诗词多具有言简意丰的特点，用凝练和跳跃的语言描绘生活画面与作者思想感情融为一体而形成的美。很多诗词佳句深刻地记录着诗人眼中的地理事物和地理现象，如描述河流的“君不见黄河之水天上来，奔流到海不复回”，体现出母亲河黄河的发源地地势高导致河流流速快，也揭示黄河作为一条重要的外流河最终注入海洋的地理事实。诗句“蜀道之难，难于上青天”充分说明了四川省一带地势崎岖不平，导致交通不便，很难与周边其他区域进行联系的地理特征。这些内容可以作为地理教学实践的经典素材，作为导语引出地理教学情境，也可以通过创设真实地理情境成为实质的教学环节内容，亦可以作为作业内容的重要组成部分或是课堂思考讨论题的问题，留给学生探索其中深刻的含义。

在初中地理课堂教学实践中挖掘诗词谚语，以诗词谚语的语言内容衔接地理事物、地理现象的发展现状和变化趋势，地理现象产生的原因、表现、存在问题和对应措施都能以诗词谚语凝练于地理课堂，把地理知识体系通过这样的情境分析构建为分析应用能力提升的平台。从文学作品到地理学科研究，学生形成探索认知过程、运用地理语言转化诗词谚语内容也是在“用”中学的体现。拨开诗词谚语描述的表象，用地理核心思想去解释这些现象，进而分析其产生原因和发展变化规律，是促进学生核心素养发展与提升的重要形式。课堂教学还可以通过地理和语文两个学科的跨学科整合，达成更好的地理教学效果，学生利用语文阅读能力分析诗词谚语的外在表征和内在含义，再运用地理学科核心思想去解释其中的奥秘，这对于初中地理教学实践是大胆的融合尝试，对学生的知识掌握、能力提升、素养养成也大有助益。

2. 结合服饰习俗，将中华优秀传统文化融入初中地理教学实践

初中地理学习在中国地理概况中强调不同地区人们服饰和习俗不同，这一表现是因为我国地域辽阔，各地自然地理环境差异较大造成的，为了更好地适应地理环境，实现常规的生活生产，各地传统服饰、传统习俗也随之产生了巨大差异。可以说，服饰、习俗是传统文化当中视觉冲击比较强的案例，可以结合纪实性较强的图片或照片来展现这种直观的视觉感，使学生产生一定的视觉冲突，从而展开地理教学活动。中国长期以来就是统一的多民族国家，各民族呈现出不同的服饰设计，即使是同一民族，由于生活所处的地理环境不同，也会出现非常丰富多样的服饰穿搭，甚至这种差别非

常大。例如，生活在我国台湾省的少数民族高山族包含十多个族群，由于不同族群生活地区的海拔高度差异显著、海陆位置差异大，不同族群的传统服饰截然不同。这样强烈的视觉冲突会引发学生的兴趣，主动去探究表象背后的产生原因，在原因分析的追本溯源中感悟人类生活生产活动与地理环境关系，滋养人文情怀，在多区域认知中通过综合思维分析形成人地协调观。

传统习俗更是初中地理教学的热点。中华民族在漫长的历史长河中不断交融汇聚，各民族在分布上交错杂居、经济上相互依存、文化上相互尊重、情感上相互亲近，各民族随着自身的发展形成标志性的传统习俗，这些习俗又有着统一的格调，那就是和谐、祝福、企盼、祥和。各民族的传统习俗会出现很大差别，与各民族所属的地理位置和自然环境有着密不可分的关系，这也是研究不同民族习俗的地理教学切入点。这些内容是学生特别感兴趣的，乐于与同伴分享交流的。在地理课堂教学中结合习俗融入中华优秀传统文化，一定会点燃学生学习探究的热情。例如，学生耳熟能详的傣族泼水节、藏族雪顿节，不妨由学生在课上介绍这两个节日，对比差异，通过民族分布图分析傣族与藏族主要分布地区，结合两个典型习俗的差异追溯其与当地自然环境的密切联系，利用对比研究的方法发现习俗的产生与发展，同时在研究过程中感悟人地协调观，理解习俗是人与自然抗争之后的相互了解产生后续的和谐共处。

3. 结合建筑交通，将中华优秀传统文化融入初中地理教学实践

建筑文化是人类文明长河中产生的一大物质文化、极富地域文化特色，是人类生活与自然环境不断作用的产物。在不同地域，建筑文化完全不同，表现出的建筑文化内涵和风格也不一样。中国传统建筑主要包括城市、宫殿、坛庙、陵墓、寺观、佛塔、石窟、园林、衙署、民间公共建筑、景观楼阁等类型，以及牌坊、碑碣、华表等建筑小品。在初中地理教学实践中融入传统建筑文化，促使学生感悟与自然高度协同的中华文化精神，这是建立在对自然环境了解基础上的和谐与安宁，从建筑结构的外观到内部功能的体现，从材料选取的缘由到建筑整体的布局，无不体现着地理学科人地和谐发展的理念，也彰显着中华民族的智慧所在。例如，北京的四合院具有冬暖夏凉的特点，是根据当地自然环境而设计的典型民居建筑，夏季时能有效地遮阴纳凉，冬季时又可以很好地采光保暖、抵御风沙，露天通透的庭院既是入风口也是出风口，通过自然的风压得到流畅的通风。此外，庭院的设计还有利于排水和收集雨水。四合院有效应对了北京地区温带季风气候的夏热冬寒、降水不均、春季风沙的多重不良影响，营造出内部良好的住宅小气候。

交通文化也是中华优秀传统文化中浓墨重彩的一笔。中国疆域广大、河湖众多、海域辽阔，自古就有发展水陆交通的优势条件。把传统交通文化融入初中地理教学实践，有利于学生对中国各区域特征的深刻理解。在中华儿女生活繁衍的这片沃土上，谱写出凝结人们聪明才智和辛勤劳动的交通文化史，从北方地区旱路驾马、南方地区河网密布船只往来穿梭，到西北地区大漠驼铃叮当、青藏地区牦牛漫步高原，展现出区域地理差异的人文痕迹，对传统交通文化的研究把中国地理区域特征升华到了一个新高度。例如，以“南船北马”为情境展开地理教学活动，贴合南方地区和北方地区

的区域特征，促使学生理解我国季风区内部仍存在显著地理差异，以及环境气候与交通的关系。还可以聚焦到“秦岭—淮河”一线的地理意义，充分发挥学生在课上依据材料和地图整合地理信息的自主学习能力。把地理课堂学习融入现实生活去解释生活中的地理现象，教师教有所依，学生学以致用。

4. 结合饮食文化，将中华优秀传统文化融入初中地理教学实践

民以食为天，饮食文化是中华优秀传统文化中的精华，也是人们适应自然环境的重要体现。食物原材料的开发与利用、灶具的运用与创新、食品的制作与消费、餐饮的服务与接待，无一不展示出不同的文化品位和习惯。饮食文化牵动着千家万户，对于初中地理教学而言，贴近学生的实际生活，又与国泰民安、文学艺术、人生境界有着深厚广博的关联。中华饮食文化博大精深、源远流长，在世界上享有很高的声誉，这也成为地理教学资源中丰富的“饕餮盛宴”。例如，“南甜北咸”“东辣西酸”就反映出人们的口味与地理环境存在千丝万缕的因果联系。初中地理课堂把这些饮食文化注入区域研究领域，以省级行政区划为单位，引导学生结合四大地理分区的区域划分和区域特征，联系各地的气候和物产，推导出饮食背后的文化成因。

【案例】中国行政区划研究——散落在各地的中华优秀传统文化（学习目标）

学习目标：

1. 能运用中国行政区划图，识别我国 34 个省级行政区，记住它们的全称、简称和行政中心。

2. 能结合某一省级行政区的实例，说明自然环境与地方传统文化之间的联系，选择传统文化中的典型现象作为研究对象，从地理学科视角分析成因。

3. 能描述家乡与中华优秀传统文化关联的地理事物或地理现象，归纳其与家乡地理环境特点的关系，举例说明这一地理事物或地理现象形成的过程及产生的原因。

（案例提供：宋溪，首都师范大学附属玉泉学校）

【案例分析】

活动“中国行政区划研究——散落在各地的中华优秀传统文化”是以我国省级行政区划为依托的传统文化研究。中华优秀传统文化博大精深，需要找到初中地理课程中的有效嫁接点，才能够植根实质性的研究内容。这样的研究视角，把中华优秀传统文化通过省级行政区划的认知进行对比研究，体现了地理学科空间认知的学科特点，也为学生顺利开展研究活动打好基础。

案例从中国国家整体审视中华优秀传统文化，又从省级行政区划切入，把中国区域差异通过与自然环境的对照融合省级行政区划的划分模式，巧妙推动研究活动。由于不同的省级行政区划主体所在的地理区域不同，饮食、建筑、交通、服饰、习俗等也展现出各不相同的特征，这为自然环境影响人类生活生产的形成与发展找到了准确的呈现示例。针对中华优秀传统文化的博大精深，不限定相关的研究内容，只明确了研究中华优秀传统文化的切入信息点是我国省级行政区划，为学生的探究学习提供了广阔的空间。

中华优秀传统文化植根于生活，生活的范畴领域最早形成于家乡。描述家乡与中华优秀传统文化关联的地理事物或地理现象，既是认识家乡的地理学习过程，又是感悟身边中华优秀传统文化的重要方式和途径。探究传统文化形成过程及产生原因，更有利于促进学生对身边地理现象的观察能力，强调发现典型地理现象，研究地理事实表现，调查地理事物和现象背后的成因，使得高不可攀的文化研究落地到身边的生活情境。帮助学生应用和掌握观察、描述、比较、归纳、说明、分析、评价的地理学习方法，把看似难以驾驭的传统文化研究转变成具有明确研究范畴和研究方向的学科任务。这样的设计不但落实了重要的地理知识内容，也秉承人地协调发展的观点认识祖国、认识家乡，从不同空间尺度由远及近地梳理地理区域分析的方法，从感性认识到理性认知，完成该学习项目。

二、设计跨学科主题学习，渗透传统文化精髓

中华优秀传统文化博大精深，地理学科单学科的课程学习无法满足学生探索研究的前提条件，也不能全方位客观分析理解具有传统文化精髓的地理现象。因此，有必要通过设计跨学科主题学习，有效渗透中华优秀传统文化精髓。这是认知中华优秀传统文化现实的必然需要，也是提升学生核心素养的必然需要。

首先，设计跨学科主题学习，实现传统文化渗透地理教学的有效情境。在八年级地理介绍省级行政区划内容时，可以结合历史学科呈现地名内容。例如，浙江省因境内钱塘江旧称“浙江”而得名，唐朝分置浙江东道、浙江西道两节度使，“浙江”作为行政区名称自此始；明初置浙江行中书省，简称浙江省，省名自此出现，浙江省行政区域基本定型。另外，在中国地名文化中包含主张和平安定的儒家思想，如西宁、辽宁、南宁等，除了“宁”字，“定”“平”也多是这个含义，这些中国地名默默地诉说着传统文化的理论基石，可以说，传统文化为中国地名奠定了丰富的内涵和历史研究价值，中国地名也成为传统文化中一颗闪耀的明星。根据历史文化创设认知情境，追根溯源引入传统文化内容，形成理解性记忆，进而进行有效对比分析，促使学生在省级行政区划空间地理位置和范围认识上有所突破。

其次，设计跨学科主题学习，规范传统文化渗透地理教学的问题阐述。地理学科有着广泛而丰富的学科内容，涉及自然科学和社会科学的双重内容，同时也蕴含丰富的中华优秀传统文化元素，使得在重构地理教学内容、完善地理学习环节、筛选地理学科素材资料的过程中规范科学严谨的问题阐述。例如，在中国传统物质文化层面可以借鉴中国南方地区和北方地区的传统古民居，尤其是经典的具有古典美的园林建筑和名胜古迹，各地的文化和风俗民情，这些渗透使得地理课程与美学、历史学等有了更多的交集，也为教师专业科学地组织地理教学材料提供了强有力的依据。

最后，设计跨学科主题学习，拓宽传统文化渗透地理教学的思考深度与广度。地理学科核心思想的很多内容都与中华优秀传统文化有着千丝万缕的联系，在区域发展的教学中落实人地协调观，可以结合语文学科的经典古文篇目推进延伸地理教学的深

度、拓宽地理教学的广度。早在《论语》中就有记载“钓而不纲，弋不射宿”，秦简《田律》详细描述了保护生物的思想，把封山育林、定期开禁提升到法令的高度，体现人类与地理环境协调发展的可持续发展观念，可见中国古代就有了人地协调发展的科学认识。这些文学、历史与地理学科的跨学科研究内容为地理教学研究提供了融合传统文化思考的深度与广度，呈现出更加深厚的渊源。

三、开发学业水平评价资源，增强传统文化体验

地理学业水平评价环节对应地理学科丰富的内容，包揽了与生活密切相关的地理现象，也会出现典型的传统文化案例分析。这样的评价内容大大加强了地理学科视角的实践活动探究与传统文化内涵的融合，也引起广大学生群体和学术群体的关注，形成了社会良性的反响。尤其增强了对传统文化的体验，在日常地理课程学习过程和学业评价过程都有所体现。例如，2022 年北京市初中地理学业水平考试关注端午习俗包粽子，把生活中的传统文化内容融入地理学业水平评价之中，增强与学科主题相关内容的联系和渗透，既是对生活中地理现象的关注与学习，也是用评价促进学生对传统文化的认知与体验。同时，题目内容还涉及多种传统节日的体验活动，如卷春饼、摇元宵、打月饼，这些耳熟能详的传统节日习俗出现在评价内容中，真正做到了将中华优秀传统文化融入地理教学实践中的评价这一环节。通过传统习俗形式中的仪式感，使学生形成强烈的体验感，使教学具有贴近生活、形成美好寓意的积极作用。学生在体验中感受大自然的馈赠及人类的智慧，完美呈现传统文化中家庭的和美、人事的和谐、人地的协调。

教学建议

第一，以终为始，提升素养，评价为先。中华优秀传统文化内容广博，内涵丰富，作为初中地理教学素材的选取来源，很容易造成教师盲目选取海量素材作为研究对象，这对于开展课堂教学而言，一方面能提供丰富的教学资源，另一方面过于丰富的课堂资源可能阻碍学生学习环节的科学开展。因此，将中华优秀传统文化融入初中地理教学实践，应首先着手设计出既定的学习目标，利用“以终为始”的设计思路，紧紧围绕学习目标对现有素材进行筛选整理，避免无意义的材料堆砌。对应所要达成的学习目标，再进一步设计过程性评价和终结性评价内容，做到以终为始、评价为先。在这样的操作思路和教学实践中，学生的人地协调观、综合思维、区域认知、地理实践力核心素养也将得到全面提升。中华优秀传统文化融入地理课程，不会造成地理教学散而不聚，恰恰相反，融合了中华优秀传统文化的初中地理教学是精准定位、精细发展的成熟课程实践。

第二，目标导向，思想引领，重在落实。文化是人们在历史发展过程中长期创造形成的物质财富和精神财富的总和。中华优秀传统文化源远流长，博大精深，那么，

在初中地理课堂教学实践中就需要选择典型内容进行分析探究，来满足学生学习实际需求，重在落实重要的思想传承和物质文化。只有指向地理学科最核心的教学目标和助力学生成长的学习目标作为导航的方向，才能更好地挖掘这些中华优秀传统文化的精髓并将之融入地理教学。文化是人类发展的灵魂，是物质和精神的传承与创造，是从古至今智慧群族基于自然基础上所有活动内容发展的综合，那就必然凝练出思想的精华。所以，在实施过程中必然对学生产生积极向上的思想引领，教师和学生朝着既定的教学目标和学习目标前进，以务实为追求，将教学和培养核心素养落在实处，最终达成地理课程的目标。

第三，过程优化，环节流畅，实践渗透。在初中地理教学中融入中华优秀传统文化，要注重优化课堂实施过程，无论是利用传统文化创设课堂导入的教学情境，还是设置传统文化的某一案例担当重要的教学环节，或是采用一例到底的模式参与整体的单元设计，都要避免堆砌大量的中华优秀传统文化表征，而忘却了服务于学生发展的根本目标。案例堆砌容易导致教学环节之间出现割裂现象，整体课程实施过程前后不协调。为避免这种现象，应优化各个地理教学环节，统筹确定课程需要解决的核心问题、设计学生为本的思维路径、确定对应思维路径的教学内容，从而达到过程优化、环节流畅的设计目的，通过实践渗透，展现出彰显思维路径的教学方法和体现“教—学—评”一致性的任务群，最终指向学生核心素养的培养。

1-5

探究中华优秀传统文化之春节篇（教学设计）

关键问题 1-6 如何帮助学生打好核心素养基础，实现初高中核心素养进阶？

问题提出

教育部在 2014 年《教育部关于全面深化课程改革落实立德树人根本任务的意见》中提出着力推进关键领域和主要环节改革，要研究制订学生发展核心素养体系和学业质量标准。这主要基于以下三个背景，一是全面贯彻党的教育方针，落实立德树人根本任务的迫切需要；二是适应世界教育改革发展的国际趋势，提升我国教育国际竞争力的迫切需要；三是全面推进素质教育，深化教育领域综合改革的迫切需要。《义务教育课程方案（2022 年版）》提出义务教育课程应遵循五大原则，其中的“聚焦核心素养，面向未来”充分体现了学科教学在发展学生核心素养中的价值和功能。

中学地理课程是具有系统性、连贯性的课程体系，但受到各方面因素综合影响，初高中地理教学衔接存在问题，加之高中新版课程标准和新教材投入使用，中学地理教学衔接面临新挑战。

地理课程要培育的核心素养是在当前的社会背景下，根据未来人才发展需求所设计的内容。教师想要在教学中培育学生核心素养，先要认真研究核心素养体系及其内容，深入剖析核心素养的本质，才能够在教学中有的放矢，有针对性地开展教学活动。

首先，对于初高中地理教学来说，不同学段的学生的思考方式、学习习惯、认知水平、生活环境都有所不同，不同学段的教材在课程标准和核心素养的要求下，在内容、结构、呈现形式上都会有所不同。因此，教师在教学时应该从核心素养的角度出发，明确不同学段下核心素养的内涵和要求，秉承因材施教的原则，从而真正提升学生的核心素养。

其次，不同学段对学生的要求不同，即使是同一个知识点或原理，要求学生理解的深度不同。面对相同的知识点，很多学生很难及时转变学习方法，导致初高中地理学习存在断层现象。

从高中学业水平考试试题中，不难发现其中也包含对义务教育课程标准所达成的内容和核心素养要求的考察，提醒教师关注初、高中核心素养进阶。

学生核心素养的培育是一个不断连续变化的过程，既有发展的连续性，又有发展的阶段性。如何帮助学生打好核心素养基础，实现核心素养的进阶发展，是落实义务教育课程标准中应重视的问题。

问题分析

中学地理教学是一个完整的教育体系，要求地理教师具备连贯的地理知识体系和专业能力素养。从知识体系的角度来说，初中地理与高中地理的学习内容有一定的重复性，概念体系、原理规律是一致的，但在学业要求上有程度上的差别。作为地理学科，无论是初中地理还是高中地理，学科思想在地理教学中始终是传承的。所以，初中地理与高中地理是一脉相承的。

一、课程标准的衔接

通过对《普通高中地理课标准（2017 年版 2020 年修订）》和《义务教育地理课程标准（2022 年版）》的文本内容进行比较分析，发现两版课程标准在宏观的课程性质、课程理念、课程目标，中观的课程内容、学业质量、实施建议，以及微观的具体课程内容上均有相应的衔接与传承。

地理教师进行教学设计时需要对地理课程标准内容和初高中学生目标层次要求做到心中有数。地理教师需要将初高中教材内容进行对比学习，才能梳理出初高中知识的重难点分布、把握教学内容的深度和广度。课程标准内容指导初高中地理教学实践，教材内容设计反映了知识层次递进关系和目标难度梯度，如果初高中地理教师的发展和成长仅仅停留在本学段，忽视其他学段学习，对初高中地理课程教育理念和课程目标把握不准确，教材内容衔接点不清晰，地理教学的局限性将导致初高中学生实际培养教学目标层次差距过大，严重阻碍学生地理学习持续发展。

二、学习内容的整合

从课程内容上分析，义务教育地理课程内容围绕区域地理展开，在培养学生区域认知核心素养方面具有得天独厚的优势，人地协调观、综合思维、地理实践力等核心素养的培养在特定的区域地理情境中展开。高中地理课程内容偏向系统地理学，课程内容更具有深度、广度，对地理学科核心素养的水平要求更高。因此，初高中地理课程在内容上既有联系又有差异，实质上是以核心素养为主线贯穿始终，使课程内容有效衔接在一起，强调地理学科的科学价值、突出人文底蕴、关注学生生命发展，体现地理学科的育人价值。

深入了解不同学段的课堂教学，才能在高中课堂教学中做好初中知识延展，同时在初中课堂中构思结合高中新知识。旧知识是新知识的铺垫，新知识是旧知识的拓展。教师在教学设计时一定要清楚学生在建构新知识之前脑海中原有的旧知识、人生经验和价值观，才能帮助学生在学习过程中做到新旧知识的融合，才能做到真正意义上的衔接教学。如人教版《地理》八年级上册“工业”部分的教学，学生对工业区位因素已有基本认识，可以说出辽中南工业基地成为我国最大重工业基地的优势条件。初中工业基础知识可以支撑高中工业区位选择的提升学习。高中教师在简单回顾初中分析结果后，可以直接进入高中新课教学，既能节省学习时间又能加深学生印象。

三、围绕核心概念的学习任务的进阶

核心概念是学科结构的主体，具有持久和超越课堂的传递价值，它能展现当代学科中的关键概念、原则和方法，具有连续性、统筹性。《普通高中课程方案（2017 年版 2020 年修订）》强调学科主体概念，以学科主体概念为核心。核心概念是学习活动、学习任务的核心轴线，通过链接地理核心概念辅助地理教学来推动初高中地理教学的承接具有必要性，是逐步落实核心素养的重要抓手。

通过学习进阶，发展学生对核心概念的理解，帮助学生形成良好的知识结构、深度理解科学概念、提高解决问题的能力。科学概念的深度学习需经历记忆、理解、运用、分析、评价、创造的过程，在学习任务中认知过程从低阶向高阶过渡，体现学生的科学思维能力进阶。

问题解决

一、从课程标准出发确定有效衔接的学习目标

从地理课程标准出发，理顺课程标准的目标要求，从而确定出有效衔接的初高中学习目标。初中地理课程是学生系统进行地理学习的起点，在这一阶段掌握科学的地理学习方法十分重要，如明确分析地理问题的视角（从空间的视角看待地理问题），厘清分析地理问题的线索（以人地关系为线索分析地理问题）。高中地理课程是初中阶段地理学习的发展和延续，应结合学生的初中地理学习基础和身心发展特征确定学习目标。表 1-6-1 选取部分学习内容来展示初高中学习目标的有效衔接。

表 1-6-1　初高中学习目标的有效衔接

内容	初中学习目标	高中学习目标
自转和公转	运用地球仪演示地球的自转和公转运动，说出方向、周期和运动特点。 结合生活中的地理现象阐述地球自转和公转	运用生活实例解释地球自转和公转产生的地理现象
板块运动	认识板块构造学说的基本观点，在地图上指出著名的山系、火山和地震带，说明其分布和板块运动的关系	运用资料说明地震的成因和危害，了解避震措施
世界主要气候	认识气温曲线图和降水量柱状图，说出世界主要气候类型的特征。 看图说出主要气候的分布地区和特点。 利用生活中的实例，说明气候与人类活动的关系	根据气压带、风带的相关知识判断气候类型。 学会使用气候类型分布图，说出气候类型及其特点。 根据气温曲线图和降水量柱状图判断气候类型。 分析自然地理景观与气候的关系

续表

内容	初中学习目标	高中学习目标
形成气候的主要原因	说明纬度位置对于气候的影响。 从沿海到内陆的降水与气温变化规律上判断海陆位置对于气候的影响。 在地形图上找到迎风坡与背风坡，比较两地降水量和气温的差异。 用生活经验说明人类活动对气候的影响	结合实例分析水平地域分异规律。 结合实例分析垂直地域分异规律。 结合实例综合说明大气环流、海陆热力性质、洋流、地形对气候的影响

二、整合螺旋上升的学习内容

高中地理教学承载初中地理教学的更高发展要求，找到初高中地理核心知识内容，对比初高中地理教学层次要求及教材内容，找到初高中知识衔接契合点，为地理教学衔接提供指导。一方面，初中与高中教学内容存在大量的进阶内容；另一方面初中区域地理的学习内容是高中地理学习重要的素材，提供了大量的生动案例，为学生深入理解学习内容起到了关键的铺垫作用。充分对比初高中学习内容，既可以在初中内容的基础上衔接高中内容，并进一步深入挖掘，也可以将案例有机整合为完整的学习网络（表 1-6-2）。

表 1-6-2　初高中学习内容的整合与衔接

内容	人教版初中教材章节	人教版高中教材章节
地球	7.1.1 地球和地球仪 7.1.2 地球的运动 7.2.2 海陆的变迁	1.1.1 地球的宇宙环境 1.1.2 太阳对地球的影响 1.1.3 地球的历史 1.1.4 地球的圈层结构
大气	7.3.1 多变的天气 7.3.2 气温的变化与分布	1.2.1 大气的组成和垂直分层 1.2.2 大气受热过程和大气运动
自然灾害	7.7.1 日本 7.7.3 印度 8.2.4 自然灾害	1.6.1 气象灾害 1.6.2 地质灾害 1.6.3 防灾减灾

三、设计铺垫和进阶的学习任务

系统、有序的概念体系能帮助学生理解和掌握知识及其内在联系，还能帮助学生更全面、快速、深入地分析、解决问题，高效地学习新知识和技能，促进知识的迁移和运用。因此，教师可以尝试引导和帮助学生梳理出初高中地理教材内容中各专题的相关概念并构建体系。例如，学习气候时，相关地理概念多且零碎、相似且易混淆，甚至需要结合物理、化学等学科中的相关概念辅助理解。构建如图 1-6-1 所示的层级结构内容体系，更能帮助学生透过少而精的核心概念学习，形成关于学习内容的科学认知结构，提升核心素养。

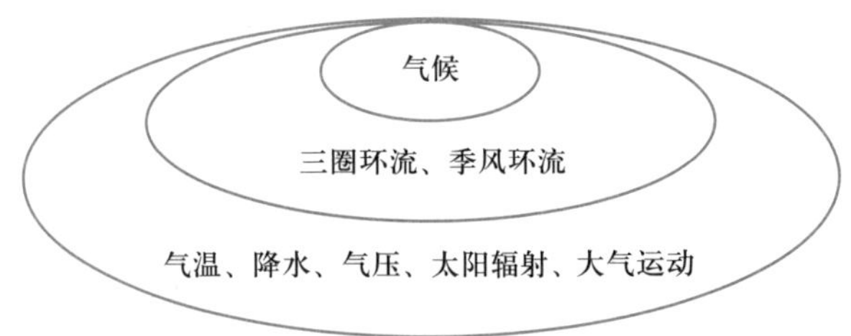

图 1-6-1 气候的层级结构内容体系

设计开放性任务时，可以根据学生原有知识分层设定完成目标，引导学生感受地理学科的魅力和价值，用地理知识解决生活问题。学生深刻认识地理对其终身发展的积极作用，自会产生学习地理的动机和内驱力。例如，设计“制作旅行游记录”任务，学生借助地图设计出行路线，通过查看天气预报图准备行李物品、通过查阅行政区划图了解风土人情，最后记录整理读书随笔。当地理知识帮助学生更好地生活时，学生对地理知识和地理学科的评价标准变得多样，认识和认可学科的实用价值。学生发自内心的价值认同感能持续推动学生不断探索和学习地理。

【案例 1】气候的学习任务

一年一度的动物世界奥运会开始了，作为动物世界最敬业的小记者，我们采访一下来自世界各地的运动员，了解他们都来自哪里，处于什么样的环境。采访对象分别是来自非洲撒哈拉沙漠的骆驼先生、来自东南亚的鹦鹉小姐和来自南极的企鹅先生。

来自非洲撒哈拉沙漠的骆驼先生说：“我住的地方一年 365 天都很热！很少有地方能躲太阳。而且我这里降水还很少，有时都喝不到水！但是我们这里有一望无际的沙漠，很壮观。”来自东南亚的鹦鹉小姐说：“我住的地方全年也都很热，但经常下雨！幸亏有很多树可以遮阳，这里有很多小伙伴一起玩耍。”来自南极的企鹅先生说：“我这里降水也少，和骆驼先生家一样少！还很冷！”

学习任务：在地图上找出动物描述的家乡所在的位置，区分他们所描述的是天气还是气候，辨别他们所描述的气候差别，探究三个地区气候差异的原因。

动物们所描述的主要是当地的气候状况，天气是某一地区较短时间内发生的气象变化，而气候是长时间的较为稳定的气象变化。非洲撒哈拉沙漠地区全年降水少、温度高，东南亚地区全年温度高、降水多，南极地区全年温度低、降水少。非洲和东南亚纬度低，因此温度高，而南极地区纬度高，因此温度低；东南亚降水多是受海陆位置因素的影响。

【案例分析】

初中学习是高中学习的基础，例如说出动物家乡的气候类型和气候特点，探究并说出气候的成因，理解大气环流和海陆热力性质差异如何影响气候，并分析气候特点对动物特点及生活习性的影响。这些为学生进一步学习打下了基础。

初高中地理教学衔接要体现其必要性和在课堂中的重要性，初高中相同知识点上的顺利衔接，离不开教师对学情和教材的准确把握。本案例选取人教版《地理》七年级上册第三章第四节“世界的气候”和高中选择性必修一第三章第二节“气压带和风带”与第三节“气压带和风带对气候的影响”进行设计。基于地理核心概念进行初高中教学内容衔接有以下三点注意事项：一是，在教学过程中需创设情境，利用故事、新闻等完成地理教学内容的顺利衔接和过渡，帮助学生顺利完成知识迁移。二是，初中案例和高中案例设置有重要区别，初中着重以现象的趣味性吸引学生注意与兴趣，高中着重引发学生的学习探究性。三是，基于任务的进阶学习并非适用于全部学习内容，学科能力的迁移同样重要。例如，在初中学习不同气候类型分布规律时，学生将具备描述分布特点的能力，在之后学习人口、城市分布时学生可以进行能力迁移，学生还可以在描述湖泊面积变化、沙漠面积分布变化规律时更新描述变化的方法，实现能力进阶。

四、明确学业质量中对核心素养水平的进阶要求

义务教育地理课程标准的学业质量描述将地理课程要培养的核心素养与课程内容相结合，是对学生学业成就的总体刻画，而高中地理课程标准中有明确的核心素养水平划分和描述，为教师帮助学生实现初高中核心素养进阶提供了参考。以发展学生核心素养为目标，以学生学习阶段进阶表现为发展维度，统筹优化教学和评价策略，促进学生核心素养的连贯发展。

梳理核心素养的进阶框架

下面以区域认知核心素养为例进行进阶分析（图 1–6–2），进一步优化、整合和分层目标设计，由浅入深、由简单到复杂：依托区域，从单一要素到多个要素，从自然环境到人地关系，从要素综合到全面的地方综合，从某典型区域问题的分析迁移到任意区域问题，为学生的区域认知核心素养打好基础，使学生顺利完成初高中的衔接。

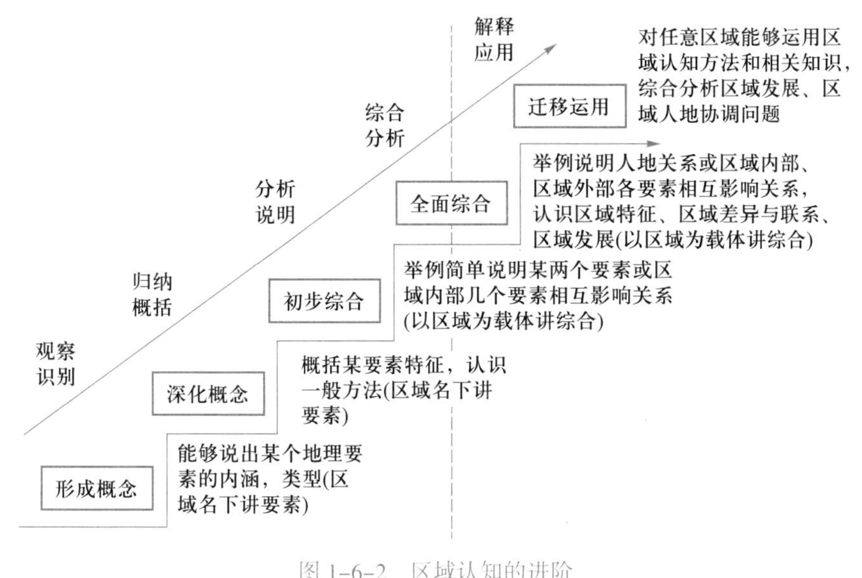

图 1–6–2　区域认知的进阶

在区域认知的进阶过程中实现以下综合思维的进阶（图 1-6-3）。

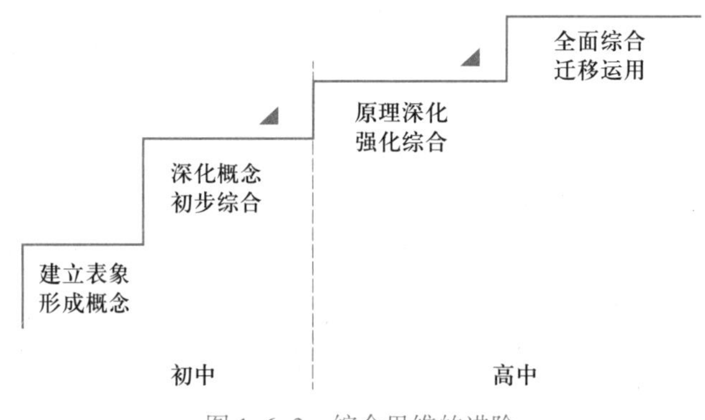

图 1-6-3　综合思维的进阶

教学建议

第一，学习高中课程标准，特别是学业质量中对核心素养水平层级的表述，有助于明晰教师对核心素养的认识，从而建立衡量学生核心素养发展的尺规系统。

第二，以学科知识体系为主题进行学习单元重构，基于学生学习进阶的有序重构，有助于教师明确核心素养的提升路径，使教学更有针对性地促进学生核心素养的发展。

第三，多样化和适切的评价方式和评价量规，有助于学生的自我发展和教师的教学改进，推动教师与学生的共同成长。

1-6

气候影响因素的探究（教学课件）

第二单元

以学生发展为主体
探索地理学习方式

以学生为中心的教学方式，应依据学生认知基础和成长规律，充分考虑学生的生活经验和差异性，创设多样化的学习情境，设计多层次的学习任务，组织促使学生深度参与学习活动，突出学生的主体地位。因此，如何借助单元学习、项目式学习等方法探索更好的学习方式，充分体现学生的主体地位，提升学生的地理学科核心素养是初中地理教学的关键问题。

本单元以学生的发展为主体，从完善知识体系、善用学科工具和信息技术、建立地理空间观念等角度，关注学生地理知识的建构、学科工具和方法的使用、学科思维的形成。结合大量实践案例，探讨如何优化教学设计，借助单元学习和项目式学习等教学方式帮助学生构建学科核心概念、引领学生积极实践，进而提升地理学科核心素养，增进地理教学的实效。

关键问题 2-1 如何通过概念建构，完善地理知识体系？

问题提出

地理概念是地理事实、地理知识与核心素养联结的纽带。新版课程标准明确提出：坚持育人为本，确定基于核心素养培育的地理课程目标。地理概念在学生头脑中形成和内化的过程也是学生地理学科思维和核心素养的形成和养成的过程。[①] 地理概念的教学可以为学生认识地理事物、理解地理原理、把握地理规律提供学科基础和理论依据，从而助力学生解决实际地理问题，提升核心素养。

地理概念是初中地理课程的主要组成部分。初中地理教学涉及多个地理概念，这些地理概念的正确建立对于奠定学生的学科基础具有重大意义，使学生正确掌握、理解和使用地理概念是地理教学的基本任务之一。学生的地理学习并非简单的地理事实记忆和地理知识积累，而是围绕概念不断构建知识体系的过程，学生在学习过程中不断优化和完善知识结构，完善地理知识体系。因此，地理概念的学习可以引领学生掌握学科重点知识、构建学科知识体系、形成完善的地理思维。

可见，通过地理概念的学习，帮助学生完善地理知识体系，能够为学生地理思维的发展奠定良好的基础，进而实现核心素养的提升。“如何通过概念建构，完善地理知识体系”是初中地理教学的关键问题之一。

问题分析

地理概念是对地理事物本质属性的高度概括，它反映了地理现象的发生、发展等演变过程及规律，是地理学习的关键点，是构成地理知识系统的最基本、最关键的要素。地理概念可以分为一般地理概念和单独地理概念，一般地理概念是反映同一类地理事物共同本质属性的概念，如地形、气候等，其内涵狭窄、外延广泛；单独地理概念是特指某一特定地理概念或地理现象独有的特性，其内涵丰富、外延较小，如黄土高原、长江等。

一、地理概念的特征

1. 抽象性与直观性的统一

由于地理概念是对地理事物和现象本质属性的抽象和概括，所以地理概念具有高度的抽象性，不利于学生理解。初中学生首次接触地理学习，对于大部分地理概念较

① 孙智慧 . 以概念教学促进地理课堂深度学习的策略研究 [J]. 地理教学，2019（21）：9–13.

为陌生。不过由于地理学科本身与人们的现实生产生活密切相关，所以学生对一些地理概念具有一定的直观认识，如天气、河流、农业等概念，这些直观认识可能有助于学生地理概念学习，也有可能成为学生地理概念学习的障碍。

因此，在教学中，教师要构建学生直观认识与地理概念之间的联系，帮助学生克服错误的直观认识，同时发挥正确直观认识的桥梁作用，帮助学生更深入、准确地理解抽象的地理概念。

2. 广泛性与内敛性的统一

地理概念是对一类地理事物或现象的概括，因此往往具有适用广泛的特点，如“地形”这一概念，可以从地形类型、地势等角度去分解，也可以按照地形区去认知。地理概念的广泛性使其在教学中具有丰富的关联内容，可以从不同角度对其进行分解和构建。

同时，地理概念的形成是一个长期、复杂的归纳与概括过程，强调地理事物的本质属性，因此具有严格区分于其他概念的特点，故而具有内敛性，如“天气”与“气候”两个概念的区分。地理概念的内敛性要求在地理教学中要把握地理事物的本质属性，对概念进行严格的区分与辨析，以达到准确理解地理概念的目的。

3. 综合性与区域性的统一

地理学科是一门具有综合性、区域性等特点的学科，因此沿袭学科特点，地理概念往往也具有综合性与区域性的特点。初中地理概念中有很多综合性概念，如自然环境、经济发展、区域等，其内涵丰富、外延广泛，是多个基本概念的综合，如自然环境是地形、气候、水文等相互作用后综合呈现的结果。地理概念还具有区域性的特点，初中地理的主要内容是区域地理，涉及多个区域性概念，如黄土高原、华北平原、四川盆地等地形区，体现了地理概念在地理空间的延伸性和明显的区域性。

地理概念的综合性和区域性，要求我们在教学中关注地理要素间的相互联系、相互作用，体会地理概念的综合性和整体性；同时要结合具体区域理解地理概念的内涵和外延。

二、地理概念教学存在的问题

1. 学生理解不到位

初中学生在以往的学习中接触和形成的直观认识较多，概念类内容较少，因此对地理概念较为陌生，容易将概念等同于下定义，仅从字面上去认识概念，造成对概念的内涵与外延重视不够，对概念的理解不深。由于概念本身具有抽象性，容易使学生在概念学习中没有真正领悟理解，学习效果不佳，甚至有些学生认为概念学习对地理学习毫无帮助，进而忽略地理概念的学习。

2. 对概念体系构建不重视

由于很多地理教师对概念教学没有充分重视，在备课时未对概念进行深入挖掘，也影响了学生对概念的理解，使学生不能将新学习的概念纳入已有的认知结构中去。

在教学方式上，部分地理教师采用讲授灌输的方式，即直接呈现概念定义，导致学生被动地学习地理概念。在教学目标上，对学生在概念的理解方面的要求较低，甚至未将其作为教学目标之一加以关注，从而使概念教学流于表面，无法深入。这样的学习和教学环境，使学生对概念的理解浮于表面，不能将新概念与已有概念和知识进行联系，从而无法构建完善的地理学科概念体系。

3. 教学过程断层严重

新版课程标准强调以考查学生核心素养的发展成就为目标，体现“教—学—评”一致性。评价是课堂教学的重要组成部分，也是检验教育教学质量及学生学习成果的重要方式。很多教师采取课堂检验的方式测评学生对地理概念的掌握情况，往往侧重书面纸笔测试，更多关注学生的考试成绩，而忽视学生在概念学习过程中的课堂表现、课堂生成和课堂反馈，导致学生在概念学习中仅仅是死记硬背概念，不能真正地理解、掌握及应用概念。

问题解决

地理概念教学是以地理概念为载体，在明确概念及其外延的基础上，有所侧重地展开地理知识成因、过程、原理、规律的分析，帮助学生建立、更新概念体系，着重发展学生的地理逻辑思维能力、分析和解决地理问题的能力，逐步培养学生的地理核心素养的教学。① 地理概念教学可以帮助学生将零散的、感性的地理知识上升到系统的、理性的学科层面，构建概念间的逻辑联系，形成学科知识体系；概念教学过程也是助力学生知识重构的过程，有利于学生将抽象的地理概念与已有知识和经验关联在一起，对学生逻辑思维发展和问题解决能力具有重要作用和价值。

结合初中学生的学情基础与认知规律，形成以概念具象、概念辨析、概念建构和概念应用为线索的概念教学课型路径（图 2-1-1），使地理概念变得真实可感、丰富立体、灵活可用，并在体验概念建构的过程中完善地理综合思维、提升核心素养。

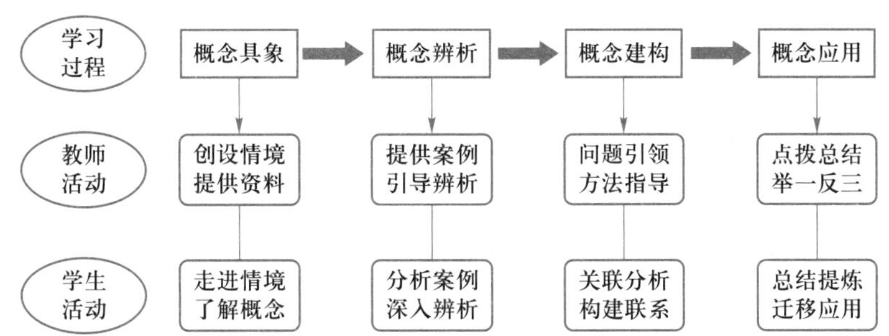

图 2-1-1 概念教学课型路径

① 张永利，罗晓波. 概念教学在地理专题复习中的应用研究：以“水循环”为例 [J]. 地理教学，2021（11）：14-16.

一、概念具象，形成地理概念的表象认知

地理概念具有高度概括性和抽象性，不利于学生理解，故而在教学中要将地理概念置于具体可感的生活情境中，使地理概念具体化、情境化，使学习内容与学生的认知规律相吻合，帮助学生形成地理概念的表象认知。

抽象的地理概念需要借助一定的真实情境展开，增强学生对地理概念的感性认识，有助于学生对概念的理解和把握。创设真实情境，可以为学生提供丰富的概念表象。真实情境是具体而生动、复杂而鲜活的，创设情境可以采用以下方法。

1. 借助课前作业，引入情境

借助课前作业，如学生的实地调查、实践活动等，充分利用学生的"前概念"创设情境。

2. 从生活中熟悉的事物导入，展开教学

从学生日常生活中熟悉的生活、生产场景等出发，充分利用学生的生活经验创设情境。

3. 从陌生情境出发，制造认知冲突

陌生情境可以是学术情境，也可以依托学生陌生的区域创设，通过制造认知冲突，激发学生兴趣。

【案例 1】因地制宜发展农业（情境创设）

（一）课前作业

请学生在家中寻找茶叶，将商品名称和产地（省区 + 地方名）填入共享文档中，形成班级的茶叶类型及来源调查表（表 2-1-1），并将不同类型的茶叶及其产地标注在中国行政区划图上。

表 2-1-1 茶叶类型及来源调查表

姓名	茶叶名称	产地	全称	简称	行政中心
刘同学	金骏眉茶叶	福建武夷山	福建省	闽	福州
刘同学	溶果茶	福建省漳州市	福建省	闽	福州
夏同学	红茶	辽宁省医巫闾山	辽宁省	辽	沈阳
张同学	正山小种	福建武夷山	福建省	闽	福州
杨同学	黄山毛峰（绿茶）	安徽黄山	安徽省	皖	合肥
丁同学	舒城小兰花	安徽省舒城县	安徽省	皖	合肥
洪同学	太平猴魁	安徽省黄山市黄山区（原太平县）	安徽省	皖	合肥
张同学	安吉白茶	浙江省安吉县	浙江省	浙	杭州
寇同学	六安瓜片	安徽省六安市	安徽省	皖	合肥
姚同学	信阳毛尖	河南省信阳市	河南省	豫	郑州
刘同学	峨眉雪芽	四川峨眉山	四川省	川或蜀	成都
任同学	铁观音	福建省泉州市	福建省	闽	福州

续表

姓名	茶叶名称	产地	全称	简称	行政中心
崔同学	上饶白眉	江西省上饶市	江西省	赣	南昌
孔同学	黑茶	湖南省益阳市安化县	湖南省	湘	长沙

（二）情境创设

呈现课前调查表及茶叶产地分布图，请学生据图归纳茶叶产地的集中分布区，思考茶叶产地集中分布的原因。

（案例提供：刘畅，北京市十一学校）

【案例分析】

本案例围绕"因地制宜""农业"等基本概念展开，从学生的课前作业——茶叶调查入手，将学生的调查成果作为教学素材创设教学情境，并通过问题引导学生初步认识"因地制宜""农业"等基本概念。这样的设计从学生的实践出发，回归到对概念本身的理解，有助于学生对"因地制宜"概念产生直观认识和深入思考。

二、概念辨析，深度把握地理概念的本质属性

学生在形成了对概念直观认识的基础上，需要进一步理解概念，深度把握地理概念的本质属性。本质属性是对事物具有的决定性意义的特有属性，具有本质的区别性。地理概念的本质属性的揭示和把握，在整个概念的学习理解中是最为核心和关键的一环，将有助于将概念繁杂的相关知识串联起来，促使学生对地理概念有更深刻的理解和掌握，使学生的知识网络更加清晰、更接近学科本质。①

1. 呈现概念，归纳概念的本质属性

地理概念的表述往往由专业的术语组成，需要教师引领学生逐句逐词进行解读，提取概念中的关键词，归纳概念的本质属性。

2. 辨析概念，促进概念广度延展

在地理教学中，往往会遇到相似或相近的概念，可以结合相似或相近概念的内涵和外延进行辨析，有助于学生形成准确、立体的概念体系。

【案例 2】天气与气候（教学片段）

<table>
<tr><td colspan="2">环节二：看现象，识天气</td></tr>
<tr><td>教师活动 1
1. 呈现一段对天气的描写，并给出各种天气发生时的景观图片，引导学生认识天气。
2. 呈现诗句或描写，提问：哪些是对天气的描写？剩余的描写是对哪个方面的描写？引出气候，并归纳气候的概念</td><td>学生活动 1
1. 通过文字和图片，理解天气的概念。
2. 根据描写，归纳气候的概念</td></tr>
</table>

① 于歌唱婉 . 以概念本质属性为核心的地理概念教学实践：以人教版必修一"土壤"为例 [J]. 地理教学，2021（20）：16-19.

续表

设计意图：结合文字及景观图片，初步认识天气和气候概念	
教师活动 2 1. 提供多段描写，提问：哪些是对天气的描写，哪些是对气候的描写，说出判断理由。 2. 布置任务：对比天气和气候的异同点	学生活动 2 1. 对给出的描写进行判断。 2. 对比总结天气与气候的异同点
设计意图：对比天气和气候两个相近概念，更深入理解天气和气候的概念。	

（案例提供：王卫宁，北京市上地实验学校）

【案例分析】

本案例选自人教版《地理》七年级上册“多变的天气”一节，本节课涉及“天气”和“气候”两个概念，需要学生对两个概念进行区分，进而充分理解两个概念，为后续学习做好铺垫。在教学过程中，教师对两个概念进行了清晰的呈现，并通过对比引导学生把握两个概念的本质属性，让学生认识到“天气”的本质属性是“短时间的大气状况”，而“气候”的本质属性是“长时间的大气状况”。

三、概念建构，形成地理概念的结构体系

地理概念不是孤立的，而是存在于复杂的地理概念体系中。因此，把地理概念放在概念系统中进行分析，有助于学生准确把握地理概念的内涵和外延，形成良好的认知结果。根据概念的关联性，可以将概念分为前概念、上位概念、同位概念、下位概念，通过构建概念网络，可以很好地形成地理概念的结构体系。

概念图是非常有力的图形思维工具，可以将思维过程和概念间的联系清晰地呈现出来。在课堂教学中运用概念图可以呈现概念之间的从属、并列等关系，帮助学生掌握地理学科核心概念，构建完整的地理知识体系。

【案例 3】因地制宜发展经济（概念结构）

（一）单元主题

单元主题：中国的经济发展。

（二）教学内容

在学习了中国的概况和中国的自然环境等自然地理的内容之后，再学习中国是如何因地制宜发展经济的。交通是经济发展重要的命脉，第一节首先学习交通，不管发展农业还是工业都需要交通的支持；第二节是生存之本的农业，衣食住行都离不开农业，它也为工业提供支持；第三节是工业，经济的发展主要还是依托工业，工业是衡量国家经济实力的主要指标之一。

（三）概念确定

首先确定单元大概念为“因地制宜发展经济”，其次确定每一节的概念，即经济发展中重要的交通、农业与工业这几个核心概念。通过创建真实的生活情境，让学生学会选择合适的交通运输方式，理解交通对于经济发展的意义；理解农业、工业的概

念，并理解如何因地制宜发展农业、工业，通过讲述我国经济快速发展的成就来培养学生的民族自豪感和爱国情怀。单元层级的概念结构图和课时层级的概念结构图如图2-1-2和图2-1-3所示。

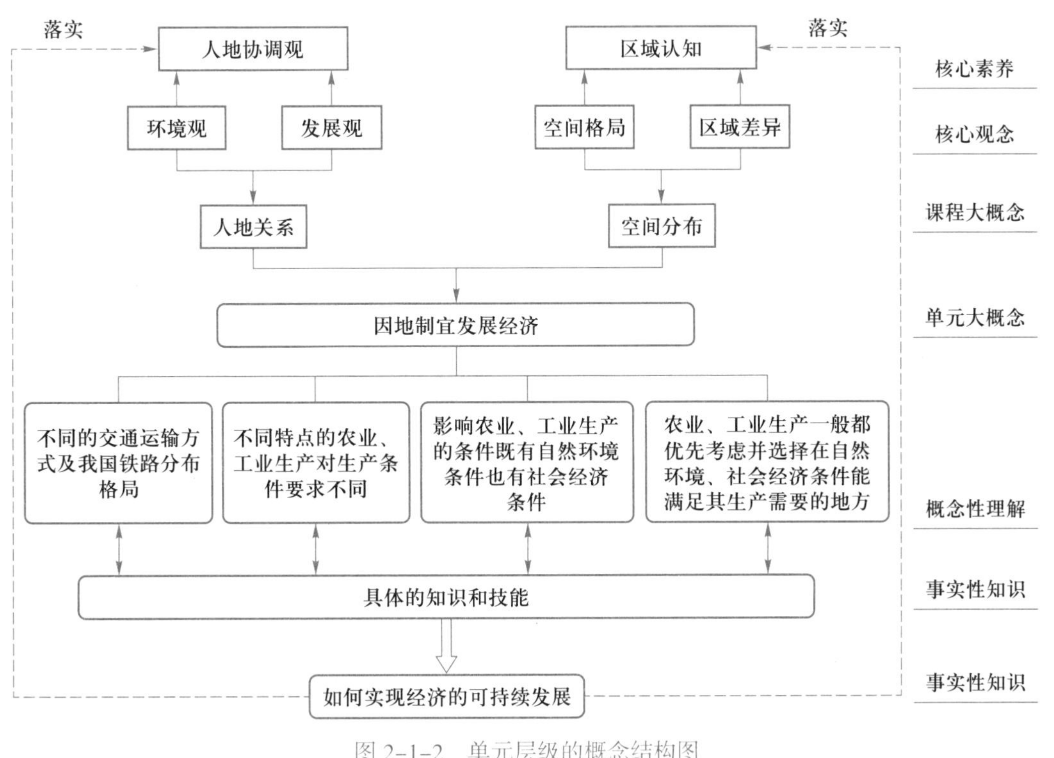

图 2-1-2 单元层级的概念结构图

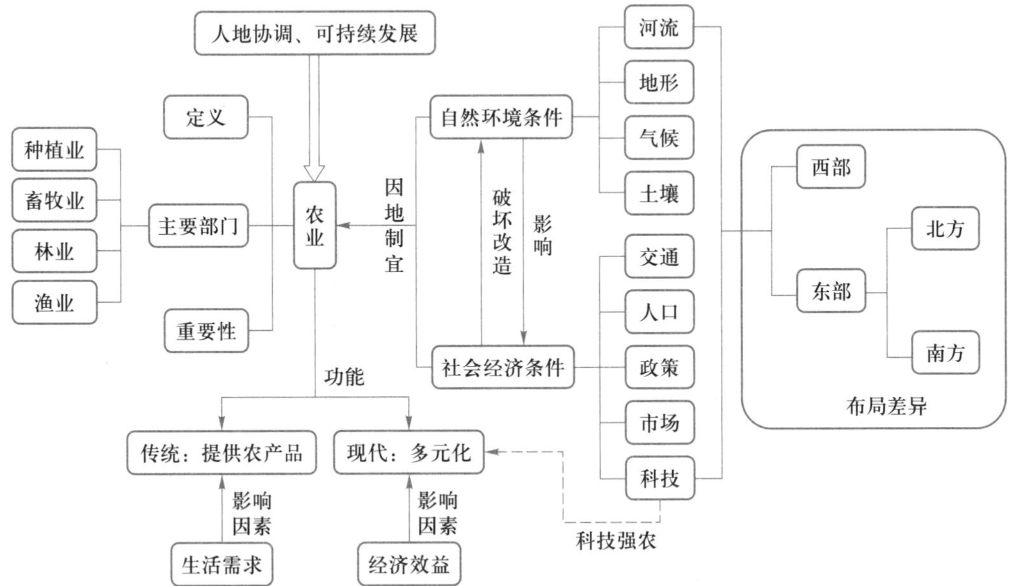

图 2-1-3 课时层级的概念结构图

（案例提供：郑文欣，中国人民大学附属中学航天城学校）

【案例分析】

本案例围绕“因地制宜发展经济”大概念展开教学。以大概念构建学科逻辑主线，从单元大概念解构到每个课时的核心概念，并将概念的理解提升至课程大概念、核心观念和核心素养。该单元从事实性知识及对交通运输、农业、工业生产的概念性理解分解单元大概念，清晰地呈现整个单元的教学思路以及学生应遵循的学习路径；通过单课时核心概念结构的梳理，学生能够在头脑中构建概念体系，将概念直观、系统地加以掌握和理解。

大概念下的单元教学设计既能充分揭示学科知识间的纵横关系，优化学科知识结构，又能学科具体事实与学科抽象概念进行反复的思维整合与加工，有利于促进学生在结构化的知识系统中提升思维品质水平及分析处理复杂问题的能力。

四、概念应用，评价反馈对地理概念的深度理解

在概念学习中，能够将地理概念应用于实践，是检验概念理解程度和水平的重要标志。迁移应用就是建立新旧知识之间的本质联系，运用所学的概念去解决新的问题。

地理概念的学习往往基于区域展开，因此，教师可以依托不同特征、不同空间尺度的区域，精选典型案例，引导学生将概念理解和认知运用于实际问题的分析与解决，进一步深化学生对地理概念的理解。

【案例呈现】从成达守望农场瞭望美国农业（教学设计）

<table>
<tr><td colspan="2">环节一：身体力行，秋种夏收，实践出真知</td></tr>
<tr><td>教师活动 1
1. 通过校园的成达守望农场种植小麦的过程导入新课，呈现初一队员种植小麦的照片和日记，并就生产过程进行提问和启发：
（1）在种植小麦之前为何要清理石块并反复平地？
（2）为何要为土壤施肥？
（3）开春之后，小麦为何能够快速返青生长？
（4）为何要在春季频繁灌溉？距离水房近的好处是什么？
2. 通过上述问题，引导学生提炼与总结种植小麦过程中所需要的自然条件</td><td>学生活动 1
1. 观看校园农场中初一粮食生产队队员种植小麦的照片和日记，提炼各个生产环节的目的。在回答问题的过程中体会种植小麦所需的自然条件：
（1）在种植小麦之前清理石块并反复平地可以保持地形平坦。
（2）为土壤施肥可以使土壤肥沃。
（3）开春之后，小麦能够快速返青生长与气温条件有关。
（4）在春季频繁灌溉与降水条件有关；距离水房近的好处是离灌溉水源近。
2. 概括总结种植小麦所需的自然条件，主要为地形平坦、土壤肥沃、适宜的气温和降水、有灌溉水源等</td></tr>
<tr><td colspan="2">设计意图：学生通过实践经历的总结，提取种植农作物所需的自然条件</td></tr>
<tr><td colspan="2">环节二：因地制宜，身临其境，解码农业带</td></tr>
</table>

续表

教师活动 2	学生活动 2
1. 过渡：从校园农场种植小麦的经历过渡到各个国家小麦种植的面积，并出示 2018 年小麦主产国（经济体）耕种面积比较图，引导学生读出小麦种植面积最大的国家——美国。 2. 根据上一环节提取的自然条件，引导学生以小组为单位，讨论学案上美国 A、B 两个小麦区的分布与自然条件之间的关系，帮助学生从地图中提取关键信息并用科学语言进行描述。同时，出示冬小麦与春小麦种植条件与生长过程的图文资料，引导学生猜测美国的南北小麦区哪个种植冬小麦、哪个种植春小麦。 3. 组织学生进行合作探究和角色扮演，倾听学生汇报棉花带、畜牧带、乳畜带的形成条件，进行简要点评。在此过程中，根据情况适当帮助学生进行读图分析，并用科学语言描述地理信息。在所有小组汇报完毕后，教师展示畜牧带和乳畜带的农产品图片并提问，引导学生 关注畜牧带和乳畜带的差异。最后，进行简要总结，引导学生关注因地制宜的地理思想。 4. 展示守望农场初期一位粮食生产队员对校园农场生产方式的困惑，引出美国农业生产方式。播放视频，并口述美国农业生产方式的相关情况，引导学生归纳美国农业生产方式的主要特点，即机械化、环节专业化、科技水平高	1. 先猜测小麦种植面积最大的国家，再根据 2018 年小麦主产国（经济体）耕种面积比较图读取小麦种植面积最大的国家。 2. 根据学案上的地形分布图和年降水量分布图，从地形、土壤、降水、水源等方面描述学案上两个小麦区共同的自然条件，包括地形平坦、有灌溉水源、土壤肥沃、降水量适中等。在教师的引导下，推测南北两个小麦区种植的小麦品种（冬小麦、春小麦），并说出推测依据。 3. 不同小组的学生分别扮演棉花农场主、牛排供应商、乳制品供应商，从美国农业带中的三个地区选择最佳的棉花带、畜牧带、乳畜带，并根据学案上的资料完成框图。讨论结束后，小组代表展示完善的框图，汇报选址结果及依据，听教师点评。其中，对于棉花带和畜牧带，着重分析自然条件对农业生产的影响；对于乳畜带，除了分析自然条件的影响，也简要分析社会经济条件的影响。小组汇报完毕后，学生观察畜牧带和乳畜带的农产品图片，区分其差异。最后在教师的引导下，说出因地制宜发展农业带的思想。 4. 看视频，听讲解，概括美国农业生产方式的主要特点，归纳影响农业生产方式的社会经济条件（科技水平）
设计意图：根据美国自然条件与部分社会经济条件，简要分析美国农业带的分布，并描述美国农业生产方式的特点，使学生体会因地制宜的地理思想。采取小组讨论与角色扮演的方式，引导学生分析农业带的影响条件并完成学案，帮助学生正确读图和材料并用科学语言描述，培养学生运用地理工具的能力和综合思维	
环节三：展望未来，不忘初心，民以食为天	
教师活动 3	学生活动 3
1. 展示中国新疆和东北地区农业机械化耕作图片，引导学生关注中国农业机械化、现代化进展。简要介绍“藏粮于地、藏粮于技”战略及提高粮食产量的重要性。 2. 从提高粮食产量的必要性过渡到校园农场的价值。提问：有同学在讨论中反映我们的校园农场也能够提高粮食产量，但是农场面积太小了，产量也不多。你认为校园农场的意义是什么？倾听学生回答，并展示一位粮食生产队员的日记，提炼与升华价值观，培养学生关注农业、尊重劳动者、珍惜粮食的精神品质	1. 观看图片，猜测这些图片分别来自哪些地区，从而简要了解中国农业机械化发展的现状以及“藏粮于地、藏粮于技”的战略。 2. 通过自己的体会，讲述自己认为守望农场的意义。浏览守望农场初一粮食生产队员的日记总结，领会关注农业、尊重劳动者、珍惜粮食的精神品质
设计意图：对本节课内容进行情感、态度和价值观的升华，引导学生关注中国农业发展，帮助学生树立正确价值观和民族自豪感	

（案例提供：王翀，首都师范大学附属中学）

【案例分析】

本案例围绕“因地制宜发展农业”的概念，以校园农场生产为实践依托，展开了地理概念教学活动。本案例从实践经验中提取种植农作物的自然条件，并据此拓展分析美国不同农业带的自然条件和社会经济条件，将实践经验上升为理论知识，帮助学生形成较完整的农业分析框架，初步形成因地制宜发展农业的理念。为了激发学生兴趣，让学生熟悉农业生产这一陌生的活动，本课根据学生在守望农场耕种小麦的经历创设情境。首先，回顾学生在守望农场耕种小麦的经历，提取影响农业种植的自然条件。其次，基于守望农场瞭望美国小麦种植区，分析美国小麦种植区的自然条件。再次，组织学生进行角色扮演，为农业区选址，分析棉花带、畜牧带、乳畜带的自然条件，并简单延伸出社会经济条件。接着，引出学生在实践过程中对耕种方式的困惑，观看视频，概括美国专业化的农业生产方式的特点及其影响因素。最后，通过小结与升华，引导学生理解因地制宜发展农业的思想，并总结守望农场的教育意义，培养学生尊敬劳动者、珍惜粮食等正确价值观。

教学建议

在地理概念教学的过程中，还应在以下几个方面不断探索和实践。

第一，教师应加强对概念的结构分析，挖掘教学内容认知深度。教师要深入解读概念，从概念的内涵和外延去延展概念，使其更加丰富、立体。例如对于“河流”概念，要从河流作为自然要素的角度去认识，也要从河流本身的水系特征、水文特征的角度去认知，从而多角度、多维度地理解地理概念。

第二，关注学生对概念的探究过程，为学生提供地理思维的拓展空间。地理概念的形成是一个动态的过程，学生在学习过程中最好能够经历概念的发现、认知、理解等环节。因此，为学生提供一个探究机会，能促进学生思维品质的提升。例如，学生在学习“气候”概念的过程中，探究某区域气候特征的形成过程，也要推理该特征产生的具体影响，从而全面认识气候这一概念，同时也发展了地理综合思维。

第三，概念探究要活动化，让学生成为概念学习的主人。学生应该是学习活动的参与者和主动探究者，因此，教师可以创设活动情境来开展地理概念的教学。例如可以将“黄土高原水土流失”设计成地理实验，引导学生通过实际操作体会、探究水土流失的原因，获得正确的概念理解，同时提升地理实践力，形成对地理学科价值的认同感。

2-1

中国的经济发展（单元作业设计）

关键问题 2-2 如何优化教学设计，凸显学生主体地位？

问题提出

教学设计要以学生为中心，依据学生的认知基础和成长规律，充分考虑学生的生活经验和个体差异，选择能引发学生思考的教学方式，并将现代信息技术与地理教学充分融合，创设多样化的学习情境，设计多层次的学习任务。此外，还应积极开展地理户外实践，让学生在实践、探究、体验、反思、合作、交流等学习过程中，能够深度参与地理学习活动、感悟地理思想、积累活动经验，发挥每一种教学方式的育人价值，促进学生核心素养发展。

要想取得良好的课堂教学效果，教师在课前进行有效的教学设计是很有必要的。教学设计包含分析教学内容和学生的认知特点，明确教学目标，调动各种教学资源、精心策划和组织教学过程，选择恰当的教学方式和方法。好的教学设计能够激发学生学习兴趣的教学活动，促使学生积极参与、主动探究。从某种意义上讲，怎么教比教什么更重要，怎么学比学什么更重要。教师应有目的、有计划、有组织地引导学生学习，促进学生综合素质的提高，促使他们成为社会发展所需要的人才。

目前，课堂教学处于从传统教学模式向新型教学模式过渡的阶段，教师对传统教学中存在的问题有一定的了解，但受教学要求、课时限制以及教材内容等因素的影响，还有相当一部分教师在教学上依然以讲授知识为主，没有充分重视学生在课堂中的主体地位。特别是在教学初期，知识是十分琐碎的，学生无法将其系统化理解，要想让学生做到知识的掌握、理解、运用的一体化，需要教师和学生的共同努力，理清知识脉络，了解知识在课本中的重要程度。先将课本读“厚”，找到知识之间的关联；再将课本读“薄”，把具体零散的知识归类。因此，重视学生主体地位，优化教学设计是教学活动的重要一环。

问题分析

教学设计指教师依据课程标准的要求和学生的认知结构特点，将教学中的各要素有序安排，确定合适的教学方案设想和计划。优化教学设计可以有效提高教学效率，减少教师在课堂上的无效互动，引导学生独立思考，让学生成为课堂的主人，真正提高学生的学习能力和核心素养。优化教学设计是提升教学效果切实可行的手段和方法，可以充分体现学生的主体地位，发挥教师的引导作用，使学生在一次次的思考中获取知识，有利于提高学生的自主学习能力和创新能力，从根本上加强了对学生核心素养的培养，对学生的学习具有非常重要的作用。

在课堂教学中，要充分体现学生的主体地位和教师的主导作用，也就是要转换师生角色，教师由台前转向幕后，学生则由幕后转为台前，教师需扮演好答疑解惑的引导者角色，充分调动学生的主观能动性，使学生变“要我学”为“我要学”。

一、教学活动中体现学生主体地位的重要性

教学是一个由教师的教与学生的学紧密结合构成的整体，其中教师是学习的组织者和引导者，学生是学习的主体、认识的主体，而且是持续发展的主体。现代学习心理学揭示，学习是一个主动建构的过程，每个学生都有分析问题、解决问题和创造的潜能，都有发现、探索、研究的本能，都有证实自己思想的欲望。教学过程需要学生的主动参与，学生被动地接受学习只能学到知识、记住信息，但是无法真正“学会学习”。要帮助学生“学会学习”，必须让学生成为学习的主体，主动地进行探究、学习。只有在课堂中凸显学生的主体地位，学生才能真正学会学习，获得真正的发展。因此，教学活动中体现学生主体地位，有利于提高学生的主体意识，培养学生的创造能力，可使学生独立进行探索，充分认识自己的价值，努力实现自我。只有这样，才能真正提高教学质量，实现教学目标，培养出国家需要的人才。

二、有意识地创设教学氛围有利于体现学生的主体地位

学生的主体意识和健全人格不是人为授予的，而是在合理的学习氛围中自我萌生发展形成的。民主、和谐、自由、融洽的学习氛围有利于学生主动参与课堂活动，有利于凸显学生的主体地位。

1. 平等的师生关系是创设和谐课堂氛围的前提

平等的师生关系有利于营造轻松愉快的课堂教学氛围，有利于师生的情感交流和心灵沟通。良好融洽的师生关系能使师生双方体验到愉快的感觉，从而提高课堂教学效率和学习效率。所以，在课堂教学中，教师应该以平等的身份，用启发和探讨的语气与学生对话，以此激发学生的主体意识和主动参与学习的兴趣；同时，教师要尊重学生的学习精神和学习成果，要从不同角度对不同基础的学生的学习成果进行评价，这样有利于培养学生的自信心和主动学习的热情，凸显学生的主体地位。

2. 开放多样的学习形式有利于学生全员参与主动学习

学生是有意识、有思维的个体，是教学过程中的主体，其学习的动力源于自身，因此，学习应该是主动的。课堂教学中凸显学生主体地位的最显著特点，就是不能以僵化刻板的模式主导一节课，不能用一连串的问题牵动学生被动学习，不能事无巨细地指使学生干什么、怎么干。教师应该给学生真正意义上的主动学习的机会，鼓励学生根据自己的需要去学习，根据自己的理解去表达，根据自己的经验去解决问题，这样才能培养和发展学生主动学习的习惯和能力。所以，在课堂教学设计中，无论是确定课堂教学目标、教学重难点，还是选择教学方式方法、多媒体资料，甚至设计教学环节，都要以学生为出发点，将学生放在主体地位，遵循学生学习的内在规律，使学生主动参与

教学活动，积极解决在生活学习中遇到的地理问题。同时，教学设计还要考虑学生学习后能做什么、能受到哪些启发，应选择哪些补充资料、设置怎样的教学情境以及使用哪种多媒体辅助，是否符合学生的身心发展特点，是否有助于学生核心素养的提高。

课堂上学生主动参与率的高低，是衡量学生主体性发挥的一个重要标志，在教学中影响参与率的主要障碍是一些学生的参与意识和参与能力较低，教师应充分发挥主导作用，用极大的热情去唤醒学生的主动参与意识，努力为学习有困难的学生创造主动参与的表现机会，让他们在获得成功的体验中增强自信，从而使能力得到相应的发展。

为了使学生全员参与主动学习，教师需要采用开放多样的教学形式，以知识为线索，开展演示、演讲、游戏、辩论、探究、研讨、小组合作等多种教学活动。在形式多样的教学活动中，教师要创设有利于学生发展学习的环境氛围，一是变“教师问学生答”的单一沟通形式为“师与生、生与师、生与生”的多边沟通方式，鼓励学生向教师和同学质疑，培养探索精神和创新勇气；二是善于发现学生的创新精神，允许学生提出与教师不同的学习方法、解决问题的方法和结论，这样学生才能够全身心地参与学习，动口、动脑、动手，既能独立学习又能合作学习，尤其要发挥合作学习的作用，营造平等、民主、自由开放的学习氛围，提高学生的学习效益，发挥学生的主体意识和合作精神。

总之，凸显学生的主体地位是坚持以人为本的发展、着力培养学生综合素质教学思想的重要体现。教师应强调学生的主体地位，让学生在课堂上创造性地参与学习的整个过程；培养学生自主意识与主动学习的能力，带动学生在学习过程中学会学习，并为其终身学习打好基础；注重提高学生的综合素质，通过正确的引导与鼓励促进学生收集处理信息获取知识、分析解决问题、语言文字表达、实践创新、团结协作等基本能力的发展。

三、优化教学设计能够提高教学的有效性

在开展教学活动之前，教师要确定教学过程中需要达到的目标，选择适当的教学手段和教学方式，通过课堂提问激发和引导学生互动和交流，因此，课前的教学设计显得尤为重要。教学设计给教师实施教学提供了一个指导性方案，帮助教师用新的教育理念把握教材内容、驾驭课堂教学，进而提高自身的教育教学素养。

优化教学设计是为了让课堂教学达到更好的教学效果。在教学设计中，教师需要对学生及其学习需求、学习内容进行客观分析。在分析的基础上，减少不必要的教学内容和活动，从而清晰、明确地呈现教学目标。科学地运用教学策略，恰当地选择教学媒体，合理地拟定教学进度，准确地测定和分析教学效果，使教学活动在人员配置、时间安排、设备使用等方面形成优化的搭配，从而取得更佳的效益和效率。为了提高学生的核心素养，使学生的综合素质得到很好的发展，教师需要不断更新观念，关注学生的个性化、多样化的发展需求，做到在教学中凸显学生主体地位，有助于学生积极主动发展。

教师进行教学设计时应根据课程标准，结合课堂教学内容，遵循学生的认知特点，应用各种教学媒体，探索灵活有效的教学方式，挖掘贴近学生生活的问题，策划学生

感兴趣的活动，使学生在轻松愉快的教学氛围中乐学、会学、主动学习。轻松的学习环境、熟悉的生活问题，再加上教师的鼓励和循循善诱，无疑会提升学生的学习兴趣和学习积极性，也有利于挖掘学生的学习潜能，培养他们的创造精神，助力学生形成良好的个性品质。

问题解决

落实学生的主体地位是一个循序渐进的过程，需要贯穿教育教学活动的各个方面。备课是教师教学活动的开始，教学设计是备课的直观体现，落实学生的主体地位就应该从教学设计开始。

一、巧设课堂导入，将学生带入课堂教学

要在课堂教学中吸引学生的眼球，激发学生的学习兴趣，把学生的注意力很快地吸引到学习任务中，教学的开篇，也就是教学导入是十分重要的。教师要敢于尝试创新，采用灵活多样的方式导入新课，激发学生学习的兴趣。

1. 用生活中的实例导入

生活中的现象、新闻、热点等是学生能够看得见、听得见、体验得到的，是贴近学生生活的，用这些实例作为课堂导入，学生会产生亲切感、熟悉感，能激发好奇心，提高参与度，增加学习乐趣。用生活中的实例导入可以帮助教师及时掌握学生对以往知识的认知程度，更好地调整教学方法。例如，教学“多变的天气”一课时，可利用日常生活中学生经历过的各种天气现象的视频、动画、图片等资料导入天气的概念和特点，熟悉的现象、直观的影像、趣味的动画符合初中学生认知的特点。

【案例 1】民族（教学导入）

环节一：导入新课	
教师活动 1 1. 出示：“一二·九”红歌歌咏比赛班上学生身着不同民族的服饰演唱《爱我中华》照片。 2. 提问：还记得这张照片吗？当时演唱的是哪首歌曲？有谁记得歌词？ 教师展示歌词，提问：歌词中唱到我国有多少个民族呢？ 3. 导入：56 个民族，56 朵花，如同一个绚丽的百花园，我们今天就走进“中华民族园”来学习民族的相关知识	学生活动 1 1. 观看演唱照片，回忆演唱场景和歌词； 2. 联系歌词答出我国有 56 个民族。 3. 了解游园规则，为活动做好准备
设计意图：以学生身边的特色活动作为导入，贴合实际，真实可信，极大调动学生的关注和兴趣。设置游园情境，发布任务，以任务驱动学习，提高学生兴趣	

（案例提供：王晓玲，北京市上地实验学校）

【案例分析】

“民族”一课利用学生在本校“一二·九”红歌歌咏比赛中演唱的歌曲《爱我中华》以及演出时的剧照作为导入，熟悉的旋律和经历过的场景，容易引起学生的关注和兴趣，从而带入课堂。

2. 设置情境导入

情境导入是指教师有目的地创设具有一定情绪色彩的形象为主题的、生动具体的情境来作为课堂导入。对于一些抽象的概念和理论，学生往往自主学习的兴趣不高，求知欲望不强，同时也很难通过教师的讲解和讨论来获得认知和情感满足，而恰当的情境能营造出和谐、轻松和愉快的学习氛围，激发学生的学习欲望。

【案例 2】自然资源的基本特征（教学导入）

环节一：创设实际问题情境	
教师活动 1 展示“我的一顿午餐”照片。创设情境，请学生头脑风暴，讨论“我的一顿午餐”背后的故事。 提问：“我的一顿午餐”中各部分的生产需要什么？ 引出自然资源的概念	学生活动 1 学生进入情境，通过头脑风暴初步理解自然资源的概念
设计意图：运用情境教学法，从学生日常生活体验出发，设置真实性较强的情境，将抽象的概念转变为可感知、可发现的现象，激发学生学习兴趣，帮助学生认识自然资源的概念	

图 2-2-1 为教师展示照片创设的问题情境，以及学生通过“头脑风暴”呈现的结果。

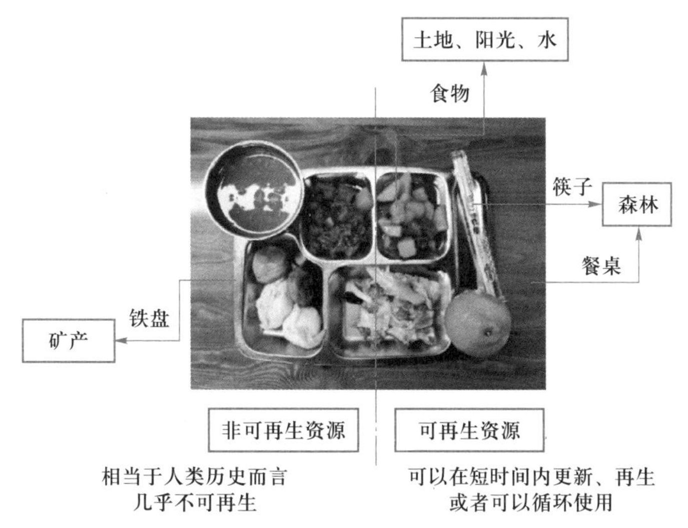

图 2-2-1 “我的一顿午餐”

（案例提供：刘鑫，北京大学附属实验学校）

【案例分析】

自然资源是学生在家中、学校内、社会上经常接触到的，但也是学生容易忽略的、陌生的，而且自然资源的概念又是抽象的。“自然资源的基本特征”一课设置了“我的一顿午餐”的情境来导入教学。午餐是学生日常学习生活的重要环节，每个学生都有真实可感的经历，设计“我的一顿午餐”探究活动，从身边实际出发，贴近生活，有助于激发学生学习的兴趣，同时更有利于学生理解相对抽象的自然资源的概念，有助于学生更好地认识可再生资源与非可再生资源的区别。

3. 用时事热点导入

用时事热点导入教学，能够帮助学生推开观察世界的“窗户”，及时掌握社会动态，同时还丰富了地理教学资源，使教学内容多样化。时事热点来源于生活，将时事热点应用于地理教学，能够使地理教学贴近生活实践，激发学生的学习兴趣，唤起学生获取知识的动机。

【案例3】世界气候和人类生产生活之间的相互影响（教学导入）

环节一：导入	
教师活动1 展示国庆70周年阅兵式“圆梦奥运”方阵图片，介绍北京是目前为止世界上唯一一个同时举办过夏季奥运会和冬季奥运会的城市。同时，引出气候要素也是考量某一城市是否适合举办奥运会的重要因素之一。引导学生阅读图片，思考“北京为什么能够成为双奥之城？”	学生活动1 明确单元背景，把握世界气候的基本组成要素，启动单元任务
设计意图：国庆70周年阅兵式是全世界关注的时事热点。用生活中的热点新闻导入，不仅能够激发学生的学习兴趣，顺利带入新课，促使师生在目标指导下有效教学，同时还能激发学生的民族自豪感和自信心	

（案例提供：翟吉璇，北京市十一学校一分校）

【案例分析】

本课巧妙地将时事热点——国庆70周年阅兵中的“圆梦奥运”方阵图片融入教学，生动展示了北京作为“双奥之城”的非凡地位。通过这一生动的课堂导入，教师不仅激发了学生对北京成为“双奥之城”这一事实的浓厚兴趣，更引导他们深入思考其背后的深层原因。借助时事热点和图片资料，本课成功地将地理知识与现实生活紧密结合，使学生能够在具体情境中学习和运用知识。

二、优化课堂互动，提高课堂教学效果

课堂教学互动是指师生互相交流、共同探讨、互相促进的一种教学组织形式。课堂上师生之间的有效互动是提高课堂效率的保证。课堂教学互动的主要意义在于调动师生双方的积极性和主动性，实现教学相长、相互促进。有效的课堂互动并不是自然而然形成的，而是教师精心设置和组织的结果。

1. 创设积极和谐的教学氛围

积极和谐的课堂教学氛围是师生有效互动的基本前提。教师应转变自己的角色，

做到师生平等，做学生学习的领路人，加强师德师风的修养，发自内心地、平等地对待每一个学生。学生在师生平等的基础上能打开心扉，师生间的心理距离就会越来越近，互动交流就会更加顺畅。学生的人格和品质得到尊重，真正获得自主学习的时间和空间，学生学习的积极性和创造性就能得到充分的发挥。

2. 设立预期的目标

教学目标是教师预期学生通过教学活动达到的结果，是对学生通过教学以后将能做什么的一种明确的、具体的表述。它制约着教学方法、过程以及教学评价的设计。有了预期目标，师生互动就不会只流于形式，它能使互动过程有序化。教师只有认真钻研课程标准和教材，关注学生的实际，才能了解学生现有的认知水平及可能达到的深度和广度，准确地把握教材所要传达的信息，预设符合实际的教学目标。教师要在深入学习课程标准的基础上设定教学目标。例如，依据“运用地图和相关资料，说出某区域的地理位置和自然地理特征，说明自然条件对该区域经济社会发展的影响，认识因地制宜的重要性”“举例说明其（河流）对经济发展和人们生活的影响”两条地理课程标准的内容要求，将“‘鱼米之乡’——长江三角洲地区”一课中的教学目标设定如下：

1. 运用长江三角洲地区图，简要评价区域的地理位置及其优越性；

2. 举例说出河流在区域发展中的作用；

3. 举例说出区域的发展对人们生活方式和生活质量的影响；

4. 结合有关资料说明区域的地方文化特色及其对当地旅游业的影响。

以上教学目标在深入钻研课程标准的基础上，不仅确定了学生应该达到的标准，还指明了应用哪些工具、通过什么方式达到教学目标。

3. 设计高质量的问题

高质量的问题是指有价值、有针对性、有梯度的问题。有价值是指所提的问题能够开启学生的思考，有利于学生思维的创新，是经过认真思考与反复的探讨才能解决的问题。有针对性是指问题的提出要依据教学目标，针对教材的实际程度和学生的发展水平，既有利于对教材的深度理解，又有利于对疑难问题的解决。有梯度是指问题由易到难，由浅到深，由简单到复杂。例如，“‘鱼米之乡’——长江三角洲地区”一课中，在学习分析长江三角洲“江海交汇之处”的位置特点时，教师先展示长江三角洲地区图、中国政区图，再提出问题和活动要求：

1. 读图，说出长江三角洲地区所含省区的全称、简称和行政中心；

2. 在图上找到长江、东海、黄海，说明长江三角洲的海陆位置特点；

3. 结合中国政区图，分析长江三角洲地区的位置优越性及其对该区域的发展的促进作用。

上述活动指导学生从读图、绘图，到根据读图结果分析该地区地理位置的优越性，最后分析地理位置对该区域发展的促进作用，由简单到复杂，层层递进，有利于调动学生的思维，达到教学目标。

4. 教学方式多样化

教学改革倡导以学生为中心的地理教学方式，教学方式多样化，能使学生乐于探究、深度参与，经历有意义的学习过程。

（1）组织课堂讨论活动

课堂讨论不仅可以有效提升学生的学习兴趣，提高其发现问题与解决问题的能力，增强其自主学习、主动思考的意识，还能使学生之间优势互补，通过信息共享提高合作学习与交往能力。课堂讨论是学生合作学习与教师个别指导相结合的一种教学方式，既体现全面性、整体性，又体现差异性、个体性。在以集体教学为主要组织形式的课堂教学中，师生之间、生生之间围绕一个或几个问题相互交流，从而发挥群体的积极功能，使学生积极主动参与学习活动，在获得知识解决问题的过程中形成发散思维，培养合作意识和创新能力。课堂讨论活动主要有同桌讨论、小组讨论、全班讨论等形式。教师根据每一节课的教学内容，选择讨论的形式。组织小组讨论时，教师要提前给各小组分配任务，设置讨论的问题，并选出组长组织组员围绕分配的任务及问题进行讨论交流。在讨论的过程中，教师要注意观察各小组讨论的情况，对个别开展情况不佳的小组，教师要及时加入并引导讨论活动的开展。讨论达成共识之后，由小组推选代表向大家讲解汇报，小组其他成员补充，其他小组根据讲解的内容提出补充或质疑，从而促进全班学生在讨论、质疑、互学中共同发展、共同进步。

（2）混合式教学

混合式教学是一种将互联网技术与教育深度融合的新型教学模式，将线下和线上的教学相融合。混合式教学既要发挥教师引导、启发、监控教学的主导作用，又要充分体现学生在学习过程主动积极创造的主体地位。以 UMU 互动学习平台为例，该平台是一款能够综合制作微课和测试问卷、追踪学习进程的师生线上交流互动平台，可为线上教学提供有效的执行基础，能够满足远程教学、答疑、讨论、测试等基本教学需求，有助于实现混合式教学的课前、课中、课后各教学环节的顺利开展。

【案例 4】撒哈拉以南非洲（UMU 互动学习平台学习部分）

（一）活动过程

在课前，学生根据学习指南，利用 UMU 互动学习平台开展自主学习。学生通过“寻找你身边来自撒哈拉以南非洲产品”这一课前学习活动初步认识撒哈拉以南非洲，将自主学习过程中遇到的问题通过平台反馈给教师。教师利用信息技术丰富课前学习配套资源，并利用学习平台与学生进行同步或异步的交流与反馈，为学生提供有针对性的差异化指导。

（二）活动安排

在课前阶段，在 UMU 互动学平台中搭建“课前学习活动”学习章节，如图 2-2-2 所示，包括学习指南、课前线上小测、课前活动、课前反馈 4 个小节。具体如下：

1. 学习指南，可以为学生提供本节课程内容的学习目标、重难点以及学习方法等。

2. 课前线上小测，涉及认识区域一般方法的习题检测。

3. 课前活动，布置探究任务“寻找我身边来自撒哈拉的产品”，要求学生将结果上传至 UMU 互动学习平台。

4. 课前反馈，鼓励学生将学习过程中遇到的问题提交到平台。

图 2-2-2　课前学习活动

（三）活动结果分析

课前活动为“寻找你身边来自撒哈拉以南非洲的产品”，该活动共收集 75 人上传的产品，共计 85 份。将所有照片进行分类统计，其中 54% 的产品都为咖啡类产品（咖啡豆、速溶咖啡、咖啡粉），是所有产品中占比最多的，结果在一定程度上体现了撒哈拉以南非洲主要出口产品为咖啡类产品这一事实。活动收集的产品和统计结果会在后续课堂活动中得以利用，可以作为课堂导入、各环节配图、课后探究活动的基础资料。

本活动不仅让学生对撒哈拉以南非洲形成初步区域认知，也反映出学生学习中存在的问题，为教师精准分析学情提供了依据，也为后续优化教学设计提供了资源，指明了方向。

（四）课后巩固练习

在课后，在 UMU 互助学习平台上，通过课后巩固检测和课后小论坛等方式（图 2-2-3、图 2-2-4），学生可以巩固落实本课内容，将知识整合，实现自主建构；深入内化认识区域方法，理解思考自然环境和人类活动之间的相互关系，落实学生的区域认知和综合思维核心素养的提升，建立初步的人地协调观；通过课后的实践探究活动，培养了学生分析问题的综合思维和地理实践力。此外，将学生的成果转化为可重用、可再生的学习资源。

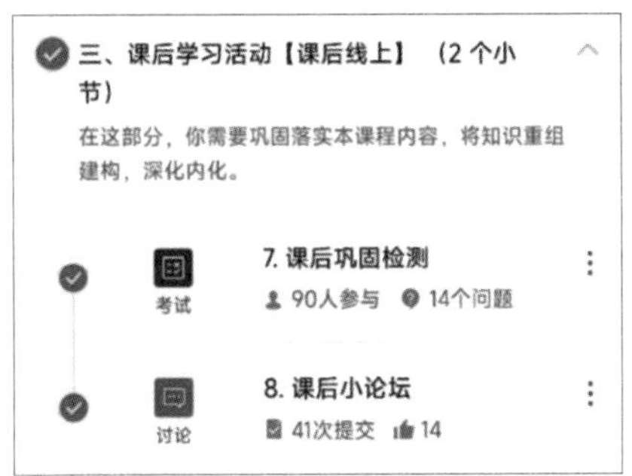

图 2-2-3　课后学习活动

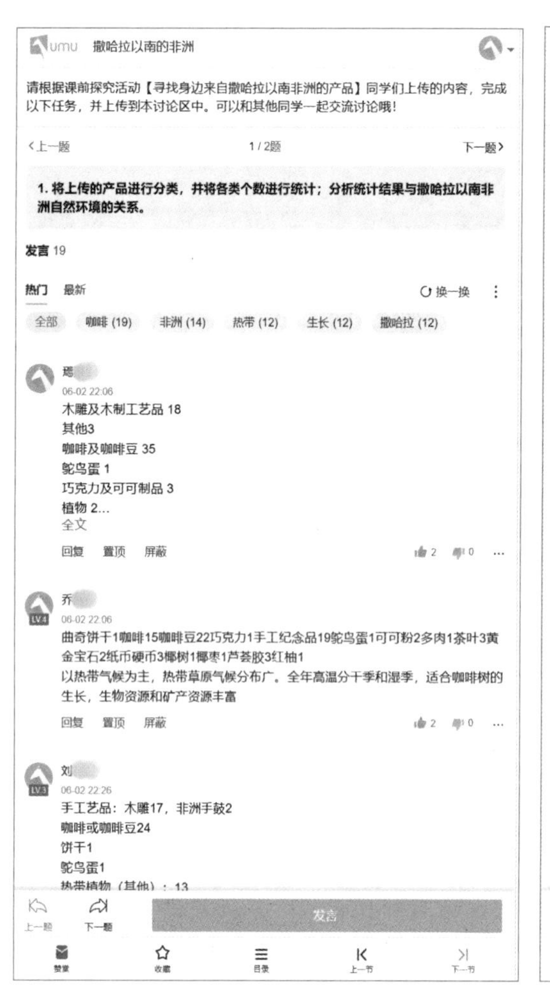

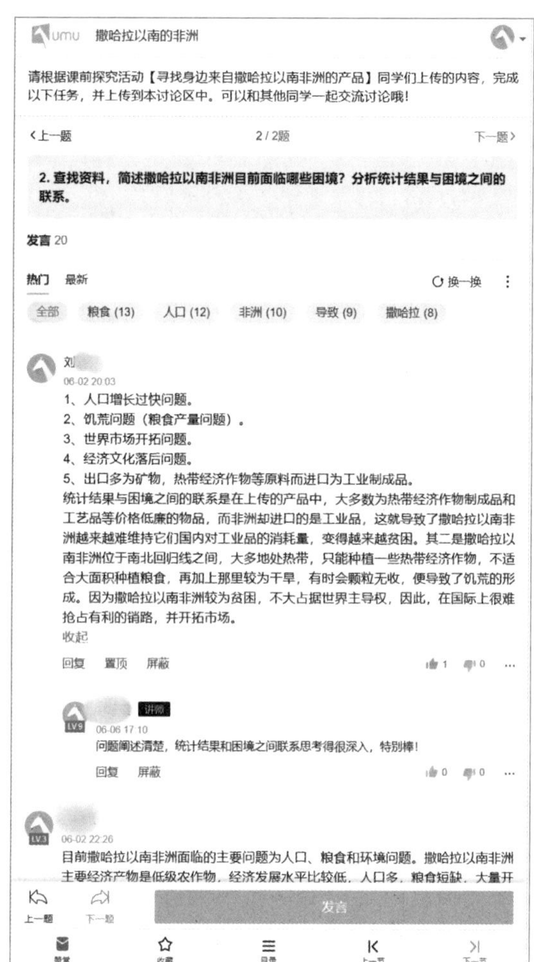

图 2-2-4　“课后小论坛”学生活动结果

（案例提供：杨珺雯，北京市上地实验学校）

【案例分析】

本课结合 UMU 互动学习平台，设计了课前—课中—课后的地理混合式教学，充分利用信息技术辅助教学，提高了学习效率，提升了学习效果。尤其是通过课前活动、课前小测等任务，精准分析学情，了解到学生在认识区域时仍然难以熟练地运用区域认知的方法。针对学生的实际问题，确定教学重点，进行有针对性的教学设计；此外，充分利用课前学习活动培养学生的地理实践力。将学生在课前活动中提交的作品作为设计后续课堂、课后活动的依据，实现更有针对性、更贴近学生生活实际的教学，也凸显了学生的主体地位。

（3）提供导学案

导学案是教师依据学生的认知水平和知识经验，为指导学生进行主动的知识建构而编制的学习方案，是教师用以帮助学生掌握教材内容、沟通学与教的桥梁，也是培养学生自主学习和建构知识能力的一种重要媒介，具有导读、导听、导思、导做的作用。课堂上应用导学案有利于学生积极参与课堂教学，发挥其在课堂学习中的主体地位。

【案例 5】跟着主席品“湘漓”（导学案）

考察团实录报告

考察员：________________　考察队：________________

广西：省级行政区全称为______________，因大部分地区属于秦朝在岭南设置的桂林郡，所以简称________，行政中心是________，下辖有 14 个设区市，10 个县级市，是中国五个少数民族自治区之一，是中国唯一一个沿海少数民族自治区。

【品自然】

分析自然地理要素特征（简图）

材料：灵渠，是世界上最古老的运河之一，有着“世界古代水利建筑明珠”的美誉。灵渠沟通了湘江、漓江，联系长江和珠江两大水系，打通了南北水上通道，构成了遍布华东华南的水运网。自秦以来，对巩固国家的统一，加强南北政治、经济、文化的交流，密切各族人民的往来，都起到了积极作用。河流在区域发展中的作用有：

①____________；②____________；③____________；④____________。

【品“特产”】

民族服饰				民居	
特征	厚 / 薄	长 / 短	松 / 紧	特 / 征	
原因				原因	

“茉莉之乡”：横州市种植茉莉花历史悠久，相传有六七百年历史，以质量好、香味浓而闻名。横州市茉莉花种植面积达 10 万亩，花农 33 万人，年产鲜花 8 万吨，茉莉花产量占中国总产量 80% 以上，占世界总量 60% 以上，被国家林业和草原局、中国花卉协会命名为“中国茉莉之乡”。

材料一：茉莉喜高温，抗寒性差，一般在 25℃左右育花，28℃至 33℃成蕾开花；10℃以下进入休眠，生长缓慢，此时需移至室内，否则会影响第二年发芽；5℃以下枝条会受冻死亡。茉莉喜光，根系发达，生长旺季要求水分充足。

月份	1月	2月	3月	4月	5月	6月	7月	8月	9月	10月	11月	12月
月均温 /℃	13	15	19	24	27	29	30	29	28	25	20	15
降水量 /mm	30	30	52	58	134	165	177	127	80	39	29	17

当地盛产茉莉的有利自然条件有：

____

____

【品发展】

材料一："好一朵横州市茉莉花"（略）

材料二：北部湾建设（略）

区域农业发展的拓展思路有哪些？

______

柳州工业的发展为区域发展提供了哪些思路？

______

北部湾经济区的设立为区域发展带来了哪些思路？

______

凤山县良利采石场的事件给我们带来了哪些警示？

______

<table>
<tr><td colspan="3">考察心得</td></tr>
<tr><td rowspan="2"></td><td></td><td></td></tr>
<tr><td>考察
评级</td><td></td></tr>
</table>

（案例提供：李丹君，北京市第二十中学附属实验学校）

【案例分析】

本节课利用主席考察广西的时事热点，设计了导学案"考察团实录报告"。学生借助导学案，在真实的情境中，以小组讨论的方式了解了广西壮族自治区的地理位置、自然环境的特点，从特色产物"茉莉花"和北部湾建设出发对区域发展进行了分析和探究，梳理了各地理要素之间的逻辑关系，掌握了区域认知的方法，并通过对问题的探究、分析、归纳、表述，以及绘制各地理要素相互关系的思维导图，训练了综合思维的能力。导学案的设计条理清晰，情境真实，学生在课堂中的参与度高，充分体现了学生的主体性，达到了很好的教学效果。整个教学过程中，导学案的作用突出，引导性强，有利于学生主体性的发挥。

三、巧妙设计课堂结束语，留有悬念，让学习过程承上启下

教学中，课堂结束语可以起到画龙点睛的效果。一堂成功的课，课堂结束语的作用不可小觑，既能给本节课画上圆满的句号，又能引发学生对下节课的期待。首先，教师可以对学生的自主学习与讨论进行点评和总结，使学生清楚地知道自己本节课知识掌握的程度和不足，从而在课后进行复习和补缺。其次，教师要在总结中引出下一节课的内容，用问题激发学生的学习期待。课堂结束语具有承上启下的作用，使教学过程更加完整，也凸显了学生的主体地位。

教学建议

在新版课程标准的指导下，教师要转变教育观念，构建教学新模式，保证课程改革的有效实施。在教学过程中充分体现学生的主体地位，采取灵活性强、互动性突出的教学方式，重点培养学生的综合思维和区域认知核心素养，培养学生作为未来公民所应具备的地理素养，促使学生牢固掌握地理基本概念、原理和方法，并能够灵活运用所学知识，解决生活中的实际问题。

第一，整合教材，丰富教学内容，激发学生学习动力。新版课程标准为教师提供了更多的教学空间，教材不再是唯一的教学载体，教师可以根据学生具体情况以及教学实际需要，调整教材顺序，增加或删减教材内容，适时补充与教学内容相关的社会热点问题、学生生活中的地理问题等。教师作为教学资源的设计者和组织者，要站在选择与开发教学资源的角度，创造性地研究教的内容和教的方法，创设情境，改变学生的学习方式，将学生从固化的教材中解放出来，扩展学生的学习空间。

第二，创设真实的情境，更有利于发挥学生的主体作用。真实的情境是实际存在于学生生活中的现象、热点或问题，这样的情境贴近学生生活，有利于学生在各种真实的情境中亲身体验，让学生真正“动”起来，思维“活”起来，从而凸显学生学习的主体地位。另外，情境因教学需要而设置，不能与教学内容相脱节，教师承转的语言、提出的问题要将情境与教学内容有机结合起来，使情境为教学服务，将学生带入情境中的同时，提高学生学习的积极性。

第三，优化教学设计，营造良好课堂氛围，凸显学生的主体性。优化教学设计是落实“双减”政策、提高课堂效率的重要手段。教师在进行教学设计时，要正确处理好教与学的关系，努力创造自由、轻松、民主、平等、乐学、愉悦的课堂教学氛围，使学生的个性潜能得到释放，提高学生的学习兴趣，使学生形成主动探索、自主学习的习惯，逐渐发展学生的综合思维、区域认知的能力以及地理实践力，使学生形成正确的人地协调观。

2-2

民族（教学片段）

2-2

撒哈拉以南非洲（教学片段）

2-2

自然资源的基本特征（教学片段）

关键问题 2-3 如何借助地理工具，帮助学生建立地理空间观念？

 问题提出

新版课程标准将地理学科工具与地理实践作为课程内容之一，旨在帮助学生认识地理工具，提高利用地理工具分析地理事物和现象的能力，逐步养成利用地理工具开展地理实践的习惯。《普通高中地理课程标准（2017 年版 2020 年修订）》在必修二的教学提示中明确指出“帮助学生形成人文地理空间思维习惯”；新版课程标准将“优化课程结构，搭建基于地理空间尺度的主题式内容框架”作为重要的课程理念，旨在帮助学生初步理解地球上不同空间尺度、不同类型区域的特征、差异和联系，初步形成从空间－区域的视角看待和分析问题的意识和能力。

一、地理空间思维能力已成为基本生活技能

当今社会，交通的飞速发展促使人们的活动空间空前拓展，对人们的空间思维能力提出了更大的挑战。与此同时，信息技术的发展促成了如高德地图等地理空间信息媒体的高速发展，人们日常出行、旅游的路线导航越来越离不开地理空间技术的支持。可以说，在信息时代背景下，地理空间思维能力和地理工具使用技能已日渐成为生活中需要掌握的基本技能。

二、建立地理空间观念是培养学生核心素养的具体表现

地理学具有区域性和综合性的特点，这就决定了地理教学应从地理事物的位置和范围、各地理事物之间的相互联系等方面去揭示区域的地理环境特征和差异，引导学生从空间视角看待、分析、解决地理问题。换言之，地理学科的研究重点是地理要素的空间分布、空间差异、空间联系、空间变化等，空间性是地理学科的特有属性，空间思维是地理学科独特的思维方式，培养地理空间思维对于理解地理概念、地理现象、地理原理、地理规律十分重要。建立地理空间观念是培养地理学科区域认知和综合思维核心素养的具体表现，基础地理教育应将培养学生的地理空间观念作为地理学科能力培养的关键内容，使学生掌握地理空间思维的方法，促进其终身发展。

问题分析

一、地理工具

传统的地理工具包含地球仪、地图，这些工具能够对空间基本信息、位置关系等进行静态化的呈现。随着地理信息技术的发展，遥感影像、电子地图、数字地球等工具不断涌现，极大地促进了地理研究领域的深入，也逐渐成为地理教学和人们日常生活中常使用的工具。地理信息技术不仅能呈现空间基本信息，还能处理和分析空间信息，为空间决策提供依据，具有综合性、动态性等特点。

二、地理空间思维

1. 地理空间思维的内涵

地理空间是一切地理现象、地理事件、地理过程发生的背景和基础，地理空间是地理学科的核心概念。地理空间要素是地理空间思维过程的起点，地理空间思维是建立理解地理空间要素的基础上，运用思维规律与方法获得有关地理事物的空间分布、空间结构和空间运动等规律的思维活动。[①] 地理空间思维同一般性思维相同，都是由分析、综合、比较、概括、抽象、想象等基本思维过程组成，但地理空间思维又具有自身的特点，其基本思维过程以地理空间为背景，认识地理现象、过程、规律，并形成相对稳定的思维逻辑结构，有助于进行空间决策，解决地理问题。

2. 地理空间思维的组成

空间思维由辨识空间要素、建立空间联系和形成空间决策三个部分组成。[②] 空间要素包括位置、形状、面积、范围、距离，辨识空间要素是空间分析的基础；地理空间分析能力主要包括地理空间结构分析能力（如空间分布规律的概述）、比较分析能力和综合分析能力，空间分析的主要作用在于建立空间联系、进行空间差异比较，为空间决策和未来规划提供依据；空间决策包含评价区域问题解决方案的合理性和提出解决区域问题的方案两个方面的内容。

3. 地理空间思维的影响因素

地理空间思维主要取决于三大因素：一是个体本身的形象思维和抽象思维能力，文字与图像信息、不同空间尺度信息的转换能力等；二是个体已有的知识和空间概念；三是事物所处的空间维度，如事物本身所具备的直观性的大小。通过应用地理工具能够将文字转换为图像信息，加强学生对二维、三维空间的感知，从形象感知到抽象识别，帮助学生形成和发展地理空间思维。换言之，地理工具的应用能力直接影响地理

① 刘全科．中学地理教学中思维能力的培养 [J]. 忻州师范学院学报，2001（5）:81–83.

② 殷育楠．上海市高中地理学科教学基本要求 [M]. 上海：中华地图学社，2016:150.

空间思维的发展。

问题解决

培养学生的地理空间思维，需要借助地球仪、地图、图表、地理信息技术等地理工具帮助学生将大量的地理数据和信息转化为地理图像；借助直观教具演示大空间、长时间尺度的地理现象，帮助学生实现从形象到抽象的转化。引导学生绘制纸质地图，能够帮助学生清楚直观地了解空间位置等空间要素信息、建立地理事物的空间联系；指导学生在学习中应用地球仪、数字地球能够帮助学生建立立体空间思维，实现从形象到抽象、从静态到动态的转化；指导学生应用地理信息技术（如 GIS）对空间信息进行分析和处理，能够进一步促进学生空间分析和决策能力的发展。

一、借助纸质地图培养地理空间思维

1. 引导学生阅读、在绘制纸质地图的过程中加深对空间要素的理解

空间要素包括位置、形状、面积、范围、距离。其中，地理事物的空间位置指某个地理事物的空间占位状况，主要分为绝对位置和相对位置。绝对位置用经纬度坐标来描述，相对位置是地理事物与外在地理事物间的位置、距离等空间关系，需要借助其他地理事物来描述。在影响区域自然地理环境各要素中，地理位置一般是首要因素，因此，明确地理位置是进行空间分析的基础。地理教学要让学生充分认识地理位置对其他地理要素的决定性作用，准确把握地理位置的重要意义，将认识地理位置变成分析地理问题时的自觉行为。由于经纬网是人为定义的，只能在地球仪上看到经纬网的立体全貌，指导学生在纸质地图中识别经纬度坐标确定绝对位置和方位关系一直是教学中的难点。除了在学习经纬网这部分内容时，让学生制作地球仪模型、绘制地图经纬网外，还应在后续的教学过程中训练学生利用经纬度坐标信息绘制地图，加深学生对绝对位置的理解。

对距离、面积等空间要素的认识除了学生的亲身实践外，还需要应用地图比例尺来实现。在学习地球的大小这部分内容时，学生很难对地球的大小形成深刻感知，除了将表征地球大小的数据与学生常见的足球场面积、操场跑道长度等进行类比外，还可以通过引导学生参与地理实践，如对学校的事物进行测量，绘制学校平面地图，使学生加深对形状、距离、面积等空间要素的认识。

2. 引导学生在绘制纸质地图的过程中建立空间联系、形成空间决策

近几个世纪以来，制图和地理测绘技术不断发展，地理空间分析技术也不断进步。教学中可以通过绘制地图的方式，在图中呈现多个地理要素，并引导学生分析各要素间的空间联系，为进一步的空间决策打好基础。例如，通过绘制中国气候、温度带、干湿区、地形、农作物分布等专题地图，深化学生对各地理要素空间知识的认识；再引导学生通过图层叠加的方式在同一幅图中同时呈现温度带、干湿区与农作物分布，

建立不同要素的空间联系，为空间分析提供支撑，最后在问题情境中进行区域农业发展的决策。

二、借助现代地理信息技术培养地理空间思维

1. 利用卫星地图软件辨别空间要素

卫星地图软件能显示每个地理位置的经纬度坐标和海拔等信息，还包含大量的景观图片。在创设真实情境时，通过输入经纬度坐标或者地名能让学生快速“身临其境”，形成对空间要素的形象认知。

【案例 1】Google Earth 软件在地图教学中的应用

<table>
<tr><td colspan="2">环节一：导入新课</td></tr>
<tr><td>教师活动 1
提问：你能用地球仪快速找到格林尼治天文台的位置吗？
介绍 Google Earth 软件的搜索功能，引导学生认识其快速、准确找到某地位置的优势</td><td>学生活动 1
思考并回答问题。
了解 Google Earth 的功能和优势</td></tr>
<tr><td colspan="2">设计意图：创设情境，导入新课，激发学生对 Google Earth 软件的好奇心</td></tr>
<tr><td colspan="2">环节二：描述某地经纬度位置、判断方向、量算距离</td></tr>
<tr><td>教师活动 2
引导学生利用 Google Earth 软件的搜索功能找出学校和“神舟十四号”载人航天飞船发射地酒泉卫星发射中心，并写出学校和发射塔架的经纬度位置。
引导学生判断酒泉卫星发射中心在学校的什么方向。
引导学生量算酒泉卫星发射中心与学校的直线距离</td><td>学生活动 2
运用 Google Earth 软件搜索位置，填写经纬度坐标；根据经纬网判断方向；运用软件中的“标尺”功能量算两地距离</td></tr>
<tr><td colspan="2">设计意图：引导学生结合实际情境，借助 Google Earth 描述位置、判断方向、量算距离，辨别上述空间要素</td></tr>
<tr><td colspan="2">环节三：认识、分析东风着陆场</td></tr>
<tr><td>教师活动 3
引导学生利用 Google Earth 软件中的遥感影像和景观图片，描述东风着陆场的环境特征，分析该地适合作为着陆场的条件</td><td>学生活动 3
操作软件，观察东风着陆场的遥感影像和景观图片，认识东风着陆场的自然地理环境和人文地理环境等特征，综合分析其作为东风着陆场的有利条件</td></tr>
<tr><td colspan="2">设计意图：引导学生动手实践，从地形、植被、人口密度等角度分析影响东风着陆场选址的原因，培养学生辨别空间要素特征和空间分析的能力，提升区域认知、综合思维核心素养</td></tr>
</table>

（案例提供：程子序，首都师范大学附属中学）

【案例分析】

本节课利用 Google Earth 软件进行教学，借助其强大的搜索功能和形象的遥感影像，将位置、距离等较为抽象的空间要素形象化；以“神舟十四号”飞船的发射和

着陆为线索，帮助学生利用软件根据经纬网定位、量算距离、判断方向；了解了地理信息技术和遥感影像在生产和生活中的应用。此外，课堂教学主要采用学生动手操作 Google Earth 软件的形式，引导学生借助软件解决实际问题，培养学生识别空间要素、进行空间分析的能力，建立了地理空间思维，提升了地理实践力。

Google Earth 除了识别空间要素的位置、距离等特征外，在呈现不同时空尺度的空间要素特征上也有独特的优势。学生在认识较大空间尺度、较长时间尺度的地理现象时，很难通过形象思维对空间要素加以认识。如在地球自转产生昼夜现象的学习过程中，学生对昼夜现象的概念理解不透，而 Google Earth 能直观显示昼夜分布，学生加深了对昼夜半球的理解，还可以在课前和课后不同时间点昼夜状况的观察，了解昼夜变化情况。地理事物的空间特征随着时间的流逝而变化，如在学习黄土高原这部分内容时，调用 Google Earth 中不同时期的遥感影像，可以直观地看到近几十年来黄土高原的植被状况的变化过程，有利于学生学会用发展的眼光、动态的视角去认识、理解空间要素。

2. 利用地理信息系统建立空间联系，通过空间分析形成空间决策

地理空间分析是指在建立空间联系的基础之上，解释地理事物分布状态与其他环境要素的空间关系。借助地理信息技术可以对地理事物的空间联系进行动态演示，在提升地理空间思维方面有明显优势。

【案例 2】探究地震分布与板块构造的关系

环节一：利用传统纸质地图和 ArcGIS 软件进行地理数据空间表达	
教师活动 1 给学生发放世界地图及不同时间尺度地震发生点位的经纬度数据	学生活动 1 通过小组合作，利用经纬度数据在世界地图中标注每一次地震发生的点位
设计意图：培养学生将经纬度坐标转换到地图中的文图转换能力，加深对经纬度坐标的认识；在地图中对地震发生点位进行空间表达，发现“地震分布较为集中”这一规律，引发对“地震为何集中分布”的思考，为建立空间联系做铺垫	
教师活动 2 演示利用 ArcGIS 软件导入 2000 多个地震点位数据，绘制全球近 100 年 5 级以上地震分布图的过程	学生活动 2 观看操作过程，体会地理信息技术在空间表达上的优势，加深对地震点位这一空间要素的认识
设计意图：以更多数据样本加深学生对于“地震点位分布较为集中”这一空间分布特征的认识	
环节二：利用图层叠加建立空间联系	
教师活动 3 给学生发放利用 ArcGIS 软件制作的世界六大板块分布图。利用 ArcGIS 软件现场演示地震点位图与板块构造图的图层叠加过程	学生活动 3 利用绘制的地震点位图和板块构造图开展小组活动。学生首先通过对比观察，发现地震集中分布于板块交界处。为了更加精准地进行验证，学生将两张图进行叠加，并“发明”出透过强光更为清晰看到这一现象的方法

续表

设计意图：用地图呈现地理要素，引导学生使用地图，发现、验证要素之间的关联，再次感受地理信息技术的奥妙，初步具备通过图层叠加分析地理事物关联的意识，充分认识“地震多发于板块交界处”
课后实践拓展： ①以兴趣小组的形式，分工合作，自主搜集火山经纬度坐标；在教师的指导下尝试利用地理信息技术软件进行空间位置表达和图层叠加，建立火山点位与板块构造之间的空间联系，进而完成对火山与板块关系的空间分析。 ②找出火山、地震多发的国家，查阅相关资料，提出相应的防灾减灾策略
设计意图：通过课后地理实践的学习任务，培养地理工具的使用能力，增强学生利用地理工具的意识，提升地理空间思维；结合现实案例，引导学生在建立空间联系的基础上，提出空间决策

（案例提供：潘红梅，首都师范大学附属中学）

【案例分析】

在“海陆的变迁”教学中，教材给出了六大板块分布示意图和世界主要火山、地震带及主要山系的分布图，呈现火山、地震带与板块构造的空间关系，图中地震带是通过地震发生的历史数据描绘出来的，学生对地震是否真实地发生于这些地震带上缺乏直观感受，对板块交界处地壳活跃而导致火山、地震多发这一空间联系缺乏深入认识。本节课以传统地图为主要学习工具，通过绘制地震发生点位图，加深学生对经纬网坐标系构建的绝对位置这一空间要素的理解；将地震点位与板块构造两个图层进行叠加，建立二者的空间联系，培养学生空间分析能力。利用地理信息技术辅助教学，借助 ArcGIS 软件强大且高效的数据处理和分析能力，为学生呈现数据处理、地图绘制、图层叠加、建立空间联系、进行空间分析的完整过程，提升学生的空间分析能力。

三、借助地理模型培养地理空间思维

通过动手操作和用眼观察地理模型，在头脑中形成相关空间要素的形象认识，将形象思维与抽象思维相结合，可以自主地形成由立体到平面再由平面到立体的空间思维能力。

在学习使用地球仪这一重要的地理学科工具时，地轴与桌面的位置关系及经纬网和经纬度的分布是难点。由于经纬网本身分布于立体的地球仪模型上，将经纬网绘制到平面地图上时，要从立体到平面进行维度转换，学生在判定经纬度时经常出错。组织学生自制地球仪模型，并参考评选标准选出最美地球仪模型（表 2–3–1），有助于学生加深对地轴、南北极、经纬度分布等知识的认识。

表 2-3-1　最美地球仪模型评选标准

评价维度	地轴	底座	南北极点	纬线	经线	美观度
分值	20分	10分	10分	30分	20分	10分
评价标准	1. 可以转动。 2. 倾斜角度与地面呈 66.5°	能够使地球仪稳稳地立在桌上	标注清楚名称和字母	1. 标出了赤道，且与地轴垂直。 2. 用虚线画出了南北回归线、南北极圈。标出了具体的纬度	1. 画出了 0°，180°，90° E，90° W。 2. 相对的两条经线度数加起来为 180°	美观、整洁、节省耗材

地球运动这部分内容由于涉及的空间尺度大，相对抽象，对学生的地理空间思维要求较高，是学生学习的难点。教材中的空间示意图往往是静态的、平面的，学生可以利用地球仪等模型进行模拟实验，正确把握地理现象的运动变化规律。

【案例 3】太阳直射点的移动模拟实验

（一）实验步骤

1. 准确摆放地球仪，调整光源和地球仪的高度，使光源和地心在同一平面。

2. 用铁丝模拟太阳直射光线，将地球仪放在不同的方位，观察、验证直射点的变化。

3. 按要求绘制太阳直射点移动示意图。

（二）深度思考

1. 今天太阳直射点在哪个半球，正向哪个方向移动？

2. 北京是否能被太阳直射？

3. 我国是否有能被太阳直射的地方？如有，请列举。

拓展思考：依据地球公转特点，思考太阳直射点为何会移动？

（案例提供：潘红梅，首都师范大学附属中学）

【案例分析】

本案例指导学生制作简易的地球运动模型，将静态空间思维动态化，平面空间思维立体化，学生在演示活动中动手操作地球仪、观察太阳直射点的变化；布置将实物演示的三维空间转化为二维空间（即地球公转平面示意图）的学习任务，让学生在动手操作、用眼观察的实践经历基础上，逐步由感性认知上升到理性分析，提升学生的空间转化能力，理解地球公转过程中太阳直射点的移动规律；最后通过问题链引导学生准确描述、分析、归纳地球的公转及太阳直射点移动空间动态过程及规律。

由于地理学科的认知对象极其广阔，要素异常复杂，而初中学生的立体思维能力尚在形成中，即使有直观图像和动画的支持，学生在学习地球运动、等高线地形图等知识时依然会产生障碍。借助中国地形图三维模型、山体地形模型等地理模型，在课堂上引导学生观察地势的高低起伏状况、山体不同地形部位的差异，增强学生对空间地理事物的形象认识。

【案例 4】透过冬奥看地形——等高线地形图的判读与应用

<table>
<tr><td colspan="2">环节一：画图</td></tr>
<tr><td>教师活动 1
1. 引导学生明确等高线概念，带领学生小组合作，利用自制山体模型，绘制等高线地形图，活动结束后带领学生展示绘图成果。
2. 结合模型和等高线地形图，引导学生总结等高线特征，以及如何确定某一点的海拔高度的方法。
3. 根据示意图，引导学生得出陡缓坡和等高线疏密的关系</td><td>学生活动 1
1. 学生小组合作，绘制自制海绵山体地理模型等高线地形图，展示绘图成果。
2. 观察等高线地形图，总结等高线特征，确定海拔高度。
3. 说出陡缓坡和等高线疏密之间的关系</td></tr>
<tr><td colspan="2">设计意图：通过自制海绵山体模型，让学生从三维立体角度认识山体地形部位；通过绘制模型的等高线地形图，让学生体验从三维地形转变为二维平面图的过程，实现从形象到抽象的空间转换，为认识不同山体地形部位的等高线空间差异做铺垫</td></tr>
<tr><td colspan="2">环节二：识图</td></tr>
<tr><td>教师活动 2
1. 引导学生观察五种常见的山体部位的形态特征，辨识空间差异，小组合作根据海绵山体模型识别山体部位。
2. 带领学生根据模型和对应的等高线地形图，分析不同山体部位的等高线图特征，着重辨别山脊、山谷等高线差异。
3. 提出问题：下雨的时候，在山区雨水会流向哪里呢？利用自制山体模型和示意图讲解山脊—分水岭、山谷—集水线的对应关系。
4. 引导学生判断教材平面图中各个山体部位</td><td>学生活动 2
1. 观察山体部位特征。小组合作，观察海绵山的山体部位形态，贴上相应的山体地形部位名称；观察山体部位以及对应的等高线地形图，结合表格，探究不同山体部位的等高线表示方法。
2. 描述不同山体部位对应的等高线的特征。
3. 思考问题，得出结论。
4. 识别教材平面图中的山体部位，夯实重点知识</td></tr>
<tr><td colspan="2">设计意图：利用模型辨析山体部位的差异及其对应的等高线特征，将三维立体模型和二维平面图相结合，采用多种形式判别山谷和山脊，突破教学难点，提升学生从形象到抽象的地理空间思维</td></tr>
<tr><td colspan="2">环节三：用图</td></tr>
<tr><td>教师活动 3
1. 展示滑雪场局部地形图，指出四条赛道，布置任务：小组合作，确定哪条赛道是为初级滑雪者设计的。
2. 带领学生汇报小组讨论结果，引导学生根据等高线特征确定地形特征，最终得到结论。
3. 展示崇礼局部山地等高线地形图和三种滑雪场夏季运营方案，布置任务：从地形角度判断夏季运营方案可行性。
4. 组织学生分组依次汇报运营方案的可行性</td><td>学生活动 3
1. 小组合作，讨论并确定初级滑雪者赛道。
2. 汇报讨论结果，明确空间分析思路。
3. 小组合作，观察山地等高线地形图，思考并讨论夏季运营方案。
4. 小组依次汇报运营方案可行性的讨论结果</td></tr>
<tr><td colspan="2">设计意图：设计实际案例，让学生感受地形的应用，从辨识空间要素到建立地形特征与滑雪场的空间联系，最后做出空间决策，逐步建立地理空间思维</td></tr>
</table>

图 2-3-1 和图 2-3-2 展示了学生自制海绵山体模型并以此绘制等高线地形图。

图 2-3-1　自制海绵山体模型

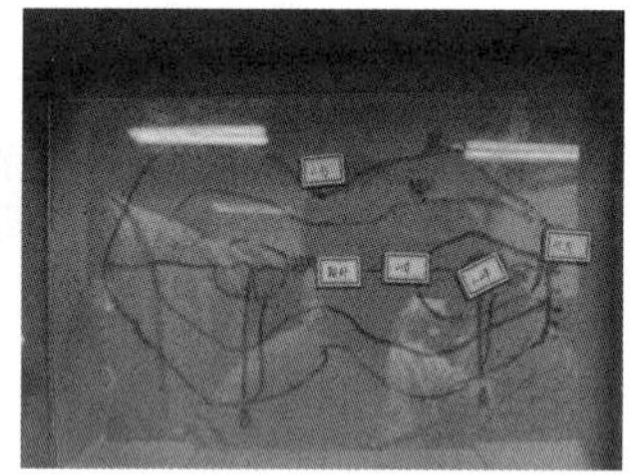

图 2-3-2　学生绘制海绵山体模型等高线地形图

（案例提供：王丽冰，首都师范大学附属中学）

【案例分析】

本节课利用海绵弹性强可压缩的特点，通过指导学生自制海绵山体模型来突破教学难点——将三维立体地形转换到二维平面上，引导学生将形象思维转换成抽象思维，直观地体验等高线地形图的绘制过程。学生通过在立体模型上识别山体部位，形成对山体部位的形象认识；通过在绘制的等高线地形图中找出对应的山体地形部位，利用等高线形成对山体部位的抽象认识，能够更顺利有效地理解山体部位的形状以及等高线特征。海绵山体模型不仅有助于等高线地形图等相关知识的学习，而且有利于学生进行形象思维与抽象思维的转换，辨别空间要素的特征，促进地理空间思维的形成。

通过探讨滑雪场建设与地形之间的关系，明确地理事物的空间联系；以解决滑雪场的实际问题引导学生对等高线地形图相关知识进行应用，做出空间决策，完整地呈现了对不同地理空间思维的培养过程。

教学建议

第一，构建思维课堂，在课堂教学中有效落实思维训练。地理空间思维由分析、综合、比较、概括、抽象、想象等基本思维过程组成，具有一般性思维的特点。其他思维能力的形成可以促进地理空间思维能力的发展。思维作为智力和能力的核心，思维训练活动应贯穿整个课堂教学活动。因此，在教学中，应该始终将思维训练放在首位。

第二，关注空间尺度的多样性，引导学生从不同的空间尺度理解空间要素。空间尺度有一定的等级，其中，超大尺度主要是指宇宙范围；大尺度主要是指全球或大洲范围；中尺度主要是指国家或地区范围；小尺度主要是指局部地区范围，如某个城市聚落。空间知识是地理空间思维的基石，对地理位置、空间分布等空间要素的理解是学生地理空间思维的重要影响因素，在教学中应引导学生在不同尺度下理解空间要素。例如，在进行“地理位置”的教学时，学生首先接触的是大洲、国家尺度的地理位置描述，包含半球位置、经纬度位置、海陆位置、相对位置等，当认识小尺度地理事物的位置时，就容易将半球位置和海陆位置进行生搬硬套，而忽略了地理尺度问题，并没有从实际出发理解真正的“地理位置”。

第三，注重传统地理工具和现代地理工具的紧密结合，引导学生活用地理工具。新版课程标准中提到的地理工具主要包含地球仪、地图等，在培养学生地理空间思维的教学实践中，教师要尤其关注现代地理信息技术的使用，帮助学生更好地建立从动态和形象等角度形成地理空间思维。同时，教师可以将学生日常生活中可能使用到的地理工具融入地理课堂教学，不断提升学生运用地理工具的频率，进一步提升学生地理工具的使用能力，从而促进学生地理空间思维的形成。

2-3

透过冬奥看地形——等高线地形图的判读与应用（教学片段）

关键问题 2-4 如何运用信息技术，提升地理教学的实效性？

问题提出

现代信息技术在全世界范围内广泛使用，提升传统行业生产效率，催生新兴行业崛起，促进社会和经济发展，也已经引发传统教育方式的深刻变化。现代信息技术与教学的深度融合是适应教育现代化变革这一时代需求的。

新版课程标准的课程理念之一为推进教学改革，倡导以学生为中心的地理教学方式。依据学生的认知基础和成长规律，充分考虑学生的生活经验和差异性，将现代信息技术与地理教学充分融合，创设多样化的学习情境，设计多层次的学习任务，积极开展地理户外实践，使学生深度参与地理学习活动，经历对提升核心素养有意义的学习过程。

初中地理课程中有较多内容需要通过现代信息技术辅助教学，例如，“地球的宇宙环境”主题要求“运用图片、影视资料以及数字技术等手段，描述地球的宇宙环境、地球在太阳系中的位置，认识地球是人类唯一的家园”，应当充分利用现代信息技术手段，包括遥感影像、视频素材、数据可视化图以及软件平台等，引导学生观察地球的宇宙环境、太阳系的组成等。又如，导航地图等数字地图已经成为学生日常生活的一部分，可以利用信息技术帮助学生认识地理工具，提高使用地理工具分析地理事物和现象的能力，逐步养成读图、用图的习惯，掌握适应现代社会生活的基本数字化生存技能。在认识区域的教学中，教师引导学生运用地图、数字资源以及地理信息技术等工具，完成空间位置辨识、地理现象观察、区域特征归纳、区域联系分析等任务，有助于提升学生的区域认知与综合思维核心素养。

教师在教学中合理运用信息技术能够丰富地理教学素材，创设更加多样的学习情境，有助于引导学生深度参与地理学习活动，进而实现学生核心素养的提升。因此，“如何运用信息技术，提升地理教学的实效性”是初中地理教学的关键问题之一。

问题分析

一、信息技术与教育现代化

1. 信息技术与现代社会生活

信息技术对人类生产生活产生深远影响。信息技术的跨越式发展，使得电脑、手机、数字电视机等终端打破了空间限制，实现了全时段、全空间的传播模式，能够满足个性化甚至是定制需求，对每个人的日常生活有深远影响。信息技术将成为未来社会发展的重要基础，掌握必要的信息技术、具备一定的信息素养是新时代人才的重要能力。

信息技术对学生的学习与成长产生了重大影响，手机、电脑等电子设备成为学生的生活必需品，成为学生获取信息、学习知识、社会交往、休闲娱乐的重要工具。电子设备的使用问题已经成为亲子矛盾的重要来源，是家校合作的主要话题，常常引发社会热议。网络中的海量信息与资源良莠不齐，学生难以甄别判断，容易受到不良信息的影响。碎片化、娱乐化的信息缺乏深度，在一定程度妨碍学生思维品质提升。在信息技术迅猛发展的时代背景下，应当顺势而为，引导学生学会辨别、筛选信息，学会合理利用信息技术，掌握适应现代生活的信息技能，充分借助信息技术获取新知，增长见识，实现全方位成长。

2. 信息技术推动教育变革

近年来，教育信息化成为我国教育改革的重要议题。2018 年，教育部印发《教育信息化 2.0 行动计划》，提出将教育信息化作为教育系统性变革的内生变量，支撑引领教育现代化发展，推动教育理念更新、模式变革、体系重构，使我国教育信息化发展水平走在世界前列。2019 年，《中国教育现代化 2035》将“加快信息化时代教育变革”作为十大战略任务之一。强调推动信息技术与教学深度融合，利用现代技术加快推动人才培养模式改革，实现规模化教育与个性化培养有机结合。2021 年，《“十四五”国家信息化规划》提出加快教育信息化，明确要求推进信息技术、智能技术与教育教学融合的教育教学变革。

在信息技术的助力下，学生可以在一个网络化、智能化的环境中学习。学习环境从封闭走向开放，不再受时间和空间限制，学生甚至可以根据自己的需求选择学习资源。传统的师生交互也可以变得更加丰富多彩，师生之间、生生之间可以自由交流，互相学习，共同进步。此外，信息技术有助于培养学生深度学习的高阶思维，由被动学习转变为教师引导下的主动学习，有助于提升学生智能化学习能力。

随着教育形态与学生学习方式的变革，未来教师的角色将呈现出多样性与专业性的结合，必须具备更全面的专业素养，其中就包括信息素养。① 教师在教学实践中使用信息技术等工具，既能够丰富教学素材与方式，提升地理教学的实效性，又能够全面、科学地记录、反映学生的学习过程和表现，为评价反馈提供专业支持，提升教师专业教学能力；还可以促进教师信息素养提升，帮助教师实现终身学习。

由此可见，信息技术已经成为教育改革发展的重要助推器，是国家教育现代化和教育强国建设的坚实基础，也是智能化时代教师进行教育教学的重要手段。在新时代，技术赋能全面推进教学模式创新势在必行。

① 荀渊 . 未来教师的角色与素养 [J]. 人民教育，2019（12）:36–40.

二、信息技术赋能地理教学

1. 地理信息技术迅猛发展

以全球定位系统（GPS）、遥感（RS）、地理信息系统（GIS）等为代表的地理信息技术近年来发展较快。在此基础上，还可以建设数字地球，即把整个地球信息进行数字化后由计算机网络来管理的技术系统。数字地球不仅包括高分辨率的地球卫星影像，还包括数字地图以及经济、社会和人口等方面的信息，未来将进入千家万户和各行各业，最大限度地为国民经济建设和人类可持续发展提供高质量服务。

我国地理信息技术发展迅猛，已经广泛应用于全球气候变化监测、自然灾害监测预警、自然资源调查、土地利用变化监测、精准农业、智慧城市建设、智能交通等领域。地理信息技术丰富了地图的形式与内容，扩大了地图的信息承载能力，也扩充了中学地理教学的素材。

2. 地理教学深度融合信息技术

地理学是研究地理环境以及人类活动与地理环境关系的科学，具有综合性、区域性等特点。地理学与信息技术联系密切，地理信息技术是地理学的重要研究领域。

义务教育地理课程贴近生活，具有很强的实践性。在信息化时代中，学生无时无刻不在接触信息技术，具备使用信息技术进行学习的基础能力。深度融合信息技术的地理教学策略有助于突出学生主体地位，丰富地理学习内容，激发学生参与地理学习活动的兴趣，促使学生养成主动学习的习惯。

从教师层面而言，深度融合信息技术能够最大限度地共享教学资源，使教师从传统的照本宣科转变为利用海量的网络资源组织地理教学，教学资源更加丰富，教学方法更加多样，促进教师教学能力的不断提升。新版课程标准指出教师应当充分利用网上数字地理资源，如地理数据、数字地图、视频素材、数据可视化图，以及相关计算机应用软件等。教师还可以借助网络资源丰富教学方式方法，引导学生主动利用网络资源学习地理。深度融合信息技术成为新时代地理教师成长与发展的必经之路。

3. 信息技术助力核心素养提升

地理课程对培育学生的人地协调观、家国情怀、全球视野，以及批判性思维、创新精神和实践能力具有重要价值。借助信息技术进行地理教学能够更好地实现地理学科的育人价值。

地理课程应引领学生认识人类的地球家园，关注自然与社会，但课堂教学受空间和组织形式等条件限制，很多地理现象与地理问题停留在教师的语言表述层面，学生缺乏直观认识，难以理解。借助信息技术创设情境有助于学生打破空间限制，更好地理解地理环境，树立人地协调观。合理利用信息技术有助于提升学生的核心素养，实现育人价值。例如，学生可以通过观看遥感影像了解祖国或家乡的自然资源概况，培育家国情怀；利用地理信息技术阅读专题地图进行区域分析，提升批判性思维；通过动手实践感受信息技术发展，培养创新精神与实践能力。

问题解决

一、主动学习信息技术，创设多样学习情境

传统地理教学方式以教师讲授为主，课堂活动更多由教师主导，学生在教师的指令下完成一系列任务，从而实现教学目标。这种方式下，学生学习的主动性较弱，思维活动深度较浅，难以实现知识进阶与素养提升。新版课程标准强调凸显学生主体地位，由以教师的“教”为主转变为以学生的“学”为主。地理教学应结合课程标准确定学习目标，通过创设情境、设计学习任务，引导学生深度参与地理学习活动，为核心素养提升奠定基础。

引入信息技术创新地理教学方法，有助于激发学生主动性，促进学生积极参与地理学习活动，通过多种情境、海量素材、多元形式引导学生深度学习，分析并尝试解决生活中的真实地理问题，掌握地理学科分析方法，提升核心素养。

信息技术推动现代社会持续进步，融合信息技术将成为未来地理教学发展的重要方向，对教师信息素养及终身学习的要求会越来越高。教师应当主动学习信息技术，提升自身信息技能与素养，大胆尝试将信息技术融入地理教学，探索适应信息化时代的教学新思路。教师应持续关注并学习与地理学科相关的信息技术发展成果，了解信息技术对地理学科的积极影响，例如，可以提供高精度、高可靠定位、导航、授时服务的我国自主研发的北斗卫星导航系统；又如，为国土资源普查、城市规划等行业领域提供遥感服务的“吉林一号”卫星等。类似的时事热点话题可以在课堂中与学生分享，师生共同交流信息技术与地理学发展的联系。

在地理教学实践中，教师可充分利用信息技术进行教学设计，既可以设计单个环节或单个任务，也可以尝试设计整节课的学习活动。

利用信息技术设计单个环节或单个任务较容易实现，应综合考虑学习目标、学生学情、信息技术条件等因素。例如，借助遥感影像展示所在地区城乡分布和变化来导入，增强学生学习积极性；又如，通过网络视频、直播、人工智能、虚拟现实等技术展示探月工程、载人航天以及空间站建设等素材，引导学生了解我国太空探索的进展与意义；还可以结合生活实例，鼓励学生描述数字地图和卫星导航系统给生活带来的便捷。

与信息技术深度融合的整节课的学习活动设计有一定的挑战性。教师需要探索实践，在细致研读课程标准、明确教学目标的基础上，深入思考信息技术与地理教学的融合点，创新教学方式，引导学生实现深度学习。例如，利用软件平台进行地图阅读的教学，帮助学生学会阅读数字地图，掌握基本的数字化生活技能；又如，设计地理实践课程，引导学生使用信息技术规划出行路线、完成野外考察等；还可以充分利用信息技术建设地理学习资源库或平台，拓展地理学习空间，丰富地理学习方式，引导学生在真实情境下运用信息技术解决实际问题，促进学生自主学习。

【案例 1】自然资源的基本特征（教学设计）

（一）教学内容

本节课属于课程标准“认识中国”主题的“认识中国全貌”部分。从知识层面来看，本单元学习的核心是自然资源，是中国地理的重要内容，对于我国经济发展、人口增长、社会稳定有深远意义。从能力层面来看，学习自然资源相关内容有助于培养学生运用地图和资料解决实际问题的能力，提升学生综合思维和地理实践力，树立科学的资源观，增强人地协调观。

本节课的重点在于理解自然资源的含义，并认识中国自然资源的基本特征。

自然资源部分的地理概念较多，也比较抽象，学生理解起来有一定难度。但自然资源与学生生活联系紧密，在教学过程中要重视引导学生观察生活，发现生活中的地理问题，尝试用所学知识解释说明。通过实际案例学习，帮助学生增强阅读地图与资料提取关键信息、总结概括等能力，提升地理实践力，树立科学的资源观，认识节约和保护资源的方法，培养人地协调观。

（二）教学目标

1. 以“我的一顿午餐”引发学生思考，帮助学生理解自然资源的概念。

2. 借助微信公众号开展线上线下混合式教学，学生阅读地图和资料，了解我国自然资源的现状，概括出我国自然资源总量丰富、人均不足的特征。

3. 引导学生学习生活中的地理，树立保护和节约自然资源的意识，增强人地协调观。

（三）学情分析

学生对地理学习兴趣较浓，课堂表现积极活跃。在教学过程中引入实际案例有助于调动学生的学习积极性，提升学习效率。

午餐是学生日常生活中的重要环节，每个学生都有真实可感的经历，“我的一顿午餐”探究活动能够激发学生兴趣；从实际案例出发，更容易使学生理解相对抽象的自然资源的概念。

此外，学生参与小组合作的积极性比较高，日常生活中接触电子设备较多，对线上线下相结合的混合式学习模式也不陌生，对开放性问题往往也能进行较为深入的思考和热烈的讨论。因此，本课的教学可以采用小组合作讨论的形式，联系生活实际，引导学生利用微信公众号阅读地图和资料，进行深度学习。

（四）教学过程

教师活动	学生活动	设计意图
展示“我的一顿午餐”照片，创设情境，请学生头脑风暴，讨论“我的一顿午餐”背后的故事。 提问：“我的一顿午餐”中各部分的生产需要什么？ 引出自然资源的概念	学生进入情境，思考问题，初步理解自然资源的概念	创设真实情境，引出课程问题，激发学生学习兴趣

续表

教师活动	学生活动	设计意图
教师小结：自然界中对人类活动有价值的土地、阳光、矿产、水等称为自然资源。 在学生头脑风暴的基础上追问：午餐涉及的土地资源、水资源、矿产资源等自然资源有差异吗？引导学生完成框图填写	学生思考问题，探讨不同自然资源的差异，体会节约和保护自然资源的意义	明确自然资源的概念，运用已有知识发现问题，辨析、明确、表述概念
过渡：一顿午饭看似普通，但蕴含着我国自然资源的大格局。 提问：我国自然资源现状如何？ 抛出案例：通过阅读自然资源相关资料，理解我国自然资源的特征	学生明确问题，为下一阶段案例分析做准备	选取实际案例，引导学生深入探究
提供资料：展示微信公众号“大泥湾地理志”中的自然资源菜单，提供各类自然资源分布图、黄土高原退耕还林区森林变化图、节约和保护自然资源相关视频素材等。 提炼归纳：请学生以小组为单位分别写出各类自然资源的数据或特征，进一步总结概括中国自然资源的特征	学生小组分工协作，借助手机、平板电脑等电子设备阅读微信公众号中资料，分组完成学案相应内容，准备下一阶段汇报展示	学生小组合作进行案例分析，培养解决实际问题的能力
方法指导：设置不同层级、不同水平的任务，引导学生体会阅读资料—提炼关键信息—归纳总结的思维路径，掌握区域案例分析方法，提升综合思维。 教师参与每组学生讨论，及时给予过程性指导和个性化指导，解答学生在小组活动中遇到的各类问题，推动活动进程。 教师点评学生小组合作结果，评价主要关注内容准确性、地理学科语言规范以及观点创新性等。 教师板书总结中国自然资源的基本特征	学生根据问题，分组阅读资料，提炼关键信息，归纳各类自然资源特点，填写学案相应内容。 各组派代表分享，结合图文资料说出各类自然资源的特征，总结概括中国自然资源的基本特征	通过讨论交流提升学生的综合思维能力与表达能力
教师展示垃圾分类、光盘行动、自行车专用道等图片，请学生思考、体会上述措施对于节约和保护自然资源的意义	学生观察图片，联系生活实际，思考并说出垃圾分类、光盘行动、自行车专用道等措施对节约和保护自然资源的意义	联系实际生活拓展延伸，引导学生学习生活中的地理；选取实例，引导学生学习乡土地理，热爱家乡，提升人地协调观

（五）板书设计（图 2-4-1）

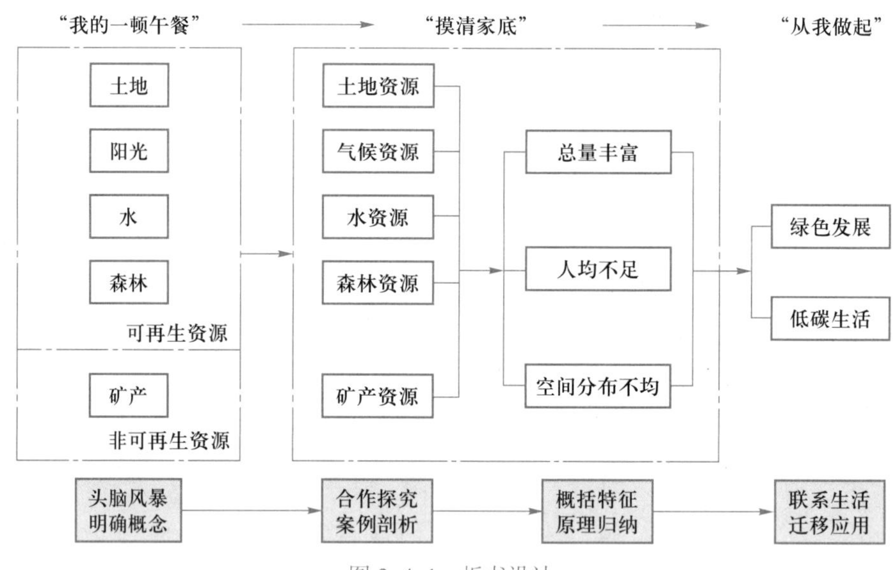

图 2-4-1　板书设计

（案例提供：刘鑫，北京大学附属中学）

【案例分析】

本案例创造性地通过微信公众号建设线上学习资源库，教学设计紧扣课程标准，教学目标清晰，通过线上线下混合式学习引导学生深入探究。

教师发挥信息技术的优势，引导学生体验了一种全新的教学模式，使用电子设备阅读微信公众号中的资料来辅助学习。教师利用微信公众号补充了很多地图、文字和视频资料，内容丰富翔实。这种线上线下结合的教学模式充分发挥了学生的主动性和积极性，实现了以学生为主体的课堂教学，有助于提升学生的核心素养。

二、广泛利用信息技术，丰富地理教学素材

地理课程贴近生活，教学中涉及的地理现象与地理问题往往来源于日常生活，教师在教学中应当创设情境，引导学生观察生活，将所学知识运用于解决实际问题。地理教学离不开丰富多元的素材，地图、景观图片、视频、统计图表、文字材料等是较常用的地理教学素材，信息技术可以帮助教师拓宽素材获取渠道，丰富素材的形式与内容，提升教学实效性。

培养学生阅读并分析地图的能力是初中地理教学的重点与难点。在信息技术助力下，教师可以收集整理海量地图素材辅助地理教学。例如，中华人民共和国自然资源部官方网站中的标准地图服务提供了多种比例尺的中国地图、世界地图等，可免费浏览、下载，标准地图有助于引导学生了解版图知识，增强国家领土意识。国家地理信息公共服务平台——天地图，提供在线地图和部分专题地图，还有大量各省区专题地

图、遥感影像等资料，可通过网络查看。中央气象台官方网站提供有卫星云图、气温实况图、降水实况图等素材。还有很多网站、自媒体提供多种多样的专题地图，教师可根据教学目标、学生学情进行选择。教师在收集、整理素材时，注意提高资源的利用效率，采用正确的索引方法或适当缩小搜索范围。

网络上有海量的图片、视频、统计表格、文字等材料，教师在平时应注意积累整理，可以在备课组、教研组范围内共享，形成学校地理教学素材库，方便教学使用。教师也可以充分调动学生的积极性，鼓励学生利用课余时间发现身边有意义的地理学习素材，凸显学生的主体地位，引导学生学习生活中的地理。

地理现象的动态变化要求教师不断更新教学素材，为学生提供最鲜活、最真实的案例。地理教学素材的收集、整理、更新与维护是信息时代地理教师的基本功，应当成为教师的日常教学工作，督促教师在日积月累中不断提升教学能力。

【案例 2】自然资源的基本特征（收集教学素材）

（一）素材收集思路

利用网络媒体广泛收集与中国的自然资源相关素材，通过微信公众号建设线上学习资源库，引导学生通过电子设备阅读微信公众号中的资料来辅助学习，激发学生参与地理学习活动的积极性。

（二）素材整理与加工

以教材中的文字、图片、地图等素材为基础，广泛收集网络中与中国自然资源相关的材料，整理形成一篇介绍中国自然资源概况的文章，引导学生理解中国自然资源的基本特征。

将中国自然资源分为水资源、土地资源、矿产资源、海洋资源等，将素材进行分类整理，为学生小组合作学习做准备。各类自然资源素材主要包括专题地图、新闻报道、科普微视频等。

例如，土地资源素材包括中国土地资源图集（专题地图来源于教材以及中国地质调查局自然资源航空物探遥感中心、中国科学院资源环境科学与数据中心、中国地质科学院等专业机构的公开资料）、中国土地资源的政策和现状科普视频（来源于科普中国 App）等。

（三）素材使用

学生通过电子设备阅读微信公众号中的资料，合作学习探究中国自然资源的基本特征，分组讨论水资源、土地资源、矿产资源等中国自然资源的基本特征，并且总结得出“总量丰富，人均不足”的结论。丰富多元的学习素材充分调动了学生的积极性。

（案例提供：刘鑫，北京大学附属中学）

【案例分析】

上述案例中，教师广泛收集专题地图、新闻报道、科普微视频等多元化的素材，并围绕教学目标对素材进行整理与加工。利用信息技术激发学生学习兴趣，充分使用教学素材，使学生深度参与地理学习活动，解决实际问题，经历对提升核心素养有意义的学习过程。

三、深入理解信息技术，创新作业设计

作业承担着落实、反馈、检验地理教学的任务，是地理教学的重要组成部分，也是学生核心素养提升的重要途径。一份目标明确、设计精良的作业是高效地理教学的必备要素。作业设计可以同信息技术进行融合，创新作业形式与作业内容，引导学生利用信息技术深度参与有意义的地理学习活动，提升综合思维与地理实践力。

纸笔练习等作业旨在帮助学生落实基础知识，为地理教学提供反馈。可以借助信息技术，通过师生线上互动平台及时反馈，方便师生之间、生生之间交流学习，促进“教—学—评”一致性。

信息技术更有助于实践类作业的设计和创新，教师可以充分发挥信息技术互动性强、满足个性需求、可视化效果好的优势，设计作业引导学生积极参与实践，深度参与学习活动。信息技术可以作为学生完成作业的资料来源，如设计气象观测实践作业，引导学生借助软件平台搜索一段时间的天气数据，感受天气变化及其对生活带来的影响；信息技术也可以成为学生完成作业的工具，如通过拍照或录制视频记录校园中植物一年之中的变化，感受二十四节气与物候变化，增强观察生活、发现地理问题的意识。

教师应当积极创新方式方法，尝试利用信息技术设计实践作业，培养学生的信息素养，提升地理实践力。例如，借助网络平台制作简单的电子地图，感受信息技术对地图发展的影响，掌握适应现代社会生活的基本数字化生存技能。又如，引导学生利用软件平台制作短视频，分享旅游见闻中的地理知识等，增强学生的地理实践力与表达能力。

学生对信息技术等新鲜事物兴趣高，学习意愿强，很多学生已经掌握了简单的信息技术操作方法。教师可借力信息技术，鼓励学生积极参与地理实践活动，提升核心素养。

【案例 3】自然资源的基本特征（作业设计）

（一）作业内容

本项作业为“自然资源的基本特征”一课的课后作业，请学生结合课堂所学，利用软件平台等信息技术制作“节约和保护自然资源”倡议海报或倡议微视频，在班级、学校内分享交流。

（二）设计意图

在地理教学实践中融入信息技术，引导学生借助信息技术制作倡议海报或倡议微视频，学习生活中的地理，树立保护和节约自然资源的意识，增强人地协调观与地理实践力。

学生设计的海报如图 2-4-2 所示。

图 2-4-2　学生课后制作的“节约和保护自然资源”倡议海报

（案例提供：刘鑫，北京大学附属中学）

【案例分析】

本案例巧妙融合信息技术设计课后作业，引导学生动手实践，充分体现以学生为主体的理念，能够有效提升学生的积极性和创造性，同时还可以培养学生的信息素养，提升学生智能化学习的必备能力。

本案例充分利用学生学习过程中的生成性资源，通过制作倡议海报等形式在校园内宣传和倡导保护和节约自然资源，促进学生自主学习和深度学习，引导学生基于自身经验学习生活中的地理，感悟地理的魅力，培养学生的家国情怀，有助于落实立德树人根本任务。

教学建议

第一，创设多样化情境，设计地理学习活动。

首先，教师应借助信息技术，精心创设多样化的教学情境，用符合学生年龄特点的素材和表达方式，以及能够引发思考的问题激发学生的学习兴趣。其次，充分发挥信息技术互动性强、满足个性需求、趣味性大等优势，设计与信息技术相结合的地理学习任务，为学生提供自主探究和合作学习的机会，让学生去理解、行动、试错、交流、改正、完善。再次，通过师生交流，有针对性和启发性地引导学生，鼓励学生依据已有的知识和生活经验，大胆质疑并提出自己的看法，主动探索感兴趣的地理问题，学习生活中的地理，实现深度学习，同时掌握新时代信息技术必备技能。最后，教师应不断改进教学方法，借助信息技术设计整体性、有意义的教学活动过程，突出学生的自主、合作、探究式学习，为学生创设有利于核心素养提升的成长环境。

第二，充分利用信息技术，建设地理教学素材库。

首先，地理教学要以培育学生的核心素养为导向，以学生已有认知基础为起点，遵循学生发展规律，聚焦重要课程内容，充分利用信息技术合理选择教学素材，优化、丰富学习活动。其次，广泛收集、整理网络中的精品资源，并根据教学目标与学生学情进行必要加工，建设地理教学素材库，并注意及时更新维护。最后，既要保持板书等传统地理教学手段的优点，也要融合运用现代教育技术手段，帮助学生提高使用地理工具分析地理事物和现象的能力，掌握适应现代社会生活的信息技术技能。

第三，融合信息技术，引导学生参与实践。

首先，教师要努力创造条件，组织学生开展融合信息技术的地理实践活动，使学生有机会在真实情境下经历体验式学习。其次，利用信息技术设计地理实践活动，培养每个学生的动手操作能力，给学生自主设计和实施活动方案的机会，尊重学生在实践活动中形成的个性化感悟、认知和价值判断，帮助学生在个人体验的基础上逐步提升核心素养。最后，在信息技术助力下，教师应充分利用学生的经验性资源和学习过程中的生成性资源，如鼓励和指导学生组建地理兴趣小组，利用广播、网络、电视等媒体传播地理知识或展示学生学习成果等。

2-4

自然资源的基本特征（教学课件）

2-4

自然资源的基本特征（教学设计）

关键问题 2–5　如何开展单元学习，有效推进地理课程建设？

问题提出

新版课程标准更关注地理学科的育人功能，关注学科素养的达成。核心素养是课程育人价值的集中体现。核心素养的培养需要依托真实性课题和探究式课堂，难以通过分散的课时完成，特别需要从整体到局部的设计。单元设计从统整性的视角对课程内容进行考量，形成相对完整的教学主题，赋予单元学习一个真实问题，引领学生建构学科核心概念，形成正确价值观、必备品格和关键能力。从育人价值看，单元学习是提升学生核心素养的有效途径。

新版课程标准提出“优化课程结构，搭建基于地理空间尺度的主题式内容框架”这一创新理念，从学生立场出发，重构课程内容结构，引领学生认识人类的地球家园。地理课程内容分为“全球”和“区域”两大部分，并以空间尺度的认识路径加以组织。新版课程标准明确知识不再以碎片化方式呈现，鼓励主题式、单元式地理教学，在充分展示学习情境的条件下，带领学生围绕某一主题、某一区域、某一问题开展地理学习活动，培养学生的地理思维，提升学生发现、思考和解决问题的能力。从课程理念看，单元学习是课程重构的必然选择。

日常教学中教师的备课和教学设计以课时为单位，容易导致教学内容碎片化和知识的割裂。初中地理学科内容涉猎甚广，大量碎片的、孤立的概念学习不仅给学生造成沉重的记忆负担，还使学生的思维模式趋于碎片化。单元设计理念主张对教材知识内容进行重新设计，由此抵御知识碎片化对课堂教学的冲击，为学生预留更多的、足够的思考和交流机会。从教学实践看，单元学习是课堂转型的必然趋势。

单元学习有利于提升学生核心素养，凸显学习内容结构化、学习活动情境化，体现了在真实中学的教育目标和以学生为中心的教育理念。

问题分析

一、单元学习的内涵

单元学习是以单元为单位进行的学习体验。以一个单元为基本单位，以发展学生核心素养为目标，在教师的指导下通过创设真实有效的情境，使学生在主体的、对话的、深度的学习活动过程中发现问题和解决问题，习得和运用知识，形成正确价值观、必备品格和关键能力。[①]“单元学习”是从教与学的视角基于“单元教学”理念形成的分支，是一种促进学生学习的教学法。

二、从学科内容单元走向学生学习单元

1. 单元组织的两种模式

单元是教材的基本单位，教材单元一般分为以学科知识逻辑来组织和以学生认知逻辑来组织。前者侧重知识的表达，后者侧重学生的学习过程。其背后是学科中心主义和经验中心主义两种不同的教育价值观。内容单元的组织遵循学科知识的内在逻辑，是学生学习的客观对象；而学习单元可以被看作是侧重学生个体的认知经验发展的过程与阶段，注重学生在真实生活中发现问题、解决问题的亲身体悟。与内容单元相比，学习单元以学生为核心，以学生的知识背景为基础，以学生核心素养的发展为目标，引导学生就某一主题所涉及的重要概念、原理和讨论的问题进行深度探讨，将学科相关知识整合在主题所形成的脉络与情境下，使学生获得综合而系统的知识、能力和态度，最终聚焦到家国情怀和完整人格培育上。[②]

2. 新版课程标准理念下的“素养”单元

新版课程标准以人类地球家园的认识路径重构课程内容结构，体现了课程组织逻辑由“学科逻辑”向“心理逻辑”的转变。单元组织的逻辑在很大程度上就是课程组织的逻辑。新版课程标准理念下的学习单元必须是有利于学生学习发生的单元，是以素养目标为线索来组织的单元，体现了从教材内容单元走向素养目标达成单元的转变。

三、单元学习的价值

1. 有助于系统地掌握学科知识

单元学习以发展学生核心素养为目标，通过系统设计学习内容、学习时间、学习过程、学习方法、学习环境与资源等，使学生在真实的情境中，通过主体的、对话的、深度的探究系统掌握学科知识。

2. 有助于凸显学科结构的整体性

“核心素养—课程标准—单元设计—课时计划”是单元设计的关键环节。立足于中观层面的单元学习，既能够“上承”宏观层面的学科结构，又能“下接”微观层面的课堂教学，可以消除课时之间的离散状态，发挥“上承下接”“双向互动”的价值，凸显学科结构的整体性。

3. 有助于实现师生的共生共创

单元学习是一个师生共生共创的过程。一方面，彰显了教师的创造性，教师基于

---

① 熊梅，李洪修.发展学科核心素养：单元学习的价值、特征和策略[J]. 课程·教材·教法，2018，38（12）：88-94.

② 程菊，徐志梅，舒建秋.从主题教学走向地理核心素养培育研究[J]. 地理教育，2016（2）：4-6.

课程标准、基于教材、基于学生，创造性地设计学习单元。另一方面，彰显了学生作为学习主体的创造性，学生在单元学习过程中，是知识的发现者、建构者、对话者和反思者，学习是为了建构知识，运用知识解决实际问题。教师与学生成为真正的“学习共同体”，共同建构创造性的学习氛围。

问题解决

该教学关键问题的本质是基于新版课程标准重构的课程内容结构设计学习单元。单元学习的设计特别强调明确学习目标，整合学习内容，设计情境任务，确定评价方案。下面分别从四个方面来阐述单元学习的设计与操作方法。

一、研读课程标准要求，明确单元学习的目标

新版课程标准的内容要求是单元学习的设计准则，单元目标并不是整个单元内各课时目标的简单累加，而需要将本单元的教学内容整合、提炼，从更宏观的角度来认识地理课程，能更有效地指导每堂课的学习，使每堂课中的课时目标与单元目标进行对应。①

【案例 1】中国的自然资源（教学设计片段）

（一）教学内容

自然资源是人类赖以生存和发展的物质基础，是地理环境的重要组成部分。随着人口数量增加，人类对自然资源的消耗剧增，自然资源的数量锐减，加上日益严重的环境污染，地球面临着资源枯竭的问题。为了使全人类共享地球赠予的财富资源，人类的活动应控制在自然的可承载范围之内，不能贪婪、无限地追求不可持续的经济增长。

中国的自然资源内容在人教版《地理》八年级上册“中国地理概况”中起承上启下的作用。自然资源存在于人类生存的岩石圈、大气圈、水圈、生物圈中，由地形、气候、河湖等自然地理环境提供，是人类生活需要的物质基础，是人类开展农业、工业、服务业生产的对象，在环境与经济的协同发展中起桥梁作用。人类在开发利用自然资源的过程中，不能抱有人定胜天的心态，要怀着敬畏之心，采用竭泽而渔的开发利用方式，遵循自然规律，因地制宜，可持续地开发利用，实现人与自然的和谐统一。

新版课程标准的内容要求为“运用地图和相关资料，描述中国水资源、土地资源、矿产资源和海洋资源等自然资源的主要特征，举例说明自然资源与人们生产生活的关系，认识开发、利用、保护自然资源的重要意义”。新版课程标准没有面面俱到讲述各种类型的自然资源，而是以中国水资源、土地资源、矿产资源和海洋资源为例，引导学生概括地了解中国自然资源的总体面貌；以案例方式说明自然资源与人们生产生活的关系，帮助学生认识开发、利用、保护自然资源的重要意义，树立正确的资源观和环境观，自觉养成节约和保护自然资源的习惯，初步形成可持续发展的观念，成为具

① 吉小梅. 中学地理教·学·评·研 [M]. 北京：中国地图出版社，2020：29.

有生态文明理念的时代新人。

（二）单元学习目标

1. 以中国水资源、土地资源、矿产资源和海洋资源为例，运用地图和相关资料，从数量、种类和分布等角度描述中国自然资源的主要特征，概括地了解中国自然资源的总体面貌，树立正确的资源观和环境观。

2. 运用地图和相关资料，举例说明自然资源与人们生产生活的关系，培养节约和保护自然资源的意识。

3. 运用地图和相关资料，举例说明自然资源开发、利用和保护的经验，初步形成可持续发展的观念。

（案例提供：岳亚利，北京市十一学校龙樾实验中学）

【案例分析】

通过这一案例我们可以看出，教师在设计单元学习目标时，不是将每节课的教学内容进行罗列，而是结合课程标准提炼出这个单元的整体内涵和意义，从“中国自然资源的总体面貌”这一主题来设计单元学习目标，从学生认知角度出发，以“析特征—明联系—谋发展”的逻辑线索加以组织，关注到知识点的内在联系，体现了单元学习目标的整体性。

二、整合学习内容，设计单元的学习进阶

单元设计的优势是能够多角度、全方位地围绕一个话题展开，在学习内容的选择上，能够打破课时之间的壁垒，建立前后内容的关联和学科知识的梯度。单元组织模式既可以依据知识逻辑，也可以依据认知逻辑，但都指向提升学生核心素养的总体目标。教师在设计单元时，需要准确理解并把握学习内容，整合前后知识的关联，精选案例，合理统筹课时安排，组织从简单到复杂、从单一到综合、从基础到进阶的学习内容，从而实现学习难度逐级提升，帮助学生循序渐进地建构中国自然资源的全貌，树立正确的资源观，实现学科育人效果。

【案例 2】中国的自然资源（单元结构与课时安排）

（一）单元结构梳理（图 2-5-1）

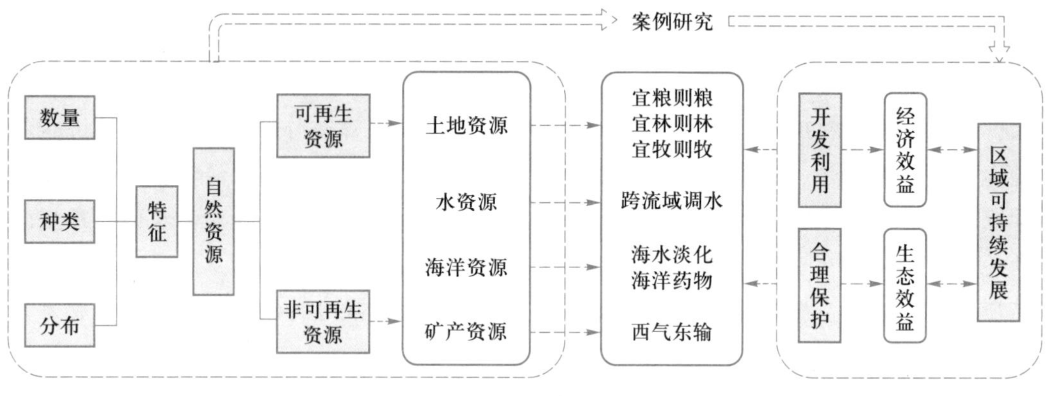

图 2-5-1　中国的自然资源单元结构

（二）单元课时教学安排

课时	主题	教学方式	课时目标	能力进阶	评价方式
第1课时	中国自然资源总体面貌	启发讲授	1. 建立概念，通过实例理解自然资源的概念，区分可再生资源和非可再生资源。 2. 运用资料说明我国自然资源的现状，树立节约和保护自然资源的行为意识	侧重描述特征	侧重终结性评价（习题检测）
第2课时	中国的土地资源	案例讲授	1. 运用我国土地利用类型图、土地资源构成图等资料，说出我国土地资源的优势和劣势，培养辩证思维。 2. 运用我国土地利用类型图、地形分布图和干湿区分布图，说出我国主要土地利用类型的分布特征，建立空间概念，树立地理要素相互联系的观念。 3. 运用资料说出我国土地资源利用中存在的问题，并说明我国土地国策的意义，培养人地协调观	侧重说明单要素联系	侧重过程性评价（学生思维结构评价+表现性评价）
第3、4课时	中国的水资源	案例对比、自主探究	1. 运用地图和相关资料，描述我国水资源时空分布的特点，提升地理实践力。 2. 通过收集整理资料，综合分析我国水资源时空分布不均的原因，提升综合思维。 3. 运用资料说明水资源分布特点对人类生产生活的影响，建立要素相互影响的观念。 4. 举例说明解决水资源分布不均的措施，培养人地协调观	侧重说明多要素作用	侧重过程性评价（学生思维结构评价+表现性评价）
第5、6课时	中国的矿产资源和海洋资源	案例对比、小组探究	1. 通过收集整理信息，从数量和种类的角度描述我国矿产资源、海洋资源的特征。 2. 举例说明中国在对矿产资源和海洋资源的开发利用和环境保护方面的经验、教训，初步形成可持续发展的观念	侧重评价区域发展	侧重过程性评价（学生思维结构评价+表现性评价）

（案例提供：岳亚利，北京市十一学校龙樾实验中学）

【案例分析】

本单元精选自然资源的学习案例，带有明显区域特征的案例可以更好地帮助学生建立地理知识与现实世界的联系。从知识内容上看，本单元采用总分方式展开，先了解中国自然资源总体面貌，再分别从土地资源、水资源、矿产资源和海洋资源等方面开展有侧重点的学习。从能力培养上看，每课时关注的能力培养点不同，第1课时重在培养学生阅读图文资料提取信息的能力；第2课时重在培养学生思考影响中国土地资源分布的因素，属于单要素联系；第3、4课时以水资源为中心，引导学生思考影响其分布的成因及其对人类活动的影响，属于多要素的综合作用；第5、6课时的能力要求最高，侧重评价区域发展。单元设计遵循“析特征—明联系—谋发展”的认知逻辑，体现了由易到难的学习进阶过程。同时，每节课都指向学生资源观和人地协调观的培养。

三、创设情境任务，梳理单元学习的流程

获取知识最好的方法就是在其所依存的真实情境中进行。设计情境任务要求以真实的区域、案例、事件等为载体，将知识结构融入情境，打通学科学习与学生生活的联系，提高学生分析问题和解决问题的能力。

基于真实情境的任务较复杂，多以合作学习方式展开。教师要将任务分解为具体的操作流程，讲清楚规则说明，促使小组成员进行任务分工并高效解决问题。

【案例 3】设计北纬 30° 沿线的环球旅行路线（情境任务）

（一）确定情境任务

“设计北纬 30° 沿线的环球旅行路线”的学习目标是感受世界自然景观的复杂多样、文化生活的多姿多彩，增进对世界的了解。本单元的情境任务为：假如你是旅游公司的产品经理，你需要设计北纬 30° 沿线的环球旅行路线，参加中学生游学产品竞标，说服某中学游学项目组采用你的设计方案。本单元渗透区域尺度思想，以全球尺度的“设计北纬 30° 沿线的环球旅行路线”任务开展学习，以“了解环境特点指导出行规划”地区尺度和“精选典型景点”地方尺度两个研究问题作为分解任务，引导学生在自主描述区域特征、对比区域差异的同时，感受地理环境的整体性，提高学生区域认知和综合思维核心素养。

（二）学习任务流程

任务流程	任务说明
确定研究范围：北纬 30° 沿线附近的分区	1. 全班分为 5 组，每组 5 人 2. 从“北非、西亚、南亚、东亚、北美洲”中随机抽取一个研究区域
行前准备：了解区域自然环境	1. 读世界政区图，描述区域地理位置 2. 读世界地形图，描述区域地形特点 3. 读世界气候图，描述区域气候特点 4. 根据地理位置，决定暑期出行方式 5. 根据自然环境特点，决定必带物品
制作手册：精选景点规划路线	1. 结合资料选取 2 ~ 3 个典型景点，综合考虑自然和人文景观，体现研究区域内的景观特点和差异 2. 将选中的典型景点标注在相应的位置，设计从北京出发的旅行路线，并绘制旅行规划图 3. 逐条列举选取必游景点及项目的理由，形成图文并茂的旅行手册 4. 从旅游资源、交通、旅游设施、服务水平等角度评价你的旅行规划
评选：游学产品竞标答辩	1. 每组代表在 3 分钟内阐述北纬 30° 的沿线环球旅行路线 2. 其他同学结合评分表打分

（案例提供：岳亚利，北京市十一学校龙樾实验中学）

【案例分析】

设计单元学习任务的核心是能用真实情境的问题引发学生的思维困惑或认知冲突，继而在合作学习中讨论、探究，形成思维的碰撞。单元学习重在学习过程而不是呈现结果，通过分解学习任务，明确小组分工，梳理学习流程，展现学习过程。单元学习任务的设计要充分体现学生的主体性，引导学生自主学习、自主探究、自主发展。

本案例中，将区域特征与差异相关知识融入学生的游学设计活动中，开展问题情境教学。教师分解情境任务，精心设计学习流程，为学生创建浓厚的合作学习氛围，在行前准备环节提供任务分工脚手架，在制作手册环节提供地图等资源，在评选环节提供评价量表。合作学习让课堂教学关系由传统的教师单向传授转向师生、生生共同交流，体现了单元学习设计的主体性。

四、基于素养导向，制订单元评价的方案

基于核心素养立意的单元学习在评价时需要关注学生复杂、不确定的现实问题的解决，关注学生的学习过程与结果，关注学生综合运用知识和主动生成知识的能力，关注学生如何学习和如何学会学习，关注学生能否进行团队合作和有效沟通。因此，单元学习评价更加重视对学生成长过程中表现的评价。

【案例呈现】设计北纬 30° 沿线的环球旅行路线（评价标准）

对学生在本单元的学习过程表现开展评价。评价的目的是进一步提升学生阅读地图和提炼有效信息的地理实践力、要素综合分析和区域认知的思维能力，以及演讲表达能力，评价的方式主要是学生互评。“设计北纬 30° 沿线的环球旅行路线”表现性评价表如表 2-5-1 所示。

表 2-5-1 “设计北纬 30° 沿线的环球旅行路线”表现性评价表

维度	行前准备（6 分）		游学手册（15 分）			竞标答辩（3 分）
	出行方式（3 分）	必带物品（3 分）	景点选取（6 分）	旅行线路（6 分）	形式（3 分）	
金牌旅行师	准确描述地理位置，据此选择合理的出行方式，理由充分	准确描述区域地形、气候等自然环境特点，据此选取的物品齐全且合理，理由充分	综合考虑自然和人文景观，充分体现研究区域内的景观特点和差异	经济实惠，交通便利，沿途设施齐全、服务水平高	图文并茂，排版合理	表达清楚简明流畅；内容全面丰富。整体效果好，有特色
银牌旅行师	粗略描述地理位置，据此选择合理的出行方式，理由较充分	粗略描述区域地形、气候等自然环境特点，据此选取的物品较齐全，理由较充分	考虑了自然和人文景观，但未体现研究区域内的景观特点和差异	较实惠，交通较便利，沿途设施较为齐全、服务水平较高	形式较单一，排版较合理	表达清楚，但不够流畅；内容较全面。有整体感，无特色

续表

维度	行前准备（6分）		游学手册（15分）			竞标答辩（3分）
	出行方式（3分）	必带物品（3分）	景点选取（6分）	旅行线路（6分）	形式（3分）	
铜牌旅行师	粗略描述地理位置，据此选择较合理的出行方式，未阐述理由或理由不充分	粗略描述区域地形、气候等自然环境特点，选取的物品不齐全，未阐述理由或理由不充分	只考虑自然或人文景观单一方面，未体现研究区域内的景观特点和差异	不实惠，未考虑交通便利性、设施是否齐全、服务水平等问题	形式单一，排版不合理	不清晰，不连贯；内容不全面。无整体感，无特色
得分						

（案例提供：岳亚利，北京市十一学校龙樾实验中学）

【案例分析】

案例中的评价标准关注学生阅读地图和提炼有效信息、要素综合分析、区域分析的过程，是地理学科地理实践力、综合思维、区域认知核心素养的具体表现，体现了单元学习评价的素养导向。评价维度基于单元学习流程，评价等级分金牌、银牌、铜牌三级。学生使用该评价标准时，会注意在每个学习过程中三级水平的具体表现，从而发挥评价的指导、激励、提升作用。

教学建议

单元设计的关键环节是明确单元目标，整合内容结构，设计任务流程，制订评价方案。在开展单元学习过程中，还需要注意以下四个问题。

第一，课程标准是单元学习目标的确定依据，规定了学生学习之后需要达到的基本目标，这种目标既包括知识和能力的提升，也包括核心素养水平的进阶发展。首先，教师在确定单元学习目标时，可以将核心素养作为单元学习的核心目标，使单元学习重点和难点更具指向性。其次，可以通过描述达成目标的手段来具体表述单元目标，使单元目标的达成更具有可操作性。最后，单元学习目标的确定不是课时目标的排列组合，教师要整合基础知识、关键能力和正确价值观，体现单元学习目标的整体性特征。

第二，整合学习内容和重构单元时，一是要优选学习内容，学习内容的选择围绕学习主题，以学生的生活实际和现有水平为基础；教材是最主要的学习范例，教师要精选并重构现有教材单元内容的质与量、难易程度等；此外，教师可以根据学习目标选择其他案例，弥补教材的不足。二是将单元学习内容进行梯度划分，分解到不同课时内，课时之间要有逻辑、有侧重、有联系，形成有梯度的单元结构。

第三，单元学习选取的情境任务应是经典的、贴近学生生活的、社会关注度较高的真实案例，教师需要对真实情境进行深入分析，挖掘其中的学科价值和育人价值，并从学生认知的逻辑出发进行分解，梳理并设计学习流程。单元学习任务的学习形式要多样化，如合作学习、个别学习，使用的学习资源要多元化，学生的学习时间安排要弹性化。

第四，单元评价是为了了解学生核心素养发展到了什么程度，因此，单元评价的内容力求全面，既要评价学生对地理基础知识和技能的理解和掌握情况，又要重视评价学生的学习参与状况、学习方式、思维方式等，是对学生成长过程的综合表现进行的评价。教师在设计评价标准时，可以将核心素养的表现作为定性标准，以学生达到目标的状况为基准，从定量的角度确定不同水平等级，在整个单元学习的过程中评估学生的学习表现和结果。评价的对象可以是学生个体或学习共同体。评价的方法较为多元，包括观察法、作品法、评定法、自我评价法、相互评价法、测验法等。

2-5

“互联网”背景下初中地理大单元教学实践探索（论文）

2-5

设计北纬 30° 沿线的环球旅行路线（课例专家点评）

关键问题 2-6 如何设计项目式学习，实现地理教学增值？

问题提出

《义务教育课程方案（2022 年版）》明确要求，要深化教学改革，强化学科实践，注重真实情境的创设，增强学生认识真实世界、解决真实问题的能力。并提出要推进综合学习，探索大单元教学，开展主题化、项目式学习等综合性教学活动，促进学生举一反三、融会贯通，加强知识间内在关联，促进知识结构化。新版课程标准的课程理念之一为“推进教学改革，倡导以学生为中心的地理教学方式”，依据学生认知基础和成长规律，充分考虑学生的生活经验和差异性，将现代信息技术与地理教学充分融合，创设多样化的学习情境，设计多层次的学习任务，积极开展地理户外实践，使学生深度参与地理学习活动，经历对提升核心素养有意义的学习过程。课程标准鼓励教师要不断改进教学方法，突出学生的自主、合作、探究式学习，设计具有整体性的教学活动过程，努力形成教学特色，为学生创设有利于核心素养提升的成长环境。所以，项目式学习这项综合性教学活动有助于学生发现实际问题并通过有效方式解决问题。

项目式学习作为义务教育阶段中学地理教学的重要手段之一，是地理课程教学环节中不可或缺、不可取代的课程，具有其独特的课程价值。

问题分析

一、项目式学习的内涵

项目式学习是一种以学生为中心的教学方法，教师为学生提供一些关键素材，构建一个开放的学习环境。学生组建团队通过在此环境里解决开放性问题来学习。项目式学习从学习生活和社会生活中选择研究专题，教师指导学生进行研究性活动，学生在研究性活动中发现问题、分析问题以及解决问题，获得丰富知识，提高综合能力。[①] 项目式学习更强调学生在尝试解决问题的过程中发展出来的技巧和能力，包括如何获取知识，如何计划项目以及控制项目的实施，如何加强小组沟通和合作。

① 吉小梅．中学地理教·学·评·研 [M]. 北京：中国地图出版社，2020：41.

二、项目式学习的主要要素

项目式学习要素根据地理学科特色与不同学校、不同学生情况等因素综合考虑，大致涵盖八项主要内容：制定明确的学习目标；提出切实可行的研究问题；利用不同方式进行探究；及时把握在一个探究问题中生成的新的问题；确保研究过程中内容的真实性；始终以学生为主体进行活动；进行积极有效的小组评价和修改；注重成果的形成与反思提升。

三、项目式学习在地理教学中的应用

与传统常规的地理课程相比，项目式学习从学习生活和社会生活中选择研究专题，教师指导学生进行研究性活动，学生在研究性活动中发现问题、分析问题、解决问题，获得丰富的知识，提高综合能力。而且，基于项目的学习活动，往往围绕着具有挑战性的项目主题展开，主题的选定往往来自真实生活环境，依托地理学科的理论，运用传统资料或网络资源等媒介，并在活动课程中体现多学科交叉的思想，具有任务驱动性、情境性和开放性的特征。同时，项目式学习既可以应用于自主学习，也可以应用于探究式教学；既可以是一节课的几个环节，也可以是地理实践课程的一项内容。抓住环节中的必要和关键要素，就可以灵活应用项目式学习，将学生的学习情境置于真实的地理区域、事件或情境中，使学生的学习与他们体验过的地理区域相联系，有助于学生建立地理空间概念，认识不同的区域既各有特色，又相互联系，增强热爱家乡的情感和国家认同感，增进对世界的理解，逐步形成人类命运共同体意识。

问题解决

项目式学习要凸显课程的设计特色和学生核心素养的培养，项目式学习模式如图 2-6-1 所示。

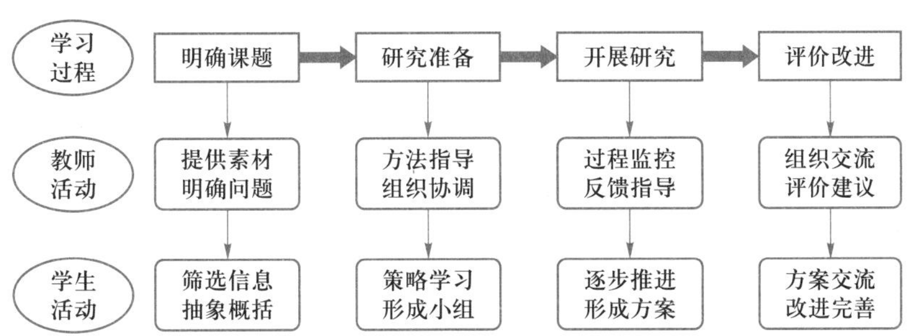

图 2-6-1　项目式学习模式

一、明确课题

1. 制定明确的学习目标

每一个项目式学习的选题方向的确定要基于新版地理课程标准的相关内容，包括关键知识点、如何理解和应用相关手段和技能。

【案例 1】“多民族的国家”课程标准要求与项目式学习目标的关系

（一）课程标准要求

运用地图和相关资料，简要归纳中国的民族分布特点，铸牢中华民族共同体意识。

（二）项目式学习目标（节选）

1. 结合地图和相关资料，分析我国民族分布特点，并尝试描述分布特点形成的过程，培养学生阅读专题地图与从资料提取信息的能力。

2. 借助相关数据和文字资料，描述我国极具特色的少数民族文化特点，并分析其原因，培养分析地理问题的能力，增强对地理的学习兴趣。

3. 通过观看视频资料，了解民族分布特色与融合，增强对地理环境整体性的认识，正确认识和谐的人地关系，逐步形成可持续发展的观念。

（案例提供：冯浩，北京大学附属中学）

【案例分析】

本案例中的项目式学习目标紧扣课程标准要求，通过视频资料、相关数据等，确定项目式学习的主题方向为“了解民族分布特色与融合”。之后采用小组合作的形式，学生借助相关材料找寻答案，并进行汇报和展示。

2. 提出切实可行的研究问题

项目式学习的问题通常理解为一个需要被解决的问题，而不仅仅是一个需要被回答的问题。结合地理学科的综合思维和区域认知核心素养培养，题目往往应从实际生活出发，旨在解决身边的地理问题。

【案例 2】“地形图的判读”项目式学习任务的确定

（一）教学目标

根据北京香山公园及周边地区的等高线地形图，归纳坡度陡缓和等高线疏密的关系，学会判断坡度的陡缓，同时将所学知识与实际生活相结合，培养学生学习对生活有用的地理。

（二）项目式学习任务

分小组讨论，根据已经学过的等高线地形图相关知识和公园电子导览图，依据不同需求选择最优（风景秀丽、坡度较缓、适合攀登）的线路。

（案例提供：冯浩，北京大学附属中学）

【案例分析】

本案例中创设了一个真实的项目式学习情境——游览北京香山公园，解决问题的角度也十分新颖，就是根据实际生活的不同需求，如沿途风景秀丽的路线、想攀登时省时省力的路线，或者适合登山爱好者的攀登路线等。学生们通过查阅资料、小组合作的方式，用已学过的知识解决实际问题。

二、研究准备

1. 利用不同方式进行探究

学生在进行项目式学习的时候，需要根据场域、学情、资源等因素的不同，利用不同的方式进行研究。从场域的角度，可以是发生在地理课堂内，学校地理学科活动中，或者是校外综合实践课程时产生的项目式学习内容；从学情的角度，学段不同会影响小组合作的人员数量、职责分工、题目难易、成果展示的形式等。

例如，根据学情设定不同的分组规则和结果呈现形式。

项目式学习题目为“结合地理知识，任选一项北京民俗生活分析自然环境对人类生活的影响”。

七年级的分组规则为班级内分组，5 人为一组，结果以电子报的形式进行汇报展示。八年级可以跨班级分组，3 ~ 5 人一组，结果以小论文（调查报告）的形式呈现。

从资源角度，无论是地理课堂还是校外的社会实践，常用的资源主要来源于课本、纸质资料、书籍以及大量网络资源。现代教育信息技术为研究性学习信息化应用策略带来了网络资源、数据（工具性知识）和研究工具（学科研究工具、研究资料管理），便于师生的互动与交流。

【案例 3】基于网络资源下的区域地理项目式学习

一、教学背景分析

（一）对于课程标准的理解和把握

课程标准“运用地图和相关资料，说出某区域的地理位置和自然地理特征，说明自然条件对该区域经济社会发展的影响，认识因地制宜的重要性”明确学生应理解一条知识点，学会应用一项技能，即了解因地制宜发展农业的必要性，运用地图和相关资料描述区域的地理位置和自然特征。分析知识背景，首先要明确因地制宜是根据各地的具体情况，确定适宜的办法。一个地区的农业生产与该地区的自然条件、社会经济条件有着密不可分的关系。农业生产需要适宜的温度、光照、水分、地形、土壤等自然条件，不同地区的交通运输状况、市场状况、政策导向、农业科学技术及风俗习惯等社会经济条件也会影响当地农业生产与发展。从地理学角度来看，农业生产是人与自然相互适应的产物，即人地关系，也是地理学探究的核心问题。在技能培养方面，运用地图和相关资料是义务教育阶段地理学科要求学生掌握的一项基本技能。本节课既给学生提供了网络资源和素材，又给学生提供项目式学习的一般方式。综上所述，东北三省这一区域的农业发展特点直观、明显，有利于开展项目式学习研究。

（二）指导思想与理论依据

区域认知和综合思维是地理学科核心素养。第一，地理学科的区域性，表现在它不仅体现地理事物的空间分布和空间结构，而且阐明地理事物的空间差异和空间联系，并致力于揭示地理事物的空间运动、空间演变的规律。第二，地理学科研究的是地球表层各种自然现象和人文现象有机组合而成的复杂的综合系统，各要素相互联系、相互影响、相互渗透。

基于多元认知理论和建构主义的项目式学习，具有研究内容的综合性和开放性、过程与策略的自主性和实践性、目标的层次性和多元性等特点，侧重落实多元认知的建构，综合能力、研究方法和技能的培养，有效促进学生核心素养发展。

探究学习是项目式学习的基础，从探究程度来看，项目式学习是较高层次的探究性学习。初中阶段地理教学由于学生认知基础、知识技能有限，一般采用研究性学习思想渗透性策略，教师往往需要引导学生选择、明确研究课题，帮助学生综合运用知识，开展一定可感知区域的热点焦点问题的半独立研究性学习，使学生初步学习体验研究性学习，并获得相关知识和技能。

（三）教学内容分析

举例说明因地制宜发展农业的必要性和科学技术在发展农业中的重要性，对应人教版《地理》八年级上册中国地理“经济与文化”相关内容。“举例说明”的内容在中国地理以及世界地理教材中都有体现。在教材中有若干国家、地区。一方面，要选择有明确的农业发展特色以及相对直观影响要素的区域讲解；另一方面，针对举例说明因地制宜要尽量有对比效果，使案例更丰富、特点更鲜明。因此，选择人教版《地理》八年级下册第六章“北方地区”第二节“‘白山黑水’——东北三省”以及人教版《地理》七年级下册第九章“西半球国家区”第二节“巴西”作为学习内容。二者在教材中的知识点都涉及农业发展的特点。“从‘北大荒’到‘北大仓’”以及“发展中的工农业”向我们讲述两区域农业发展特点，选择典型的中国特产“菽”——大豆的种植为切入点，不仅能引起学生极大兴趣，也能有效连接两个区域的农业发展对比。

（四）学生情况分析

八年级学生已经学习了世界地理、中国地理，了解了部分国家或地区，初步掌握了学习区域的一般方法，也掌握了学习地理的重要工具——地图的阅读和从文字、图片中提取地理信息的方法，这是学习本节内容的基础。但是在分析地理综合性问题，以及探讨人地关系方面还比较陌生，对地理问题缺乏理性思考，所以本节课重点落实描述地理事物，用文字、图表等学生易接受的方法学习农业发展特点并作对比。学生素质普遍偏高，对地理学习有浓厚的兴趣，眼界比较开阔。根据这一现状，可以将本节知识内容适当“挖深”，使学生进一步理解因地制宜发展农业的重要性。

二、教学目标和项目式学习模式目标

（一）教学目标

1. 结合“东北三省地形”“东北三省平均气温和降水量分布”“巴西的地形与主要农产品分布”，分析不同区域农业发展的自然与社会经济条件的特点，提高阅读专题地图与从资料中提取信息的能力。

2. 借助相关数据和文字资料，描述两区域大豆发展的有利与不利因素，并分析其原因，增加对地理的学习兴趣，提高分析地理问题的能力。

3. 通过完成研究性学习，了解因地制宜发展农业的重要性，加强对地理环境整体性与区域性的认识，正确认识和谐的人地关系，逐步形成可持续发展的观念。

（二）基于网络资源的区域地理项目式学习模式目标

1. 充分发挥信息技术优势，进行网络与现实混合环境下的合作研究性学习，建立全面、系统、动态、综合思维的思想，达成科学态度与合作精神。

2. 提高综合运用知识的能力，掌握实践问题的分析、解释、解决的方法和基本技能，提高综合实践与合作能力。

3. 关注人类社会环境和谐发展，承担责任和使命。

三、教学重点和难点

1. 教学重点

结合东北三省农业发展实例，概括出影响农业生产的自然与社会经济因素。

2. 教学难点

运用研究性学习的方法了解东北三省以及巴西在农业发展上的差异与特点。

四、教学资源、教学手段和教学方法

1. 教学资源

（1）教材提供：巴西的地形图与重要农产品分布图，从北大荒到北大仓的文字资料与专题地图，部分景观图等资源。

（2）教材补充：大豆在世界种植及产量图、两区域之间的大豆种植点，以及相关文字、图片资料。

2. 教学手段

运用多媒体辅助教学、网络教学。

3. 教学方法

采用项目式学习的形式。

五、教学过程

关键环节	环节 / 要素	信息技术驱动	教师活动（主导程度）	学生活动（自主程度）
问题引导	创设可感知区域综合实际问题情境； 运用已有知识实现问题的发现、辨析、明确、表述	提供网络用图以及电子教材	告诉学生“菽”（大豆）是典型的中国特产，在我国东北地区广泛种植。提供两张统计图，发现单产以及种植面积都远不如巴西，由此提出本节课研究性学习两个阶段的关键性问题： 阶段一： 试找出中国东北与巴西广泛种植大豆的自然与社会经济条件？ 阶段二： 比较两个区域大豆的特点，各自有什么发展优势？	学生被创设情境带入，仔细思考提出的问题，为研究性学习做好充足准备

续表

关键环节	环节 / 要素	信息技术驱动	教师活动（主导程度）	学生活动（自主程度）
研究指导	明确研究目标与责任、策略准备，给学生提供开展研究性学习的资料和学习方法指导	研究性学习主题网络合作交流平台	教师通过锦囊包的形式给学生提供三个维度的支持。 a. 必备知识、研究材料提供 内容涉及东北三省、巴西自然特点和社会经济特点，可以通过电子教材、提前准备的资料以及开放性网络实现。 b. 区域地理研究工具、方法的指导 内容包含自然要素（气候、土壤、自然灾害）与社会经济要素（科技、市场、劳动力、地租、交通、政策等方面），促使学生建立地理要素与现象的关系。 c. 多元化信息与资源索引与辨别指导 提供研究性学习基本方法，方便学生按小组合作开展调查提供研究手段	学生获得研究目标、要求与基本研究方法策略，为接下来的两次研究性学习做好准备
研究组织	制订研究计划； 合作组织任务分配； 资源分配	网络合作交流平台	学生根据研究性学习第一阶段题目，分两大组，每组再细分两个小组。 A1 组：研究东北地区自然条件对大豆种植的影响。 A2 组：研究东北地区社会经济条件对大豆种植影响。 B1 组：研究巴西自然条件对大豆种植的影响。 B2 组：研究巴西社会经济条件对大豆种植影响	学生自愿结合小组，领走研究性学习第一阶段选题，完成资料收集，以表格方式呈现
明确课题开展研究	运用已有知识实现问题的发现、辨析、明确、表述	网络合作交流平台	请四组同学分别找到东北地区、巴西自然条件与社会经济条件对于大豆种植的影响特点，完成研究性学习过程性报告（表格）	学生开展研究性学习第一阶段内容
	针对问题，方法确认与实施（观察法、调查或实地访谈法、资料文献法、实验法）	知识与方法指导 内容与工具提供 多元化资源索引查询（社会、网络） 协作学习平台	学生进行小组讨论，教师进行过程性指导，及时将学生成果通过多媒体手段呈现在大屏幕上，间接完成过程性评价以及过程性指导	学生根据题目，分小组开始资料的收集与整理
	综合知识运用； 材料比较分析、总结归纳； 合理评价，提出合理解决策略			通过比较分析总结归纳，获得新知，形成学案中表格的填写完整

续表

关键环节	环节/要素	信息技术驱动	教师活动（主导程度）	学生活动（自主程度）
明确课题开展研究	合作交流、辨析完善； 知识构建得出结论、呈现结果	研究报告工具	四组同学分别分享成果，教师进行点评，评价内容涉及地理语言的规范，地理事物描述的清晰以及内容的准确性三方面。 随后教师以板书形式总结东北三省以及巴西各自农业发展特点。落实基础知识，完成本节课教学重点内容。间接解决第一阶段问题：试找出中国东北与巴西广泛种植大豆的自然和社会经济条件?	学生派代表进行答案分享，完成学案的整理
承转过渡	制订研究计划； 合作组织任务分配； 资源分配		根据教学重点内容以及阶段一的已知答案，教师提出挑战性的问题。呈现东北地区及巴西大豆各自的特点，发现巴西大豆在产油量方面有显著优势，东北地区大豆在口感和蛋白量上明显获胜	
开展研究	综合知识运用 材料比较分析、总结归纳合理评价或提出合理解决策略		利用情境模拟和角色扮演的形式，提出研究性学习的第二阶段问题，满足研究性学习的开放性、多元化需求。 情境模拟“我是大豆采购员”教师作为大豆收购方，东北地区、巴西两个组根据实际情况分别推荐两个地区的大豆。 要求：A1\B1，A2\B2 比较式推荐，即两个区域研究自然条件的进行对比，研究社会经济条件的进行对比。 要求：各自通过查阅已有阶段一内容以及开放网络相关资料，既介绍本区域发展农业的优势，又要指出自然环境、自然灾害、社会经济、市场需求等诸多要素中不利的地方	学生根据所有材料，完成开放性研究性学习题目
结果呈现	合作交流、辨析完善 知识构建得出结论、呈现结果		教师根据学生汇报进行点评。点评从资料的准确运用、内容的真实性、地理语言表达能力三方面进行过程性评价，并指导学生课后完成“我是大豆采购员”研究性学习作业	学生分两个小组进行阐述，布置作业，将口述的内容整理为招标书，课后上传到网络平台

六、学习效果评价

评价项目一：学生以小组为单位完成东北地区与巴西农业发展特点要素表。

评价核心：通过提取和分析资料关键信息考查学生对于资料的阅读分析能力，同时也考察了小组合作、创新能力。从地理语言的规范、地理事物描述的清晰性以及内容的准确性三方面进行过程性评价。

评价项目二：情境模拟“我是大豆采购员”。

评价核心：从资料运用的准确性、内容的真实性、地理语言表达能力三方面进行过程性评价。

【案例分析】

项目式学习需要为学生的探究提供更具有体验性的问题情境、更丰富的研究资源、更灵活开放的空间和时间，以及更灵活的策略选择和个性化指导，网络项目式学习弥补了传统课堂教学在开展研究性教学在这些方面的局限性。初中区域地理的网络项目式学习，结合具体内容、策略和目标，主要发挥的作用和策略包括：提供问题情境创设现状问题的丰富信息链接，引导形成研究课题；教师提供区域地理问题成因分析要素与研究策略指导、资料查询与筛选技能指导等学习支架；问题相关知识的研究史料、研究报告等资源；为研究性学习的自主性、开放性、合作性提供网络研究的主题自主分组、网络调研、合作知识构建、即时过程评价等支持；提供地理学科研究性学习的必要工具，如交互地图、数字地球仪，等高线等测量工具、研究报告形成模板等信息技术支持。

2. 及时把握在一个探究问题中生成的新问题

教师要充分认识到一个具有挑战性的地理实际问题会在被解决的过程中不断引发新的问题，学生需要不断探究去解决，直到获得满意结果。这就需要教师对初始问题创设和后续生成有较强的把控能力。

【案例 4】“地形图的判读”项目式学习问题生成的新问题

课程标准要求：在等高线地形图上，识别山峰、山脊、山谷，判读坡的陡缓，估算海拔与相对高度。

项目式学习题目 1: 根据等高线的性质，在点位图上绘制出一幅完整的某地等高线示意图。

根据题目 1 生成的新的项目式学习题目 2：小组通过教材材料，在等高线地形图上找出山脊、山谷等不同山体部位，并标注出来，进行小组展示。

学生完成项目式学习的基本步骤如图 2-6-2 所示。

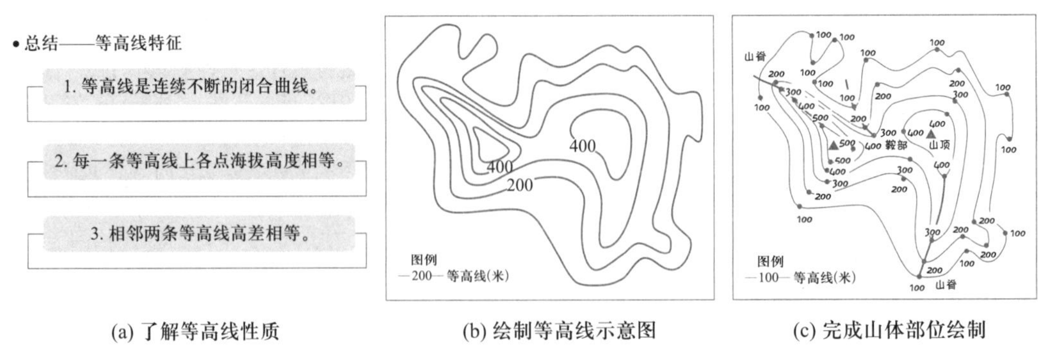

图 2-6-2　学生完成项目式学习的基本步骤

（案例提供：冯浩，北京大学附属中学）

【案例分析】

本案例明确要求学生认识一张专题地图，理解一个知识点，并学会应用一项技能。一张专题地图即自然地理重要识别工具——等高线地形图，一个知识点即识别山体不同部位在等高线地形图中的特征，一项技能即估算海拔与相对高度。从知识的角度来看，这一节主要讲述的内容是在地图上辨认地面的高低起伏，初步学习阅读等高线地形图，培养学生阅读和使用地图的能力。从学生能力上来看，学生从阅读平面地图过渡到通过地形图判读地形地势，在空间概念的形成上会有一定的困难。而在项目式学习中，学生通过小组合作的方式，根据教材提供的等高线的性质，充分学习重点内容，绘制一张等高线地形图，通过实践体会平面到立体的转换，从而将知识转化成地理实践力。

课程标准要求学生能在等高线地形图上识别不同的地形部位，着重让学生掌握山脊、山谷的识别方法。在技能培养方面，在地图上估算或量算地理事物距离是义务教育阶段地理学科要求学生应掌握的一项基本技能，即掌握阅读和使用地球仪、地图的基本技能。上述案例在教学过程中及时生成新的项目式学习课题，即在等高线地形图上找寻不同的山体部位。不仅从实际的角度出发解决了本节课的教学难点，同时使用学生之前绘制的地形图加强了学习印象和成就感。

生活性和实践性是地理课程的特点。用学到的地理知识和技能解决生活中的问题则是学生生存能力的体现。例如，正确使用指南针判断方向，运用地图识别方位、估算距离、了解地形。如果学生能用学过的地理知识与技能理解现实中遇到的各种生活现象，同时能够指导实践，学生学习到的就是"对生活有用的地理"。

三、开展研究

1. 确保研究过程中内容的真实性

确保研究过程中内容的真实性即做项目式学习要提出真问题。其实提出真实的地理问题并不难，因为在初中阶段很多项目式学习的思路和主题都是依据课程标准或教学环节由教师创设的。在进行综合实践或野外地理实践时，学生经常会提出过大的题目，这种情况下能有一个真实而贴切的项目式学习题目就显得尤为重要。地理教师要注意将学生的题目落地，使其具有可操作性、容易着手解决。

【案例 5】地理实践力课程——探究京味儿文化（八年级）

活动要求小组根据自己确定的选题进行探究并完成论文，以下是某小组在教师的帮助下进行的题目修改。

第一次：《紫禁城的"诞生"》

第二次：《明朝时期紫禁城选址地理环境因素分析》

第三次：《北京的河流与湖泊对于明朝紫禁城选址的影响研究》

（案例提供：冯浩，北京大学附属中学）

【案例分析】

本案例中三次题目的确定极具代表性，反映出八年级学生的真实特点。在项目式学习中，过大的题目往往难以入手，在研究时很难聚焦，以至于无法得出任何有效的结论。在本次活动中，地理教师引导学生从生活中的地理入手，了解到学生们除了喜欢地理课，对历史也有浓厚的兴趣，经过讨论，全组一致希望研究故宫。教师提出建议，让学生从地理视角入手，可以选择某个历史年代，对故宫进行某一问题探究。于是，学生经过思考，缩小了题目的范围，将《紫禁城的"诞生"》修改为《明朝时期紫禁城选址地理环境因素分析》。首先，学生通过八年级区域地理的学习已经了解区域的地理环境要素很多，如地形地势、气候特点、河流湖泊概况等，如果都进行研究，又会成为大而散的汇报；应该主要着眼于一个环境要素进行剖析，更容易查找资料，得出结论。其次，学生往往喜欢用"结果分析""要素分析"等词语，其实，结果分析要有严谨的科学态度和很多真实的支撑数据，这是该年龄段学生很难做到的，学生往往认为描述某件事物的结果就是进行详尽的分析，便会背离题目设定。所以，教师再次协助学生进行修改，最终确定题目为《北京的河流与湖泊对于明朝紫禁城选址的影响研究》。

2. 始终以学生为主体进行活动

在进行项目式学习中一定以学生为主体，通过个人研究和小组合作的形式完成活动，以地理实践力综合实践课程流程为例，可以看出学生在项目式学习中的主体地位（图 2-6-3）。

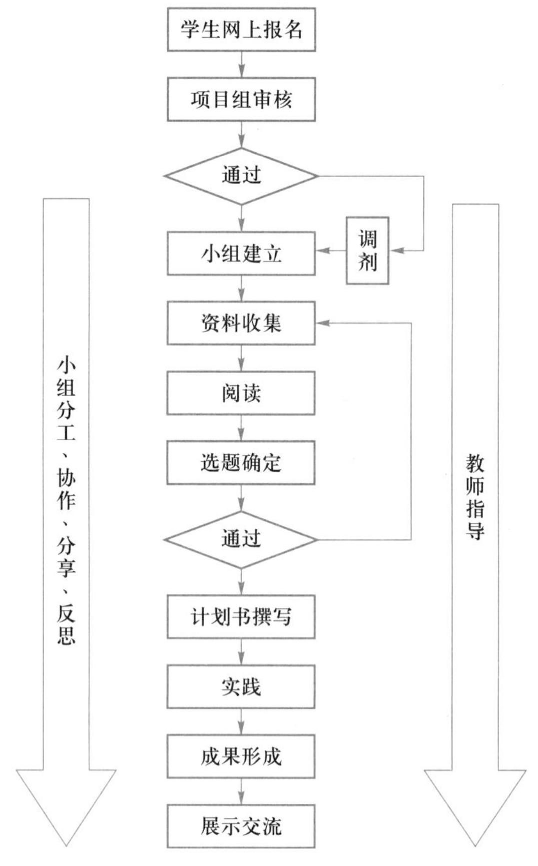

图 2-6-3　地理实践力综合实践课程流程

四、评价改进

1. 进行积极有效的小组评价和修改

项目式学习要帮助学生学习怎样提出或接受建设性反馈，并做出合理有效的个人、小组内、小组间的评价，最后参考这些反馈改进项目过程和最终的成果。建议在评价方面打破常规，改变传统学科课程评价中重考试、重结果的评价方式，使评价维度更为多元，更加重视学生在综合实践过程中的表现，兼顾学生在实践过程中的个性化表现，部分评价可以因人、因事而异，注重个体的纵向发展。

2. 注重成果的形成与反思

项目式学习成果可以通过不同的形式展示。考虑到学生最后的实践成果方式多样且特点不一，在奖项设置中可从多个维度对学生在实践活动过程中的努力予以肯定。例如，褒扬学生严谨缜密的学术思维能力；鼓励学生独立思考、勇于创新的精神品质；充分肯定学生从事科学研究时的求真务实精神；强调学生亲身体验、勤于实践的可贵之处；极力提倡学生在实践过程中通过学会团队协作来焕发集体的无限力量。

成果展示的形式应充分考虑学生的优势特长和项目的不同特点，可以讲述一段感人的故事，可以表演一幕精彩的话剧，可以呈现一台摩登的时装秀，也可以策划一场精彩的辩论赛，等等。总之，应保证学生在最后的展示阶段拥有充分的展示时间和空间来发挥自己的个性特长，让每个学生在实践过程中的努力都能得到教师、同学或家长的肯定，让每个学生都能通过这种个性化的评价看到自身的潜能和价值。

教学建议

设计项目式学习在实现地理教学增值的方面已经取得了显著的教育成果。很多学校在地理课程中广泛应用，也形成了各具特色的学校常态化的地理项目式学习课程整体框架。采用多维度的评价方式，发挥项目式学习的自主开放性特点，帮助学生小初、初高衔接，帮助学生获得更长远完整的体验，而不仅仅是一个站在学科长远发展角度可以探索的领域。

随着课程素材的不断积累，大量的学生作品如何实现网络分享储存，以及更大范围的推广运用，形成关于课程和学生的大数据，关注学生的持续成长，这也是需要解决的问题。

我们将继续努力实现地理课堂中进行项目式学习的尝试，以及在推动学生终身发展上的作用，我们也将继续完善评价的多重功能，为学生提供表现个性的平台，为社会提供发现学生潜质的机会。

2-6

典型的中国农作物——菽（教学设计）

第三单元

以问题情境为依托 解析地理课程内容

以提升学生核心素养为宗旨的地理课程，应通过丰富的地理素材与生动的实践活动相结合，以问题链为线索，创设多样的学习情境；深度挖掘课程内容，设计多层次学习任务，同时将地理工具的使用贯穿其中，以强化课程对学生的生活和终身发展的实用性。

本单元紧扣真实问题情境，梳理初中地理主干知识，以单元教学模式剖析地理核心内容，结合大量实践案例，形成了清晰的单元教学思路，分别围绕宇宙观与科学观、地理工具应用、空间尺度差异、人地关系、区域的综合性与差异性、可持续发展等一系列关键问题展开探讨，引导学生深入理解和应用地理知识。

关键问题 3-1 如何在地理教学中渗透宇宙观、科学观的思想观念？

问题提出

宇宙观是人们对宇宙的整个图景及一般性质的观点，是人们对宇宙结构、起源和演化等方面的认识。在科学发展历程中，宇宙观是不断发展的。在认识宇宙的过程中，人类逐步形成了科学精神、科学思想、科学方法，因此，通过对认识宇宙过程的了解，能进一步培养科学观。新版课程标准指出，义务教育阶段地理课程的目标要求之一是使学生能够初步具备崇尚真知、独立思考、大胆尝试等科学品质。课程内容中与渗透宇宙观和科学观相关的课程标准内容集中在“主题一：地球的宇宙环境”和“主题二：地球的运动”。两个主题的内容要求见图 3-1-1 和图 3-1-2，与宇宙观和科学观相关的学业要求及教学提示见表 3-1-1。

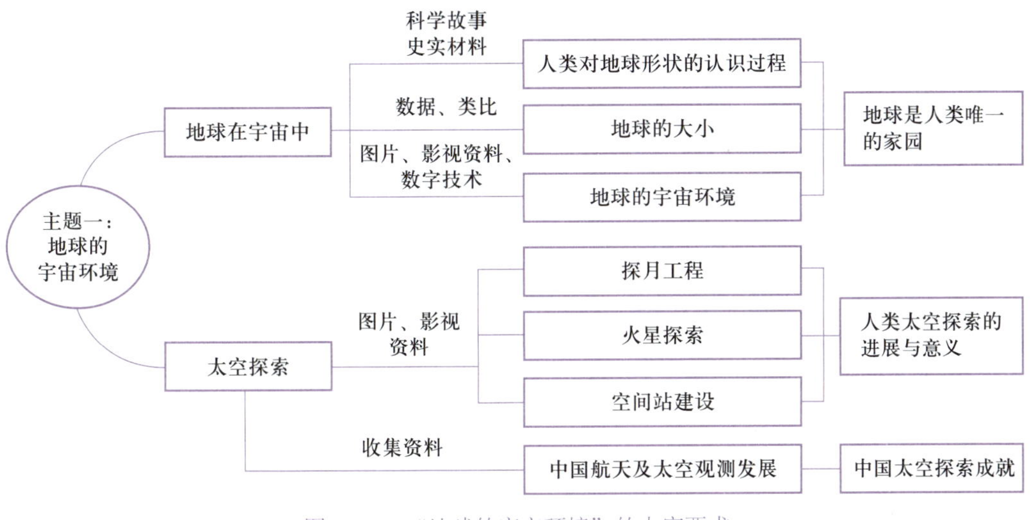

图 3-1-1 “地球的宇宙环境”的内容要求

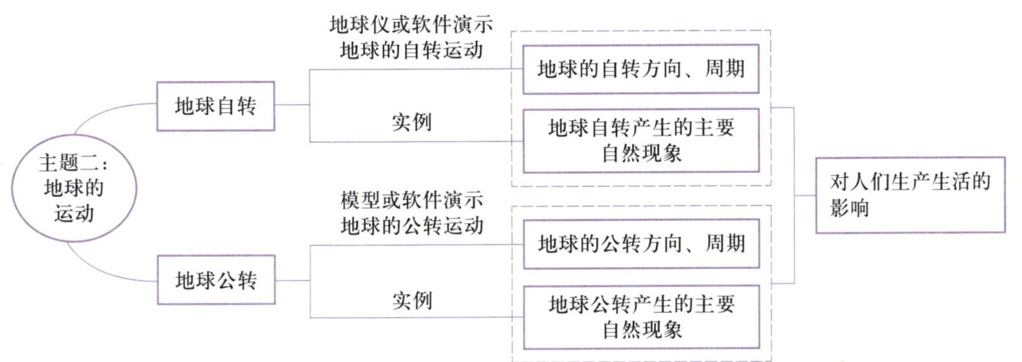

图 3-1-2 “地球的运动”的内容要求

表 3-1-1 与宇宙观和科学观相关的学业要求及教学提示

学业要求	教学提示
能够借助相关资料以及教具、学具等，描述人类认识地球形状的过程，领悟求真务实、勇于创新的科学精神；能够说出地球在宇宙环境中的位置、地球的大小，初步建立科学的宇宙观	旨在帮助学生初步形成科学的宇宙观，增强科学兴趣，提升科学探究意识与科学精神
能够说出中国太空探索取得的成就等，认识人类太空探索的意义和价值，保持对未知世界的好奇心，形成科学探究的兴趣和情怀，提升民族自豪感和自信心	
能够自主演示地球的自转和公转运动，归纳地球的运动规律，并用现实世界中的事例证明地球运动的存在，形成尊重客观事实的科学态度	旨在帮助学生科学地认识地球运动规律及其对人类地球家园的意义，形成尊重、敬畏、顺应自然规律，以及科学认识自然现象的意识

如果说宇宙观的培养有利于学生学习地理知识、用更广阔的视角认识世界，那么科学观的培养则有利于学生探究精神的培育，进而促进学生的全面发展。新版课程标准中与宇宙观和科学观相关的内容体现出对宇宙观和科学观的培养的特别关注，同时也对宇宙观和科学观的培养提出了更高、更全面的要求。

问题分析

一、课程标准内容解读

1. 认知内容

对比新旧两版课程标准，会发现“地球的宇宙环境”主题的内容差别巨大，除了“了解人类认识地球的过程和描述地球的大小”内容外，其余认知内容均是新增的。其中，“描述地球的宇宙环境、地球在太阳系中的位置”帮助学生初步建立科学的宇宙观，体现了与高中地理课程标准内容的衔接；“人类太空探索的进展与意义”“中国太空探索的成就”帮助学生认识人类太空探索的意义和价值，激发科学探究兴趣，培养科学精神。“地球的运动”主题的课程标准内容在新旧课程标准中差异不大，但新版课程标准突出了“对人们生产生活的影响”，引导学生结合实例科学认识地球运动的自然现象及对人类活动的影响，树立尊重自然、顺应自然的观念，培养科学观。

2. 行为条件

新版课程标准给出了如“结合科学故事、史实材料”“结合图片，影视资料”“利用模型或软件”等多种行为条件，体现出信息化对学科工具和教学素材的极大丰富，为学科工具和教学素材的选择和更新指明了方向。

3. 行为动词

课程标准内容要求中用到的行为动词“说出”“认识”“描述”直接体现了学习难度，按照布卢姆对认知领域的目标分类（即识记、理解、运用、分析、综合和评价六个层次），该部分课程标准内容要求属于第一个层次，对学生的要求不高，大部分内容学习难度不大。因此，在帮助学生们了解基本知识点的基础上，主要目标是激发学生学习兴趣，培养学生科学探究精神。

二、教学内容分析

“地球的宇宙环境”主题内容的顺序安排是从地球到太阳系，体现了人类对宇宙的认知过程和空间尺度由小及大的变化。通过认识地球在太阳系中的位置，学生从科学的角度认识地球环境的独特性，形成珍爱、保护地球环境的意识；同时对卫星、行星、地月系、太阳系等概念有了初步认识，进而产生对探月工程、火星探测以及空间站建设等内容的兴趣。因此，“地球在宇宙中”为“太空探索”做了铺垫，“太空探索”又为学生更好地认识“地球在宇宙中”提供了支撑。

“地球的宇宙环境”使学生认识了地球在太阳系中的位置，这是认识“地球的运动特征及产生的自然现象”的前提。

有关宇宙观和科学观的教学内容让学生通过学习地球的宇宙环境和地球在太阳系中的位置，认识到地球是人类唯一的家园；通过学习地球运动的地理意义，认识到自然环境对人类活动的影响或制约，有助于形成人地协调观，为区域地理部分对人地关系的学习做铺垫。

问题解决

一、开展地理实践，培养学生的好奇心和科学探究兴趣

地理实践力指人们在地理实验、社会调查、野外考察等地理实践活动中所具备的行动力和意志品质。宇宙的浩渺无边、无穷无尽给予人们广阔的想象和探究空间，人类对宇宙的起源、构成、边界等问题的探索从未停止。正是在对宇宙的好奇心和科学探究精神的驱使下，人类才取得了如今的宇宙探索成就。在教学中，教师尤其要关注的是培养学生对于未知宇宙的好奇心，通过宇宙探索的故事激发学生科学探究的激情和兴趣。除了课堂教学以外，还可以借助国际天文日、中国航天日组织相关的科普和实践活动，增进学生对宇宙探索过程的了解；也可以组织学生观测壮观的天文现象，让学生通过地理实践体验到宇宙的壮美和观测带来的成就感。

【案例 1】天文观测活动

由学校天文社设计天文观测活动前的宣传单（图 3–1–3、图 3–1–4）。

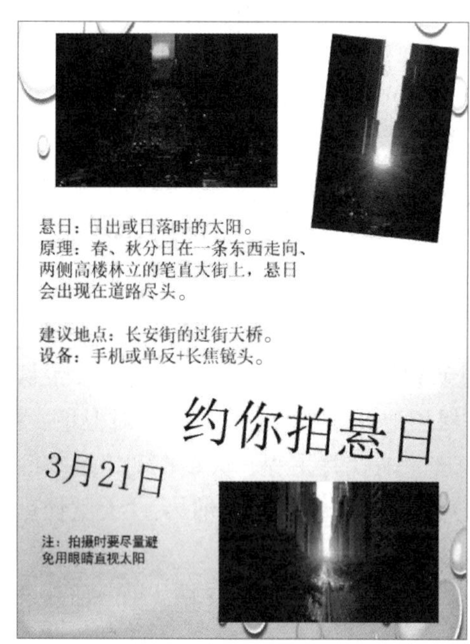

图 3–1–3　拍悬日宣传单

图 3–1–4　挑战水星观测宣传单

由学生填写天文观测活动中的记录单（表 3–1–2）。

表 3–1–2　天文观测活动记录单

观测目标	认识水星		
观测者		观测日期	
水星的特点			
观测水星最合适的时间			
请把你看到的水星画下来			

（案例提供：王佳，首都师范大学附属中学）

【案例分析】

该案例依托学校的天文社团资源，以壮观的天文现象为契机，组织学生进行天文观测和记录，让学生在实践和体验中学习，提升地理实践力。天文观测活动不仅能让学生更深刻、直观地认识宇宙，形成科学的宇宙观，还能通过实践问题让学生产生好奇心，并在好奇心的驱动下发现新问题，解决新问题，形成科学探究精神。

二、利用实践教学资源开设研学活动，拓展学生的认知渠道

1. 开展参观、考察等研学活动

通过组织学生参观科技馆、天文馆、天文台等相关的科普基地或科普机构，开展短期的课外研学，不仅有利于拓宽学生的认知渠道，激发好奇心和培养科学探究兴趣，还有利于提升学生地理实践的意识，培养地理实践力。教师需要思考如何更好地利用实践教学资源，充分挖掘教学素材，提升学生的学习效率。设计相关的研学探究任务可以引发学生的思考，提升学生的探究意识和能力。

【案例 2】中国科技馆研学探究活动（活动设计）

（一）研学目标

1. 通过阅读馆内资料，了解宇宙、天体及天体系统的基本概念。

2. 通过观察太阳系模型，绘制太阳系平面图，描述地球在太阳系中的位置。

3. 通过小组合作，制作一个能演示地球运动的模型，提升动手操作能力，加深对地球运动特点的理解。

4. 通过观看科技馆中“宇宙的起源”视频，了解宇宙的起源和宇宙大爆炸学说，了解关于宇宙未来的相关猜想。

（二）探究任务

1. 研学活动中的任务

（1）什么是宇宙？什么是天体和天体系统？试举例说明。

（2）观看太阳系模型，绘制太阳系平面图，用一句话描述地球在太阳系中的位置。

（3）观察地球运动模型，地球的运动包括哪两种形式？在运动周期和方向上有何特点？地球的运动会产生哪些自然现象？

2. 研学活动后的任务

（1）小组合作，尝试制作演示地球运动的模型。

（2）搜集生活中与地球运动相关的现象，配以图片进行解释说明。

（3）搜集资料，了解宇宙的起源和宇宙大爆炸学说。

（4）宇宙会一直膨胀下去吗？尝试提出你的猜想，并与同学交流。

（案例提供：潘红梅，首都师范大学附属中学）

【案例分析】

该研学案例充分利用实践资源，通过校外研学，将课程教学内容与实践教学资源紧密结合，引导学生在研学过程中认识宇宙的基本概念、地球运动的基本规律和基本现象。研学过程中，引导学生通过观察模型、观看视频和图像形成正确的宇宙观。研学后通过搜集资料、制作模型等活动指导学生探究宇宙的起源与未来，激发学生对宇宙奥秘的好奇心，培养科学探究精神。

2. 播放科普视频，组织专家讲座

我国对航天事业尤为重视，为了更多地将航天事业发展的相关成果转化为教育资源，发挥中国空间站的综合效益，开展了多种形式的教育活动。例如，首个太空科普教育品牌“天宫课堂”，结合载人飞行任务，贯穿中国空间站建造和在轨运营系列化推出，由中国航天员担任“太空教师”，以青少年为主要对象，采取天地协同互动方式开展，已逐渐成为中国太空科普的国家品牌。教师应充分利用这类资源，点燃学生崇尚科学、探索未知、敢于创新的热情。除此之外，可以播放如“单霁翔：中华民族的航天基因”“孙志斌：中国人走向太空的梦想”“中国空间站特别节目”等视频资料，也可以通过组织学生观看“中国空间站建设”等相关直播视频，增进对航天知识和祖国航天文化的了解，激发学生的民族自豪感。

在条件允许的情况下，学校可以邀请相关专家进校园开展讲座。活动前调研学生感兴趣的问题，活动中通过学生和专家的互动深入探究学生关心的问题，提高讲座活动的效率。

三、注重培养完整的科学思维路径

初中学生的地理空间思维尚处于较弱的阶段，对大空间、长时间尺度的自然现象缺乏形象认识。因此，地球运动特征及其产生的地理现象一直是教学中的难点。如果按照“地球公转特征—昼夜长短变化—对人类活动的影响”的思路进行教学，不符合学生从感性认知到理性分析、从形象认知到抽象思维的认知规律，教学效果将大打折扣。

教师除了带领学生抬头“看天”，更重要的是引导学生低头“看地”，即观察地球运动产生的现象对自然环境和人类活动的影响，在生活实践中学习地理知识，学习对生活有用的地理。在学习“地球运动及其地理意义”时，引导学生根据已有的生活经验思考问题，如“怎么证明地球是运动的？”“地球运动对我们的生产生活有什么影响？”等，不仅有利于培养学生对身边事物和现象的观察、解释能力，还有利于学生科学实证的理性思维的形成。

【案例 3】探究日影长度及昼夜长短变化规律

（一）实验名称

日出日落时间及日影长度观测

（二）实验材料

1 米长的竹竿 / 木棍、手表、卷尺、手机（带指南针）、笔、观测表等。

（三）实验要求

1. 准备好实验材料，认真完成观测表。

2. 观测周期为 1 周，记录的数据尽可能地精确（表 3-1-3）。

表 3-1-3　观测记录单

日期	日出时间	日落时间	上午 9 时竹竿日影长度	正午（12 时）竹竿日影长度	下午 3 时竹竿日影长度	正午竹竿日影方向

3. 如遇阴天无法完成日影长度的观测，则顺延一天。

（四）实验结论

1. 观测周期中，日出时间越来越______；日落时间越来越______；

2. 计算 10 月 1 日的白昼时长为______；10 月 7 日的白昼时长为______；白昼时长越来越______。

3. 观测周期中，白昼时长______（大于 / 小于 / 等于）12 小时，黑夜时长______（大于 / 小于 / 等于）12 小时，昼夜长短状况为____________（昼长夜短 / 昼短夜长 / 昼夜等长）。

4. 结合生活实际，白昼时长还会继续变短吗？

5. 一天中日影长度变化有何规律？

6. 观测周期中正午日影长度变化有何规律？

（案例提供：潘红梅，首都师范大学附属中学）

【案例分析】

从生活中的现象观测出发，通过对昼夜长短变化现象的直观观察和记录，引导学生从中发现问题、提出猜想，产生探究兴趣，通过课堂上对地球公转产生的地理意义的学习解决困惑，形成“发现问题→提出猜想→证据论证”的科学问题探究路径。

四、将科学精神和民族自豪感融入教学，增强情感体验

在教学中需要深入挖掘宇宙观内容与科学家精神的契合点，借助科学家的感人事迹、科学家追求真理的过程、科学方法和科学思维的运用，把科学家精神融入课堂教学。通过教育传承科学家精神，把无形的精神同化，最后转化为中国特色社会主义伟大实践的有形力量，从而达到精神由内到外、由此及彼、由潜移默化到自觉践行的效果。

【案例 4】从人类认识地球的过程到我国航天事业的发展

（一）学习目标

1. 回顾人类认识地球形状的过程，感受前人勇于探索的精神。

2. 能够利用相关数据准确描述地球的大小，认识地球仪的用途。

3. 通过视频、图片等资料了解我国航天事业发展，增强民族自豪感。

（二）教学过程（节选）

环节一：了解人类认识地球形状过程	
教师活动 1 播放视频	学生活动 1 观看视频资料，了解人类认识地球形状过程，交流分享感悟。
设计意图：通过了解人类认识地球形状的大致过程，让学生感受前人勇于探索的精神，进行情感和价值观教育	
环节二：认识我国航天事业发展	
教师活动 2 播放我国航天事业发展视频，让学生从总体上认识我国航天事业的发展历程	学生活动 2 学生出示课前搜集好的图文和视频材料，以演讲的形式讲述我国航天事业发展中的小故事，从细微处着眼，感受我国航天事业的发展与成就，增强民族自豪感
设计意图：让学生了解我国航天事业的发展与成就；组织学生通过演讲的方式讲述航天故事，增强民族自豪感，培养爱国主义精神	

（案例提供：冯颐，北京大学附属中学）

【案例分析】

该案例通过视频资料让学生直观了解人类认识地球形状的大致过程，感受前人勇于探索的精神；让学生说出地球在宇宙中的位置、地球的大小等，初步建立起科学的宇宙观。

教学建议

第一，关注教学素材的与时俱进。

现代的宇宙观不可能是人类认知宇宙的终极，因为宇宙探索是不断进行的，关于宇宙的知识是不断更新的，教师在进行素材选择时应紧跟时代步伐，多关注新闻时事，尽可能地为学生呈现最新的宇宙探索和航天事业发展的素材。

第二，关注宇宙观和科学观培养的持续性。

宇宙观和科学观的培养并不是一蹴而就，通过某一个或某几个专题内容的学习就能实现的，而是需要教师在教学中持续关注学生宇宙观和科学观的培养，如“海陆的变迁”部分内容，教材中呈现了被称为“大陆漂移学说之父”的魏格纳从发现问题到提出假设再到证据论证的科学探究全过程，有助于对学生的科学观的进一步培养；通过补充魏格纳的事迹，引导学生感悟人类在探索未知过程中孜孜以求的科学精神。

第三，关注对学生自主探索意识和能力的培养。

兴趣是最好的老师，教学中除了通过图片、音视频等资料提升学生的学习兴趣以外，还可以通过设置开放性问题，培养学生的学习兴趣。自主学习能力需要建立在正确使用学科工具和掌握正确的学习方法的基础之上，在科学研究方法的渗透中不断引导学生形成科学探究的意识，并提升探究能力，犹如教给学生探索宇宙奥秘、打开科学大门的钥匙；地球仪等地理工具的使用有助于学生加深对科学宇宙知识的理解，教学中指导学生利用学科工具解决科学问题，也能起到“授人以渔”的作用。

3-1

以学生为中心培养科学观念（讲座）

关键问题 3-2 如何使用地球仪、地图等地理工具开展地理教学？

问题提出

新版课程标准在课程内容部分提到，地理工具主要包括地球仪和地图两个部分。地球仪是用来表示地球表面的地理事物和现象的地球模型，学生借助地球仪能够直观地获取地理信息，增强感性认知。因此，利用地球仪教学能够帮助学生形成空间概念，培育空间想象能力，激发学习兴趣。地图是地理学的第二语言。地图不仅形象直观、生动具体，还比语言文字更简洁、通俗、一目了然。在中学地理教学中，地图具有特殊且重要的地位。地图的教学可以培养学生通过阅读地图提取、判断、分析、概括地理信息的能力，也有助于学生构建空间思维。

新版课程标准将地球仪和地图归入“地理工具”这一主题，它们既是初中地理教学最重要的方法，又是初中地理教学的基础内容；在新版课程标准的内容结构中既是独立存在的部分，又是贯穿整个初中地理教学过程的重要工具。

在课堂教学中如何帮助学生学习掌握地球仪、地图的基础知识与使用方法，在后续课程中如何应用地理工具更有效地开展地理教学，以及引导学生在今后的生活中能有意识使用地理工具解决真实的问题，提升学生地理实践力，都是教师设计教学活动的重要目标，也是初中地理教学的关键问题之一。

问题分析

一、地理工具在初中地理教学中的重要性

新版课程标准要求在“地理工具”这一主题学习完成后，学生能够通过设计、制作简易地球仪模型，在地球仪上识别经线和纬线，说明经度和纬度的分布特征，并利用经纬网对现实中的地理事物和现象进行定位，描述地理事物和现象所在地的经纬度位置和相对位置等；能够在地形图上判别和描述基本的地形特征；能够阅读和提取地图上的地理信息，并利用地理信息说明和分析地理事物和现象；能够养成在生活中使用数字地图的习惯，感悟信息技术的发展给生活带来的便利；能够恰当地使用地理工具和方法进行地理实验、社会调查和野外考察。

经过修订和调整后的新版课程标准十分注重突出地理课程的实践性，强调地理工具的应用，在课程理念、课程目标、课程内容等方面都凸显了地理工具的重要地位。“地理工具”贯穿“认识全球”和“认识区域”的内容要求中，既突出了地理课程倡导的地理实践和利用工具学习地理的学习方式和学习过程，体现出地理学习中工具实践的重要地位和作用，也将学习内容、学习方法、学习过程联系在一起，形成一个整体，凸显了地理课程的价值追求。

因此，地理工具在初中地理教学中是不可或缺的存在，引导学生正确地使用地理工具不仅能够提高学生地理课堂学习的效率，降低学生学习难度，促进学生更好、更容易地接受地理知识并熟练记忆，还可以最大限度地提高学生学习地理的兴趣。

二、地理工具在初中地理教学中的广泛性

新版课程标准除地理工具这一主题外，其他各主题的内容要求、学业要求和教学提示也都十分重视地理工具的运用，内容要求中有多条都提到借助地图等资料，描述、说出、归纳地理问题，引导教师利用地理工具将复杂的地理现象、地理问题直观形象地展现出来，从而增强学生提取、整合信息的能力，促进学生探究问题意识的养成。

初中阶段主要使用的地理工具除了地球仪、地图以外，还包含经纬仪、温度计、雨量筒、指南针等。教师除了讲解这些地理工具如何使用以外，还可以通过使用这些工具提高课堂教学效率，调动学生学习地理的积极性。

初中生的学习能力处于初级阶段，能够深入理解较容易和易想象的知识，但是面对较枯燥、难以理解和想象的知识，学生的学习能力明显不足，因此，在当今提倡“减负增效”的大背景下，教师需要最大限度地调动学生学习的积极性，提高学生自主学习的兴趣和能力。在地理课堂教学中，教师通过使用恰当的地理工具，能够将抽象的知识进行具体化讲解，使学生将抽象的概念转变为具体的操作并运用至掌握，提高自主学习地理的观察能力和探究的精神。这要比通过口头讲授相关的概念更能让学生感受到地理知识的内容和意义，使学生提高学习效率。例如，在讲解“大洲和大洋”时可以利用地球仪帮助学生对海陆分布有一个形象的立体空间的认识；在讲解“等高线地形图”时可以组织学生拆解等高线模型，了解等高线地形图原理；在讲解“天气和气候”时可以带领学生动手操作温度计、雨量筒等气象仪器；在讲解“区域地理”时充分利用地图，分析地理位置、自然环境特征等，改善地理教学与学生的实际认知相脱节的情况，促使学生加深对教学内容的理解。

这些贯穿课程内容不同主题的地理工具的内容要求，以及渗透在活动主题和跨学科主题学习中的动手实操环节设计，为学生地理实践力的培养提供了抓手。

三、地理工具在学习生活中的实用性

地理工具既是义务教育阶段地理课程学习中需要掌握的基本知识，更是学生应熟练运用于生活中的必备技能。新版课程标准对地理工具的要求从侧重知识本身转变为关注其在地理学习和生活中的应用，从知识范畴上升到区域认知、地理实践力等核心

素养的落实上。基于新版课程标准对地理工具提出的新要求，地理教学既要强调地理工具基本知识的讲授，又要在各环节各主题中融入地理技能的培养，发挥地理工具的实用功能，促进学生核心素养的落实。

地理工具的一些概念和知识抽象性较强，学生理解起来有一定困难，应用地理工具时也会有一些畏难情绪。教师可以在进行教学设计时，引入生活化元素，提高学生的学习兴趣，帮助学生理解课程知识与内容。例如，教师可以鼓励学生在假期出行时练习使用地图找寻景点、规划线路；引导学生关注新闻时事，及时在地图或地球仪上找寻新闻发生的地点，描述其地理位置等。由此，学生能够发现地理学习同日常生活如此贴近，自然就会生出持续的探究兴趣和学习热情。

教师在教学中要注重与实际生活的结合，通过创设生活情境、开展实践活动等方式，引导学生运用地理工具等解决生活中的实际问题，才能帮助学生认识到地理工具的实用性，并深刻理解和感悟“学习对生活有用的地理”的内涵。

问题解决

一、借助地理工具，突破教学重难点

与地球仪、地图相关的基础知识是初中地理教学的重点内容，同时也是难点内容，例如，在地球仪上识别经线和纬线，说明经度和纬度的分布特征，并利用经纬网对现实中的地理事物和现象进行定位，描述地理事物和现象所在地的经纬度位置和相对位置等；能够在地形图上判别和描述基本的地形特征；能够阅读和提取地图上的地理信息，并利用地理信息说明和分析地理事物和现象。要想突破这些重难点，应遵循学生的认知特点和认知规律，对地球仪的教学，先要引导学生全面观察地球仪，了解地球仪的功能、结构，识别出重要的经纬线及经纬度的分布特征。在熟悉地球仪、学完经纬线等相关知识后，学生可以自主设计和制作地球仪、经纬仪等以展示地球形状、经纬线、地轴的特征，充分体现“做中学”的理念，还可以利用自制的简易地球仪模型演示地球的公转与自转运动。将抽象的地球运动转化为直观的演示实验，不但能激发学生的学习兴趣，还能帮助学生建立起空间观念，逐渐养成利用地理工具解决地理问题的习惯。对于地图的教学，教师可以安排学生观察教材配图、地图册、电子地图等，了解地图的“语言”、不同地图的判读规则及选择等，再通过绘制学校平面图及公园地形图、自制定向越野地图等活动，帮助学生更好地理解地图是如何表示地理事物和现象的空间关系的。

【案例 1】纬度和经度（教学设计）

（一）教学背景分析

1. 教学内容分析

“纬度和经度”是新授课，位于人教版《地理》七年级上册第一章第一节“地球与地球仪”中。本节内容是学习初中地理知识与方法的基础。本课的内容是纬度和经度的划分及利用经纬网定位，学生在前期已经学习了纬线和经线的定义和特点，本课着重学习纬度和经度的划分，初步落实利用经纬网定位。

2. 学生特征分析

初一学生的抽象逻辑思维和空间想象力较弱，学生思维正从经验型向理论型转化，常表现为无意识思维，好奇心强，易对直观、动态的事物产生兴趣。在此前的学习中，学生初步具备相关知识基础和读图、观察地球仪的能力。针对学生的特征，本课选取地球仪和电子教材等学具和资源，来弥补学生抽象逻辑思维和空间想象力不足的问题，同时激发学生学习兴趣，有助于学生的理解和记忆。

3. 教学目标

（1）学生能够通过观察地球仪说出纬度和经度的划分。

（2）学生能够运用经纬网确定某一地点的经纬度位置。

4. 教学重难点

运用地球仪说出纬度和经度的划分，并利用经纬网定位。

（二）教学过程

教学环节	教师活动	学生活动	设计意图
导入	介绍故事背景	听课	创设情境，激发兴趣
知识回顾	1. 提出问题：小明怎样向大家介绍地球仪上的经纬线呢？ 2. 提出学习任务：如何说明此处的位置？	在地球仪上指出经纬线，介绍经纬线所指示的方向	回顾知识，引出经纬度
观察地球仪认纬度	1. 引导学生观察地球仪，并提出问题： （1）纬度的起点在哪里？ （2）从赤道向两极，纬度度数如何变化？ （3）纬度的范围是什么？纬度最大的地点在哪里？ （4）有没有数值重复的纬度？重复了怎么办？ 2. 利用电子教材小结纬度的划分，并引导学生读图落实	1. 观察地球仪，指出纬度，说出纬度划分的起点、范围、变化的规律。 2. 读图，在教材上标注	引导学生明确纬度的划分，并归纳纬度划分的方法，使表述规范科学
自主探究认经度	1. 布置小组合作探究任务：运用地球仪说出经度的划分。 提示：在地球仪上找出经度的起点、观察经度的范围及变化规律，运用地球仪介绍。 2. 利用电子教材小结经度的划分，并引导学生读图落实	1. 观察地球仪，小组讨论，对比纬度的划分，用类似的方法，明确经度的划分。 2. 读图，在教材上标注	引导学生将纬度划分方法迁移运用，明确经度的划分，以动画和读图指导突破教学难点

教学环节	教师活动	学生活动	设计意图
经纬网定位	1. 提出问题： （1）在地球仪上指出菲律宾的经纬度位置。 （2）找一找40° N，116° E是什么地点。 2. 展示地球仪球面经纬网与地图平面经纬网的示意图并引导学生归纳定位方法	观察地球仪，练习利用经纬网定位，归纳定位方法	使学生落实用经纬网定位的方法，完成学习任务
拓展	1. 提出问题： （1）0° 经线是如何确定的? （2）为什么用度数来命名经纬线? 2. 播放视频材料，做简单讲解。 运用地球仪讲解南北、东西半球的划分	观看视频，阅读教材，观察地球仪，指出南北、东西半球的划分，回答问题	解释疑难，促进学生理解
总结	鼓励学生利用地球仪解决实际问题，积极探索未知	用心体会	引导学生提升情感态度

（三）板书设计

纬度和经度

	起点	范围	划分及表示字母	度数变化规律
纬度	赤道	0° ~ 90°	北纬 N 南纬 S	自赤道向南、向北增大
经度	本初子午线	0° ~ 180°	东经 E 西经 W	自本初子午线向东、向西增大

（案例提供：杨倩，首都师范大学附属中学）

【案例分析】

本案例注重学生地理实践力的培养和提升。教师通过一系列任务引导学生充分操作、使用地球仪，用真问题引发学生的思考。学生自发产生探究动力，在好奇心的驱使下用地球仪找寻答案。地理工具的使用激发学生学习兴趣，同时弥补了学生抽象逻辑思维和空间想象力不足的问题，实现将所学的知识应用到实践活动中。

二、利用地理工具，锻炼地理综合思维

地球仪和地图作为地理工具，蕴含着丰富的地理信息，贯穿在整个地理课程中，是开展地理学习的必备工具。因此，在教学中不仅与地球仪、地图直接相关的章节课程中需要使用这些地理工具，在后续课程中也需要恰当地利用地理工具分析、解释地理事物和现象。例如；引导学生观察地球仪表面的颜色、面积大小、文字等，说出地

球陆地、海洋分布特征等；使用地球仪演示地球在宇宙中的状态，初步从动态的角度解释地球自转和公转的特征及其产生的自然现象，并将地球运动与人们的生产生活相关联。

地图是将地理事物、现象和要素等根据一定的规则绘制成平面图形，成为获取地理信息研究地理事物和现象的空间位置、分布特征、变化规律、相互关系等的重要工具。地图在地理教学中不可或缺。教师可以在进行区域地理教学时，引导学生通过阅读地形图，提取某区域的地形空间分布特点以及地势特征，阅读人口、城市分布图分析该区域人文环境；教师还可以引导学生结合河流分布图等，分析地形对区域内河流、人口、城市交通线等分布的影响，从而提升学生的地理综合思维和地理实践力。

【案例 2】中国的地形（教学设计）

（一）教学背景分析

地形是重要的自然地理环境要素，也是学习气候、河流等其他自然地理要素的基础。中国的地形特征，对中国的自然环境和社会经济发展有着重要的影响。因此，掌握中国地形是学好中国地理的根本，同时，对中国地形的进一步学习，能够加深学生对地理要素之间关系的认知，为学生今后生活、旅游带来较大的便利，更能提升学生对祖国大好河山的热爱。

本教学设计建议安排 2～3 课时，主要内容包括引导学生通过读图概括我国地形、地势的主要特征；通过读图概括我国主要山脉和地形区的分布特点；通过读图和分析资料说明地形、地势对我国自然环境和人类活动产生的影响。本课遵循由直观到抽象的认知规律，选取学生的旅行照片，呈现我国各类地形，帮助学生直观了解我国地形特征，再逐步过渡到通过分层设色地形图和地形剖面图等概括我国地形、地势的主要特征，通过绘图掌握我国主要山脉和地形区的分布特点，通过思维导图梳理地理要素间的逻辑关系，一步步激发学生学习我国地形的兴趣。

学生在学习本课前，对于地形相关知识已经有了一些了解，因此本课采取循序渐进的方法，梳理已有知识，建立知识结构，在活动中提高读图、绘图、选图、用图的能力，了解我国的地形、地势特征，最终形成分析地形与其他地理要素相互影响的方法，及人与环境协调发展的价值观念，顺利突破重、难点。

（二）教学目标

1. 学生能够通过阅读中国地形图，说明我国地形、地势的基本特征。

2. 学生能够在中国地形图中找出山地、高原、盆地、平原和丘陵等地形类型，并能够读图说出我国主要山脉以及四大高原、四大盆地、三大平原和东南丘陵的分布特点。

3. 学生能够运用图文资料，分析并归纳地形与气候、河流等自然要素的相互关系，以及地形与人类活动的相互关系，并解释相关地理现象。

（三）教学过程

教学环节	问题线索	师生活动	设计意图
新课导入	阅读景观图，回顾常见的地形类型	教师导入：在假期中很多同学都在国内旅游，并在朋友圈晒出了旅行照片，这些照片展示出了我国大好河山，同时也体现了我国幅员辽阔，地形类型多样。 提出问题：你能分辨出几种地形类型？说说它们的特征	选择贴近学生生活的旅行照片进行新课导入，引导学生通过阅读自己拍摄的照片复习五种基本地形类型，并初步了解我国地形类型多样的特征
新课讲授	我国有哪几种地形类型？归纳地形特征	提出问题：你能在中国地形图中找到这些照片的拍摄地点吗？尝试归纳我国地形特征。 学生读中国地形分布图和中国各类地形面积比例图，归纳我国地形特征。 小结地形特征：地形类型多样，山区面积广大	通过读图分析得出我国地形的基本特征
活动一	据图说出中国地势的大致起伏状况	小组活动： 1. 读分层设色地形图，判读地势起伏大趋势。 2. 在学案中描画出颜色变化明显的区域，确定阶梯界限。 3. 读分层设色地形图，通过图例估算阶梯内的平均海拔。 4. 结合地势起伏大趋势和平均海拔差异，归纳得出我国地势特征。 5. 通过地形剖面图印证地势特征的结论。 小结地势特征：西高东低，大致呈阶梯状	通过小组活动了解我国地势的基本特征
新课讲授	什么是地形的骨架？——山脉	教师展示关于山脉的旅行照片，引入山地、山脉及走向的含义	明确山地、山脉及走向的含义，并会在地图上识别不同走向的山脉
活动二	各种走向山脉和主要地形区	小组活动： 1. 在学案上分别找到并画出东西走向、东北－西南走向、西北－东南走向、南北走向的山脉及弧形山脉。 2. 将近似东西和近似南北走向的山脉连线，形成地形网格——“骨架”。 3. 在地形网格中填充主要的地形区，如四大高原、四大盆地、三大平原、东南丘陵。 小结：完成学案，并请旅行照片拍摄者讲述主要地形区的特征	通过小组活动了解我国主要的山地及地形区

教学环节	问题线索	师生活动	设计意图
新课讲授	生活中地形与交通、城市建设等有什么联系	教师导入：在众多照片中有一个城市独具特色，这里的建筑非常有层次感，街道上随处可见一眼望不到头的楼梯，你猜出这个城市是哪里吗？ （展示重庆街景图） 提出问题：重庆为什么这么独特？是哪种要素起到主导作用？ 引出本课主题——地形 提出问题：地形会影响社会生活和自然环境的哪些方面？ 学生梳理已有知识，归纳出气候、河流、植被、聚落、人口、交通、农业等	重庆被称为山城，当地交通、城市建设都与其地形密切相关，可以帮助学生了解地形与其他要素之间的关系
活动三	地形与其他自然要素和人文要素的相互关系	小组活动： 1. 探究内容 （1）地形对其他地理要素会产生什么直接影响？ （2）这种影响是如何产生的？ 2. 活动目标 （1）自行选择图文资料完成思维导图（逻辑清晰，内容完整） （2）利用图片讲解思维导图 教师在活动中提示学生充分利用学案及教材中的图文资料，指导读图方法。 小组展示时教师及时点评、肯定，关注学生表述的科学性、逻辑性，发掘亮点，注重引导，及时补充，归纳板书。 学生划分气候、河流、自然灾害、聚落人口、交通、农业六个小组，根据图文资料完成思维导图，进行展示和讲解。 小结：厘清地形与其他自然要素和人类活动之间的逻辑关系	帮助学生梳理已有知识，建立知识结构，在活动中提高选图、用图的能力，在画思维导图时了解地理要素之间的逻辑关系；在小组汇报时锻炼表达能力，提高小组合作能力

（案例提供：张玲，北京市上地实验学校）

【案例分析】

本教学设计使用大量地图串联课程，给学生提供充分的图文资料，引导学生主动思考如何使用地形、气候、河流、人口、交通分布图等认识中国区域的地理特征。教学注重引导学生掌握描述地形特征的方法并迁移应用，注重培养学生建构地理要素之间的逻辑联系。本教学设计突出构建创新思维能力和开放的地理课程的理念。

三、运用地理工具，解决真实情境问题

学习使用地理工具不是简单的知识记忆和技能训练，而是通过学习地理工具的基础知识、基本方法，在解决地理问题的过程中，根据实际需求选择和应用合适的地理工具，提取地理信息，并对地理信息背后蕴含的地理事物和现象进行思考与分析，解决地理问题，从而提升学生核心素养。因此在课程设计上，教师应多创设与学生生活相关的实际情境，使学生树立实践意识，养成利用地理工具解决真实问题的习惯。除此之外，有些地理工具也常出现在学生的生活中，如电子地图、景观图、指南针等，指导学生学习如何使用这些地理工具为生活服务，也可以增加学生学习地理的动力，提升学生的地理实践力。

【案例 3】景观图的阅读（教学设计）

（一）教学背景分析

在地图教学中，教师可能更关注等值线图、地形图、气候分布图等地图，但对一些专题地图的重视程度不足。例如，景观图在众多地图之中是一种特殊的存在，它在各种地图中最为“亲民”，与学生生活关系密切，因此这类地图在引入课程或引入知识点时显得尤为重要，能激发学生的兴趣。可这些并不是景观图的全部功能，景观图的价值在于能形象、生动、情境性地表现地理事物的形态、外貌、场景和变化等特征。景观图往往“情在图中，理在图外”，也就是说，要读出图中蕴含的地理内涵，往往需要调动一些地理知识去深入挖掘。景观图阅读对于培养学生的地理思维有着重要的意义。

（二）教学目标

学生能够按步骤阅读教材或生活中的景观图，阅读景观图，注重从景观现象看到其本质，抓住突出特征，提取其中的地理要素信息，并说明要素之间的相互联系，整合地理信息、分析解决问题、并提出合理建议，从而提高地理读图能力。

（三）教学过程

教学环节	问题线索	师生活动	设计意图
导入	大家分享的图片是否包含着地理信息？	师生互相分享展示假期的旅游图片	利用学生生活中的景观图片引出本课主题，调动学生学习兴趣
环节一	什么是景观图？	展示多种图片，提问：照片都是景观图吗？景观图都是照片吗？	明确景观图的定义

续表

教学环节	问题线索	师生活动	设计意图
环节二	如何阅读景观图?	可以通过三个步骤阅读景观图: 第一步:读出最突出的地理信息——识别与描述。 活动1:读出景观图中最突出的地理信息,包括景点建筑、民族节日、代表性动植物、人种、民居等各种景观图	了解景观图的读图步骤,引导学生关注生活中出现的景观图
		第二步:说明各地理要素之间的相互联系,归纳区域基本特征——说明与归纳 活动2:读恒河三角洲图片,尽可能找出图片中涉及的地理要素,说明各地理要素之间的相互联系,归纳或概括图中区域基本特征。 如图3-2-1所示,学生通过读图可以找到"屋顶坡度较大""主要交通工具是船只"等信息,在教师引导后,通过仔细读图还可以发现"部分房屋被水淹没""船内人们衣着单薄""有人捕鱼为生"等更为隐蔽的信息。通过分析,可以对应这些信息概括出图中区域降水量大且频繁,多发洪涝灾害,天气炎热,水域面积广的基本特征,并建立地理要素关系网(图3-2-2)。	培养学生提取景观图中的地理要素信息,并说明地理要素之间的相互联系的能力
		第三步:分析解决问题、并提出合理建议——分析与应用。 活动3:读图分析黄土高原水土流失的原因及治理。给出黄土高原的图片,引导学生复习前两个步骤,先"识别出黄土高原,再仔细阅读图片说出千沟万壑、地表裸露的区域特征,最后结合当地景观图片分析原因并提出合理建议(图3-2-3)。	培养学生整合景观图中的地理信息,分析解决问题、并提出合理建议的能力

识别与描述

恒河三角洲的孟加拉人

说明与归纳

屋顶坡度较大
部分房屋被水淹没
主要交通工具是船只
船内人们衣着单薄
有人捕鱼为生

⇒

降水量大且频繁
多发洪涝灾害
天气炎热
水域面积广

图3-2-1

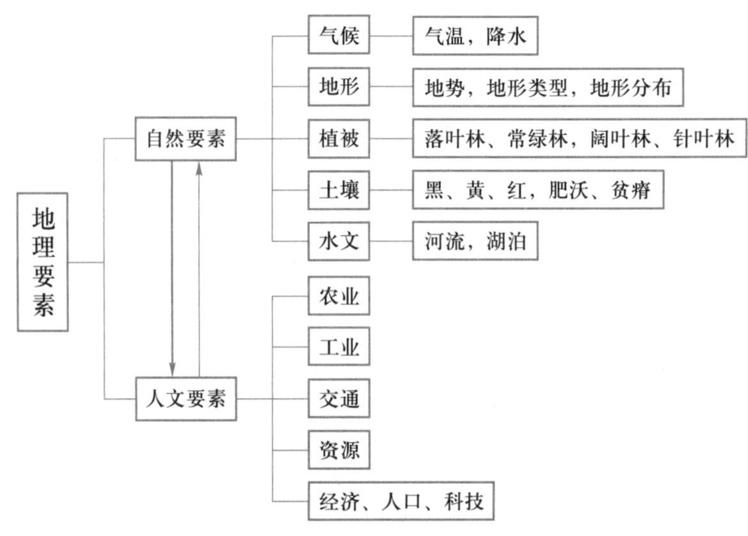

图 3-2-2　地理要素关系网

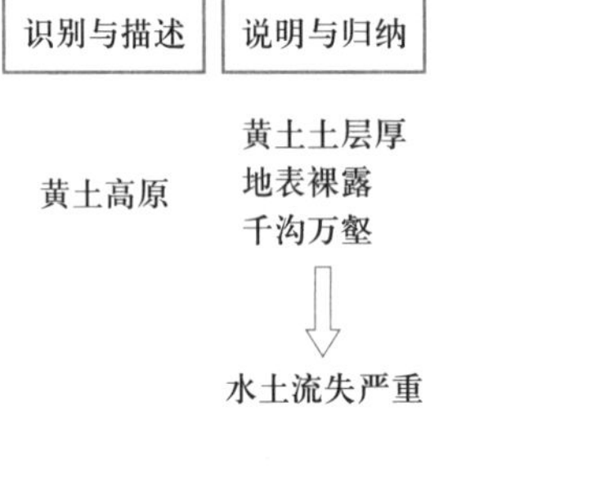

分析与应用

分析原因：

自然原因：
- 土质疏松
- 植被稀少
- 坡度陡
- 夏季多暴雨

人为原因：
- 陡坡开荒
- 过度放牧
- 修路、采矿等

分析与应用

合理建议：

工程性措施：
- 缓坡修建梯田
- 修建挡土坝

生物性措施：
- 植树种草
- 退耕还林还草
- 合理放牧

图 3-2-3　对黄土高原图片的分析与应用

（案例提供：张玲，北京市上地实验学校）

【案例分析】

景观图作为在日常生活中常见的地理图像，是地图的一个重要组成部分，是学生汲取地理知识的源泉，又是帮助学生理解和巩固地理知识的基本手段。本教学设计注重引导学生使用景观图这种地理工具，提取其中的地理要素信息，整合大量的材料，在扩充知识储备的同时，学会理清景观图中涉及的地理要素间的逻辑关系，意识到景观图是地理学习的重要工具之一。本设计引导学生学会整合景观图中的地理信息，建立地理要素之间的联系网，提升分析解决问题、并提出合理建议的能力。

教学建议

第一，教学目标设计合理，活动不为“做”而“做”。

在使用地球仪、地图等地理工具开展地理教学的过程中，提倡在“做”中学，在真实情境中学。在活动课中，教学目标的设计对课堂的成功至关重要。笼统的目标在短时间内难以达到，基于宽泛目标的活动设计可能变得粗糙，学生也难以得到真正的切身体验，只是忙于完成教师布置的任务，无法得到期望的收获。根据新版课程标准，目标设计尽量具体、有针对性，还要突出地理实践性的特点，注重学生的切身体验，结合生活实际，逐步提高学生的地理素养，最终促进学生的终身发展。

第二，遵循学生认知规律，搭建阶梯式课堂。

地球仪、地图及相关知识点是初中阶段的难点，也是学生最早接触的知识，因此，在课程设计时要搭建阶梯式课堂。在初始阶段学生只需掌握地球仪的基本特征和地图的简单判读，在后续课程中不断落实重点、反复使用，突破难点，逐步掌握这些地理工具。

第三，拓展地理工具，紧贴生活需求。

在日常生活中，学生也会遇到各种地理工具的使用问题，除了地球仪、地图以外，还有温度计、风速仪、雨量筒、指南针等工具。教师可以在课堂教学中适当拓展，组织多种地理实践活动，如在选修课、实地考察、游学等活动中，多使用地理工具，引导学生提高使用地理工具的能力，提升学习地理的热情。当然学生在生活中最可能使用到的地理工具还是地图，只有熟练掌握方法，才能更好地使用地图解决生活中的问题。教师可以把不同类型的地图融入每一堂课，引导学生从身边熟悉的地理图像读起，如新闻中的配图、报刊中的插图、手机中的电子地图等，循序渐进，最终学会阅读和使用地图，把所学的地理知识应用于生活，逐渐形成地理思维。

3-2

景观图专题（教学课件）

关键问题 3-3 如何把握不同空间尺度下地理要素的教学？

问题提出

新版课程标准优化了课程结构，搭建了基于地理空间尺度的主题式内容框架，按照“宇宙—地球—地表—世界—中国”的顺序从空间尺度的视角对课程内容进行组织。将地球整体作为学习对象，认识地球所处的宇宙环境、地球的自转和公转运动、地球表层的自然和人文环境，引导学生认识人类的地球家园。新版课程标准中“认识区域”部分，将地球表层不同空间尺度的区域作为学习对象，认识世界大洲、地区、国家等不同区域的地理事物和现象，认识中国的整体面貌、不同分区及家乡的地理事物和现象。通过学习，学生能够初步理解地球上有不同空间尺度、不同类型的区域，每个区域都有各自的特征，不同区域之间会产生联系。学生能够运用多种地理工具获取区域内各要素的特征、差异和联系乃至其形成原因，初步形成从空间尺度的视角看待和分析问题的意识和能力，了解人类生存的地理环境复杂多样，牵一发而动全身，产生保护人类的地球家园意识。

新版课程标准的空间尺度思想是培养学生空间思维能力的基础，决定着分析地理问题的视角和方法。在初中地理教学中，教师对空间尺度思想内涵的深入理解是准确把握教学内容的前提，将各种地理要素放置于不同空间尺度加以认知，选择适合的空间尺度对自然地理要素和人文地理要素进行分析，并形成空间视角下的区域整体观，这也是教师设计教学活动的重要目标，也是初中教学的关键问题之一。

问题分析

在教学中教师应引导学生运用空间尺度思想分析、解决问题，才能帮助学生理解空间尺度的内涵。基于初中地理教学内容，空间尺度的层级性和依存性、尺度效应、尺度转换与地理要素的学习关系密切，将这些空间尺度思想融入地理课堂教学中，有利于学生形成地理空间思维，掌握空间迁移能力，以空间尺度的观点理解不同区域范围内的地理要素特征。

一、如何在教学中体现空间尺度的层级特征

地理空间尺度具有明显的层级特征，即尺度越大，所涵盖的研究空间范围越大，可以根据研究对象特征与需要等实际情况划分为大、中、小不同的空间范围。各层级的空间尺度相互依赖、相互影响，较小空间尺度嵌套于较大空间尺度之中。新版课程标准就是按照这样的空间尺度逻辑顺序组织课程内容的，从大空间尺度的宇宙、地球，

到认识世界尺度的自然、人文地理要素等；又以小尺度空间的区域为案例，如国家、局部地区等，详细分析区域内部特征。其中的世界、中国、乡土就反映了不同大小和等级的空间尺度，在教学过程中，将地理要素按照空间尺度划分为不同的层次，让学生按空间尺度的大小顺序去学习，使学生从家乡、省区、国家及全球不同层级的空间尺度，辩证地看待一系列地理要素，全面综合地认知区域特征。

基于地理空间尺度的层级特征，教师可以带领学生依据一定目的和标准，将大空间尺度区域划分成若干级小尺度的空间单元，在区域内部地理要素特征存在一致性，先认识大空间尺度区域的特征，再认识小空间尺度下其他区域的特征，发现不同空间尺度下区域间的依存关系，进行综合认知。例如，根据气候和地形等要素将我国划分为四大地理区域，即北方地区、南方地区、西北地区和青藏地区，每个区域内部的地理要素特征相对一致，在农业类型、植被景观、生活习惯上都有相似性，可以进行类比学习。将大空间尺度区域按照相似的区域特征划分为不同层次的小空间尺度区域，并对比认知地理要素，有利于学生进行知识迁移，帮助学生掌握利用空间尺度的层级特征和依存关系分析区域内地理要素的方法，逐步建构空间尺度概念。

二、如何在教学中体现空间尺度效应

地理空间尺度效应是指分析某些地理事物和现象的特性时，其结果会因空间尺度的不同而产生相应的改变。随着观察范围的变化，地理学研究和关注的侧重点有所不同。空间尺度越大，研究较多关注空间的整体特征，对细节的关注减弱；空间尺度越小，则更多地关注空间的异质性。例如，从较大空间尺度来看，我国西北地区植被稀少、以荒漠为主；但以小空间尺度视角，在山麓及河流沿岸，由于山地降水和冰雪融水，也分布着星星点点的绿洲。

随着观察范围的变化，研究方法和手段也有差异。空间尺度越大，研究越概括而抽象；空间尺度越小，研究越具体而深入。一些地理原理、规律也与空间尺度相关，在不同的空间尺度范围内，地理原理和规律存在着差异。气候、植被等自然地理要素，人口和聚落的分布、农业生产活动等人文地理现象，都有此类表现。例如，地表形态各异成因复杂，在分析全球海陆、高大山系等大空间尺度下的分布和变化时，一般应用板块构造学说等理论加以说明；在分析小空间尺度地貌成因时，如喀斯特地貌等，则从当地的岩石特性、流水侵蚀等方面进行综合解释。

因此在教学过程中，教师要注重空间尺度效应，要引导学生在认识地理问题的过程中，意识到不同空间尺度下区域问题间的关系，能够将地理要素放置于不同的空间尺度区域内进行思考，能够认识不同尺度要素特征的变化及对应的形成原因，避免分析问题时由于忽视空间的异质性而产生的细节缺失。这样更能帮助学生发展空间等级的观念，在不同空间尺度之间选择恰当的空间分析方法。

三、如何在教学中体现空间尺度转换

地理空间尺度转换是指不同尺度上的地理现象相互联系、相互作用，在某一尺度上发生的现象受到更小或更大尺度的影响，小尺度现象嵌套在大尺度现象中，大尺度现象包含小尺度现象，大、小尺度现象相互作用、相互影响。因此在教学时，不仅要帮助学生选择不同的空间尺度去分析问题，还要引导学生学会转换尺度研究不同尺度间地理要素的相互关系。

只有在连续的、不同尺度的空间范围内对地理要素进行观察、分析，才能把握区域特征的内在规律。不同空间尺度下的地理要素之间存在密切的联系。小尺度空间地理特征的形成，离不开特定的区域范围，这一范围从属于较大尺度空间，具有较大尺度空间赋予的属性特征。大尺度空间的地理特征虽然与小尺度空间的地理特征相关，但并非小尺度空间地理特征的简单叠加。大尺度空间是小尺度空间地理特征形成的背景和基础，小尺度空间地理特征的变化则会影响大尺度空间的地理特征。例如，南北两极冰山的融化，不仅改变了两极地区的生态环境，也对全球海平面的变化造成影响。

在教学中，教师应引导学生以空间尺度转换的视角认识区域，运用尺度转换将较小尺度的区域所获得的要素特征，上推至更大尺度上以得到普遍规律，有助于学生迅速分析出区域特征；下推至更小尺度上对比分析其区域特征，有助于学生进一步识别区域内部差异，从而把握区域间的联系，巩固“不同空间尺度下区域间相互影响”的认知，构建具体区域的综合知识体系。

问题解决

在教学中引导学生建立从空间尺度视角认识地理环境及人地关系的思维方式和能力是培养学生核心素养的重要一环。地理学中探讨的人类生存环境复杂多样，而初中地理教学内容相对简单，主要探讨世界、大洲、地区、国家等不同空间尺度下自然地理要素和人文地理要素的特征和相互联系，其中大部分要素都分散在不同空间尺度的区域中，只有气候要素在世界尺度背景下以单独的章节呈现，之后又将其融入不同空间尺度的区域中。因此，做好气候要素在不同空间尺度下的教学设计，可以更好地帮助学生理解空间尺度观念，突破难点，提升空间视角下的区域整体观和空间思维能力。

一、基于不同空间尺度准确设计教学内容

教学中，教师要对不同空间尺度背景下的教学内容进行准确把握，引导学生分清地理事物或现象的共性特征和个性差异。在全球尺度下，应关注地理事物和现象发生、演变和分布的一般规律。如分析世界的气候，应选用世界尺度的地图，以大尺度视角

发现和概括气候要素的特征和规律；而在小尺度空间下，则应关注区域地理事物的细节特征与差异，通过对比分析不同区域和区域内部的气候特征，揭示这个区域气候要素的独特性。在进行教学设计时，教师可以通过设计相应的问题，让学生在分析解决问题的过程中体验空间尺度思想的内涵，进而掌握并自觉运用其解决相应的问题。要传授给学生认识和学习不同空间尺度的方法和策略，可以有针对性地选择某一地理要素，先从大尺度空间的整体知觉出发，然后将大尺度空间区域根据一定的标准划分成多个小尺度空间区域，对局部空间进行比较、分析，在此基础上再从整体上总结大尺度空间区域的总体的规律、特征等，从部分到整体，从局部到系统，实现认识的螺旋上升。

【案例 1】中国的降水

（一）学习目标

1. 运用等降水量图和降水量柱状图，说出我国降水的时空分布特征。

2. 通过分析小尺度城市降水特征，归纳大尺度 – 我国降水分布规律；

3. 结合实例，说明我国的降水特点对生产生活的影响，培养人地协调观。

（二）教学过程

教师活动	学生活动
环节一：创设情境，导入新课	
教师活动 1 情境设置：来自广州的小东和来自乌鲁木齐的小西分享家乡的照片（展示图片），小东家的房屋是斜顶，而小西家的房屋是平顶。是什么自然因素的不同导致这样的差异呢? 那么这节课我们就一起来学习我国的降水（板书：降水）	学生活动 1 对比广州和乌鲁木齐民居，观察两地民居屋顶的差异，分析并得出造成两地民居差异的自然因素是降水
活动意图说明：运用情境教学法，从学生日常生活体验出发，设置真实性较强的情境，将抽象的降水空间差异转变为可感知、可发现的现象，激发学生学习兴趣，帮助学生理解人类活动与自然环境的关系	
环节二：读图指导	
教师活动 2 小东和小西找到了一些关于降水的资料。请同学们看，这两幅分别是什么图？两幅图又能告诉我们什么信息呢？他们想了解我国降水空间差异应该选用哪一幅地图呢？拿到地图，我们怎么阅读中的信息呢?	学生活动 2 回顾旧知，说出两幅图分别是降水柱状图和等降水量线图；说出两幅图表示的含义并选出用中国降水量分布图来分析不同地区的降水空间差异；说出读图方法，第一步看图名，第二步看图例，第三步看等降水量线及其他信息
活动意图说明：引导学生回顾旧知，总结读图方法，提高学生读图能力，为后续活动做好铺垫	

续表

教师活动	学生活动
环节三：探究我国降水的空间分布及影响	
教师活动 3 请学生完成活动一，观察学生们完成的情况并进行指导。 展示部分学生绘图作品，通过问题，检验学生读图效果。 引导学生观察 400mm，800mm 等降水量线穿过的山脉、河流、城市，补充说明这两条线的延伸方向和海岸线的延伸方向比较接近。我国降水的空间分布有何规律？补充我国“雨极”和“干极”的图文资料。 过渡：我们已经了解我国降水空间分布不均，那么这种不均对我国不同地区的生产生活有什么不同的影响呢？	学生活动 3 依据课本 34 页图 2.18，完成下列活动： （1）将 1600mm，800mm，400mm，200mm，50mm 等降水量线的值填入空格； （2）设计图例，将不同年降水量区域涂上与图例相对应的颜色； （3）将 800mm，400mm 等降水量线分别用黑笔、蓝笔描粗； （4）读图，归纳我国降水量的空间分布规律
活动意图说明：通过学生自主探究我国降水空间分布规律及其影响，完成对应学习目标。通过引导读图、绘图提高学生地理实践力	
环节四：探究我国降水的时间分布及影响	
教师活动 4 小东、小西还找来了所在城市的降水柱状图，发现两地降水季节分配存在差异。我国东部地区的降水季节分配有什么共同的规律吗？ 请学生完成活动二。出示北京年降水量极值等相关统计数据。总结降水季节分配规律。 过渡：同一地区的降水量，不同年份是否相同？展示北京冬夏降水统计资料	学生活动 4 依据课本 35 页图 2.20，完成下列活动： （1）将 100mm 刻度线用红笔描粗； （2）读出四个城市降水量超过 100mm 的月份； （3）归纳我国降水的季节分配规律。 根据图文资料，说出我国降水年际变化大
活动意图说明：通过学生自主探究我国降水时空分布规律及其影响，完成对应学习目标。通过引导读图、绘图提高学生地理实践力	
环节五：小结	

（三）板书设计

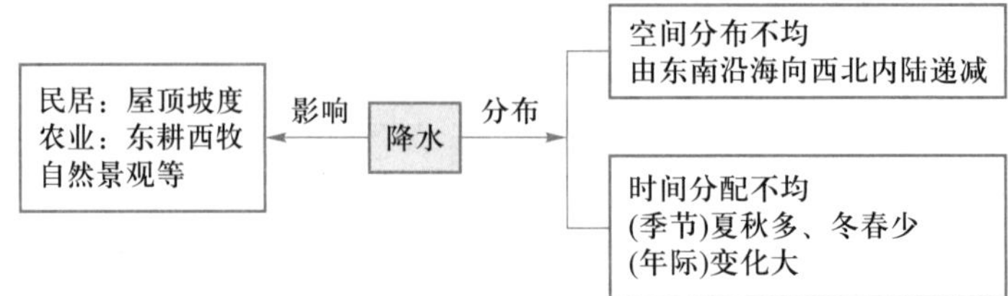

（案例提供：王贤立，北京市上地实验学校）

【案例分析】

本节课主要的学习目标是运用地图和相关资料，简要归纳中国降水的特征及对生产生活的影响。探究的主要地理要素为降水，选定的区域“中国”属于一个较大的空间尺度，教学设计时从广州、乌鲁木齐两个城市的民居建筑出发，先分析小尺度范围内的降水特征，贴近学生生活，更具趣味性，再由小及大归纳出中国的降水特征，思路清晰流畅、层层递进。教学设计关注不同空间尺度，利用丰富的景观图资源，搭配不同空间尺度的地图资料，不仅有助于学生空间定位、空间想象和空间分析能力的培养，以及通过划分不同的空间尺度来分析复杂地理要素的能力的提升，有利于学生突破重点和难点。

二、在准确的空间尺度下分析地理要素

地理学揭示的是不同空间尺度上的地理事物和现象的分布和发展变化规律，所有地理问题的分析都要以一定的空间为依托，不同空间尺度既影响对地理事物和现象差异性的度量，也影响对它的解释。因此，教师要引导学生分析具体地理问题时，应关注其对应的空间尺度，采用不同的分析思路。科学有效的尺度选择可以避免用错误的空间尺度观测问题和对因果关系的曲解。例如，在初中地理阶段，气温的分布规律主要与纬度位置、海陆位置、地形、人类活动等多个因素相关。全球尺度内，受主导因素纬度的影响，气温由低纬向高纬递减；当空间尺度缩小，某些沿海地区受海陆位置影响，由于海陆间热力差异，等温线在海陆交界处出现明显弯曲；小尺度区域的气温还会受所处地貌部位、植被覆盖状况、河流水文、人类活动等因素的影响，呈现出独特的分布规律，如小尺度的山地，受地形影响，等温线呈环形闭合分布。在教学中，教师应关注到尺度效应在地理过程教学中的重要性，某一空间尺度下地理事物和现象的特性，在更大或更小的空间尺度下其产生的结果随之变化。教学中，教师要引导学生以相应的空间尺度分析区域内的地理要素，提高学生综合思维能力。

【案例2】世界的气候（教学设计）

（一）教学目标

1. 学生能够依据世界气候类型分布图，说出主要气候类型的分布。

2. 学生能够通过举例分析，明确纬度位置、海陆位置、地形因素对气候的影响。

3. 学生能够通过小组合作，判读、分析气温曲线和降水量柱状图，准确描述主要气候类型的特点。借助日常生活实例，了解气候与人们生产生活的相互影响。

（二）教学过程

教学环节	教师活动	学生活动	设计意图
课前准备	1. 课前预习：完成练习册“知识梳理”中天气、气温、降水相关内容的填写。 2. 学前测评诊断	复习旧识	通过学前测评了解学生实际掌握情况，通过课前预习唤起记忆
导入	播放介绍：“一带一路”的视频。 导入：通过各种媒介，我们了解到“一带一路”这一伟大战略，融通古今、连接中外，开辟了国际合作的新平台。这节课我们就沿着丝路前行，看看世界各地的气候有哪些异同	读图，熟悉“一带一路”沿途主要国家和城市	通过热点问题切入气候复习，让学生感受地理知识的实用性
环节一：问题引领	问题1：丝绸之路以我国出产的丝绸贸易而闻名，但相比丝绸本身，茶叶在丝路贸易中更具生命力。欧洲市场对茶叶的需求如此巨大，为什么欧洲当地不引进茶树，自己种茶呢？ 问题2：油橄榄的枝叶是象征和平的橄榄枝，地中海沿岸是油橄榄的故乡，为什么地中海沿岸的油橄榄产量高、品质好呢？ 问题3：丝绸之路给中国带来了很多物产，其中最重要的占城稻是沿海上丝路而来的，宋时传入我国，在南方大面积引种、推广。古都西安是陆上丝绸之路的起点，宋朝时是西北重镇，人口众多，为什么占城稻没有在西安广泛种植呢？	读图，思考问题	通过问题引领本节课的教与学，改变枯燥的复习课讲授模式，用问题增加学生的学习兴趣，同时，用问题锻炼学生学会思考
环节二：活动探究	创设情境：不同的气温和降水组合出不同的气候类型，在丝路沿线选取了9个典型城市，学生分组进行活动，每组同学拿到一份卡片（景观图9张＋气温曲线和降水量柱状图9张），将卡片与学案中的相应城市一一对应，并读图描述气候特征，判断气候类型。 具体问题： 1. 该城市所在地区的气温曲线和降水量柱状图是哪一幅？判断依据是什么？ 2. 该地区的气候有哪些特征？ 3. 该地区属于哪一种气候类型？ 4. 这种气候类型在全球是如何分布的？ 5. 这种气候类型对应的景观图是哪一幅？判断依据是什么？ 6. 从农业、传统民居、饮食习惯、传统服饰等方面，举例说一说在这种气候条件下，当地的生产生活有哪些特点？ 教师组织各小组分享展示成果并相机点评，总结各气候类型空间分布特点	小组合作完成学案内容，分组分享自己的合作成果	课堂活动是本节课的重要环节，在此处通过小组合作的方式突破教学难点，通过教师点评，落实读图方法

续表

<table>
<tr><th>教学环节</th><th>教师活动</th><th>学生活动</th><th>设计意图</th></tr>
<tr><td>环节三：活动探究</td><td>组织学生充分进行小组讨论，归纳影响气候分布的主要因素。
教师总结归纳成表：<table><tr><th></th><th>对气温的影响</th><th>对降水的影响</th></tr><tr><td>纬度位置</td><td>纬度高，气温低；纬度低，气温高</td><td>赤道地区降水多，两极地区降水少</td></tr><tr><td>海陆位置</td><td>冬季陆温低海温高，夏季陆温高海温低</td><td>一般情况下沿海地区比内陆地区降水多</td></tr><tr><td>地形</td><td>气温随海拔的升高而降低</td><td>迎风坡多地形雨，背风坡少雨</td></tr></table></td><td>讨论，查漏补缺</td><td>让学生充分讨论，自主学习，落实本节重点内容</td></tr>
<tr><td>环节四：课堂小结</td><td>教师通过板书强调影响气候的主要因素与气候类型的分布规律的联系</td><td>完善笔记</td><td></td></tr>
<tr><td>环节五：课后延伸</td><td>总结并提问：气候作为自然地理环境中的一个重要要素，深刻影响着区域内其他地理环境要素，这些要素共同作用形成了复杂的自然环境。刚才那些案例充分说明气候影响着我们的生产生活，请同学们课后继续探究，我们的人类活动会给气候产生哪些影响呢？</td><td>思考回答</td><td>通过问题引导，让学生体会自然地理要素间的相互影响，体会人地和谐的重要意义</td></tr>
</table>

（案例提供：刘雪晴，北京交通大学附属中学）

【案例分析】

本案例并没有按照传统教学模式介绍每一个气候类型，而是选取了“一带一路”上的典型城市，通过其主要物产分析气候特征，缩小了空间尺度，使学生学习难度降低，也更有助于学生在活动中掌握重难点。由于空间尺度的变化，不同等级层次空间尺度要素作用机制不同，对地理事物的解释也具有显著的差别。本案例中，在认识城市这一小尺度区域的气候特征时，注意引导学生分析适合这个尺度的影响因素，帮助学生发展空间尺度的观念，注重分析不同尺度下的地理过程和现象，根据区域的空间尺度大小，判断真实的空间距离，而且能在不同的空间尺度之间选择恰当的空间分析方法。

三、在分析地理要素时灵活转换尺度

大小尺度区域之间是相互影响、相互制约的。大尺度区域的地理环境一定程度上影响和控制着小尺度区域的地理环境。深入研究问题时要考虑大小尺度之间的相互关系，在不同尺度之间进行视角转换，运用“变焦”的方法观察分析地理事物和现象的形成和演变。将人类活动对地理环境的影响置于不同尺度下，会有不同的结果，例如，黄土高原地区在历史上，尤其是隋唐以前，气候远较今日要温暖湿润，植被相对完好，因而降水充沛，水系发达，湖沼众多。自唐末以来，由于气候渐趋干旱，加之经济开发措施失宜造成植被覆盖条件的下降，导致黄土高原地区水土流失加剧，河流水文状况日益恶化。黄土高原变成如今这样，在大尺度上气候因素肯定是主因，而在小尺度上人类因素也有相当的作用。人类行为在小尺度地区可以彻底改变地表景观，但在大尺度背景下，人类在自然面前则显得非常渺小，不仅不能改变自然规律，而且违背自然规律还会受到自然的惩罚。所以，全面认识人地关系，需在大小尺度之间进行转换。教学时需要调整尺度范围，才可以准确解释各种地理现象发生和变化的原因，让学生感悟到解决地理问题时需要进行大小尺度之间的转换。

【案例 3】

鄱阳湖是我国第一大淡水湖，2022 年遭遇了 60 年一遇的干旱，出现了“汛期反枯”现象，湖中千年古迹“落星墩”露出全貌。结合“落星墩”景观对比图（图 3-3-1），分析 2022 年鄱阳湖“汛期反枯”“水落墩出”的原因，完成下面的结构图（图 3-3-2）。

图 3-3-1 “落星墩”景观对比图

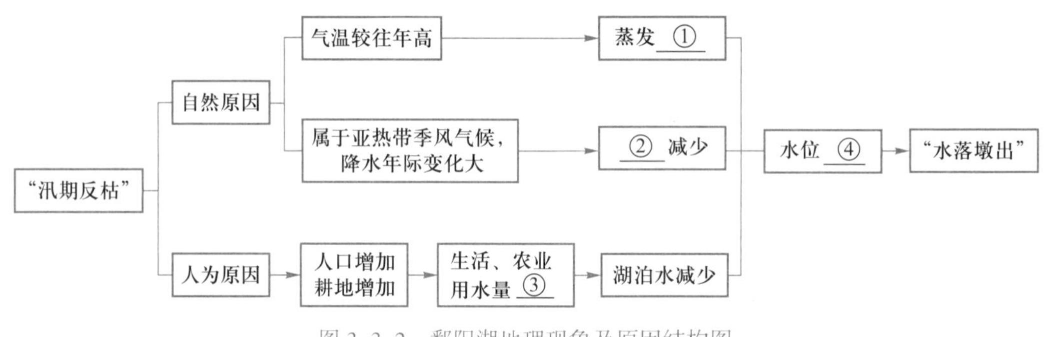

图 3-3-2 鄱阳湖地理现象及原因结构图

【案例分析】

本题以鄱阳湖“汛期反枯”，千年古迹落星墩露出全貌为背景，综合考查河流、湖泊的水文特征及变化，并引导学生通过分析自然灾害反思保护生态环境的重要性。题目考查出现“汛期反枯”现象的原因，从大尺度来讲，鄱阳湖属于亚热带季风气候，夏季高温多雨，汛期时“落星墩”应没入水中，但 2022 年鄱阳湖却“汛期反枯”，这就需要学生缩小尺度范围，考虑更加具体的影响因素，关注湖泊与自然环境之间的动态关系。因为气温较往年高，因此蒸发量大。人口增加、耕地增加使得生活、农业用水量增加。蒸发量大、湖泊水减少，以及降水量减少，共同导致水位偏低，因此才会出现“水落墩出”的现象。

不同空间尺度为我们提供了看问题的不同视角。如果将地区放到全球背景下，我们关注的可能是全球气候变化、全球经济发展等对这个区域的影响；如果缩小到这个地区的周边范围，我们关注的可能是这个地区与周边区域的联系及相互影响；如果只从这个地区本身来看，我们关注的是这个地区本身的自然条件、社会经济条件以及发展问题。所以，运用“变焦”的方法，改变分析的空间尺度，有助于提高学生对地理过程和现象的洞察力，促使学生认识地理过程和现象在不同尺度上是如何相互联系的，对地理事物和现象的认识更客观、更全面。

教学建议

地理学不仅研究地理事物的空间分布和空间结构，而且阐明地理事物的空间差异和空间联系，并致力于揭示地理事物的运动、变化规律。地理学科的性质决定了其思维方式的空间特色。地理思维首先是空间思维，所有的地理问题都离不开一定的空间，因此在教学时，教师还应对以下方面加以重视。

第一，树立区域整体观。

空间尺度差异在区域教学时十分突出，不同空间尺度的区域因其所在位置不同，内部特征不同，所以区域差异是普遍存在的。但在不同空间尺度的区域间自然和人文要素又存在着明显的关联性，将区域位置、区域特征、区域差异、区域关联和区域发展进行有机融合，形成思维链，由此构建区域地理环境整体性的认知，是教师进行教学设计的重要目标。

第二，建立时空关联性。

地理事物和现象的空间尺度和时间尺度具有关联性。尺度思想是以空间和时间为基本轴线，从时间、空间尺度同时分析研究复杂的地理系统。任何地理事物、地理现象的分布、结构、联系、差异都离不开空间这一载体，其发生、发展、演变过程又离不开时间这一载体。因此，时空融合的综合思维方式是培养学生动态分析地理事物和地理现象的重要途径。大尺度空间内的自然地理和人文地理要素发生变化的速度较慢，发生频率也较低，而在小尺度空间下地理事物和现象发生变化的速度就较快，发生频率较高。在教学时，教师还可以引导学生关注时间对地理要素的影响，结合过去、现在与未来认识区域的发展。

3-3

世界的气候（活动学案）

关键问题 3–4 如何通过案例构建认识区域地理特征的基本方法?

问题提出

《国际地理教育宪章 2016》指出地理学是一门旨在解释地区特征以及人类和事物在地球上出现、发展和分布情况的科学；地理学所关注的是人与环境在特定地点和位置的相互作用。可以说，区域的观点是地理学的基本观点。义务教育地理课程内容以区域地理为主，展示各区域的自然与人文环境特点，阐明不同区域的地理概况、发展差异及区域联系。区域地理是中学地理学习的重要内容。

区域认知作为地理课程要培养的核心素养之一，是地理学习的基本思路和方法。区域认知指人们从空间—区域的视角认识地理环境及人地关系的思维方式和能力。人类生存的地理环境复杂多样，人们将其划分成不同空间尺度、不同类型的区域来加以认识。新版课程标准指出：区域认知的培育，有助于学生建立地理空间观念，认识到不同的区域既各有特色，又相互联系，增强热爱家乡的情感和国家认同感，增进对世界的理解，逐步形成人类命运共同体意识。

地球表面依据不同尺度可以划分成若干个地理区域，初中阶段课时有限，在教学中学生不可能、也没有必要将所有区域都作为学习的内容。新版课程标准明确提出以案说理的思路，强调选取不同空间尺度下的典型区域作为学习的内容。教师在教学时不只关注案例本身，而是通过有探究性的学习引导学生获得区域地理学习的一般方法，学会归纳自然地理特征，简单分析各自然要素之间的相互联系，掌握区域地理的学习方法，进行基本地理知识体系的构建，从而使学生的人地协调观、区域认知、地理实践力、综合思维得以形成与发展。

问题分析

区域是地球表面的空间单位，地理学研究的核心是地区特征和地区背景下地理事物的分布格局和动态发展过程。在地理学习中，学生应掌握从地理位置、地理事物和现象的空间分布、人与自然的关系，以及区域差异和区域联系等角度，分析区域的主要地理特征的方法，即区域认知方法。学生掌握了区域认知方法，就可以运用方法去简要分析这些事物和现象发生的区域地理背景，形成从地理视角看待、探究现实世界的意识和能力，初步具备全球视野和社会责任感。

一、认识区域的内涵

在新版课程标准中，课程内容包括“认识全球”和“认识区域”两部分。“认识区域”部分，将地球表层不同空间尺度的区域作为学习对象，去认识世界大洲、地区、国家等不同区域的地理事物和现象，即区域地理特征。“认识区域”是培养学生区域认知的关键内容。从“认识大洲”到“认识地区”，再到“认识国家”，总体上体现了空间尺度从宏观到微观的逻辑顺序，具体体现了认识区域时的大洲尺度、地区尺度和国家尺度的思想方法。其中“认识大洲”有2条，“认识地区”有4条，“认识国家”有7条，本部分共有13条内容要求（表3-4-1）。可以看出，区域地理是初中地理学习重要且核心的内容。

表3-4-1　新版课程标准中“认识区域”的内容要求

主题	内容要求	涉及要素
认识大洲	运用地图和相关资料，描述某大洲的地理位置，并依据大洲地理位置特点，判断大洲所处热量带和降水的空间分布概况	地理位置、热量带、降水
	运用地图和相关资料，简要归纳某大洲的地形、气候、人口、经济等地理特征	地形、气候、人口、经济
认识地区	运用地图和相关资料，描述某地区的地理位置，简要归纳自然地理特征，说明该特征对当地人们生产生活的影响	地理位置、自然地理
	以某地区的一种自然资源为例，说出该资源在当地的分布状况、对外输出地区以及对当地乃至世界的重要意义	自然资源
	结合实例，说明某地区发展旅游业的优势	旅游业
	根据南极、北极地区自然地理环境的特殊性，说明开展极地科学考察和保护极地环境的重要性	自然地理环境
认识国家	运用地图和相关资料，说出某国家的地理位置、范围、领土构成和首都；选择与该国地理位置差异明显的国家，比较它们纬度位置和海陆位置的差异	地理位置
	运用地图和相关资料，描述某国家突出的自然地理特征	自然地理
	运用地图和相关资料，说出某国家人文地理主要特点及其与自然地理环境的联系	人文地理
	运用地图和相关资料，联系某国家的自然地理环境特点，结合实例简要分析该国因地制宜发展经济的途径	自然地理环境、经济
	运用地图和相关资料，简要分析某国家在资源开发、环境保护方面的经验和教训	资源与环境
	结合实例，简要说明一个国家对自然环境的改造活动对其他地方自然环境的影响	自然环境
	结合某国家的实例，简要说明该国家与其他国家在经济社会等方面的联系及其意义	经济

“认识区域”的不同主题和内容要求主要涉及了描述地理位置与范围，概括地形、气候等自然地理特征和人口、经济等人文地理特点，分析人文地理特点与自然地理环境的联系和认识人地关系等核心内容。“认识区域”部分是从世界范围内选择学习部分大洲、地区、国家，旨在使学生认识区域自然地理环境和人文地理环境的主要特征，初步掌握认识区域地理特征的基本方法。

二、认识区域的基本方法

在认识区域部分，新版课程标准将地球表层不同空间尺度的区域作为学习对象，包括大洲、地区和国家。世界有七个大洲，200多个地区和国家。由于区域众多，学习内容不可能面面俱到，所以课程标准要求：从世界范围内选择区域进行学习时，除南极和北极地区是必学区域外，还需从世界范围内至少选择一个大洲、三个地区和四个国家作为必学内容，即通过案例学习认识区域地理特征的基本方法。

地球表面分为海洋和陆地，陆地部分划分为七个大洲，大洲作为最大的区域尺度，在教学中往往作为学生认识世界区域的起始。新版课程标准要求以某大洲为教学案例开展学习，教师在一般情况下会选择亚洲，亚洲是我们生活的大洲，同时也是七大洲中面积最大、地理环境最复杂的，具有一定的代表性。以大洲开展案例学习是学习区域地理的起始，在初中地理知识结构中具有承上启下的作用，一方面可以帮助学生将已学的地形、气候、河流等知识运用于某一个具体区域的学习过程中，另一方面也为学生后续学习不同地区和国家地理提供基本的方法和策略。

问题解决

一、依据课程标准解析教学内容

以“认识大洲”为例，课程标准有两条内容要求。第一条是“运用地图和相关资料，描述某大洲的地理位置，并依据大洲地理位置特点，判断大洲所处热量带和降水的空间分布概况”“简要归纳某大洲的地形、气候、人口、经济等地理特征”。从知识层面看，要求认识大洲的地理位置、地形、气候、人口、经济等特征，简要分析自然环境各要素之间以及自然环境与人类活动之间的相互关系。从能力层面看，要求运用地图和相关资料，能够描述、判断和简要归纳相关地理要素的特征。课程标准的内容要求体现了区域认知和综合思维素养的培养。

这条内容要求的重点是，在认识大洲的学习中，从描述地理位置入手，推断大洲所处热量带和降水的空间分布特点。具体包括以下三个方面：一是运用地图提取相关信息，从经纬度位置、半球位置、海陆位置及与其他大洲位置关系四个方面描述大洲地理位置，从而获取描述区域地理位置的基本方法；二是运用前期所学地球表面热量带（五带）划分的知识，从地图等资料中提取相关信息，判断大洲所处的热量带，从而丰富区域地理位置描述的视角；三是运用在“地球的表层”主题中所学的世界降水分布特点及纬度位置、海陆位置对降水的影响等知识，在位置描述的基础上推断出区域降水的空间分布概况，初步建立区域地理位置与降水之间的关联意识。落实本条内容要求常用的地理图像包括能够反映大洲所在地理位置的地图、大洲年降水量分布图、大洲气候类型分布图、主要气候类型的气温曲线图和降水量柱状图以及典型的地理景观图像等。

第二条内容要求是“简要归纳某大洲的地形、气候、人口、经济等地理特征”，强调的是分别对大洲的地形、气候、人口、经济等自然和人文地理特征进行简要归纳。重点是教授归纳方法，即引导学生运用地理图像等材料，从中提取信息，按照一定的方法归纳出区域中的某一地理要素的特征。因此，内容要求中的“等地理特征”，其实是提示教师可以从众多的区域地理要素中进行提取，学习的重点不是这些要素特征的结论性知识，而是学生在学习过程中不断提升学习能力和区域认知素养。

二、基于区域认知设计学习目标

“区域”是地理学的核心概念之一，区域认知是初中地理课程要培育的核心素养，从培育素养的角度出发，区域认知的一般方法就渗透在课程标准要求之中。认识一个区域一般是从其位置和范围入手，区域的位置包括经纬度位置、海陆位置、相对位置等方面，不同尺度的区域考虑位置的角度不同。从大尺度区域来看，重点要考虑的是经纬度位置和海陆位置，得出的区域特征是宏观的、有规律的。区域特征是一个区域在一定的时间范围和空间尺度上独特性、整体性的综合表现，包括组成区域的各个要素的特征以及在此基础上彼此联系且相互影响的整体特征，这些都是区域认知的基本方法。学生对区域地理基本方法的获取过程，同时也是掌握形象思维、逻辑思维、辩证思维等学科思维方法的过程。

在教学中，选定某区域后，教师要注重梳理认识区域相关的概念体系、地理知识、技能、方法，结合学情和校情特点，归纳认识区域地理特征的一般方法，设计适切的学习目标，以帮助学生认识区域自然地理环境和人文地理环境的主要特征，初步掌握认识区域地理特征的基本方法。

【案例 1】亚洲（学习目标）

（一）学情分析

在本部分内容学习之前，学生已经学习了经纬网、地图的阅读，又分别学习了地形、气候和河流等知识。学生初步具备一定空间思维能力和归纳总结能力。但是全面系统地总结归纳地理学习方法，对学生来说还较为困难。可以借助亚洲地理位置和范围、地形、气候和河流等知识的描述，辅助教学，引导学生归纳出区域地理特征的一般方法。

（二）学习目标

1. 学生能够运用地图等资料描述亚洲的半球位置、经纬度范围及其与特殊纬线的位置关系，说出亚洲濒临的海洋，描述与其他大洲的相对位置，归纳描述大洲位置的方法。

2. 学生能够运用亚洲地形图和其他资料，读出亚洲的海拔数值，描述亚洲的地势、地形类型及其分布状况，归纳描述地形特征的方法。

3. 学生能够运用亚洲气候类型分布图和其他资料描述亚洲主要气候类型的构成及分布状况，运用主要气候类型的气温曲线图与降水量柱状图描述其气候特征，归纳亚洲气候的总体特征。

4. 学生能够运用亚洲地形图和其他资料描述亚洲主要河流的长度、流向及分布特征。

5. 学生能够运用地图和其他资料简要分析亚洲地形、气候、水系之间的相互关系。

6. 学生能够通过分析亚洲不同地区居民生活的差异，理解自然环境对人类生产生活的影响。

（案例提供：王杰，北京市海淀北部新区实验学校）

【案例分析】

本节课围绕亚洲这一大空间尺度区域，整体把握区域地理概念体系，在落实课程标准的基础上，以亚洲为学习案例，从区域位置与范围、区域特征、区域差异等方面，指导学生更好地运用学习策略，提高区域地理的学习能力。学生通过对区域地形、气候、水系之间相互关系的分析，体会地理学科区域性和综合性的特点，养成正确的资源观、环境观，树立可持续发展观念，从而激发学生爱家乡、爱祖国、关注全球的可持续发展的情感，引导学生从地理的视角认识和欣赏我们生存的世界，让学生学习对终身发展有用的地理，成为有责任感的公民。

三、基于方法归纳设计学习流程

世界地理属于区域地理内容，从自然地理、人文地理或两者相结合的角度，运用分析综合、归纳概括、区域对比等方法，展示大洲、地区、国家的概貌及其内部差异，并阐明世界各种自然地理和人文地理事物的特点。世界地理部分的教学应强调重点知识、基础知识、基本能力的学习，通过搜集、利用各种文字、音像资料帮助学生认识世界区域的自然地理和人文地理的主要特征，初步掌握学习区域地理的一般方法。

【案例 2】亚洲（教学设计）

（一）教学内容

我们生活的大洲——亚洲是学习区域地理的起始篇章，在初中地理知识结构的形成中具有承上启下的作用。一方面可以帮助学生将之前所学的地形、河流、气候等知识运用于某一个具体区域的学习中，另一方面也为学生后续学习不同地区和国家提供了基本的方法和策略。亚洲是七大洲中面积最大的一个洲，并且是我们生活的大洲，因此选择亚洲作为大洲学习的案例。学生从亚洲地理位置的描述入手，认识亚洲地形、气候、河流等自然环境特征，并了解在自然环境影响下不同区域的人类活动特点，初步形成区域分析的一般思路，归纳认识区域地理特征的基本方法。

本节包括“雄踞东方的大洲”和“世界第一大洲”两部分内容。其中“雄踞东方的大洲”突出说明亚洲的位置特点，通过读图得出亚洲的半球位置和经纬度位置，培养学生的读图能力；再结合角色扮演活动，让学生将图中信息转换到现实中，增加趣味性，让学生真正参与到课堂，力求良好教学效果。“世界第一大洲”部分分别从面积、所跨纬度、东西距离三个方面说明亚洲是世界第一大洲，以突出说明世界之最的基本思路和方法；进而介绍亚洲的分区，结合图文资料展示亚洲不同地区居民生活的差异，让学生初步掌握学习某个区域位置和范围的基本方法，提升区域认知核心素养。

（二）教学过程

<table>
<tr><th>教学环节</th><th>教学活动</th><th>设计意图</th></tr>
<tr><td>新课导入</td><td>教师展示亚洲特色的景观图片（如日本的捕鱼、西亚的沙漠、东南亚的高脚屋、西伯利亚的狗拉雪橇）。
教师：你知道哪个大洲能都出现这些景观吗？
教师：同学们，我们提到亚洲的时候，你还能想到什么？（板书整理学生所说）
教师：今天我们就一起来学习有关亚洲的知识，看看会有哪些新的收获。</td><td>通过展示图片，让学生获得感性认识，同时通过景观特点引出亚洲的位置特征。问题的设计能够了解学生的知识储备，更好地开展学习活动</td></tr>
<tr><td>探索新知</td><td>教师：认识某区域应该先了解什么呢？认识一个大洲，要先从“在哪里”入手，也就是明确位置，搞清楚范围、边界。同学们先来思考如何描述班级里某个同学的位置？
学生总结从以下几方面描述：在前半部分或后半部分；在第几排第几列；旁边挨着哪些同学。
教师组织学生用同样的办法如何描述亚洲在世界中的位置：亚洲所在的“哪部分”就是它在世界中的半球位置，亚洲所在的“排列”就是其经纬度，亚洲的“邻居”就是它周边的大洲和大洋。
展示亚洲在世界的位置图。提问：在东西半球中，亚洲主要位于哪个半球？南北半球呢？判断的依据是什么呢？
总结亚洲的半球位置及判读的方法：判读时要注意强调半球划分和经纬度划分的区别和联系。
读亚洲的范围图，找出亚洲的经纬度位置，总结方法：利用经纬网定位知识描述亚洲的经纬度位置，说出其最东和最西的经度，最南和最北的纬度，看有哪些特殊的纬线穿过，然后概括出纬度位置特点，通常表述为位于五带中的哪几个带</td><td>用类比思维创设情境，带领学生探索新知，易于学生理解，体现过程和方法教学。同时注重图文结合，充分利用地图，解读地理信息，得出亚洲的纬度范围后，进一步提出热量带，体现区域内部的差异，在调动学生已学知识的基础上，实现新知识的发现和突破，这既符合“最近发展区”理论，又体现了地理学科的课程理念和特点</td></tr>
<tr><td>角色扮演：亚洲的邻居</td><td>1. 出示亚洲的范围图，读图小组合作从欧洲开始按照逆时针的顺序找到亚洲的邻居。
2. 以讲桌为“亚洲”，确定教室的北方，请组内同学依据地图，从欧洲开始，按照逆时针的顺序找到亚洲的邻居，并确定自己扮演哪一大洲或哪一大洋，并报出自己的方位，并按与亚洲的相邻关系调整前后左右的距离。
3. 由扮演大洋的同学说出亚洲周围的大洋，并说出亚洲不直接濒临四大洋中的哪一个。
4. 由扮演大洲的同学说出亚洲周围的大洲，并说出各大洲与亚洲的分界线，以及哪个大洲与亚洲处于同一块大陆，哪个大洲占据了该大陆的大部分，可参考下表
<table><tr><th>大洲</th><th>位于亚洲的方位</th><th>与亚洲的分界线</th></tr><tr><td>欧洲</td><td></td><td></td></tr><tr><td>非洲</td><td></td><td></td></tr><tr><td>大洋洲</td><td></td><td>无</td></tr><tr><td>北美洲</td><td></td><td></td></tr></table></td><td>引导学生按一定的方位顺序认识亚洲的邻居，再以相对位置说明与邻居的位置关系，由浅入深，循序渐进。在玩中学的活动设计适应学生的年龄与性格特点，不仅准确地理解与掌握了亚洲的海陆位置，而且避免了知识的单调重复，让学生兴趣高涨地参与到课堂学习中来，达到想学、爱学以及提升综合思维的目的</td></tr>
</table>

续表

教学环节	教学活动	设计意图
课堂小结	教师：我们通过亚洲半球位置、经纬度位置和海陆位置这三方面认识了学习大洲地理位置的方法。认识区域的位置，目的是要进一步认识区域的特征，在以后的学习中知道用什么方法来获取和分析一个区域的地理特征，从而得到对一个区域的认知	引导学生将课堂所学归纳总结，培养综合思维

（三）板书设计

通过板书梳理和呈现描述地理位置及其地形特点、气候特点的角度和方法，以及各地理要素之间的关系（图 3-4-1）。

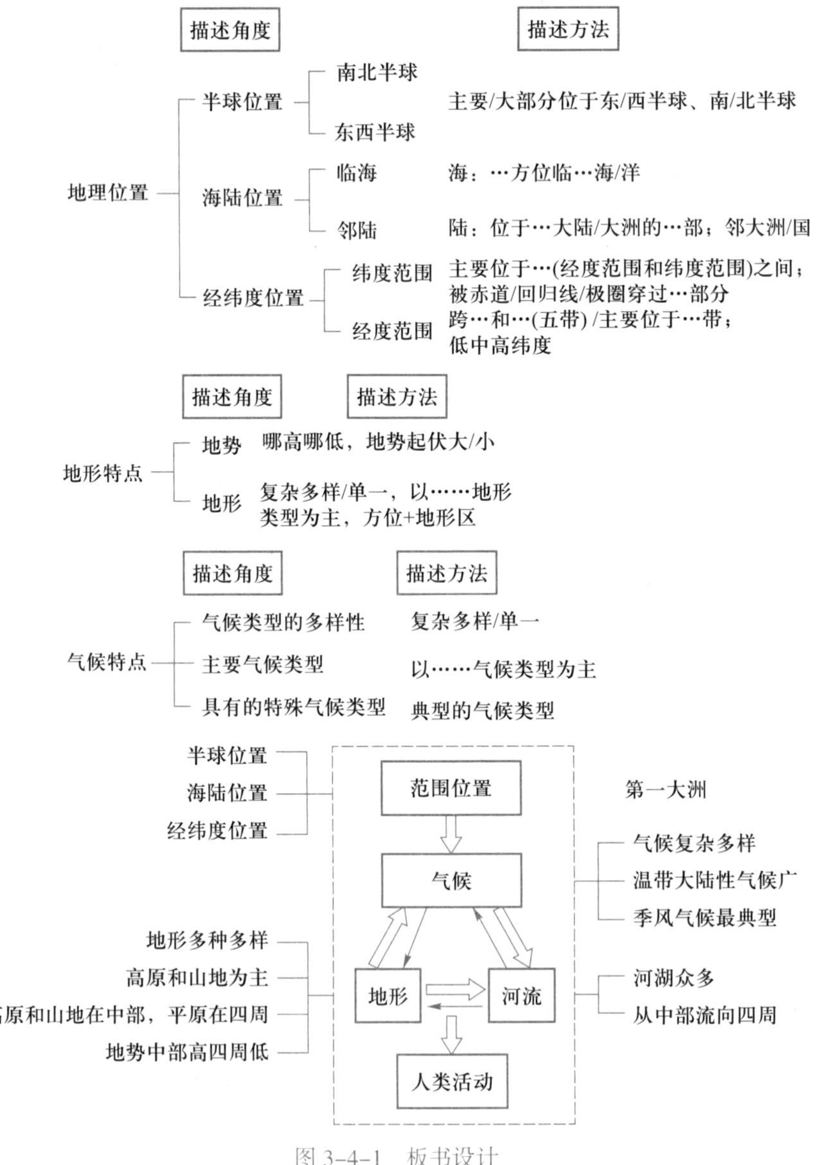

图 3-4-1 板书设计

（案例提供：王杰，北京市海淀北部新区实验学校）

【案例分析】

区域地理是初中地理教学中最主要的内容，大洲是区域地理教学的起点，该教学案例重在使学生认识区域的地理位置、自然地理环境和人文地理环境的主要特征，在此基础上总结归纳认识区域地理特征的基本方法。该案例学习的最终目的不是亚洲地理环境特征的获得和记忆，而是区域地理位置、气候、降水特征的归纳能力以及区域认知、综合思维素养的提升，通过读图、析图描述和概括地理要素特点，凸显对学生学科能力的培养。以层层递进的问题引导学生参与分析，引发学生综合性的思考。案例关注学科本质，建立相关地理要素间的联系，建立区域认知的结构，很好地体现了认识区域地理特征基本方法的归纳。

四、基于核心素养立意命制区域地理考试题目

为了检测学生在义务教育阶段的学业成就，同时为高一级学校招生提供重要依据，初中地理实施学业水平考试。学业水平考试是依据学业质量标准和学业要求，对学生学完本课程后课程目标的达成度进行终结性评价的考试。学业水平考试命题以考查学生地理课程目标的达成度为目标，依据学业质量标准，充分体现基于核心素养的命题导向与立意，正确处理核心素养和学科内容、情境、任务之间的关系，准确测评学生地理课程的学业成就，落实素养导向的课程改革要求。命题范围应涵盖本课程所涉及的地球所处的宇宙环境，地球的自转和公转运动，地球表层的自然和人文环境，世界的大洲、地区和国家，中国的整体面貌、不同分区及家乡等部分。命题要坚持素养立意，强化育人导向；创新试题形式，积极探索与素养立意相匹配的题型。命题要有助于考查学生在真实情境与任务中，运用综合思维、区域认知观察和感悟地理环境，以及发现、认识、分析和评价人地关系问题的能力。可以看出，从学业水平考试的命题原则和内容范围，区域地理是命制考试题目必要的内容。

【案例 3】区域地理考试题目

区域学习重在方法，让我们运用学习大洲的方法来认识非洲。根据非洲气候类型分布图和非洲地形图及沿东经 19° 地形剖面图，回答下列问题（图 3-4-2）。

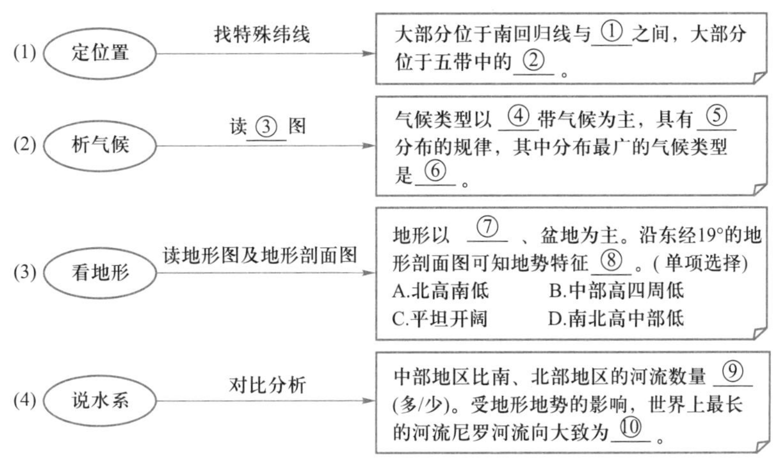

图 3-4-2

参考答案：

（1）①北回归线，②热带

（2）③气候类型分布，④热，⑤赤道南北对称，⑥热带草原气候

（3）⑦高原，⑧D

（4）⑨多，⑩自南向北

【案例分析】

该试题的命制体现了依照课程标准命题、坚持素养立意、创新试题形式的原则。该试题依据课程标准中“运用地图和相关资料，描述某大洲的地理位置，并依据大洲地理位置特点，判断大洲所处热量带和降水的空间分布概况”“运用地图和相关资料，简要归纳某大洲的地形、气候、人口、经济等地理特征”的内容要求，考查学生从非洲气候类型分布图、非洲地形图及沿东经19°地形剖面图中获取区域信息的能力，以及区域认知和综合思维素养。该试题形式采用了知识结构的呈现方式，突出区域地理的学习方法，让学生将课堂上学习亚洲的方法迁移到新的案例中，避免死记硬背和机械刷题的现象。

教学建议

新版课程标准中“认识区域”内容的第一部分就是认识世界，是通过地球表层中不同尺度的区域作为学习对象，进一步认识大洲、地区、国家等不同空间尺度区域的地理事物和现象，是培养学生区域认知的关键内容。世界上有200多个国家和地区，学生时间和精力有限，不可能一一学习，所以新版课程标准明确提出以案说理的教学思路，教师在教学时不仅要让学生关注案例本身，而且要引导学生进行基本地理知识体系的构建，学会归纳自然地理特征，简单分析各自然要素之间的相互联系，总结并掌握区域地理的学习方法。

第一，多尺度选案例，强化案例教学的作用。

地理学科突出的特点之一就是区域性，地球表面依据不同空间尺度可以划分成若干个地理区域。初中阶段课时有限，在教学中不可能、也没有必要将所有区域都作为学生学习的内容。新版课程标准强调要选取不同空间尺度中的典型区域作为学习的内容，通过有探究性的学习使学生获得区域地理学习的一般方法，同时使学生的人地协调观、综合思维、区域认知、地理实践力素养得以发展，这实际上就是典型的案例教学。

在教学中，教师依据区域的典型性和差异性，选取不同空间尺度的区域作为案例，以核心素养的培养为出发点，开展体现案例教学特点的教学原则和环节的教学。分别从大洲、地区、国家选取重点区域作为教学案例开展区域地理的学习，如从地区出发，可选择邻近地区——东南亚、世界的热点地区——中东、发达国家最为集中的地区——欧洲西部、地理环境最为特殊的地区——极地地区来作为学习案例，在教学中不必面面俱到，要突出地理学科观点和方法的教学，要体现正确价值观、必备品格和

关键能力的培养，避免碎片化、事实性的地理现象和事物的机械记忆教学，重点培养学生以地理实践力为根基解决地理问题的能力和创新能力。

第二，突出归纳过程，逐步形成系统性方法。

区域地理是初中地理课程中重要的学习内容，学生需要将前面所学的地球仪及地图的内容作为地理工具，对世界范围内不同空间尺度的区域进行探究学习，逐步形成并不断提高人地协调观、综合思维、区域认知和地理实践力核心素养。区域地理教学重在引导学生对区域地理特征进行归纳，在归纳的过程中逐步系统学习认识区域地理特征的基本方法，逐步形成区域综合性的认知意识。

关键问题 3-5　如何通过增强学习体验加强对地理知识的识记？

问题提出

地理学科的综合性强，知识的覆盖面广，在初中学段，通过培养学生地理知识识记能力，扩充其地理知识储备，能够让学生在高中学段地理原理和规律的学习过程中获得更多的例证，从而突破教学难点。新版课程标准中“运用中国行政区划图，识别34个省级行政区，记住它们的简称和行政中心”这一内容要求体现出对地理知识的识记要求。对于本部分内容，识记是应用的前提。省级行政区是我国行政管理的基本单位，识记中国省级行政区的全称、简称、行政中心和空间位置关系是基本的国民素质，对于每一个中国公民都是终身有用的知识，是“学习对生活有用的地理”的重要体现。对于地理学科的学习来说，这是中国地理“区域认知”的基础。但由于该部分内容庞杂，理解的比重低，各省级行政区的边界形态各不相同，学生很难记住省级行政区的全称、简称及轮廓、相对位置，即便暂时记住了，也很容易遗忘，可能会降低学生地理学习兴趣。如何让学生记准（准确性）、记牢（持续性）、记得有趣（趣味性），将事实性的知识转换为有意义的记忆，并从中习得识记地理知识的方法，为后续区域地理的学习奠定基础，理应是义务教育阶段地理教学需要探讨的关键问题。

问题分析

识记是一个心理学名词，指通过反复感知的过程形成比较牢固的暂时联系，是记忆的必要前提。识记的任务是通过感知、思维、体验和操作等活动获得知识和经验。美国教育家戴尔的“经验之塔”（图 3-5-1）理论是教育技术学历史上最重要的理论之一，该理论把学习经验分为具体和抽象，提出学习应遵从人类的认识规律从生动直观的具体经验向抽象思维发展。“经验之塔”所表现的学习经验可由下至上分为三大类：“做的经验”“观察的经验”“抽象的经验”。底层的经验最具体，越往上升则越抽象。教学应从具体经验开始，逐步上升到抽象经验；运用各种教学媒体，使学习更为具体，从而形成更

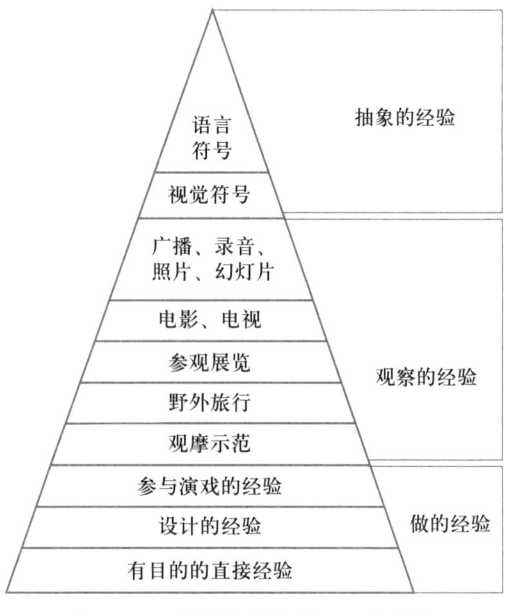

图 3-5-1　教育家戴尔的“经验之塔”

好的抽象经验；“经验之塔”中层的电影、电视等视听媒体，较上层的语言符号、视觉符号更能为学生提供具体和易于理解的经验，并能冲破时空限制，弥补其他直接经验的不足。

课程标准的内容要求中“运用中国行政区划图”是“识别34个省级行政区，记住它们的简称和行政中心”的行为条件，行政区划图是抽象出来的符号，属于“抽象的经验”，其处在“经验之塔”的顶端，大部分初中学生野外旅行的经验还比较少，对省级行政区有目的的直接接触经验也不足，对各省级行政区的位置关系和距离缺乏直观感受。换言之，在学习该部分内容时，学生缺乏“做的经验”和“观察的经验”。在缺乏生动直观的感知经验时，要想实现向抽象思维的发展，无疑是困难的。加强学生对地理知识的识记，需要依据“经验之塔”解决关键问题，首先要将学生的兴趣点与教学重点、教学难点结合在一起，利用各种教学媒体设计挑战性活动，让学生在参与活动的过程中形成“做的经验”；其次要帮助学生通过观摩示范形成“观察的经验”，为“识别34个省级行政区，记住它们的简称和行政中心”这一抽象的经验做好铺垫，在记得有趣的前提下，实现记准、记牢的目标；最后要引导学生在活动的过程中总结出地理知识识记的一般方法，实现从具体经验到抽象经验再到普遍方法的跨越。

问题解决

新版课程标准在课程理念中提出推进教学改革，倡导以学生为中心的地理教学方式：依据学生的认知基础和成长规律，充分考虑学生的生活经验和差异性，将现代信息技术与地理教学充分融合，创设多样化的学习情境，设计多层次的学习任务，积极开展地理户外实践，使学生深度参与地理学习活动，经历对提升核心素养有意义的学习过程。

一、借助现代信息技术设计学习活动，形成“做的经验”

信息加工理论认为，注意是记忆的第一个步骤，是记忆活动的先锋官。个体的注意在记忆过程中起到过滤和筛选信息的作用，即被个体注意到的信息，能进入记忆中，得到进一步加工。注意所能维持的时间长短，直接影响了个体能够记忆的内容多少。提高记忆力所能做的最重要的事情，也许就是如何激发和维持自身注意力。在自由选择的情况下，个体对某事物产生了兴趣，必然投入注意。因此，兴趣是注意力的首要影响因素。怎样才能提升学生的学习兴趣呢？一是地理教学过程中，选择恰当的学习材料（如贴近学生实际生活的案例），设计能够引发学生充分参与的学习活动（如课堂讨论和展示），激发学生的兴趣，从而唤醒学生的注意力，是开启学生识记地理知识的“大门”的“钥匙”；二是对学习结果给予及时的反馈，给予学生积极的评价，让学生得到充分的肯定和鼓励，通过增强学生的获得感间接提升其学习兴趣。

互动教学触摸屏和平板电脑的出现为课堂环境的改革提供了强有力的技术支持。借助平板电脑，可以对教学系统进行触控操作，同步呈现教与学的过程，从而有效激发和维持学生的注意力，让学生在“玩”中“学”。基于平板电脑构建的通用智慧课堂比传统多媒体环境中的地理课堂更能激起学生学习地理的兴趣，更有助于提升学生的学习注意力和对知识的理解程度，增加师生和生生之间在课堂上的互动机会，培养学生的自主学习能力。

【案例 1】基于平板电脑的拼图游戏

（一）第一次拼图游戏

活动任务：将各省级行政区拖拽到图中相应位置。

任务 1：识别省级行政区轮廓与说出其名称。

任务 2：把各省级行政区拖拽到正确位置，建立省级行政区间的空间位置关系。

活动形式：学生独立完成。

活动目的：让学生将散乱的省级行政区轮廓移动到对应的位置，检测同学对行政区的已有记忆和掌握情况，记录完成所需要的时间，利用互动程序统计正确率。

拼图游戏界面说明：中间为空白的中国轮廓，右侧为各省级行政区的轮廓，学生可以用手指将其拖动到空白的中国轮廓中。

（二）第二次拼图游戏

活动任务：设计不同的任务，驱动学生使用不同的方法将任务指定的省区拖拽到正确位置，建立省级行政区间的空间位置关系。

任务 1：沿我国陆上疆界分布的省级行政区。

任务 2：从北往南沿海岸线分布的省级行政区。

任务 3：陕西省及与之相邻的省级行政区。

任务 4：黄河干流流经的省级行政区。

任务 5：长江干流流经的省级行政区。

任务 6：我国的 5 个自治区和 4 个直辖市。

活动形式：学生选择任务，小组合作完成。

活动目的：学生通过自主探究，掌握并总结记住省级行政区空间位置的方法。

（三）第三次拼图游戏

活动任务：将各省级行政区拖拽到图中相应位置。

活动形式：学生独立完成。

活动目的：通过设置与第一次游戏完全相同的任务，再次记录完成所需要的时间，利用互动程序统计正确率，对比课堂教学前后学生对于省级行政区及其位置关系的识记程度，了解教学效果。

（案例提供：吉小梅，海淀区教师进修学校）

【案例分析】

借助平板电脑游戏能有效吸引和维持学生的注意力。拼图游戏营造了学生喜爱的学习氛围，将游戏和学习任务有机地结合起来，减少了平日课堂中的枯燥和沉闷的氛围。

借助平板电脑游戏能动态记录学生的学习过程：通过第一次独立完成的拼图游戏，了解学生对于省级行政区及其位置关系已有的知识，精准把握学情；通过第二次拼图游戏，引导学生从局部到整体逐步认识省级行政区的全称、简称、轮廓及位置关系，通过活动获得“做的经验”，进而归纳记忆省级行政区的方法（沿路线、按方位、比面积、看形状、找邻居等），通过不同的任务建立省级行政区之间地理位置的空间关联，为区域地理的学习打下基础，为区域认知核心素养的培养创设条件；通过第三次拼图游戏（与第一次拼图游戏的任务和形式完全一样），了解学生经过课堂学习以后对于省级行政区及其位置关系掌握的程度，通过正确率的对比分析，为教学的反思和改进提供依据。

借助平板电脑还能帮助教师随时抽查每一位学生的完成过程，有助于教师了解每一位学生的学习情况，随机点评每一位学生的完成情况。通过统计各次拼图正确率，对学生的知识掌握程度进行前后对比，并给予学生及时的鼓励，不仅增强了课堂互动性和课堂教学效率，还能利用积极的评价增强学生的获得感，间接增强学生的学习兴趣。

二、借助多媒体资料创设学习情境，形成“观察的经验”

“经验之塔”理论认为，电影电视等视听媒体，较语言符号、视觉符号更能为学生提供具体和易于理解的经验，并能冲破时空限制，弥补其他直接经验的不足。借助视听媒体，给学生更多的视听觉刺激，形成“观察的经验”，有助于“抽象的经验”的形成。视听等多媒体资料能够促成学生短时记忆的形成，但短时记忆持续的时间短，短时记忆中的内容可以通过复述等方法转入到长时记忆中。复述又分为简单复述和整合性复述，整合性复述能够使短时记忆中的信息得到进一步加工和组织，并与个体已有的知识经验建立联系。可以说，整合性复述是对信息的更深层次加工，是信息从短时记忆转入长时记忆的最有效手段。

学生如果仅是死记硬背省级行政区的全称及简称，遗忘的速度会非常快。教师如果通过视听媒体引导学生认识各省级行政区的位置关系、典型的地理环境特点，形成更多有关联的记忆，并通过学习活动引导学生对与省区相关的地理信息进行整合性复述，能加深学生对知识的识记，从而促使学生形成持续性的长时记忆。

对各省级行政区全称和简称的识记是后续学习中国分区地理的基础，对各省级行政区位置关系的识记是后续认识区域特征、区域差异、区域联系、区域发展的前提。通过创设学习情境，提供视频、图像等视听材料，为学生建立与省级行政区划相关的有意义的联系，不仅有助于地理知识识记，也有助于为区域地理的学习奠定基础。

【案例 2】“丝绸之路”沿线省区探秘教学设计框架

“丝绸之路”沿线省区探秘教学设计框架如图 3-5-2 所示。

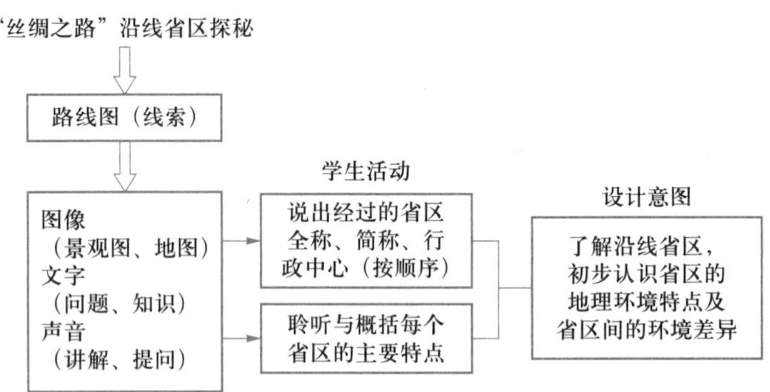

图 3-5-2 “丝绸之路”沿线省区探秘的教学设计框架

（案例提供：吉小梅，海淀区教师进修学校）

【案例分析】

通过创设“丝绸之路”沿线省区探秘的学习情境，学生初步认识了省区的地理环境特点及省区间的环境差异，将沿线省级行政区建立联系，加深对各省级行政区位置关系的认识，有助于学生用更多的方法记忆省区。通过给学生提供视频、景观图、地图等视听多媒体材料，引导学生认识省级行政区的地理环境特点，形成“观察的经验”，从而形成有关联的记忆，增强记忆的持续性，同时为后续区域地理知识的学习做铺垫。

长时记忆中存在词语和表象两种信息组织方式，前者主要对词进行加工，以实现对信息的存储；后者利用视觉形象、声音、味觉和触觉形象组织材料，以实现对信息的存储。地图是地理的第二语言，是地理信息的主要载体，也是学习地理知识的重要工具。利用地图进行教与学，凭借地图这一视觉形象记忆地理信息，用地图进行对比、归纳、概括和总结，是地理学科的特色。在教学中，指导学生有序、有重点地阅读地图，引导学生提取地图包含的地理信息，观察、分析地理事物的分布特征，能增强学生对相关地理知识的识记。在此基础上，利用空白地图进行填图，也是日常教学中常用到的加强地理知识识记的方法。在识记省级行政区时，可以将省级行政区与其他的地理环境要素在地图上进行叠加，灵活组合和使用各种地理要素，使学生在自主活动中建立省级行政区与环境特征的联系，从而加深识记。

【案例 3】自主认识省级行政区的特征

（一）活动要求

给出中国的地形图、气候类型分布图、人口密度分布图、民族分布图、铁路干线分布图、工业分布图，学生自主选择地图，记住一些省级行政区，并且说明他们的特征。

（二）活动任务

1. 介绍 4 个以上相邻的省级行政区，说出它们的全称、简称和行政中心，并将它们在空白图上拼接出来。

2. 说出每个省级行政区突出的区域特征，找到相关的图片和文字来说明你的观点。

3. 归纳这些省级行政区组成的整体区域特征。

（案例提供：吉小梅，海淀区教师进修学校）

【案例分析】

本活动中，利用地图给学生提供了更多有意义的地理信息，增强了识记的趣味性和挑战性，引导学生通过找出来、拼出来、说出来逐步提升，将短时记忆通过整合性复述的方式再现出来，循序渐进地认识、识记省区的实际意义和价值。通过图片、文字等视听资料，从每个省区的区域特征拓展到相邻多省区的整体特征，在空间尺度变换的过程中，不但能不断强化省区位置关系的识记，还能初步认识各省区的自然环境、人类活动等地理环境特征，促进有意义联系的形成。

三、建立知识关联，促成知识输出，形成“抽象的经验”

长时的知识识记一定不是零散的，需要学生在头脑中形成知识点之间的关联，建立知识网络，在不断学习新知的过程中，实现对新、旧知识的整合，从而调整、完善知识网络。在这一过程中，学生已有的知识和新知识之间是否存在关联尤为重要。从记忆的这一特点出发，在实际教学中，教师要特别重视对前后学习内容、知识的分析，充分重视和利用学生的已有关联知识，帮助学生明确新、旧知识间的关联，从而加快新旧知识的整合过程，提高学生识记地理知识的效率。

长时记忆是在头脑中长久保存的记忆。产生对长时记忆内容的遗忘是因为记忆中信息提取过程出现了障碍。从记忆的这一特点出发，在实际教学过程中，要多创造让学生回顾已学知识的机会。

学生将众多事实性知识建立起有意义的关联时，能产生好的学习效果。以省级行政区的识记为例，作为后续学习中国区域地理的重要知识储备，在描述其他地理事物分布及范围时，多通过叠加省级行政区底图的方式，结合省级行政区来进行描述，有助于将已识记的省级行政区知识，通过言语表述，形成“抽象的经验”，不仅能起到复习巩固的作用，还能不断建立新旧知识的联系。

教学建议

第一，紧扣教学目标选择教学内容，减少无关刺激，避免无意注意。

与教学内容无关的视听觉信息一方面增加了个体注意的工作量，另一方面可能导致学生识记的内容并不是预期要记住的地理知识。学生在课堂上接收到的视听觉信息主要来源于教师的语言和展示的多媒体课件。为避免学生接收到无关刺激信息，教师要精心组织教学语言，细心设计课件内容。设计教学语言时，要选用准确明了的地理专业术语，要能够用简练的话语贴切地表达教学内容。设计的课件要通过字体颜色、字号、字体等方式突出显示需要识记的内容；课件中设置的背景图片、解释说明性文字仅起点缀和补充的作用，不能喧宾夺主，避免引发学生无意义的注意。

第二，合理运用各种教学手段，维持学生的注意。

注意发挥作用的时间越长，学生能够记忆的地理知识内容就越多。因此，想要提高学生的地理知识识记效果，就必须将学生的课堂注意维持在合理的时长。但真实课堂中，学生对地理学习内容的注意难以一直维持到课堂结尾。究其原因，一方面是学生的注意容易被与学习内容无关的刺激转移，另一方面或许也与教师使用的教学方法单一有关。教师可以结合所教授的具体内容的特点，选取不同的教学方式，让学生获得“做的经验”“观察的经验”“抽象的经验”。如一些事实性的地理知识，可以通过讲授法给予学生“抽象的经验”；地理分布等知识，可以通过多媒体资料让学生获得“观察的经验”；比较抽象、学生难以理解的原理，如黄土高原水土流失严重的成因探究，则可以通过设计实验，让学生获得“做的经验”。在课堂上将不同的教学方式巧妙组合，有利于将学生的课堂注意力维持在较高水平，增强学生对知识的识记。

第三，通过概念图构建知识网络，提升学生提取已识记知识的效率。

知识的构建是通过已有的概念开始的，学习就是建立一个概念网络，并不断地向网络增添新内容的过程。概念图是一种用节点代表概念，连线表示概念间关系的图示法。在课堂教学中，教师可以用概念图进行板书。学生通过对概念图的观察，能够快速建立新旧知识关联，回顾长时记忆中的信息，从而顺利将新知识链接到已识记的知识网络当中。在复习阶段，教师可以引导学生根据已有的识记知识，以教学单元为模块，绘制综合性的概念图，提取长时记忆中的相关信息。之后，师生可以从绘制的概念图中，找到提取路径的“断裂”处，并再次识记该内容，以提高知识提取的效率。

3-5

中国的省级行政区划（教学片段）

关键问题 3–6 如何辩证地看待人地关系?

 问题提出

人地关系即自然环境与人类活动的相互关系，人类从自然界产生，依赖自然而生存，并随着发展不断认识自然、适应自然和改变自然，人类活动与地理环境的关系贯穿人类社会发展的整个过程。人地关系是地理学研究的核心主题，也是地理学科育人的核心内容。

地理学是研究地理环境以及人类活动与地理环境关系的科学，人地关系是地理学研究的重要主题和主要内容。人地关系是人类社会及其活动与自然地理环境之间的交互作用，是与人类发展演化相伴而生的一对基本关系。人地关系是能够体现地理学科本质、价值，反映地理学科基本思想方法，具有统摄力和解释力的概念。

新版课程标准指出：地理课程以认识宇宙环境与地球的关系、地理环境与人类活动的关系为主要线索。在课程内容中，共有 14 条内容标准明确涉及地理环境与人类活动之间的关系，在“认识全球”“认识区域”两大板块均有呈现。可见，人地关系是地理教学的主线，也是义务教育地理课程的主要内容。通过人地关系的学习引导学生关注自然与社会，正确认识当代存在的人口、资源、环境和发展问题，树立人地协调观，形成人类命运共同体意识。

 问题分析

人地关系是义务教育课程教学的核心内容，要求学生能够秉持人与自然生命共同体的理念，选择恰当的实例简要说明地理环境各要素与人类活动的相互影响，协调人地关系的重要性；并能够秉持区域协调发展的观点，针对某区域出现的人地关系问题进行初步分析，并提出自己解决问题的思路。

一、整体解析课程标准中的人地关系

在新版课程标准中，多个主题与人地关系相关，按照主题、内容要求、涉及要素与区域对相关课程标准内容进行梳理，从而确定新版课程标准中人地关系的把握角度和教学侧重点（表 3–6–1）。

表 3-6-1 新版课程标准中“人地关系”相关内容要求

主题	内容要求	涉及要素与区域
地球的运动	结合实例，说出地球自转产生的主要自然现象及其对人们生产生活的影响	全球
	结合实例，说出地球公转产生的主要自然现象及其对人们生产生活的影响	
地球的表层	结合实例，说出海洋对人们生产生活的影响	海洋 / 全球
	结合实例，说明天气和气候对人们生产生活的影响	大气 / 全球
认识世界	运用地图和相关资料，描述某地区的地理位置，简要归纳自然地理特征，说明该特征对当地人们生产生活的影响	地区
	运用地图和相关资料，说出某国家人文地理主要特点及其与自然地理环境的联系	国家
	运用地图和相关资料，联系某国家的自然地理环境特点，结合实例简要分析该国因地制宜发展经济的途径	国家
	运用地图和相关资料，简要分析某国家在资源开发、环境保护方面的经验和教训	资源与环境 / 国家
	结合实例，简要说明一个国家对某地自然环境的改造活动对其他地方自然环境的影响	国家
认识中国	运用地图和相关资料，描述长江、黄河的特点，举例说明其对经济发展和人们生活的影响	河流 / 中国
	运用地图和相关资料，描述中国水资源、土地资源、矿产资源和海洋资源等自然资源的主要特征，举例说明自然资源与人们生产生活的关系，认识开发、利用、保护自然资源的重要意义	自然资源 / 中国
	运用地图和相关资料，描述中国主要的自然灾害和环境问题；针对某一自然灾害或环境问题提出合理的防治建议；掌握一定的气象灾害和地质灾害的安全防护技能	自然灾害 / 中国
	运用地图和相关资料，说出某区域的地理位置和自然地理特征，说明自然条件对该区域经济社会发展的影响，认识因地制宜的重要性	中国分区
	进行野外考察或运用相关资料，说明自然环境与地方文化景观之间的关系	中国分区
	举例说明家乡环境及生产发展给当地居民生活带来的影响和变化，并尝试用绿色发展理念，对家乡的发展规划提出合理建议，增强热爱家乡、建设家乡的意识	家乡

人地关系贯穿不同主题、不同空间尺度的区域中，根据表 3-6-1 可以将人地关系概括为三个方面：一是地理环境对人类活动的影响；二是人类活动对地理环境的影响；三是人地之间动态性、区域性和辩证性的相互关系。

对表 3-6-1 中的人地关系进行分析可以发现，第一，“地理环境对人类活动的影响”侧重两方面：单一自然要素对人类活动的影响和某区域整体自然环境对人类活动的影响。第二，需要辩证看待“人类活动对地理环境的影响”，不同的活动方式、强度其产生的影响差异明显，既有经验又有教训，需渗透人地协调观念。第三，“人地之间动态性、区域性和辩证性的相互关系”在内容标准中体现较少但隐含在前两点中，在具体分析“人对地”“地对人”两部分内容时，需要关注动态性和区域性，辩证地进行分析。

二、以河流为例辩证看待人地关系

河流是自然界中最活跃的地理要素之一，与地形、气候等其他自然地理要素存在着复杂的相互作用和相互联系。同时，河流特征及变化也与人类活动具有密切联系，不同河段之间具有空间上的成因联系及特定的功能联系，不同时期流域内自然环境的变化也影响其功能的发挥和对人类活动的影响，凸显人地关系的区域性、动态性和辩证性，强调流域整体协调发展。因此，根据“运用地图和相关资料，描述长江、黄河的特点，举例说明其对经济发展和人们生活的影响”的内容要求，以河流为例辩证地理解人地关系，是适切的切入点。

长江、黄河是我国的重要河流，也是我国的母亲河——从古至今对流域内的社会经济发展和人们生活产生巨大影响，因此，以长江、黄河为代表，认识河流对流域社会经济发展和人们生活的影响。本条内容要求的行为动词是“说明”，学习内容指向河流对流域经济发展和人们生活的影响。在认识河流的影响之前，首先应该认识河流的特征，作为一种自然地理要素，河流特征需要从水系特征和水文特征两方面加以认识。河流的水系特征可从发源地、注入地、流向、流域、干流、支流等方面描述，河流的水文特征可从流量、流速、水位、含沙量、结冰期等方面描述。河流特征在不同河段、不同季节存在差异。河流对社会经济发展和人们生活的影响分为积极和消极两方面，一方面河流能提供水资源（灌溉水源、工业用水、生活用水），有利于开发水能、航运、养殖、旅游、塑造平原等；另一方面也会带来洪涝灾害、水污染等。

问题解决

一、基于人地关系大概念构建河流教学单元

人地关系是中学地理课程中的核心概念，是上位的、统摄性的概念，较为抽象。因此，教师在进行相关内容教学时，需要拆解概念，引导学生形成对概念的正确理解。

吴传钧认为，人地之间的客观关系表现为：一是人对地具有依赖性，地理环境是人类赖以生存的物质基础和空间场所，并制约人类活动的深度、广度和速度；二是人具有主观能动性，地理环境可被人类认识、利用和改变，人地关系是否和谐主要取决于人；三是人与地之间的关系会随着人类科技和生产力水平的发展而变化，因此需要动态、辩证地认识人地关系。

基于此，可以将人地关系大概念分解为几个子概念：自然地理环境、地理环境对人类活动的影响、人类活动对地理环境的影响、人地关系的动态性、区域性和辩证性。通过解读子概念，形成概念理解，构建概念体系。

根据对人地关系的解读和理解，构建“流动的纽带——从河流看人地关系”的教学单元，单元概念分解如图 3-6-1 所示。以长江、黄河为线索促进学生认识人地关系，形成人地协调观。

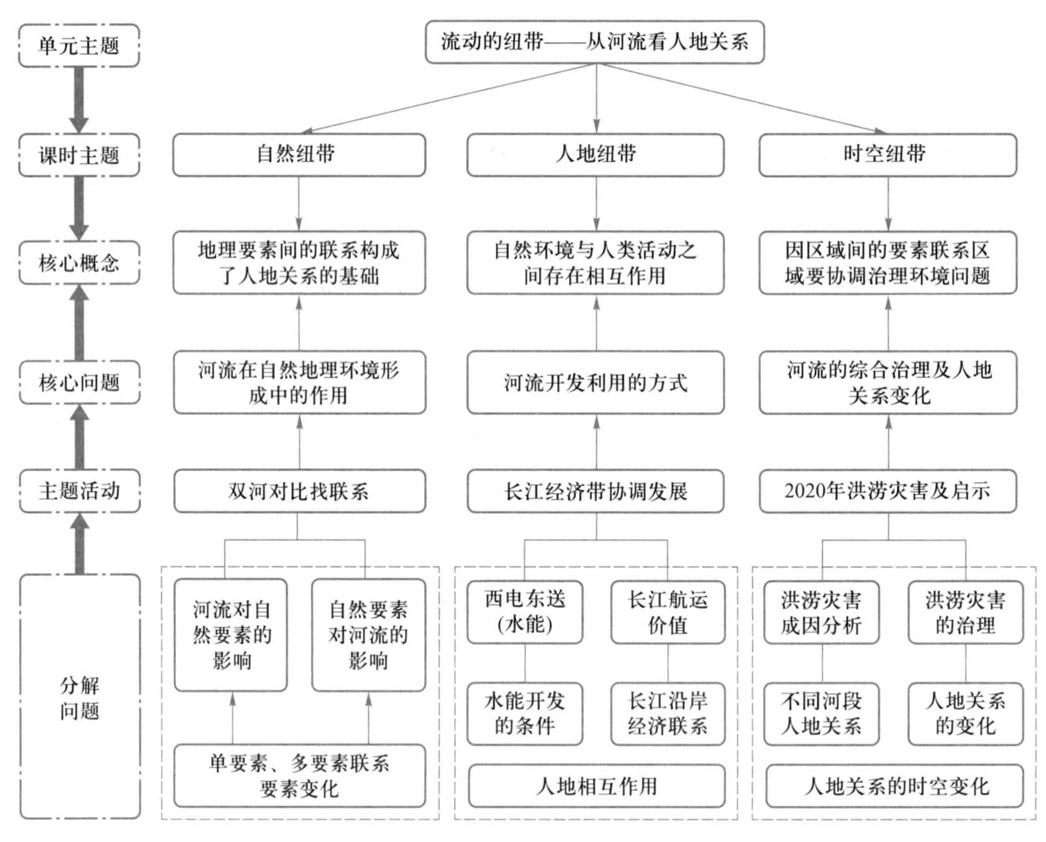

图 3-6-1　单元概念分解图

本单元主要教学内容包括：人地关系的自然基础，即河流水文特征与地形、气候等要素的相互作用；人地相互作用，即河流水文特征与人类活动的相互影响与作用；人地关系的区域性与动态性，即河流不同河段间的联系与协同发展。本单元主线体现了从河流特征—开发利用—综合治理角度系统认识河流的思路，暗线又体现了人地关系内涵，引导学生用综合、发展、动态的眼光认识人地关系，培养学生的人地协调观、综合思维、区域认知核心素养。

二、基于概念分解确定适切的学习目标

人地关系教学的最终目标是培育学生的人地协调观，即学生能够初步认识地理环

境是人类生存的基础，人类活动深刻影响着地理环境，协调人地关系是人类社会可持续发展的必然选择；能够运用所学的知识、方法和工具，面对世界、中国、家乡出现的人口、资源、环境和发展问题，作出初步的分析和评价，并具体遵守相关法律法规的意识；能够立足家乡、胸怀祖国、放眼世界，初步树立人与自然和谐共生的观念。

在本单元中，教师要结合“河流”主题，以河流相关的地理知识、技能、方法为依托，结合学情和校情特点，深挖人地关系内涵，确定适切的单元学习目标，以帮助学生树立人地协调观。

【案例 1】河流（单元学习目标）

（一）学情分析

初二学生已经掌握了一定的图文资料阅读能力及地理分析方法，也具备了初步的地理思维方式。通过初一、初二的学习，学生接触了多条河流，特别是对长江、黄河的特征已经有了一定的认识，但是缺少对河流的系统思考。因此，本课从学生较为熟悉的长江、黄河的特征描述与原因探究入手，总结认识河流的角度，引导学生整体认识河流特征及自然地理要素间的联系。

从认知层面看，学生还不能很好地将河流特征放在自然环境背景下进行系统认识，尚未很好地建立自然地理要素间的联系，同时，尚未形成基于河流特征进行河流开发的思路。从思维层面看，学生综合、多角度看问题的综合思维能力还较弱。本单元的教学内容因其综合性较强，学生在构建要素联系及因果关系时可能无法综合地、多角度思考。另外，初中生处于形象思维阶段且生活经验欠缺，对于河流不同河段的空间联想及空间认知能力较为欠缺，因此，在理解不同河段联系时可能会有一定的困难。

（二）单元学习目标

1. 学生能够以长江、黄河为例，根据图文资料获取与解读信息、建构模型，说出河流特征与自然地理要素（地形、气候、植被等）的相互作用，并能根据河流特征说明河流对人类活动的影响，从要素特征、特征成因、开发与治理等角度系统认识河流；初步形成多角度、多层次、动态地认识地理事物的思维方式，提升综合思维能力。

2. 学生能够结合西电东送、长江航运、洪涝灾害等案例，简要分析不同河段间开发利用的方式、存在的环境问题及治理措施，初步掌握人地关系的基本分析思路。

3. 学生能够在系统把握河流认知思路和多视角认识人地关系的过程中，认识自然要素的相互联系和区域差异，感知自然特征对人类生存与发展的影响，认识到基于自然特征因地、因时制宜进行生产生活，初步形成综合思维、人地协调观。

（案例提供：赵煜，北京市八一学校）

【案例分析】

本节课围绕人地关系，在落实新版课程标准的基础上，以河流为内容载体分解概念，从人地关系自然基础、人地相互关系和人地关系的时空变化，引领学生认识人地关系的内涵，初步形成综合思维、人地协调观。通过本节课的学习，学生的人地协调观念在层次和深度上都得到了提升。

三、基于素养提升设计丰富的学习活动

学生人地协调观的培养需要经历真实感受与体验，而不能只接收灌输和说教。只有在教学中，教师要让学生经历知识结构的构建过程、学科方法的应用过程和人地关系的体验过程，才能提升学生人地协调观核心素养。因此，教师要重视真实情境的创设，设计丰富的学习活动，让学生经历、体验、感悟观念的形成过程。

【案例 2】认识河流（第一课时教学设计）

教学环节	教学活动	设计意图
环节一：如何认识河流？	【导入】同学们，一提到河流，你会想到哪些河？是世界第一大河亚马孙河、第一长河尼罗河，还是我们的母亲河长江、黄河？河流不仅是一个自然符号，也是人类文明的象征。作为自然环境的重要组成部分，河流与人类的生存、发展关系密切。 【展示图片】生活场景中的河流、学习场景中的河流、试题场景中的河流。 【提出问题】我们该如何认识河流呢？阅读与河流相关的课程标准要求，进行归纳。 学生阅读图文资料，进行认识角度归纳	从生活视角、学习视角、试题视角带来引导学生认识河流，引导学生形成在不同场景中学习地理的意识。通过归纳课程标准要求，明确学习目标
环节二：河流的特征有哪些？	【提出问题】河流的特征有哪些？ 【小组活动】请大家参考长江、黄河的流域图、水文站流量年变化图、景观图及课本中的文字资料，找出图片及文字资料中涉及了河流的哪些特征，并补充未提及的特征。 【总结】 1. 源流概况：源地、注入地、流程、流域、支流、流向。 2. 水文特征：流量、流速、水位、水量、汛期、结冰期、凌汛、含沙量	通过回顾旧知及教材再阅读，归纳河流特征的描述角度，提高学生从资料中获取信息的能力
环节三：如何描述河流的特征？	【提问】我们如何来描述这些特征呢？ 【小组活动】请大家分别来描述长江、黄河的特征，完成表格。 学生阅读学案上的图文资料，小组合作，描述长江、黄河的特征，并总结描述河流特征的一般方法。 【总结】河流特征的描述方法	引导学生通过信息获取和再认，描述长江、黄河的特征，并在此基础上总结河流特征的一般描述方法，提高归纳概括能力，以及用准确的地理语言回答问题的能力
环节四：河流特征的影响因素有哪些？	【提问】从大家对长江、黄河的描述中可以看出，长江、黄河在水文特征方面存在较大差异，差异的原因是什么呢？哪些因素在影响河流的水文特征呢？ 【小组活动】请大家结合长江、黄河的流域图、水文站流量年变化图、景观图及中国 1 月平均气温分布图、降水量分布图、地形图等，每组负责一个水文特征，从流速、水量、汛期、结冰期、含沙量方面讨论。 学生小组汇报讨论结果，小组之间互相交流、补充。 【完善导图】在讨论的基础上，完善思维导图	从河流特征的差异入手，引导学生找出差异原因，从而明确河流特征的影响因素。构建思维导图，帮助学生厘清地理要素间的相互作用、相互影响。小组汇报展示锻炼学生的语言表达能力，强调师生互动、生生互动下的现场生成，提高学生要素联系的逻辑思维

续表

教学环节	教学活动	设计意图
环节五：迁移应用	请同学们用本节课学习的思路和方法，选择一条河流，深入分析该河流的特征成因，绘制思维导图	巩固本课所学方法，实现方法的迁移应用

（案例提供：赵煜，北京市八一学校）

【案例分析】

该案例的教学设计为学生提供了丰富的图文资料，让学生从感性认知入手建立对河流的直观认识；通过阶梯式问题，引导学生逐步深入，从自然地理要素相互影响的角度认识河流特征的成因，从感性认识逐渐上升到理性认识；其次，采用对比的方法展开教学，让学生在对比差异中认识河流特征；最后，通过绘制思维导图等活动，让学生进行总结提升。本节课的教学设计按照“感知情境—提取信息—对比分析”的认知过程展开教学，符合学生的认知规律，有利于教学的顺利开展。在教学过程中，对一般规律和方法的总结有利于学生掌握地理事物的认知方法。

四、基于思维发展构建连贯的教学思路

人地关系涉及自然地理环境与人类活动之间的关系，两者之间的关系具有动态性、区域性，需要辩证地、综合地加以认识和理解，有利于发展学生的综合思维，因此，在教学中要构建连贯的课堂教学思路，以帮助学生全面、准确地理解人地关系，形成综合思维。

【案例3】认识河流（第二课时教学设计）

（一）教学内容

本节课从属于课程“认识中国”的“认识中国全貌”部分，新版课程标准的内容要求为：运用地图和相关资料，描述长江、黄河的特点，举例说明其对经济发展和人们生活的影响。根据内容要求，可以从有利、不利的角度分别认识河流对人类活动的影响，其中有利影响隐含着人类因地制宜的内容，不利影响隐含着人类活动违背自然规律的内容。因此，基于课程标准进行教学时，还需要从人类活动对河流影响的角度开展教学。

（二）教学目标

1. 学生能够运用景观图，识别长江不同河段存在的环境问题，说出长江经济带绿色发展的必要性。

2. 学生能够运用相关资料，分析1998年洪涝灾害的成因；对比1998年与2020年洪涝灾害的受灾情况，分析长江经济带生态治理对长江洪涝灾害的影响，认识不同河段协调治理的成效。

（三）教学过程

教学环节	师生活动	设计意图
环节一：关注时事热点，提出中心议题	导入：2020 年入汛以来，中国南方地区发生多轮强降雨过程，造成多地发生较重洪涝灾害。 展示 2020 年南方地区洪涝灾害的图片和视频资料	从时事热点导入，引导学生学习生活的地理
环节二：多次灾情对比，聚焦核心问题	展示 1954 年、1998 年、2020 年三次洪涝灾害的受灾面积、经济损失相关数据。 提出问题：为何 1998 年洪涝灾害造成的受灾面积和经济损失比 2020 年严重？	聚焦洪涝灾害最严重的 1998 年，引导学生关注核心问题
环节三：设计核心任务，突出重点内容	【活动 1】 展示 1998 年洪涝灾害各省灾情的资料。 提出问题：根据资料归纳哪些省份受灾较重，主要分布在长江的哪些河段？ 【活动 2】小组活动 提供中国地形图、中国气候分布图，以及长江流域图、1961—2020 年 1 月 1 日至 10 月 13 日全国平均降水量历年变化图、长江流域植被覆盖率、水土流失面积变化图。 提出问题：分析洪涝灾害发生的自然原因。为何 1998 年洪涝灾害比 1954 年严重？说明人类活动对长江洪涝灾害的影响	设计问题链，逐步进阶，引导学生思考洪涝灾害发生的自然原因、人为原因
环节四：对症下药，解决痛点问题	【活动】 提供长江经济带在经济、社会、生态保护上采取的措施，以及长江流域的变化的资料 提出问题：结合图文资料，说出洪涝灾害的具体治理措施	展示人类活动的变化及其产生的环境效应，引导学生整体认识人地关系的变化及其影响

（案例提供：赵煜，北京市八一学校）

【案例分析】

自然灾害是自然环境的异常变化，人类活动往往会诱发自然灾害的发生，或加重自然灾害的影响。本课以长江流域洪涝灾害为例，引导学生探索长江流域洪涝灾害的成因、治理措施，从而认识人地作用的结果。本课在教学思路上以“人地关系的作用方式”为主线，引导学生深入理解人地关系：以洪涝灾害为结果，引导学生认识地理环境对人类的不利影响；从洪涝灾害的人为原因视角出发，引导学生认识人类不合理的开发方式对自然环境的影响；引导学生从多次洪涝灾害对人类的不同影响程度探究背后人类活动的变化，反映人地关系思想及人类活动的变化，从不同时间、不同空间认知人地关系的内涵。

五、基于学业进步创建多元的评价方式

地理教学中的评价以落实立德树人根本任务为目标，以课程目标、内容要求、学业要求、学业质量标准为基本依据，多途径收集学生过程中的表现、学习证据，从而

科学、客观、准确地对学生核心素养的发展状况进行评价，可见，评价的终极目标是促进学生的发展，同时，此过程也帮助教师改进教学方式。

以河流为例的人地关系教学注重培养学生思维的综合性、认知的区域性，并在此过程中培养学生的地理实践力和人地协调观。在丰富的教学活动基础上，教师可以根据教学目标和教学活动设计多元、多主题的评价方式，如过程性评价与终结性评价相结合等。

【案例 4】认识河流（单元教学评价）

根据本单元的教学内容，从评价方式上，采用过程性评价与终结性评价相结合的方式；从评价过程上，采用任务驱动评价、过程监控评价和纸笔测验评价；从评价主体上，采用生生互评、教师评价、小组评价等多元评价。设计评价表，具体如表 3-6-2、表 3-6-3、表 3-6-4 所示。

表 3-6-2　表现性评价表

学习任务单	学生表现	评价标准
任务一：阅读资料寻特征	阅读图文资料，描述河流特征	水平一：能从图文资料中找出部分表征河流特征的术语。 水平二：能从图文资料中找出全部表征河流特征的术语，并能简单描述。 水平三：能从图文资料中找出全部表征河流特征的术语，并能准确描述
任务二：调用知识构联系	结合图文资料及知识储备，构建河流与自然要素间联系	水平一：从单要素直接联系的角度构建联系。 水平二：从多要素综合联系的角度构建联系。 水平三：能从多要素综合联系、要素变化及主导因素影响的角度，阐释河流在地理环境形成中的作用
任务三：运用方法作迁移	结合资料，将河流与自然地理要素间的联系的分析方法应用于其他河流的分析	水平一：在新情境下，能简单判断河流的部分特征。 水平二：在新情境下，能够根据自然环境的特点，判断某条河流的基本特征。 水平三：能深入理解河流在自然环境形成中的作用，并能够在陌生情境中灵活地运用原理阐述河流在塑造自然环境中的作用

表 3-6-3　过程监控评价表

评价内容		评价标准			自评	他评	师评
		3 分	4 分	5 分			
个人	听课状态	听课走神，未回答问题	听课较认真，有一定的思考，回答问题 1~2 次	听课认真，思考积极，回答问题 2 次以上			
	学案完成	学案完成大部分	学案完成	学案完成，答案准确			

续表

评价内容		评价标准			自评	他评	师评
		3分	4分	5分			
小组合作	讨论活动	小组活动参与不积极，不参与到讨论中	积极参加小组活动，协助小组成员开展讨论活动，有自己的观点	积极参加小组活动，起组织、领导作用，积极发表观点			
	展示活动	未代表小组展示或提问，认真听取本组及其他组的展示	未代表小组进行展示，对其他小组的观点进行质疑或提问	代表小组进行展示或回答其他小组的质疑			

表 3-6-4　基于 SOLO 理论的综合思维过程监控评价表

学习任务	前结构	单点结构	多点结构	关联结构	拓展抽象结构
灾情分析	答非所问	从一个方面说明灾情的严重程度	从多个方面说明灾情的严重程度	能分析灾情数据之间的联系	能分析灾情数据之间的联系，并能应用到其他自然灾害的灾情分析中
洪涝成因分析	仅能说出分析的某一角度	从一个方面（要素）的角度分析洪涝成因	从多个方面（要素）的角度分析洪涝成因	从多个原因之间相互联系的角度分析洪涝成因	从地理环境整体性的角度分析洪涝成因
洪涝灾害治理措施	仅能说出洪涝灾害需要治理	从一个角度给出洪涝灾害治理的建议	从多个角度给出洪涝灾害治理的建议	从多个角度给出洪涝灾害治理的建议，并能够说出不同建议之间的联系	从上中下游不同流域给出洪涝灾害治理的建议

（案例提供：赵煜，北京市八一学校）

【案例分析】

本评价案例具有如下特点：

（1）评价目标追求多元化。第一，诊断学生的学习质量，引导学生的学习方向；第二，促进学生的全面发展，促进学生潜能、个性、创造性的发挥，使每一个学生具有自信心和持续发展的能力；第三，检验教师的教学效果，督促教师调整教学。

（2）评价内容力求全面化。本案例的评价设计既注重对学生地理基础知识和技能的理解和掌握的现实状况进行评价，更注重对学生在地理学习过程中的参与状态、学习方式、思维方式，以及表现出来的学习的主动性、创造性和积极性等进行评价。强调注重学生成长发展的过程，有机地将终结性评价与形成性评价结合起来。

（3）评价方法倡导多样化。将纸笔测试与其他评价方式有机结合，改变将笔试作为唯一的评价手段和过分注重等级、量化的做法。实现过程性评价和终结性评价并举，绝对评价与相对评价相结合。

（4）评价主体注重多元化。倡导评价主体间的双向选择、沟通和协商，关注评价结果的认同问题，即如何使评价对象最大限度地接受评价结果而不是结果本身的正确性；加强自评、互评，使评价成为教师、管理者、学生和家长共同积极参与的交互活动，实现了评价主体的多元化。

教学建议

第一，在真实情境中，理解人地关系内涵。

“人地关系”是地理学中的上位概念，也是地理教学中的核心概念，概念的内涵和外延非常丰富。在教学中，教师要为学生创设丰富而真实的情境，让学生在发现真实问题、解决真实问题的过程中逐步理解人地关系内涵。

第二，基于区域，丰富人地关系理解。

人地关系具有区域差异和时间变化的特点，在教学中，教师要基于区域开展教学活动。不同区域的自然环境和人类活动存在差异，人地关系也因地而异，教师要基于不同的区域展示丰富的人地关系内涵，让学生获得丰富的体验，从而深入地认识和理解人地关系内涵。

第三，进阶式学习，深化人地关系认知。

人地关系教学贯穿地理教学的整个过程，学生对人地关系内涵的理解也不是一朝一夕就能形成的，因此，教师要有意识地、持续不断地向学生渗透人地关系内涵和人地协调观，要注意循序渐进地加深学生对人地关系的理解，可以将人地关系概念进行层次分解，确定不同学段、不同年级的培养目标和培养方式，从而实现学生人地关系认知的不断进阶。

3-6

认识河流（教学课件）

关键问题 3–7 如何从区域综合性与差异性开展中国分区主题教学?

问题提出

新版课程标准在课程性质部分阐述地理学是研究地理环境以及人类活动与地理环境关系的科学，具有综合性、区域性等特点。可见综合性和区域性是在地理教学中应重点关注的内容。地理课程的中国地理部分要从认识中国全貌、认识分区和认识家乡三个方面学习。在认识中国分区部分，新版课程标准的内容要求也包含对区域地理位置、自然环境的认识，结合不同区域的差异，说明区域联系及因地制宜发展经济的意义。地球表面最显著的特征是自然现象和人文现象空间分布的不均一性，即差异性。我国地域辽阔，自然环境复杂多样，人文现象千姿百态。我国各自然地理要素和人文地理要素在空间分布上差异显著，并呈现有规律的递变，从而导致我国地理环境差异大并呈现有规律的空间递变。中国分区地理可以让学生通过学习不同区域的自然地理、人文地理特征，感受到区域综合性与差异性两个突出的特点，可以帮助学生更好地认识和欣赏我们的国家。

问题分析

一、解析新版课程标准内容中的中国分区主题教学

地理课程内容结构中的“认识区域”部分，将地球表层不同空间尺度的区域作为学习对象，认识世界大洲、地区、国家等不同区域的地理事物和现象，认识中国的整体面貌、不同分区及家乡的地理事物和现象。其中“认识分区”包含内容要求条目 8 条，要求学生学习中国分区地理主题后，能够描述中国不同地区的主要地理特征，比较区域差异，从区域的视角说明人类活动与自然环境和资源的关系，初步形成因地制宜的发展观念（表 3–7–1）。

表 3–7–1 课程标准“认识分区”内容要求

学习主题	内容要求
认识分区	• 运用地图、图像等资料，说明秦岭—淮河等重要自然地理界线在地理分区中的意义。 • 运用地图和相关资料，说出某区域的地理位置和自然地理特征，说明自然条件对该区域经济社会发展的影响，认识因地制宜的重要性。

续表

学习主题	内容要求
认识分区	• 结合实例，描述不同区域的差异，说明区域联系和协同发展对经济社会发展的意义。 • 运用地图和相关资料，描述某区域城乡分布和变化，推测该区域城乡发展图景。 • 进行野外考察或运用相关资料，说明自然环境与地方文化景观之间的关系。 • 运用地图和相关资料，说明北京的自然地理特点、历史文化传统和城市建设成就，认识首都职能。 • 运用地图和相关资料，举例说明香港、澳门的自然地理、历史文化传统和经济建设特点，以及港澳与内地经济发展的相互促进作用，增强区域联系的意识。 • 运用地图和相关资料，说明台湾的自然地理、历史文化传统和经济建设特点，认识台湾自古以来就是中国不可分割的领土，以及促进海峡两岸经济社会融合发展的意义

二、基于区域综合性与差异性把握教学

地理学科蕴含着复杂的地理系统，地理系统的复杂性也让地理学科具备综合性特点，因此，地理教学要培养学生的地理综合思维。综合思维属于地理核心素养中的重要内容，是学生研究地理、学习地理的关键能力和思维方法。区域综合指的是综合剖析一个区域中的各个要素如何产生相互作用，并根据该地区所表现出来的特点分析与其他区域的不同之处。区域综合包括区域内要素综合、区域外要素综合两方面。在区域综合中要引导学生从区域的整体性出发系统地分析地理事物和现象，地理内部要素展现的是区域的整体性特点，同一地理要素由于时间和空间的不同也会呈现出不同的功能和特点，这就体现了区域的差异性。培养学生地理综合思维时，要让学生从区域综合性与差异性两方面入手分析地理事物，让学生在解决地理问题时整合地理要素，整合时间、空间，从而形成全局观念。

问题解决

一、基于要素综合进行区域划分

地理要素综合是地理综合思维的重要体现。地理要素综合要求学生掌握复杂的地理环境，并且掌握地理环境的整体性特点，明确地理要素之间是相互影响、相互联系的。这要求学生在分析地理事物时要多维度、全方面地思考。

在开始学习“认识中国全貌”部分时，学生已经对我国地形、气温、降水等各地

理要素的空间分布规律和特征有所认识。教学时，教师要注意引导学生从总论学习顺利过渡到分区学习，并落实课程标准中的要求：认识中国的地理差异，运用在中国地理总论中学过的知识，归纳秦岭—淮河一线以北和以南地区的地理差异；说明秦岭—淮河一线在我国不同自然地区（干湿区、温度带）划分中的地理意义；深入分析秦岭—淮河一线以北地区和以南地区自然差异的主导因素。中国的地理差异既是对总论部分的总结，又是对分区部分的引领，作为认识中国分区的开篇。

地理差异大是我国地理环境的突出特征，也是我国基本的地理国情。我国各自然地理要素和人文地理要素在空间分布上差异显著，并呈现有规律的递变，从而导致我国地理环境差异大并呈现有规律的空间递变。由于自然植被和农作物的空间分布受控于一定量值的自然要素（如气温、降水等），所以，当自然地理要素的空间递变达到一定的量值界值时，在该量值界值两侧的自然景观就会出现显著的差异。这样的量值界值的空间分布往往与一些自然地理事物（以山脉最为典型）的分布一致，这些地理事物就成为区别地理区域的重要标志，也成为划分不同地理区域的界线。我国四大地理区域是一种综合自然和人文特点而划分的地理区划，每个区域特点鲜明，互相之间差异显著。四大地理区域界线主导因素的确定，是引导学生从宏观上把握四大地理区域的突出特点。基于此，可从地理要素综合的角度进行四大地理区域划分的教学。

【案例 1】中国的地理差异（教学设计）

（一）教学内容

中国的地理差异这部分内容既是对中国地理总论部分的总结，又是对中国地理分区部分的引领，因此成为分区部分的起始篇章。本节内容从对总论的总结和对分区的引领两个角度来展开，帮助学生建立新知和旧知的联系。在教学过程中，设置问题，充分调动学生已有的知识，引导学生将总论部分的知识系统化深入化。把握“总”和“引”两个字，“总”是对已学过的知识在差异主题下的总结；“引”是由地理差异至区域划分而引领区域地理的学习。在学生了解了地理差异显著的基础上，转入地理分区，设计“了解我国四大地理区域的划分”活动，引导学生分析不同分区界线考虑的主导因素。培养学生的地理思维能力，建立区域空间尺度的概念，在宏观上把握我国的地理差异和区域分异。

（二）学习目标

1. 学生能够在地图上确定秦岭—淮河一线的位置，并能从气温、降水、农业生产、生活、区域划分等方面说明秦岭—淮河一线的地理意义。

2. 学生能够根据重要的自然地理界线，即秦岭—淮河一线，在地图上指出四大地理区域的范围，说出四大地理区域的名称、突出的地理特点和主要的地理差异。

（三）教学过程

<table>
<tr><th>教学环节</th><th>线索</th><th>教学活动</th><th>设计意图</th></tr>
<tr><td>新课导入</td><td>我国为什么会形成各具特色的地方风情呢？</td><td>教师展示我国地势三级阶梯、年降水量和1月平均气温的分布图，讲解我国气温、降水和地势的分布呈现有规律的变化。
教师：自然环境差异影响我国农业、人口、城市、交通线的分布，也影响人们的服饰、饮食、民居，我国各地形成了富有地方风情的生活习俗和文化传统。
学生观察图片，回忆知识</td><td>回忆我国在自然环境和人类生产生活方面的特点，总结我国各地显著的地理差异</td></tr>
<tr><td>活动一</td><td>在地图上找出秦岭—淮河一线的地理意义</td><td>教师：出示中国地势三级阶梯、年降水量和1月平均气温分布图，提出问题：
1. 秦岭—淮河一线相当于哪条等温线和年等降水量线？
2. 秦岭—淮河一线在温度带的划分中，相当于哪两个带的分界线？在干湿地区的划分中，相当于哪两个区的分界线？
教师出示秦岭—淮河一线以北地区和以南地区的农村生活景观图，提出问题：
1. 总结两个地区的农田类型、主要农作物、作物熟制、民居特点和传统交通工具。
2. 归纳秦岭—淮河一线以北地区和以南地区的地理差异。
<table>
<tr><th>特点</th><th>秦岭—淮河一线以北地区</th><th>秦岭—淮河一线以南地区</th></tr>
<tr><td>1月平均气温（高于0℃或低于0℃）</td><td>低于0℃</td><td>高于0℃</td></tr>
<tr><td>年降水量</td><td>小于800mm，大于400mm</td><td>大于800mm</td></tr>
<tr><td>主要地形</td><td>高原、平原</td><td>丘陵、平原、高原</td></tr>
<tr><td>河流冬季结冰（有或无）</td><td>有</td><td>无</td></tr>
<tr><td>农田类型</td><td>以旱地为主</td><td>以水田为主</td></tr>
<tr><td>主要农作物</td><td>小麦、玉米</td><td>水稻</td></tr>
</table>
3. 分析导致秦岭—淮河一线以北地区和以南地区自然差异的主导因素（图3-7-1）。
4. 总结秦岭—淮河一线的地理意义。
秦岭—淮河一线是我国1月0℃等温线，800mm年等降水量线，暖温带与亚热带分界线，半湿润区与湿润区分界线，温带季风气候与亚热带季风气候分界线，旱地与水田分界线，北方地区与南方地区分界线，温带落叶阔叶林与亚热带常绿阔叶林分界线</td><td>通过观察地图，总结秦岭—淮河一线以南和以北地区的差异，归纳秦岭—淮河一线的地理意义</td></tr>
</table>

续表

教学环节	线索	教学活动	设计意图
活动二	认识我国四大地理区域的划分	教师出示我国的四大地理区域示意图，提出问题： 1. 四大地理区域的名称是什么？ 2. 四大地理区域分别在我国的什么位置？ 3. 结合中国地形图，找到四大地理区域的边界地理事物。 学生分组活动，观察四大地理区域中的界线 A，与我国的等降水量线相比较： 1. 界线 A 大致与哪条年等降水量线的分布最接近？ 2. 确定界线 A 的主导因素是什么？ 学生观察四大地理区域中的界线 B，与我国的等降水量线、1 月等温线相比较： 1. 界线 B 大致与哪条年等降水量线的分布最接近？ 2. 界线 B 大致与哪条 1 月等温线的分布最接近？ 3. 确定界线 B 的主导因素是什么？ 4. 界线 B 大致接近哪条山脉和河流分布？ 学生观察四大地理区域中的界线 C，与我国的三级阶梯分界线相比较： 1. 界线 C 与哪级阶梯分界线基本吻合？ 2. 确定界线 C 的主导因素是什么？	在地图上指出四大地理区域的范围、名称、重要的地理界线，说出四大地理区域的突出特点
课堂小结	回顾梳理本节课要点	教师总结，我国地理差异显著，表现在自然环境和人类活动方面的不同，认识差异为进行区域研究奠定了基础，为区域发展提供科学有力的保证	引导学生归纳总结课堂所学，培养综合思维

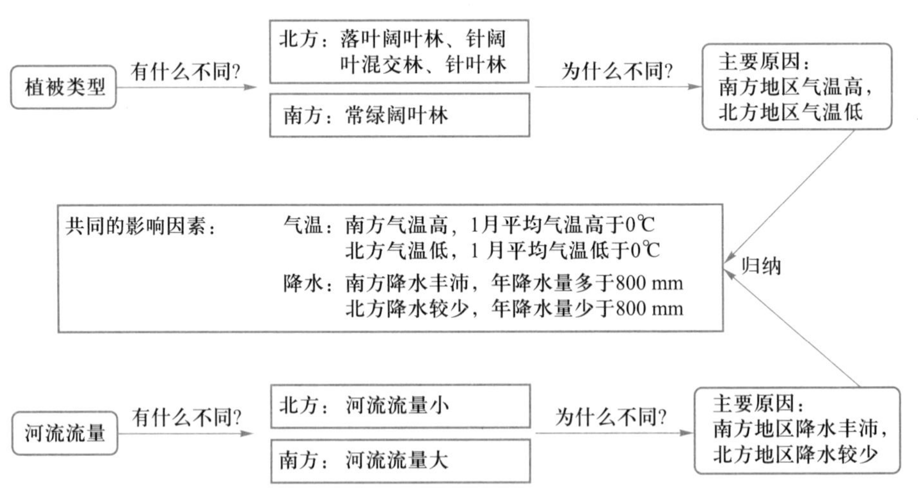

图 3-7-1　导致秦岭—淮河以北地区和以南地区自然差异的主导因素

（四）板书设计（图 3-7-2）

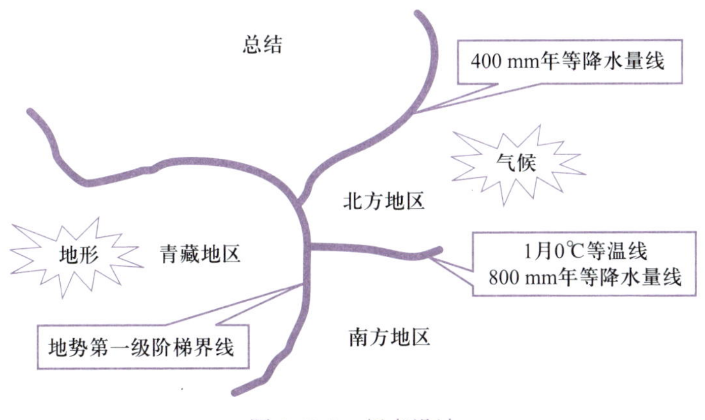

图 3-7-2　板书设计

（案例提供：王杰，北京市海淀北部新区实验学校）

【案例分析】

该教学设计首先考虑了学生的认知基础，即经过中国地理总论部分的学习，学生已对我国各地理要素的空间分布规律和特征有所认识。要在学生已有的知识基础上进行更深入的教学，就要在已有认知的基础上设置层层深入的问题，将学生思维引到区域地理差异的思考中。教学按“总”和“引”进行设计，通过秦岭—淮河一线以北地区和以南地区的景观图对比，引导学生认识人类活动的差异，理解关注生活的重要性。本案例在认识我国的四大地理区域划分的教学中，建立区域空间尺度的概念，培养学生的地理思维能力。

二、基于区域对比体现差异性

地球表面最显著的特征，就是它的自然现象和人文现象空间分布的不均一性，即差异性。区域性之所以成为地理学的特征，是因为区域的这种差异性。区域间之所以需要联系，也是因为区域各有特点。因地制宜的观念正是基于区域差异的存在。对不同区域差异的认识可以从区域间和区域内两个角度入手。认识区域间和区域内的差异，既能使学生感受区域综合性与差异性的特征，又能为学生进一步学习区域联系和区域发展打下基础。

1. 区域间的差异

区域的划分是有不同指标的，但总体来说，区域内的主要指标有明显的一致性，区域间有显著的差异性。差异会形成区域发展的特点。根据区域自然及人文条件的优势发展经济，区域才会有较好的发展前景。区域地理教学也应充分反映出区域经济发展的独特之处，才能体现区域地理教学的意义。这也是社会经济发展到今天，新的发展问题带给我们的新启迪。

差异是在比较中产生的，认识区域间的差异也可以用比较的方法。在区域地理教学中，在学生学过几个区域之后，教师应该有意识地将各区域的地理特征进行对比，或者在分析一个区域的某个特征时，与其他区域进行对比。通过比较，学生能加深理解区域地理特征形成的原因，认识为什么会出现区域差异，并能根据一定的地理事实材料和分析方法，学习新的区域的地理特征。

【案例 2】北方地区与南方地区差异对比

教师把北方地区和南方地区这两章的知识进行整理并实施单元教学，让学生通过对比学习理解南方地区和北方地区在植被类型、气候、地形方面的差异性，并掌握这两区域的特征。

在分析两个区域的特征时，教师可以从自然地理要素和人文地理要素入手。在自然地理要素方面，教师可以给学生展示北京和成都各月平均气温曲线图和降水量柱状图，让学生据此总结北京和成都的气候特点。然后教师可以给学生展现北京的植被类型和成都的植被类型，让学生根据直观的地理景观图和自身的学习经验对比两个区域的差异。学生将地理要素进行综合并分析得出：南方多低山丘陵，河流多水量丰富，气候以亚热带季风气候为主，冬季低温少雨，夏季高温多雨；植被覆盖率高，以亚热带常绿阔叶林为主；南方耕地以水田为主，粮食作物主要是水稻。而北方地形多为平原，气候以温带季风气候为主，四季分明，夏季高温多雨，冬季干燥少雨；植被以温带落叶阔叶林为主，并且河流有结冰期；耕地以旱地为主，农业以旱作农业为主，粮食作物主要是小麦。在人文地理要素方面，北方喜面食、南方喜米食；北方地区人们的身高整体上比南方地区人们的身高更高。

通过对比学习，学生可以深入了解北方地区与南方地区在自然地理要素、人文地理要素上的不同，同时又能掌握同一要素在不同区域所具备的不同特点，这样可以让学生深入地理解地域特征，从而在对比中培养学生的综合思维，促进学生区域认知的发展。课后，布置北方地区与南方地区差异对比的图文作业，促使学生加强巩固、理解（图 3-7-3）。

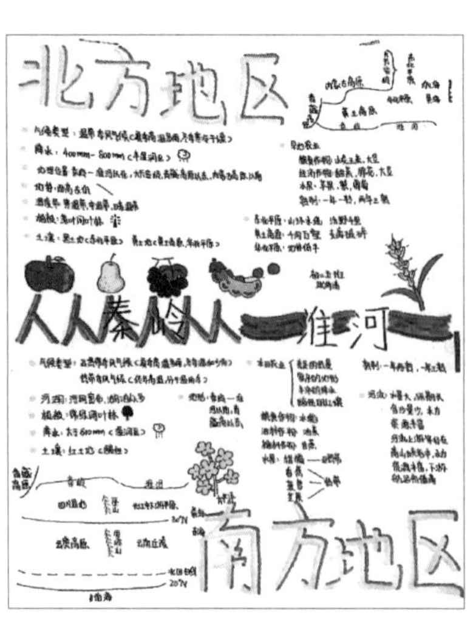

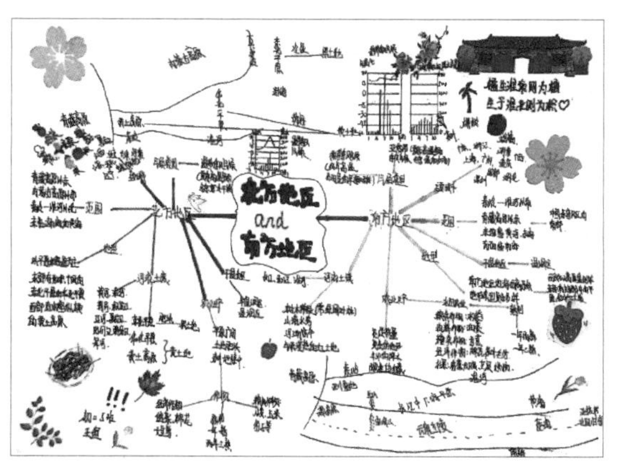

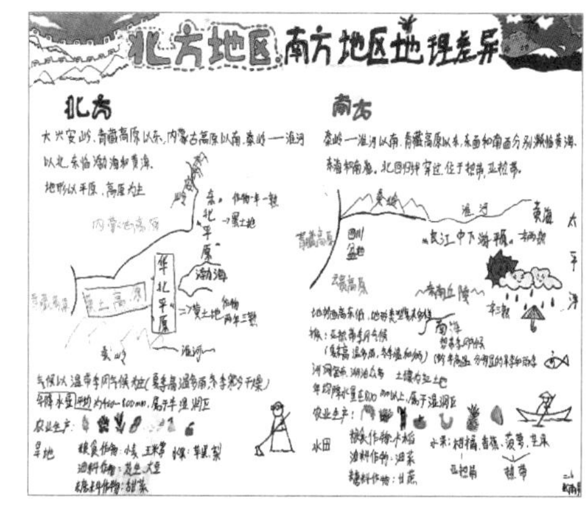

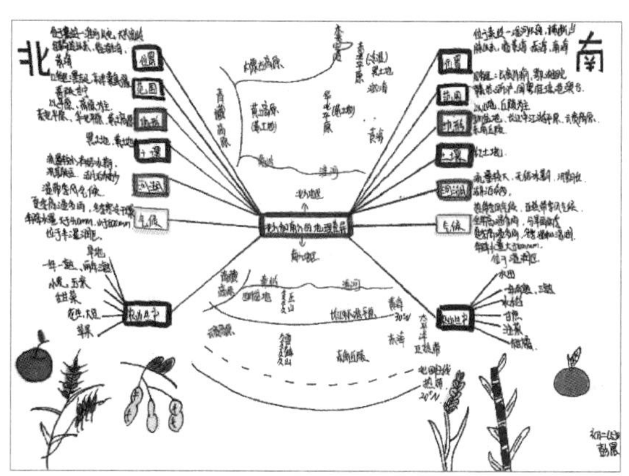

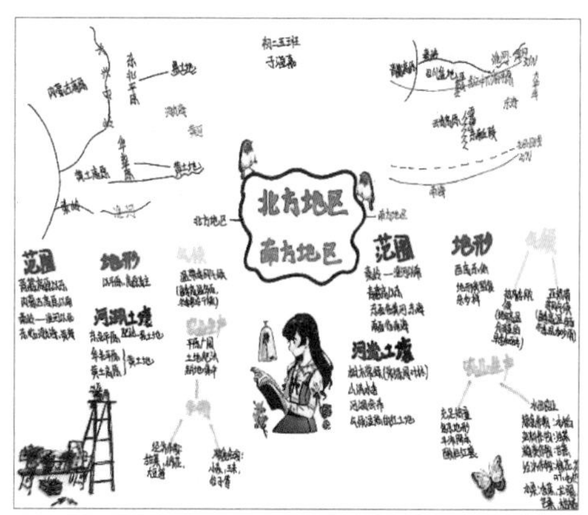

图 3-7-3　学生作品展示

（案例提供：王杰，北京市海淀北部新区实验学校）

【案例分析】

北方地区与南方地区的对比，可以帮助学生认识两个区域在位置、地形、气候、河湖、土壤、农作物、熟制等方面的知识，既是对认识区域一般方法的复习，又能深刻认识区域地理环境存在着差异，通过差异对比理解人类活动要因地制宜，同时能更准确地掌握各区域的地理特征。在对比教学中，学生认识到区域各有特点，所以区域间需要联系和协同发展，这样区域经济才能得到更好发展，这又为认识其他区域差异打下基础。

2. 区域内的差异

一个区域内部也存在差异。当我们把某一级区域又划分成更小的区域来讨论它们之间的差异时，这种区域内部的差异也可看作是更小区域间的差异。比如，西北地区不仅与北方地区、南方地区和青藏地区有区域间明显的差异，区域内的差异也很显著。

可通过比较法帮助学生认识区域间的差异，引导学生逐步发现西北地区内部在降水、地表景观、主要畜种、草场类型及人类的生产生活等方面都存在着差异。

由于区域自然地理环境各个组成要素作用的不同，使得区域内存在着差异。区域地理学的任务是对地区差异进行描述和解释，并以此为基础对地理区域进行划分、对区域发展规律进行分析，同时对每个区域中最具代表性的地理特征进行讲述，引导学生从区域差异中归纳与总结，学习并发现有关人地系统演变的问题。

【案例 3】西北地区内差异（考题设计）

西北地区是我国重要的畜牧业基地。结合西北地区区域图，回答下列问题。

（1）西北地区位于__________（山脉）以西、祁连山脉和昆仑山－阿尔金山脉以北，主要位于我国地势的第__________级阶梯，年降水量在__________mm 以下。

（2）内蒙古牧区东西差异较大，东部距海较__________，降水较__________，地表景观以__________（荒漠／荒漠草原／草原）为主，主要畜种是三河马、三河牛等；西部以荒漠景观为主，主要畜种是__________等。

（3）新疆牧区畜牧业主要分布在降水较多的__________（地形类型）。新疆牧民进行季节性转场（如图 3-7-4）：夏季由__________转移至海拔较高的高山牧场；冬季转场至河谷，主要原因是：__________，__________，利于牲畜过冬。

图 3-7-4　新疆牧区季节性转场示意图

参考答案：

（1）大兴安岭；二；400

（2）近；多；草原；骆驼／绵羊／阿拉善骆驼／宁夏滩羊

（3）山地；山前平原；海拔较低，气温较高

【案例分析】

该试题以我国西北地区为考察背景，第（1）道小题从西北地区的位置及所在地势特点和降水情况入手，体现了区域认知的思路。第（2）小题主要考察区域内部的差异，由于距离海洋的远近，造成内蒙古牧区在降水、地表景观、主要畜种等方面均有不同。第（3）小题再到位于西北地区西部的新疆牧区，虽然和内蒙古目前一样都是以畜牧业为主，却以山地牧场为主，再通过季节性转场的考察帮助学生理解此处畜牧业如何发展。本道题先是总体认识区域，再分别查考区域内部的特点，很好地帮助学生认识了西北地区内部的差异，感受区域综合性与差异性的特征。

三、基于区域整体体现综合性

地理环境是自然现象和人文现象组成的综合体，地理环境本身的综合性特征，决定了地理学研究的综合性特点。地理学研究地理环境，不限于研究各组成要素的单一性质，更重要的是把它作为统一的整体，综合研究各组成要素之间的相互作用、相互关系，以及地理环境的特征和时空变化规律。认识地理事物和现象的过程中，需要从全局、全面的角度加以分析与认知。

青藏地区是四大地理区域中最后一个地区，这部分内容渗透了地理环境的整体性和综合性这一地理观念。青藏地区自然环境的整体特征非常特殊，表现为“高”和“寒”。这是研究青藏地区的关键。因高而寒，从而影响气候、水文、植被等自然环境的其他要素，进而影响青藏地区经济的发展和人们的生活。海拔较低的河谷地带发展种植业，是主要的农区；海拔较高的地区则发展畜牧业，是主要的牧区。所以，教师可围绕青藏地区“高寒”自然环境的整体特征，开展对区域地形、河流、植被、景观等自然地理特征和人口、农业、衣食住行等人文地理特征的教学，体现区域学习的综合性特点（图 3–7–5）。

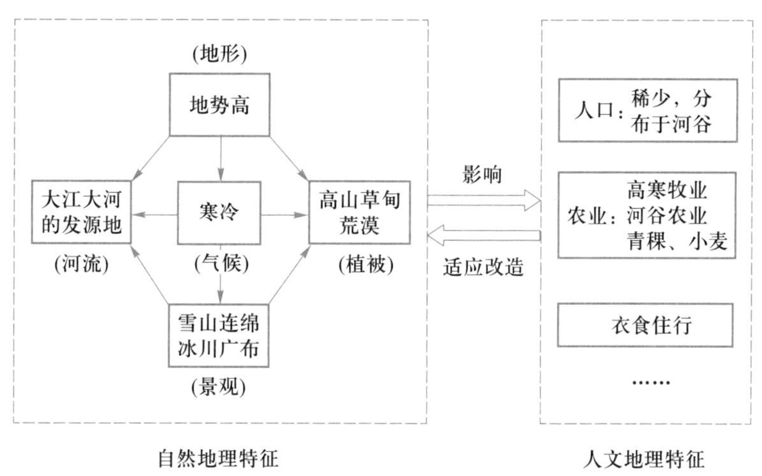

图 3–7–5　青藏地区地理特征

教学建议

通过中国分区地理内容的学习，学生能够描述中国不同地区的主要地理特征，比较区域差异，从区域的视角说明人类活动与自然环境和资源的关系，初步形成因地制宜的发展观念。教学重在引导学生运用认识区域的方法，学习中国不同区域的自然和人文环境特征，以及经济社会发展状况，形成热爱祖国、热爱家乡的情感。

中国分区主题的教学可以从中国的地理事物和现象入手，利用丰富的图文资料和学生已有的常识、经验，创设多样的教学情境。例如，安排户外教学，为学生提供亲身体验和感知祖国大好河山的机会；组织学生进行地理阅读，引导他们了解中国的自然和文化景观，认同中华优秀传统文化，感悟党领导人民进行革命、改革、建设的伟大成就；利用现代信息技术，为学生提供直观、生动、便捷的学习资源，营造开放、活泼、多样的学习环境；结合学生的生活体验，利用生产生活实例、时事热点问题等激发学生的兴趣，引导学生进行探究学习，认识中国不同区域的地理差异，使学生在掌握地理基本知识和基本技能方法的过程中，不断增强人文底蕴、科学精神和责任担当，从而获得学业进步和全面发展。

3-7

中国的地理差异（教学课件）

关键问题 3-8 如何理解人地协调是区域可持续发展的必然选择?

问题提出

人地协调观指人们对人类活动与地理环境之间的关系秉持的正确价值观。人地关系是地理学研究的核心内容，协调人类活动与地理环境的关系，是建立人与自然生命共同体的需要。人地协调观的培育，有助于学生形成尊重和保护自然、绿色发展等观念，滋养人文情怀，增强社会责任感。

人类从自然界产生，生活在地球上，地理环境是人类生存的基础，人类依赖自然生存，必须通过认识和实践适应环境，或通过劳动改变环境，使环境适合自己生存，这样就形成了一定的人地关系和一定的人地关系观念。因此，人类与地理环境的关系贯穿整个人类社会发展的过程，是客观存在的。

在“人地协调观”语境下，我们更关注这一观念的历史变化。在古代，自然界占统治地位，人类臣服于自然，形成崇拜和畏惧自然的观念；在近代，自然界占主导地位，人类适应自然，形成地理环境决定论；在现代，人类占主导地位，人类统治自然，形成了人类中心主义；在后现代，不断出现的生态危机促使人类反思自己的行为，认识到要尊重自然、与自然和谐发展，形成了人地协调观念，人与自然和谐共生已经成为世界共识。人类生存的地理环境复杂多样，要将其划分成不同空间尺度、不同类型的区域加以认知。区域认知是认识地球表面复杂性的思维方式和能力。人地协调是人与自然和谐共生的基本要求，是区域可持续发展的必然选择，是地理学科育人的核心内容，也是人类社会可持续发展的必然选择。

新版课程标准指出：地理课程以认识宇宙环境与地球的关系、地理环境与人类活动的关系为主要线索。在课程内容中，区域的发展主要在“认识区域”这一板块中呈现。无论世界的区域，还是中国的区域，它们的发展必须遵循自然规律，这是人类社会持续健康发展的内在要求。通过认识人地协调这一科学发展观，学生能够秉持正确的地理观念和一定的评价依据，有利于学生学会正确解释、评析区域开发利用决策的得失，进而认识区域发展的条件、问题与发展方向，从而建立人与自然生命共同体理念，培育人地协调观。

问题分析

地理学是研究地理环境以及人类活动与地理环境关系的科学，具有综合性、区域性等特点。地理学兼有自然科学和社会科学的性质，在现代科学体系中占有重要地位，对于解决当代人口、资源、环境和发展问题，维护生态安全，建设美丽中国具有重要作用。人地协调是义务教育课程教学的核心内容，新版课程标准要求学生能够秉持人与自然生命共同体的理念，选择恰当的实例简要说明地理环境各要素与人类活动的相互影响，协调人地关系的重要性；并能够秉持区域协调发展的观点，针对某区域出现的人地关系问题进行初步分析，并提出自己解决问题的思路。

一、整体解析课程标准中的人地协调与区域可持续发展

在义务教育课程标准中的认识区域模块，有多个主题与人地协调和区域可持续发展密切相关。表 3–8–1 按照主题、课程标准内容、涉及要素 / 区域对相关内容进行了梳理。

表 3–8–1　新版课程标准中的人地协调与区域可持续发展

主题	类型	课程标准内容	涉及要素及区域
认识世界	②	运用地图和相关资料，描述某地区的地理位置，简要归纳自然地理特征，说明该特征对当地人们生产生活的影响	地区
	③	运用地图和相关资料，说出某国家人文地理主要特点及其与自然地理环境的联系	国家
	①	运用地图和相关资料，联系某国家的自然地理环境特点，结合实例简要分析该国因地制宜发展经济的途径	经济 / 国家
	①	运用地图和相关资料，简要分析某国家在资源开发、环境保护方面的经验和教训	资源与环境 / 国家
	③	结合实例，简要说明一个国家对某地自然环境的改造活动对其他地方自然环境的影响	国家
认识中国	②	运用地图和相关资料，描述长江、黄河的特点，举例说明其对经济发展和人们生活的影响	河流 / 中国
	②	运用地图和相关资料，描述中国水资源、土地资源、矿产资源和海洋资源等自然资源的主要特征，举例说明自然资源与人们生产生活的关系，认识开发、利用、保护自然资源的重要意义	自然资源 / 中国
	③	运用地图和相关资料，描述中国主要的自然灾害和环境问题；针对某一自然灾害或环境问题提出合理的防治建议；掌握一定的气象灾害和地质灾害的安全防护技能	自然灾害 / 中国
	①	运用地图和相关资料，说出某区域的地理位置和自然地理特征，说明自然条件对该区域经济社会发展的影响，认识因地制宜的重要性	中国分区
	④	结合实例，描述不同区域的差异，说明区域联系和协同发展对经济社会发展的意义	中国分区
	④	运用地图和相关资料，描述某区域城乡分布和变化，推测该区域城乡发展图景	中国分区

续表

主题	类型	课程标准内容	涉及要素及区域
认识中国	②	进行野外考察或运用相关资料，说明自然环境与地方文化景观之间的关系	中国分区
	①	举例说明家乡环境及生产发展给当地居民生活带来的影响和变化，并尝试用绿色发展理念，对家乡的发展规划提出合理建议，增强热爱家乡、建设家乡的意识	家乡

从表 3–8–1 可知，新版课程标准中的人地协调与区域可持续发展相关内容主要包括四类：

第一类是表 3–8–1 中的类型①，该类型中的区域包括国家、中国分区和家乡这几个尺度，侧重点在于该区域是如何因地制宜进行发展的，协调是人类社会持续健康发展的内在要求，区域的发展必须是遵循自然规律的发展。该类型明确指向人地协调是区域可持续发展的必然选择这一核心地理思想。

第二类是表 3–8–1 中的类型②，该类型中的区域包括国家和中国分区这两个尺度，侧重点在于认识到区域自然环境对人生产生活的影响。正所谓“一方水土养一方人”，在一定时期内区域中人们的生产生活受到自然环境的影响，人是自然界的一部分，自然界是人类生存的基础，不同区域人们的生产生活会表现出鲜明的地域特色，这也正是区域人地协调的体现。

第三类是表 3–8–1 中的类型③，该类型中的区域包括国家和中国这两个尺度，侧重点在于人类活动对自然地理环境的适应和改造，最终达到人地协调，进而促进区域的可持续发展。人类的科学活动形成了对自然界的认识，产生了能改变自然界的方案和途径，同时不断提高了人的认识能力，理解发展离不开自然，应该遵地之规进行绿色发展，将天然的生态系统改造称为人工生态系统，最终使得自然演进与社会发展和谐共生，实现区域的可持续发展。

第四类是表 3–8–1 中的类型④，该类型涉及中国分区这个尺度，侧重点在区域联系与区域发展。正因为区域和区域之间存在差异，在此基础上区域和区域之间建立了联系，之后促进了区域的发展；并且区域之间的联系是动态变化的，联系的方式、内容和强度会随着时间发展变化。

以上四类型中，第一类强调地理环境和人类活动双相关系，最终达到因地制宜，促进区域发展；第二类和第三类侧重单向影响；第四类侧重人地协调与区域可持续发展随着时间而发展变化。

二、以案例认识人地协调是区域可持续发展的必然选择

根据新版课程标准的内容要求“运用地图和相关资料，说出某区域的地理位置和自然地理特征，说明自然条件对该区域经济社会发展的影响，认识因地制宜的重要

性”“结合实例，描述不同区域的差异，说明区域联系和协同发展对经济社会发展的意义”“运用地图和相关资料，描述某区域城乡分布和变化，推测该区域城乡发展图景”，选取典型区域切入，理解人地协调观是区域可持续发展的必然选择。

在教学中，以典型区域为主题，在因地制宜的理念下，探讨某区域如何谋求人口、资源、环境与经济的协调发展。在真实的案例和情境中，进行区域可持续发展的探究。通过探究，学生能认识到人与自然和谐发展的现代化建设的新格局——城市化格局、农业发展格局和生态安全格局，建立科学的人口观、资源观、环境观和发展观，认识到人地协调是区域可持续发展的必然选择。

问题解决

一、核心素养导向下的区域可持续发展单元教学设计

以核心素养为导向，建立区域可持续发展的教学思路如图 3-8-1 所示。地理是一门关于空间的科学，区域地理的学习从认识位置和范围开始。地理位置和范围的认识涉及空间视角和区域视角，属于区域认知核心素养，其中空间视角包括了空间位置和空间格局。区域视角层面要求学生能够知道区域是如何划分出来的，这也是认识、解释和概括空间的需要。区域认知是认识地球表面复杂性的思维方式和能力，能够帮助学生将地球表面复杂的现实状况分类成可以处理的各个部分来分别加以认识，形成将地理事物和现象对于特定空间加以认识的意识、习惯与思维方式。在认识区域的地理位置的基础上，开始认识区域的自然环境。区域就是地图上显示了重要元素的内部一致性与周围地域的外部差异的地方。所以归纳一个区域的自然环境特征，需要区域视角和空间联系，即区域认知核心素养。综合性和区域性是地理学科的显著特点。所以，认识自然地理环境这个综合而复杂的系统，需要有系统观念和整体意识。从系统内部各要素出发来认识，自然地理环境的五大要素中地形和气候是主导，这五大要素之间相互联系、相互影响、相互渗透，并且当综合体中一个要素发生变化，其他要素也随之变化。同时，应从全局出发，全面地进行分析和认识。

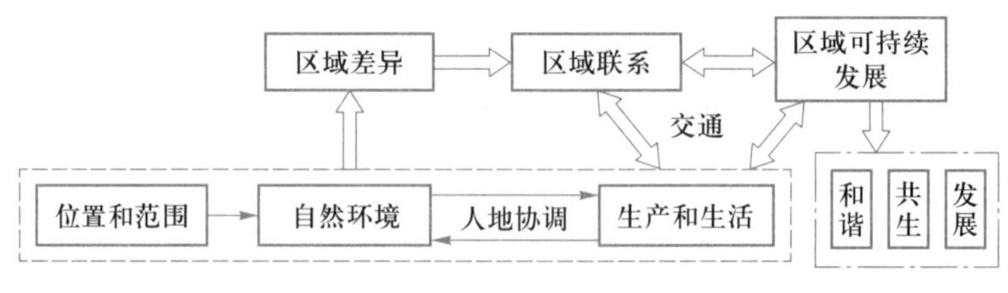

图 3-8-1　区域可持续发展教学思路

自然地理环境也是一个动态发展的过程。地理事物和现象的发生一定是在特定的时空框架中的。地理事物具有动态变化的特点。认识自然环境需要时空观念，认识特

点、分析现状和预测未来，这些都指向了综合思维。

人类与其生存的地理环境之间存在着相互作用，一方面是人类对自然环境的依赖性，另一方面是人类活动改造自然，创造了人工环境，如在湿热的气候下长江三角洲地区发展了水田农业。人地关系是双向的，和谐的。同时，人地关系具有互利共生的性质，人类通过自己的活动促进了自然界的净化。例如，水田农业为人们提供了粮食作物水稻，人们在种植过程中，化肥农药的使用和排放，加速了自然物质的循环过程。人与自然生命共同体的理念指向人地关系共生的内涵。人地协调观是一种科学发展观，发展必须遵循自然规律，以人地和谐为最终目标。进行自然环境与生产生活关系的探讨指向正确的发展观和共通素养，如滋养人文情怀、增强社会责任感。正是因为达到了人地和谐，才能随着时间变化表现出了区域的发展，这又涉及综合思维的时空观念。

通过区域视角归纳完区域特征后，再从区域认知出发，通过地理事物和现象的空间位置关系和格局的视角观察，会发现区域之间存在着差异。区域之间差异的比较同样还涉及时空观念，指向综合思维。例如，从小尺度上看，覆卮山的千年梯田和长江三角洲普遍分布的水田存在差异。从大尺度看，南方地区和北方地区的耕地类型存在差异。区域差异是进行区域比较的基础，因为存在着差异，所以区域和区域之间需要联系。区域联系涉及区域认知的空间联系和区域视角，以及综合思维的系统观念、整体意识和时空观念。区域联系的必然结果一定是区域发展。区域发展涉及区域认知的空间演变和区域视角，综合思维的系统观念、整体意识和时空观念，以及人地协调观。区域联系的纽带是交通，交通是经济发展的先行官，区域发展需要交通并且同样能够促进交通的发展。当区域发展到一定程度，也会改变区域联系，甚至影响到人的生产和生活，三者之间形成闭环。所以我们应该用动态和发展的眼光来看待区域的发展。通过以上教学思路的梳理，让学生通过学习逐步理解人地协调是区域可持续发展的必然选择。

二、区域可持续发展的单元教学设计

以长江三角洲地区为例，基于核心素养的区域可持续发展的单元教学设计如图3–8–2所示。

单元主题是人地协调达成区域可持续发展，课时主题包括“因水而兴”“因地而为”“因时而动”。“因水而兴”主题侧重点在自然条件对长江三角洲地区农业生产的影响，形成了“鱼米之乡”；“因地而为”主题侧重点在于人类活动因地制宜地对自然环境的改造，使得自然环境更加利于农业生产，典型的特色农业有垛田、梯田和“桑基–圩田–鱼塘”等；“因时而动”更加强调基于长江三角洲地区自然地理特点进行可持续发展，从时间变化的时间尺度看长江三角洲地区的发展，从粮食输出区变为粮食输入区，学会用动态的眼光学习。当区域发展到一定程度，区域联系的方式会发生剧烈的变化。区域发展的同时还伴随着城乡的发展，同时也深刻影响着当地人们的生产和生活。通过典型区域的教学，帮助学生学会认识区域可持续发展的思路和方法，理解人地协调是区域可持续发展的必然选择。

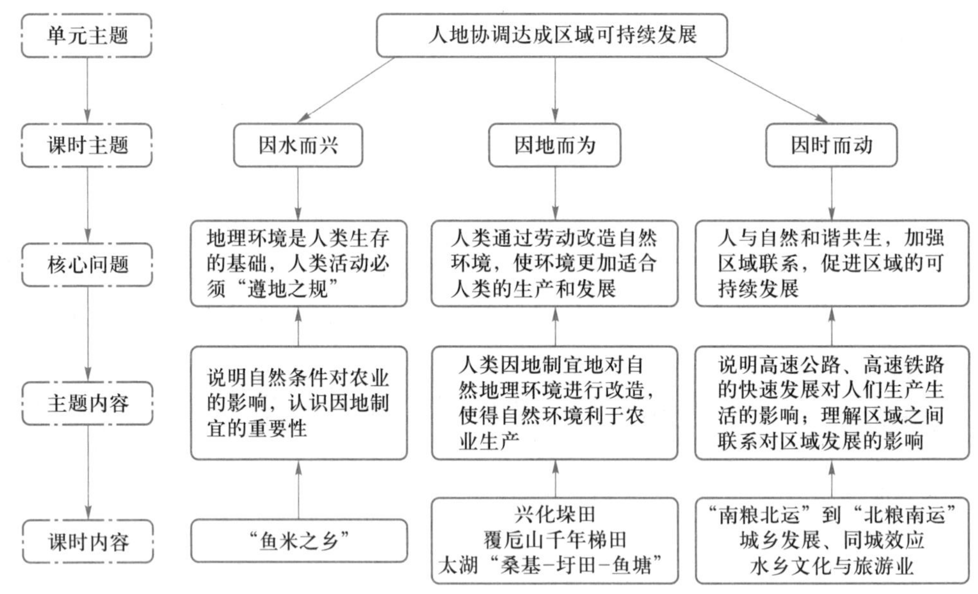

图 3–8–2　长江三角洲地区单元教学设计示意图

三、基于素养设计丰富的学习活动

【案例 1】“因水而兴”——长江三角洲地区的农业生产

（一）教学内容

本节课从属于新版课程标准“认识中国”的“认识分区”部分，课程标准要求运用地图和相关资料，说出某区域的地理位置和自然地理特征，说明自然条件对该区域经济社会发展的影响，认识因地制宜的重要性。其中包含三个要点：一是分析长江三角洲的基本出发点，区域的地理位置和自然地理特征；二是分析长江三角洲地区自然条件对农业生产的影响；三是在上一个要点的基础上，认识因地制宜的重要性。三个要点环环相扣，完成知识学习和价值观学习的双向落实。

（二）学习目标

1. 学习能够运用图文资料，归纳长江三角洲地区的地理位置和自然地理特征，培养区域认知和综合思维等核心素养。

2. 学习能够运用相关资料，说明长江三角洲地区自然条件对农业生产的影响，认识因地制宜的重要性，培养人地协调观和综合思维等核心素养。

（三）教学过程

教学环节	教学活动	设计意图
环节一：从生活中的情境出发，导入中心议题	【导入】展示长江三角洲地区特色美食的图片和视频资料。	从生活中的情境出发进行导入，激发学生的兴趣
环节二：美食定位，聚焦问题	【活动 1】 找一找：特色美食的家在哪里？ 【活动 2】 提供资料：长江三角洲地区的示意图 提出问题：据图归纳长江三角洲地区的地理位置和范围	锻炼学生的读图识图能力，培养学生区域认知核心素养
环节三：设计核心任务，突出重点	【小组活动】 提供长江三角洲地区的地形图、气候分布图、河湖分布图、相关城市的气温曲线图和降水量柱状图、水稻土示意图、农业发展的社会经济条件资料。 提出小组活动任务： 1. 归纳长江三角洲地区的自然环境特征。 2. 分析长江三角洲地区自然环境条件对农业生产的影响。 3. 分析长江三角洲地区社会经济条件对农业生产的影响	设计逐步进阶的学习任务，引导学生进行深入探究，分析长江三角洲地区如何因地制宜发展农业生产
环节四：聚焦关键问题，完成素养落地	【小组活动】 提供长江三角洲地区的水田、油菜田、鱼塘、茶园分布图、景观图和说明资料。 提出小组活动任务： 1. 说出长江三角洲地区自然环境特征对农业生产的哪些方面产生了影响？ 2. 归纳完成“因地制宜”发展农业生产的思维导图。 【小结】“因地制宜”发展农业，人地协调促进了农业发展，使得长江三角洲地区成为我国农业最发达的地区之一	结合具体的案例引导学生整体把握因地制宜发展农业生产的内涵，完成人地协调观核心素养落地

（案例提供：范兰，北京市第一零一中学）

【案例分析】

区域因地制宜发展农业生产的教学需要结合具体的案例，用事实说明因地制宜的道理和成果，因此该教学案例设计为学生提供了丰富的图文资料，在教学中培养学生读图识图能力、小组沟通合作能力和问题解决能力。在教学设计中，以素养为导向，通过逐步进阶的学习任务，引导学生进行深入探究，分析长江三角洲地区因地制宜发展农业生产的内涵。地理位置和范围的认识指向空间视角和区域视角，培养学生区域认知核心素养。通过绘制思维导图等活动，让学生在具体的案例学习中认识到人地协调促进了区域农业的良性发展，并在此基础上进行总结提升，形成分析因地制宜发展农业生产的一般思路和方法，培养综合思维和人地协调观等核心素养。本节课围绕“感知情境—提取信息—深入分析—总结提升”的认知过程展开教学，在教学过程中采用归纳法，从情境的认识到一般规律和方法的总结，突出学生的主体地位，让学生从空间视角和区域视角进行学习，通过小组活动进行分析和认识，培养区域认知、综合思维和人地协调观等核心素养。

四、引入“冲突性”的情境开展教学，关注区域可持续发展的动态变化过程，形成思维闭环

【案例2】因时而动——从“南粮北运”到“北粮南运”

（一）教学内容

本节课从属于新版课程标准“认识中国”的“认识分区”部分，课程标准要求结合实例，描述不同区域的差异，说明区域联系和协同发展对经济社会发展的意义。教学围绕粮食作物在区域之间的流动，引导学生分析区域联系和区域协调发展，用动态的眼光理解区域联系和区域协调发展会随着时间的变化而变化。

（二）学习目标

1. 学生能够根据图文资料，比较南方地区和北方地区农业生产的差异，归纳认识区域差异的方法，培养区域认知核心素养。

2. 学生能够运用相关资料，认识区域联系和区域协调发展对经济发展的意义，理解区域联系和区域协调发展会随着时间的变化而变化，并且学会动态分析，理解因时制宜，培养人地协调观和综合思维等核心素养。

（三）教学过程

教学环节	教学活动	设计意图
环节一：视频导入，激发兴趣	【导入】播放京杭运河视频。 【提出问题】说出世界文化遗产——京杭运河在历史上的主要作用？ 学生根据视频资料，结合所学，思考并回答问题	导入视频，激发学生的学习兴趣
环节二：解密运河文化，探究区域发展	【提出问题】通过对比归纳南方地区和北方地区的差异，说出历史时期“南粮北运”的原因？ 【小结】归纳认识区域差异的方法，理解区域分析区域差异的意义	锻炼学生的归纳比较能力，培养学生区域认知和综合思维等核心素养
环节三：发现冲突，深入探究	【小组活动】提供北粮南运视频和近年来的数据资料。提出小组活动任务： 1. 说出“北粮南运”的原因。 2. 说明从“南粮北运”到“北粮南运”这一转变产生的原因。 3. 展望未来：说一说未来南方地区和北方地区的粮食跨区域调配模式。 【展示】各小组回答问题，其他小组进行评价和补充。 【小结】区域联系促进了区域发展，区域发展又产生了新的区域差异，进而通过交通这个纽带又进行了区域联系，再次促进区域发展，形成思维闭环	设计看似“冲突”的情境，引导学生探究背后的原因，认识到区域联系和区域协调发展会随着时间的变化而变化，培养综合思维和人地协调观等核心素养

续表

教学环节	教学活动	设计意图
环节四：归纳提炼，迁移应用	【小组活动】用本节课学习的思路和方法，归纳区域联系和区域发展的思维导图。 【展示】小组进行问题回答，其他小组进行评价和补充。 【完善导图】在讨论的基础上，完善思维导图。 【迁移应用】"东茶西移""南茶北引""东数西算" 【总结】用动态的眼光看区域联系和区域发展变化	认识区域联系和区域协调发展对经济发展的意义，并且学会动态分析，理解因时制宜，培养人地协调观和综合思维等核心素养。 创设新情境，巩固本课所学方法，实现方法的迁移应用

（案例提供：范兰，北京市第一零一中学）

【案例分析】

该教学案例设计从"南粮北运"到"北粮南运"的情境导入，采用对比的方法展开教学，让学生从南方和北方地区的差异分析中认识、描述不同区域，说明区域联系和协同发展对经济社会发展的意义。教学主线围绕粮食作物在南方地区和北方地区之间的流动，引导学生分析区域联系和区域协调发展，用动态的眼光理解区域联系和区域协调发展会随着时间的变化而变化，理解因时制宜，形成思维闭环。通过绘制思维导图等活动进行总结提升，采取归纳法对一般规律和方法的总结，并且通过生生和师生评价，引导学生对比、反思和改进学习成果，培养学生的批判性思维。最后通过迁移应用及时引导学生学以致用，巩固所学。

五、基于生活情境的实践类作业设计

【案例 3】长江三角洲地区的实践类作业设计

图 3-8-3 为作业设计示意图。

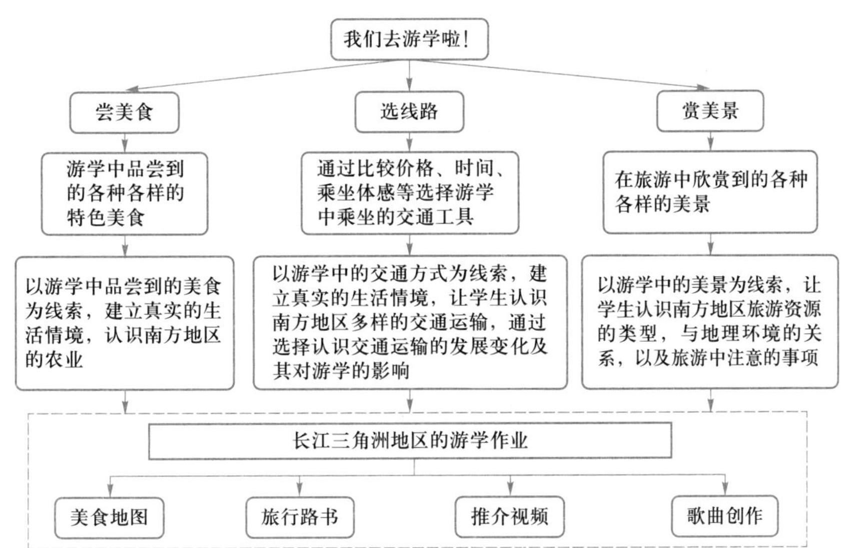

图 3-8-3　长江三角洲地区的实践类作业设计示意图

【案例分析】

结合初中地理的学科属性和初中学生的身心特点，同时考虑到增加有趣味以调动学生的学习积极性，围绕着游学活动设计了长江三角洲地区的实践作业。很多学校会组织学生进行游学活动，学生们自己也会有个人的旅行活动，这些活动均与地理环境和地理事物有关，属于地理实践活动。学生在实践中走进真实的社会生活场景，经历地理知识的构建，体悟核心素养的养成。

实践类作业的设计结合课堂所学进行，通过“尝美食”“选线路”“赏美景”展开。学生的游学作业可以从以下内容中选择一项：制作美食地图、旅行路书推介视频或者进行歌曲创作，使学生亲身体验、动手触摸、用嘴品尝、用眼观察真实的世界，并在真实的情境中思考和解决问题，在真实的自然和社会互动中增长智力、培养情怀、增强责任感。

教学建议

第一，立足核心素养，开展学习探究。

课程的教学设计立足区域认知、综合思维和人地协调观核心素养，形成了核心素养导向下的区域可持续发展教学思路。其中，人地协调观是现代地理学和地理教育的核心观念，是一种自然观、发展观、价值观，是区域可持续发展的必然选择。实践类作业的设计立足地理实践力的培养，以“行”为中心培养学生的行动力和意志品质，体现了课程方案提出的育人方式变革、强化实践性的基本原则。

第二，引入真实情境，激发学习兴趣，深化认识。

真实的情境融入教学能够充分调动学生学习的主动性和积极性，启发学生的思维、开发学生的智力，深化学生对核心内容的认识。真实的情境，尤其是具有冲突性的情境，能够激发学生的兴趣，引导学生在“境”中学、“境”中思、“境”中做、“境”中玩，提高学生运用知识解决实际问题的能力。

第三，因地制宜与因时制宜相结合，形成思维闭环。

区域的可持续发展需要立足于人地协调观，因地制宜进行发展。同时，基于人地协调的区域的可持续发展也会随着时间的变化而变化，需要用动态的眼光去理解，区域联系和区域协调发展也是“因时制宜”的，形成正确认识区域可持续发展的思维闭环。学生完成本部分的学习后，能够秉持人地协调观，将因地制宜与因时制宜相结合，正确认识和理解区域的可持续发展。

3-8

黄土高原的可持续发展（微课）

关键问题 3-9 如何引导学生树立生态保护意识、守护中国绿水青山？

问题提出

党的十九大开启了建设美丽中国的新征程，这对社会主义生态建设提出了更高的要求。共商共建人类命运共同体中对生态建设的要求是坚持绿色低碳，建设一个清洁美丽的世界。2022 年 10 月，党的二十大报告指出“推动绿色发展，促进人与自然和谐共生”，强调中国式现代化是人与自然和谐共生的现代化。绿色发展是以生态文明建设为目标，在尊重生态环境容量和资源承载力的基础上发展科技含量高、资源消耗低、环境污染少的产业。因此，在建设美丽中国的背景下积极探索地理与生态建设的融合、实现绿色发展是时代主题，也是中学地理教育的使命。

新版课程标准指出：地理学是研究地理环境以及人类活动与地理环境关系的科学，兼有自然科学和社会科学的性质，在现代科学体系中占有重要地位，对于解决当代人口、资源、环境和发展问题，维护生态安全，建设美丽中国具有重要作用。

地理课程以提升学生核心素养为宗旨，引导学生学习对生活有用的地理、对终身发展有用的地理，为培养具有生态文明理念的时代新人打下基础。生态保护和生态安全具有很强的实践性，对培育学生的人地协调观、家国情怀、全球视野，以及批判性思维、创新精神和实践能力具有重要价值。

在课程标准中，有多个条目明确涉及生态问题和生态保护，并在“认识世界”“认识中国”两大板块均有呈现。可见，生态保护是义务教育地理课程的主要内容。引导学生通过探究人类活动与地理环境的关系，认识到地球资源是有限的、生态环境是脆弱的，形成保护地球家园的观念、热爱祖国和家乡的情感，利于学生未来在建设美丽中国、人类命运共同体中树立人地协调观和可持续发展理念。

问题分析

自然生态保护是生态文明建设的重要任务之一。生态保护是义务教育课程教学的主要内容之一，以自然资源、生态环境为线索，学习自然环境与人类社会的关系，落脚到资源安全与生态安全，进而引申到资源和生态安全对国家安全的影响，并强调设立自然保护区对构建生态安全格局的重要性。学生通过本部分内容的学习，能明确设立自然保护区对生态安全格局的重要作用，能够秉持人地协调观，将学到的方法进行总结，选择已经学过的区域生态问题进行初步分析，为该区域的可持续发展提建议。

一、梳理课标内容，聚焦区域进阶学习

新版课程标准中多个主题与生态保护相关，按照主题、课程标准内容、涉及要素及区域进行梳理（表 3–9–1），聚焦从世界到中国到家乡的区域进阶学习，明确不同区域的生态问题的表现、产生原因的差异，因地制宜为区域可持续发展提出治理建议。

表 3–9–1　新版课程标准中“生态保护”相关内容梳理

主题	课程标准内容	涉及要素及区域
认识世界	根据南极、北极地区自然地理环境的特殊性，说明开展极地科学考察和保护极地环境的重要性	地区
	运用地图和相关资料，说出某国家人文地理主要特点及其与自然地理环境的联系	国家
	运用地图和相关资料，联系某国家的自然地理环境特点，结合实例简要分析该国因地制宜发展经济的途径	国家
	运用地图和相关资料，简要分析某国家在资源开发、环境保护方面的经验和教训	生态环境保护 / 国家
	结合实例，简要说明一个国家对某地自然环境的改造活动对其他地方自然环境的影响	生态环境改造 / 国家
认识中国	运用地图和相关资料，描述中国水资源、土地资源、矿产资源和海洋资源等自然资源的主要特征，举例说明自然资源与人们生产生活的关系，认识开发、利用、保护自然资源的重要意义	自然环境与资源利用保护 / 中国
	运用地图和相关资料，描述中国主要的自然灾害和环境问题；针对某一自然灾害或环境问题提出合理的防治建议；掌握一定的气象灾害和地质灾害的安全防护技能	生态防治建议 / 中国
	运用地图和相关资料，说出某区域的地理位置和自然地理特征，说明自然条件对该区域经济社会发展的影响，认识因地制宜的重要性	自然条件与经济社会发展 / 中国分区
	举例说明家乡环境及生产发展给当地居民生活带来的影响和变化，并尝试用绿色发展理念，对家乡的发展规划提出合理建议，增强热爱家乡、建设家乡的意识	生态发展规划 / 家乡

生态保护贯穿不同主题、不同空间尺度的区域，根据表 3–9–1 可以将生态保护核心词概括为：生态环境问题、生态环境（资源）保护、生态环境改造、生态防治建议、生态发展规划。

对不同尺度的区域，生态保护落实的核心词有所侧重。认识世界主题中，从地区尺度主要通过极地案例突出极地地区环境保护的重要性，从国家尺度主要宏观联系地理特征分析如何因地制宜进行生态环境保护和生态环境改造，如热带雨林的开发与保护；认识中国主题中，自然环境与资源利用和保护是学习区域地理环境的基础，突出生态环境问题，生态环境保护，及生态防治建议。认识分区中区域联系与协调发展是初步掌握区域环境和发展问题的基本方法，突出对生态环境的改造如黄土高原水土流

失的治理和西北荒漠化的防治等；认识家乡中，宣传绿色发展理念是区域生态保护的实践应用，突出生态发展规划。

二、明确生态保护意义，选取典型生态案例

自然生态保护是生态文明建设的重要任务之一，不仅对当地人们的生存和发展至关重要，而且直接关系到周边的生态环境与社会经济发展。

选取典型案例，有利于帮助学生理解设立自然保护区对国家生态安全的重要意义，加深对生态安全与国家安全的认识，可以梳理同类的几个区域的生态环境问题，落实生态环境问题分析的一般思路。对于学生探索生态保护和生态文明建设，树立可持续发展的生态价值观，培养生态文明理念具有重要意义。

问题解决

一、梳理生态核心概念，整合建构生态单元

实施单元教学的前提是提炼出能够体现学科本质的大概念。学科大概念是连接核心素养和学科知识的桥梁，它是核心素养的具体化表现，又是学科知识的总结，提炼学科大概念一般用归纳法，通过对具体概念和事实性知识进行分析，提取出高度概括的核心概念，再分解为具体的概念，通过案例诠释具体概念，上升到区域大概念的理念和学习方法，直接指向区域认知，综合思维和人地协调观三大学科素养（图3-9-1）。

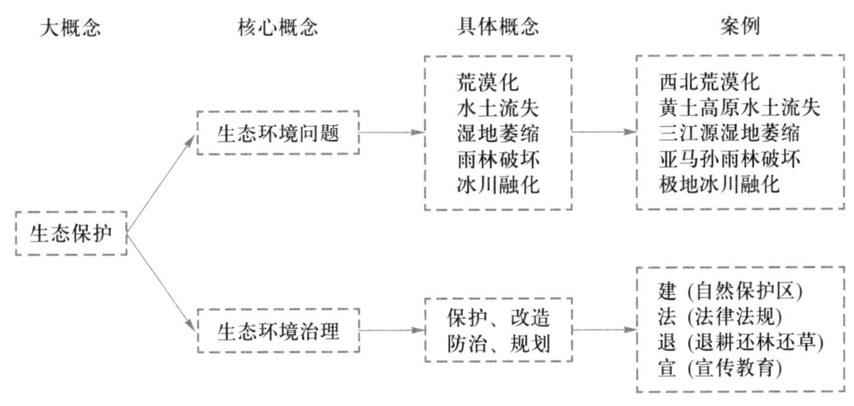

图 3-9-1　生态保护单元大概念提炼过程

区域生态保护让学生站在区域可持续发展的角度认识生态问题的现状和危害，了解国家构建国家公园等宏观战略和具体措施对维护国家生态安全的重要意义。以典型的三江源案例出发设计区域生态保护和可持续发展单元，总结分析此类问题分析的一

般思路，并迁移应用到已经学习过的区域，进行深度的复习，并落实到家乡，要求学生结合具体的自然保护区案例分析其对区域乃至国家生态安全的作用。分析案例时，要注意引导学生提升分析问题与解决问题的能力，构建概念体系，渗透核心素养（图3–9–2）。

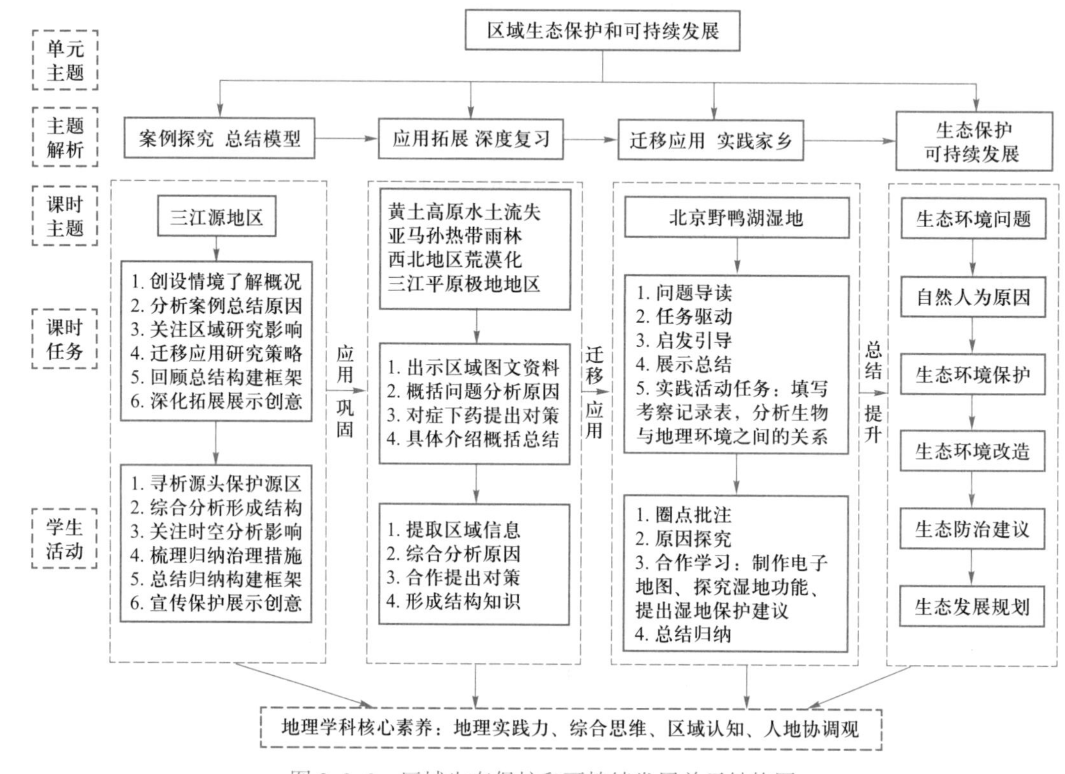

图 3–9–2　区域生态保护和可持续发展单元结构图

二、确定单元学习目标，落实地理核心素养

单元教学是培养学生核心素养的有效路径之一，基于课程标准，围绕学科大概念整合资源进行高效教学，促成学生的深度学习，从而超越内容，学生从特殊中总结归纳出一般规律，学会方法，再解决世界、中国、家乡出现的生态环境和发展问题，在解决问题的过程中不断提升思维品质。

教师要结合“生态保护”主题，以课程标准为依据，以生态问题相关的地理知识、技能、方法为依托，结合学情特点，秉承可持续发展观念，确定合理的单元目标和课时目标，培养学生的核心素养。

【案例 1】区域生态保护和可持续发展单元（单元学习目标）

（一）学情分析

通过两年的地理学习，初二学生有一定的阅读图文资料并提取信息的能力，掌握初步的综合分析问题的方法，对人地协调和可持续发展等地理观念有一定的了解。在知识储备方面，初二学生通过对亚马孙热带雨林、三江平原湿地等的学习，具备一定的生态保护知识，但分析问题的深度不够，无法从国家生态安全的角度深度剖析三江源国家公园对生态安全的意义。

因此在本单元的教学中要创设真实的情境，激发学生的兴趣和自信心，引导学生整体认识三江源地区的生态问题及对下游的影响，帮助学生掌握分析某一自然保护区与生态安全常见问题的一般方法，最好能落实到家乡，通过实践活动落实绿色发展理念，提升学生核心素养。

（二）单元学习目标

1. 学生能够通过三江源国家公园的视频资料和地形气候图描述该地区的位置范围和自然地理环境特征，落实区域认知的基本方法。

2. 学生能够运用图文资料，通过信息获取与解读，说明三江源地区各自然地理要素之间如何相互作用和相互影响，并解释其成为中华水塔的原因，提升综合分析问题的思维能力。

3. 学生能够结合图文资料，分析三江源地区面临的生态环境问题，因地制宜提出解决措施，分析设立三江源国家公园对生态安全的作用，树立人与自然协调发展的人地观念。

4. 学生能够结合三江源国家公园案例，归纳分析生态保护与生态安全常见问题的一般方法，复习落实到已学的区域，并运用所学知识分析北京松山国家级自然保护区（或野鸭湖湿地）对生态安全的意义，促进迁移运用，提升地理实践力。

（案例提供：姜烨，北京市海淀区教师进修学校附属实验学校）

【案例分析】

地理课程要培养的核心素养是对地理学思想和方法的总结与归纳，体现了地理学科特色和育人价值，加强对核心素养概念与内涵的理解是设计学习目标的前提。学生核心素养的培养不是一蹴而就的，强调学生用综合的思维解决问题，因此不能通过一节课或几个知识点的学习来完成，它是一个循序渐进的过程。

指向核心素养的大单元设计是学科教育落实立德树人、发展素质教育、深化课程改革的必然要求，也是落实核心素养培养的关键途径。因此，在设计单元学习目标时，教师要依据新版课程标准中的课程目标、内容要求、学业要求等，对教材内容进行深度分析，结合学生学情确定目标，明确各学习目标侧重培养的核心素养与能力，并通过整体的教学内容实现。学生核心素养的培养是一个长期的过程，教师需要在教学中不断思考和探索如何精心设计和组织教学活动，如何在课堂教学中落实教学目标，如何引导学生通过解决问题来提升核心素养。

三、创设情境引导探究，深化区域生态认知

我国著名教育家陶行知先生有过一个精辟的比喻：“接知如接枝”。也就是说，“我们要以自己的经验做根，然后别人的知识才可以接得上去”。基于强调学生的直接体

验，在课堂教学活动中要充分关注学生的主体地位，通过创设的教学情境，激发学生的学习兴趣，引导学生探究，层层设问，让学生自主解决问题，能主动建构知识而不是被动接受知识，深化对区域生态问题的认知，体验区域生态保护中的人地协调和可持续发展理念。

【案例 2】案例探究课（教学过程）

（一）教学过程

教学环节	教师活动	学生活动	设计意图
环节一：创设情境，了解概况	【导入】播放视频：70 秒看中国湿地之美。 【提出问题】高原湿地三江源的位置、范围？ 一、寻源头 【出示】图文资料。 二、析源头 【提出问题】确定河流源头的依据是什么？ 【总结】河流源头的判断方法：河流唯远；流量唯大；多因素综合考虑。 三、护源区 【出示】图文资料。 【总结】1. 高海拔生物多样性最集中的地区； 2. 我国重要的生态屏障，是海拔最高、面积最大的高原湿地； 3. 作为江河发源地，是我国重要的水源涵养地	【小组活动 1】定位置、析命名、说地位、找水源。 【小组活动 2】根据资料判断黄河源头。 【小组活动 3】分析原因：为什么要保护三江源地区？	播放视频，在此基础上提出问题导入本节主题，激发学生学习兴趣。 通过三个活动，让学生明确三江源地区的概况和保护三江源地区的重要性
环节二：分析案例，总结原因	【出示】图文资料，介绍黄河源第一县青海省玛多县的故事。 【提出问题】三江源的生态环境恶化对生态安全有何影响？ 【出示】图文资料：三江源地区 1960–2020 年气温变化图；30 年长江源头冰川照片对比图片；10 年周期内米堆冰川冰瀑布的消融退缩状况图。 【出示】图文资料：三江源地区 1982–2010 年人口变化表格；过度放牧、开矿、采挖虫草等图片。 【拓展.】青藏高原上的“赛跑家”藏野驴；世界上飞得最高的鸟类少数能够飞越喜马拉雅山的候鸟——斑头雁	【小组活动 4】读曲线图，探究自然原因。 【小组活动 5】阅读资料，概括人为原因 【总结】综合分析，完成知识结构图（图 3–9–3）	形成思维冲突，以小见大，引导学生理解玛多县是三江源地区的缩影，聚焦核心问题。 通过图文资料的阅读，归纳生态环境恶化的自然和人为原因，提升读图析图的能力 通过自然和人为原因的分析，建立知识结构，培养综合分析问题的能力

续表

教学环节	教师活动	学生活动	设计意图
环节三：关注区域，研究影响	【提问】三江源生态环境问题对长江、黄河中下游地区带来哪些影响？ 【出示】可可西里湖区十年面积变化对比图 【提问】湖区面积增大和刚刚的结论矛盾吗？ 【总结】时间：短期、长期；空间：当地、中下游	【小组活动6】描述气温逐渐升高对长江干旱灾害和黄河断流的影响。 【小组活动7】分析草场退化和水土流失加剧对长江干旱灾害和黄河断流的影响	通过分析三江源生态问题对下游地区的影响，引导学生认识保护高原湿地的意义，理解区域是一个整体，相互联系、相互作用，并学着用时空观念理解影响
环节四：迁移应用，研究策略	【出示】三江源从成立自然保护区到建立国家公园的资料。 【播放】三江源国家公园宣传片。 【提问】三江源国家公园建立的意义？	【小组活动8】分析梳理三江源国家公园对生态保护国家安全的意义	理解自然保护区的功能，展现三江源国家公园的魅力，培养家国情怀
环节五：回顾总结，构建框架	【出示】图文资料：三江源地区退耕还林、天然林和天然牧草保护工程等图片；《野生植物保护条例》《退耕还林条例》《三江源国家公园条例（试行）》等法律法规。 【提出问题】生态环境问题的治理措施？ 【拓展】2019年，三江源国家公园黄河源园区境内首次拍摄到雪豹活动影像	【小组活动9】生态环境问题的治理措施？ 【总结】建（保护区等）；法（法律法规）；退（退耕还林、还草、还湖等）；宣（宣传教育）	治理措施应对症下药——从原因入手，渗透绿水青山就是金山银山的理念
环节六：深化拓展，展示创意	【提出问题】2月2日是世界湿地日，组织公益形象logo设计比赛，反思总结自己在日常生活中是怎么保护三江源地区的？ 【总结】宣传呼吁保护三江源地区；旅游时注意保护环境；绿色出行，低碳生活	设计logo，提出个人保护生态环境的行动建议	启迪学生的创意思维，提供展示创意的渠道，使学生增强对身边自然保护区的了解，树立生态保护意识

（二）板书设计（图3-9-3）

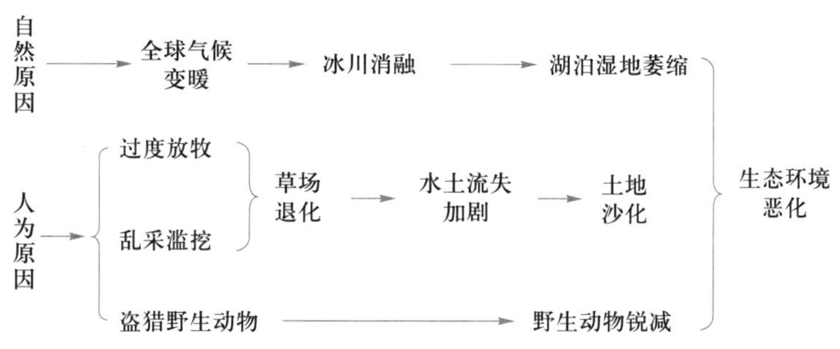

图3-9-3　板书设计

（案例提供：姜烨，北京市海淀区教师进修学校附属实验学校）

【案例分析】

该教学案例承接青藏地区，通过创设情境，提供丰富的图文资料，设计有梯度的问题，层层深入，引导学生探究和建构知识，突破难点，突出重点，凸显学生的主体地位，符合学生的认知规律，培养学生的综合思维。

首先，引导学生通过视频资料找出三江源地区的自然地理要素，概括区域的自然地理特征，培养学生的观察能力和归纳能力；整合三江源自然地理要素特征，借助思维导图，分析其成为“中华水塔”的原因，深化区域认知，培养学生的综合思维。其次，通过分析生态环境问题的案例，将区域环境问题放在具体生活情境中，使教学问题生活化，锻炼学生从材料中提取信息和分析思考的能力。最后，在了解三江源地区面临的环境问题后，通过小组合作探讨保护环境的措施，锻炼合作能力和问题解决的能力；通过课堂小结，凝练出区域生态保护的学习思路，渗透绿水青山就是金山银山的理念，树立因地制宜、绿色发展的人地协调观。

四、总结模型应用拓展，落点区域可持续发展

在典型案例教学后总结区域生态环境问题分析思路的一般模型，帮助学生梳理地理教材中关于生态问题的内容。学生通过小组分工，研究不同区域生态问题及保护措施。通过读图文资料，提取本区域的地理信息，了解本区域的生态问题，综合分析原因并因地制宜总结出本区生态问题的治理措施。将已学习的内容应用到新的情境中，检测学生是否理解了区域生态保护的知识和原理，认识到自然环境和人类活动的关系密切，生态保护是区域可持续发展的前提，帮助学生全面、准确地理解人地协调的发展理念。

【案例3】深度复习课（教学过程）

教学环节	教师活动	学生活动	设计意图
环节一：回顾方法梳理案例	【复习】三江源案例。 【总结】区域生态问题的学习一般思路（图3–9–4）。 【提出问题】从学过的区域中梳理关于生态保护的案例	梳理案例：黄土高原水土流失、亚马孙热带雨林的破坏、西北地区荒漠化等	回顾总结用生态问题的一般方法和思路，应用到新的案例，巩固所学的方法
环节二：创设情境回忆概况	【出示】区域图文资料 【提出问题】分组分别回忆区域概况，梳理每个区域的生态问题	【小组活动1】分析生态问题与地理环境的关系	通过图文资料的阅读，了解区域地理特征及主要的生态问题，提升读图提取信息的能力
环节三：概括问题分析原因	【提问】每个区域的生态问题产生的自然和人为原因分别是什么？ 【总结】综合分析原因 每个区域的原因侧重点不同，不合理的人类活动起到加剧的作用	【小组活动2】分析生态问题产生的自然和人为原因	通过问题链，层层深入，引导学生通过自然和人为原因的分析，建立知识结构，培养综合分析问题的能力，理解区域是一个整体，相互联系相互作用

续表

教学环节	教师活动	学生活动	设计意图
环节四：对症下药提出对策	【提问】生态环境问题的治理措施？ 【总结】建（保护区等）；法（法律法规）；退（退耕还林、还草、还湖等）；宣（宣传教育）	【小组活动3】梳理生态环境问题的治理措施	治理措施要结合区域具体情况因地制宜，渗透绿水青山就是金山银山的理念
环节五：具体介绍概括总结	【提问】建立本区域生态问题的知识结构，知识结构示例（图3–9–5）	【小组活动4】建立本区域生态问题的知识结构，并进行小组展示	关注生态环境的保护，从生态环境改造的案例入手，提出生态防治建议，培养家国情怀

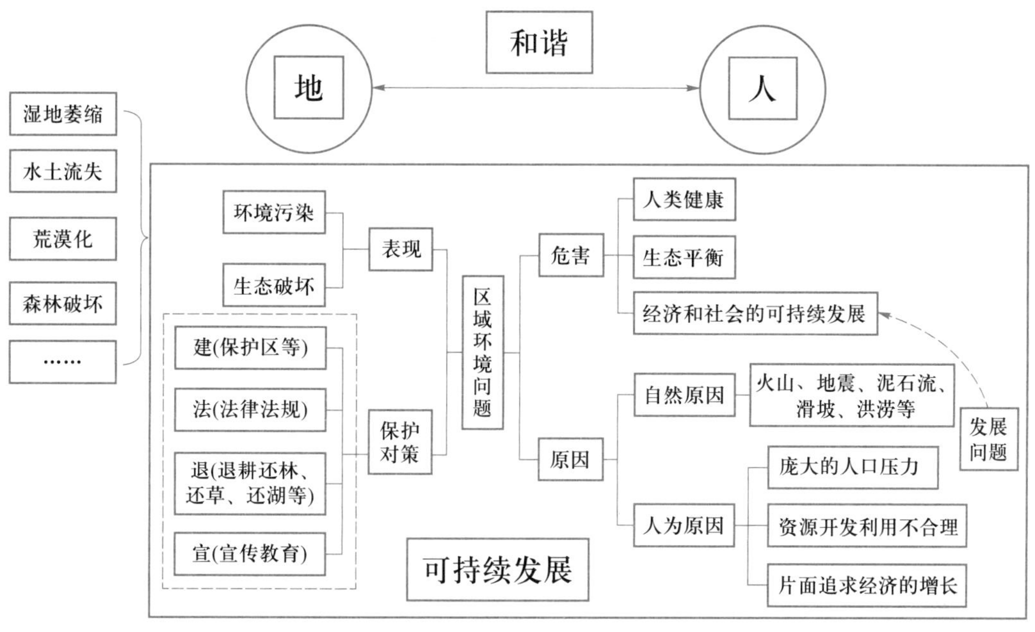

图3–9–4　区域生态问题的学习一般思路

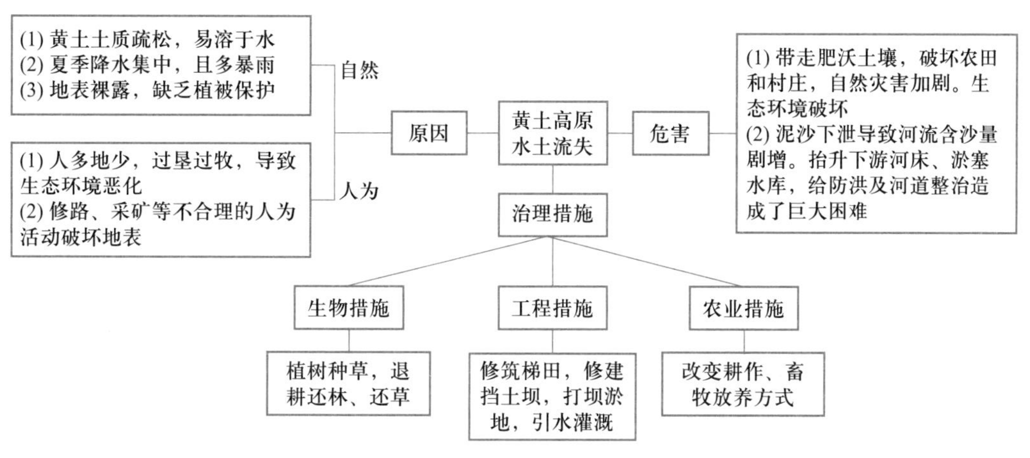

图3–9–5　知识结构示例

（案例提供：姜烨，北京市海淀区教师进修学校附属实验学校）

【案例分析】

本案例以总结模型贯穿，总结区域生态问题的学习一般思路并贯穿到整节课的学习中，利于培养学生在新情境中解决问题的能力，引导学生认识地理环境对人类活动的影响和人类活动对生态环境的作用。

教学以案例方式拓展，引导学生理解生态保护大概念，在已学过的区域中梳理生态问题案例，将这些案例作为拓展资料，用一般的学习思路分析，选取问题找联系，迁移学习方法，将知识深化，让素养落地。

组织学生小组合作探究不同空间和时间尺度的生态问题，因地制宜提出发展规划，引导学生初步形成用地理综合视角和可持续发展观看待和分析问题的意识。

本案例以问题链为导学，从地到人的生态问题和从人到地的生态保护，以思维导图的形式呈现，引导学生深入分析人口、环境的内在联系，初步形成从地理综合的视角分析问题的意识和能力，树立可持续发展观念。

五、提出生态发展规划，共同建设美丽家乡

立足家乡的资源，以学生的学情、校情为基础，结合课程标准和教材内容确定实践活动主题，基于具身理论设计问题和实践活动内容，按行前、行中和行后规划实践互动的实施过程，构建实践活动的评价体系，以期有效提升学生地理实践力核心素养，培养学生热爱家乡的感情。

【案例4】野鸭湖实践活动课（教学过程）

（一）教学过程

教学环节	教师活动	学生活动	设计意图
环节一：收集资料确定主题	收集资料，确定活动主题： 1. 大好河山——野鸭湖湿地 2. 生命乐园——湿地生态 3. 地球之肾——湿地之重 4. 湿地的昨天与今天	明确具体内涵，分组分工准备： 1. 野鸭湖湿地的基本情况、类型及成因 2. 湿地生物的多样性和湿地生态系统 3. 湿地生态功能和价值 4. 野鸭湖湿地的治理、保护和开发	分析学情，立足湿地资源，结合课标确定研学主题
环节二：明确目标确定内容	【出示】补充资料 【问题导读】1. 湿地的类型有哪些？野鸭湖湿地属于哪种类型？并与其他湿地对比，说明其特点。 2. 组成湿地生态系统的要素有哪些？湿地自然环境对生长于其中的生物和人类有什么影响？	【小组活动1】收集资料，走访调查，做好充分的准备	户外活动时间有限，因此在行前要明确目标，确定实践活动的主要内容，做好充分的准备

续表

<table>
<tr><th>教学环节</th><th>教师活动</th><th>学生活动</th><th>设计意图</th></tr>
<tr><td>环节二：明确目标确定内容</td><td>3. 为什么湿地是地球之肾？设计实验证明湿地有净化水质的功能。
4. 以小组为单位明确曾经受到严重破坏的区域如何治理开发，小组汇报。
5. 辩论：野鸭湖湿地应该先开发还是先保护？</td><td>【小组活动 1】收集资料，走访调查，做好充分的准备</td><td>户外活动时间有限，因此在行前要明确目标，确定实践活动的主要内容，做好充分的准备</td></tr>
<tr><td>环节三：实践活动发展规划</td><td>【任务驱动】实地实践，探究湿地功能，制作电子地图，分析生物与地理环境之间的关系。
【展示总结】提出湿地保护建议和家乡生态发展规划</td><td>【小组活动 2】实践探究：填写考察记录表（见下表），分析生物与地理环境之间的关系，制作电子地图。
湿地动植物考察记录表
<table>
<tr><th rowspan="2">景点名称</th><th colspan="2">动物</th><th colspan="2">植物</th><th rowspan="2">形成这些特性的原因（分析生物与地理环境之间的关系）</th></tr>
<tr><th>名称</th><th>特性</th><th>名称</th><th>特性</th></tr>
<tr><td></td><td></td><td></td><td></td><td></td><td></td></tr>
<tr><td></td><td></td><td></td><td></td><td></td><td></td></tr>
<tr><td></td><td></td><td></td><td></td><td></td><td></td></tr>
</table>
【小组活动 3】提出湿地保护建议，为家乡的生态发展做规划</td><td>通过小组活动完成关联的活动任务，教师要根据实际的进度和完成情况及时调整，整体把握，确保活动地点不拥挤、所有学生完成所有任务</td></tr>
<tr><td>环节四：行后总结丰富成果</td><td>【总结】
1. 实践活动总结。
2. 发放调查问卷，总结问题。
3. 成果梳理：挑选优秀的同学成立野鸭湖生态保护宣讲团，在学校宣讲。湿地植物标本、湿地生态系统制作；湿地文创产品设计等。
4. 活动评价</td><td>【小组活动 4】
1. 撰写报告或总结，向未参加活动的同学分享
2. 完成调查问卷
3. 按要求梳理成果
4. 完成活动评价量表，评价活动参与情况</td><td>通过总结和成果梳理巩固实践活动的内容，提升地理实践力</td></tr>
</table>

（二）评价量表

指标	评价要点	分值	学生自评	学生互评	师评
团队合作能力	态度积极，服从任务分配	10			
	主动承担任务，帮助队友	10			
	具有奉献精神，乐于沟通	10			
问题解决能力	利用已有信息解决问题	10			
	通过独立思考提出建议	10			
	制订合适方案并执行	10			

续表

指标	评价要点	分值	学生自评	学生互评	师评
批判思维	能从多视角思考问题对事物逻辑关系进行分析	10			
	有创新的独立见解	10			
实践活动成果	客观评价和自我反思能力	10			
	认真总结，完成实践成果	10			

（三）活动流程（图 3-9-6）

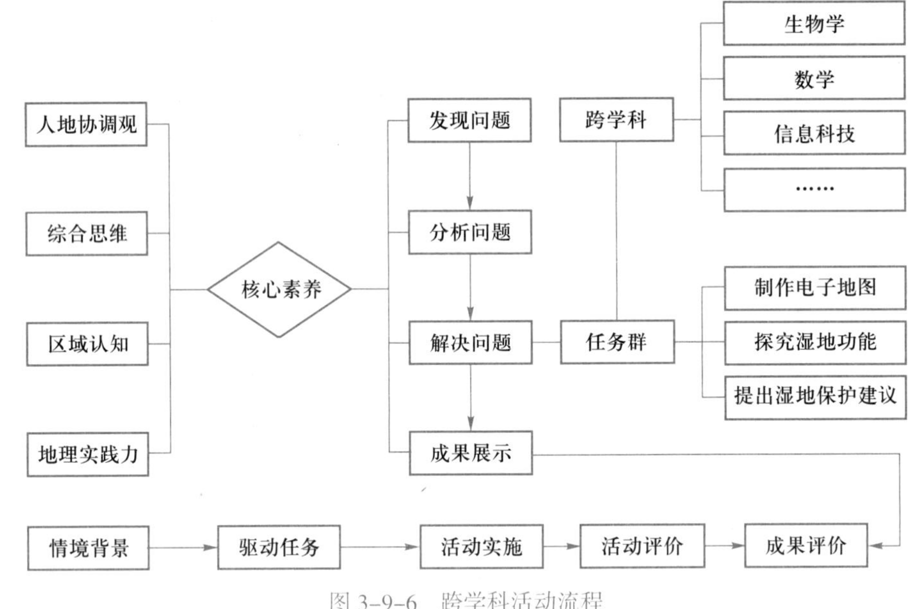

图 3-9-6　跨学科活动流程

（案例提供：姜烨，北京市海淀区教师进修学校附属实验学校）

【案例分析】

本案例设计从具身认知理论出发，具有情境性，以激发学生的实践活动兴趣。教师提前到选定的实践活动地点踩点，找到和学科知识契合度比较高的、有趣味的和探究意义的地点或地理事物，为问题的设计做好准备。

本案例设计充分尊重学生的主体地位，利用熟悉的家乡的资源，提高参与度，充分调动感官，通过填写信息、辩论等环节让学生体验感增强，浸润在活动中获得知识，提高能力。

本案例设置的问题具有探究性，符合学生的认知水平，层层递进，如：为什么湿地是地球之肾？你能设计实验证明湿地有净化水质的功能吗？引导学生发现问题解决问题，培养探究能力和科学思维。

实践活动弥补了课堂教学的不足，让学生走进自然，了解家乡，对生态问题有直观的认识，并为家乡的生态发展做规划。提升了地理实践力，培养学生的核心素养，培养热爱家乡的感情，促进学生的全面发展。

教学建议

第一，从案例选取落实立德树人根本任务。

案例选取尽量紧密结合国家发展的方针政策和主要事件，教师结合新闻报道、地理纪录片、家乡的重要事件等创设情境，设计问题，引导学生从地理视角运用地理的方法关心国家大事，认识国家重大的发展战略，理解党和国家新的发展理念，培养学生的家国情怀，增进对世界的认识，逐步形成命运共同体的意识，落实地理学科立德树人根本任务。

第二，从课程建构看学习方式。

通过课堂活动和实践活动等构建开放的地理课堂，以学生的视角呈现学习内容和学习过程，引导学生在做中学，通过地理实验、学具制作等提升学习效果，通过户外调查、考察等方式在真实地理环境中学习地理，引导学生在真实情境下充分利用所学的知识和方法解决问题，促进学生核心素养的提升，为学生的终身发展奠定基础。

第三，从时空维度看生态问题。

从空间角度看，区域生态问题因区域的环境和人类活动的不同存在差异，有的区域的生态问题还会影响到下游或与之相关的其他区域；从时间角度看，生态问题短期内的表现和长期的发展不尽相同，有的还向不同方向发展。因此，应引导学生深入思考，从时空维度综合分析区域生态问题，并因地制宜、因时制宜提出可持续发展策略，促进深度学习。

第四，从辩证角度看人地关系。

人地关系是地理教育中的中心问题，人与自然之间是一种对立统一的辩证关系，人的管控调控作用直接影响可持续发展的实现。区域生态问题人地矛盾的体现，因此迫切要求改变不合理的人类活动，重视生态环境的治理，实现区域的人地协调，顺应国家的绿色发展理念，为培养具有生态文明理念的时代新人奠定基础。

3-9

区域生态保护和可持续发展（教学课件）

第四单元

以激励发展为导向
优化地理评价方案

发挥评价功能促进学生学业进步和全面发展，综合运用过程性评价、终结性评价，注重评价主体多元化，促进学生核心素养全面提升。学业质量标准是以核心素养为主要维度，结合课程内容，对学生学业成就具体表现特征的整体刻画，对学生的学习活动、教师的教学活动具有指导作用。因此，如何以学生核心素养的发展成就为目标，基于学业质量标准构建综合评价体系，体现“教—学—评”一致性是初中地理教学的关键问题。

本单元从“教师的教”“学生的学”“师生共同参与的评”等角度出发，依据课程标准，结合实践案例，分析初中地理教学关键问题。从多层次作业、真情境试题、表现性评价等方面提供实践案例与经验借鉴。

关键问题 4-1 如何构建基于学业质量的诊断与评价体系？

问题提出

新版课程标准提出地理课程的课程理念是“以提升学生核心素养为宗旨，引导学生学习对生活有用的地理、对终身发展有用的地理，为培养具有生态文明理念的时代新人打下基础”；评价理念也发生了相应的转变，以考查学生核心素养的发展成就为目标，综合运用过程性评价、终结性评价，注重评价主体多元化。在新课程改革背景下，诊断与评价的目的是及时诊断学生核心素养发展状况，引导、激励、帮助学生改进学习，促进学生核心素养的提升。新版课程标准明确了学生的核心素养发展状况如何，在学习过程中的各种表现是怎样的，需要达到什么样的标准才符合新课程改革对学生的要求。新版课程标准中新增加的一项重要内容就是学业质量。学业质量是学生在地理学习任务完成后呈现出来的学业成就表现。新版课程标准从情境任务、学业要求、成就特征等方面来描述学业质量，这种完整性的表现能够满足不同类型的诊断和评价的要求。教师可以据此观察学生日常学习和生活中的表现，确定过程性评价的标准；也可以看到学生在不同学习阶段结束时要达到的学业水平，用来作终结性评价的基本依据。

问题分析

一、学业质量

1. 学业质量内涵

学业质量是学生经过地理课程的学习并具备了一定的核心素养之后，应具备的学业表现，它主要指向学生的学习成长和全面发展，可以帮助教师更好地把握教学深度和广度，为地理教学的实施、教学评价等提供更好的依据，有利于学生核心素养的培养和学业水平的提升。

核心素养是贯穿地理课程标准的一条主线，课程目标、课程内容、教学评价都要围绕它来开展。地理课程学业质量标准是以核心素养为主要维度，结合课程内容，对学生地理学业成就具体表现特征的整体刻画，也是对学生核心素养发展状况的评价，综合评定学生通过地理课程的学习，在完成相应的学习任务过程中所展现出来的价值观、学习态度和学习能力。

2. 学业质量描述

学业质量将地理课程要培养的核心素养与课程内容相结合，在学生完成“地球的宇宙环境”“地球的运动”“地球的表层”“认识世界”“认识中国”等主题所规定的内容学习后，对其所具备的知识、能力和价值观等学业成就表现进行概括性的描述。例如，“地球的宇宙环境”和“地球的运动”的学业质量描述为：“学生在不同的情境中，运用地理信息技术、图像、模型、模拟演示实验、影视片段等工具和手段，能秉承求真求实的科学态度，简要描述地球与宇宙的关系，说明太空探索的意义和价值（综合思维）；能够初步从系统、动态的角度，简要描述、说明地球自转和公转的特征及其产生的自然现象，并将地球运动与人们的生产生活相联系，扩展对人地关系的认识，建立爱护地球的观念（综合思维、人地协调观）；能够怀有探索宇宙奥秘的兴趣，进行简单的天文观测等活动（地理实践力）。”从学业质量描述可以看出，学业质量标准是紧紧围绕核心素养、情境、工具和方法、学习内容和学习任务四个维度进行描述的。

二、地理诊断与评价

地理诊断与评价以学生学习发展为中心，其核心是为了促进学生的发展。诊断与评价是教学活动的有机组成部分，在促进学生核心素养发展的过程中不可或缺，居于十分重要的地位。诊断与评价要体现在日常的地理教学过程中，以考查学生核心素养的发展成就为目标，它不再被看成是教学过程的最后一环，而被视为教学过程中的重要组成部分。教师基于学业质量标准对学生的各种表现进行过程性评价，同时鼓励学生积极参与自我评价和同伴互评，使诊断与评价成为推动学生学习的动力。

问题解决

一、构建基于学业质量的诊断与评价体系

基于学业质量的诊断与评价，能够更完整、更充分地反映核心素养的要求。如何用好学业质量标准，开展学业质量评价，是使用学业质量标准的关键。新版课程标准从课程目标、课程内容、学业要求、学业质量等多方面对教学、学习等进行了描述和要求，注重“教—学—评”一致性，构成了一个完整的学习评价体系（图 4-1-1）。

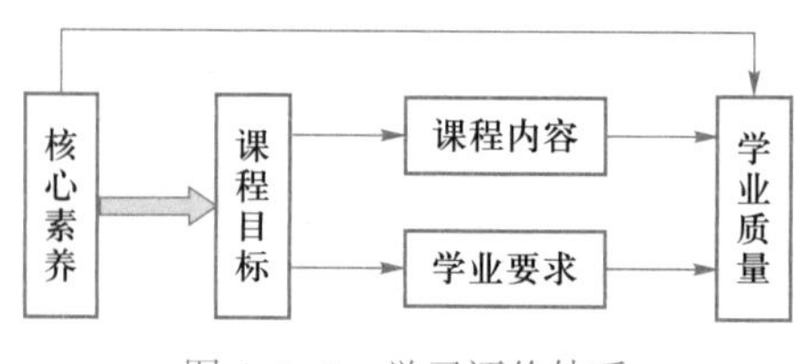

图 4-1-1　学习评价体系

地理课程目标根据学生发展核心素养和地理课程要培养的核心素养确定，体现课程性质，反映课程理念。依据核心素养和课程目标给出了“课程内容”和“学业要

求”，根据“课程内容”和“学业要求”凝练出“学业质量”。其中，“课程内容”是解决“学什么”的问题，“学业要求”是解决“学到什么程度”的问题，而“学业质量”是课程学习后的学业成就表现，是对“学业要求”的进一步概括和提升，是教学诊断与评价的重要依据。

诊断与评价体系的构建，要围绕评价目标、评价方式、评价指标、评价主体等问题展开，要符合学生成长规律，促进学生全面发展。评价目标上，要以考查学生核心素养的发展成就为目标；评价方式上，要综合运用过程性评价和终结性评价；评价指标上，要力求多维，不仅要对学生所掌握的知识和能力等方面进行评价，也要对学生在学习中所表现出的态度、情感等方面进行评价；评价主体上，不仅要有教师对学生的评价，还要鼓励学生参与到评价体系中来，进行自我评价和学习伙伴互评。

二、灵活使用评价方法

评价方法是评价体系中最核心的内容，方法的选择与使用要符合诊断学生的学业质量和促进学生发展的基本要求。人地协调观、综合思维、区域认知和地理实践力等核心素养在不同的学习内容、不同的学习阶段、不同的学习情境中的侧重点会有所不同，在评价中要灵活使用不同的评价方法，发挥不同评价方法的优势，规避其不足。在评价中，教师要调动学生的积极性，鼓励学生主动参与评价，增加学生自评和互评。新版课程标准给出了三种主要的评价方法：纸笔测验、表现性评价、档案袋评价。

1. 纸笔测验

纸笔测验是借助标准化试题来考查学生的学习状况，又称为书面测试，是最常见的一种评价方式。纸笔测验，对学生来讲，可以及时了解自己对知识的掌握情况，以便查漏补缺；对教师来讲，可以了解学生情况和现有水平，同时还可以检测教学效果，从而对教学进行有效的调整和改进。纸笔测验频率不宜太高，一般来说，可以按照学习阶段进行学前测验、学中测验和学后测验。学前测验，可以帮助教师更好地了解学情，知道学生在学习新的学习内容前具备怎样的知识储备，现有的水平是什么样的，从而依据学情来设计更适合学生最近发展区的学习目标、学习内容和学习任务。学生的学习是一个动态、变化的过程，这就决定了学生的认知系统是不断丰富的、不断生成的。学中测验，是在学习过程中对学生的学习情况进行检测，了解学生学到了什么程度，离教师所设计的学习目标还有多少差距，便于教师随时调整教学进度、教学方法等。学后测验，可以使教学更具有延续性。在学习完某部分学习内容后，进行学后测验，可以获取一些信息和数据，帮助教师分析学生情况，评价学生是否达到了地理课程标准的要求，是否具备了学习该部分学习内容后应实现的核心素养。在学情反馈时，教师要对学生进行综合分析，引导学生进行学习反思、完善、总结和提升，给学生提出努力与提升的方向，目的是促进学生的发展。

为了实现纸笔测验的良好效果，教师需要在纸笔测验的命题上下功夫，教师应按照“立意确定—情境创设—问题编制”的步骤进行，不可倒置。立意确定上，要从地理学科、时代性要求、学生发展等角度进行考量；情境创设上，素材要源于地理环境中真实存在的具体事物或现象，描述和展开要符合生活常识、地理学科逻辑，呈现方式可选择文字、图像、表格、地图等，要力求多元；问题编制上，要展现学生核心素养的发展水平和课程目标的达成度，要展现学生地理思维水平，“重点测评学生在完成地理事物和现象识别、地理差异比较、地理综合分析与地理工具运用等任务过程中的表现”。

【案例 1】纸笔测验试题设计

2022 年的端午节在 6 月 3 日，当日多云，小明到颐和园写生。图 4-1-2 为颐和园游览示意图，图 4-1-3 为小明的绘画作品。读图，完成 1 ～ 4 题。

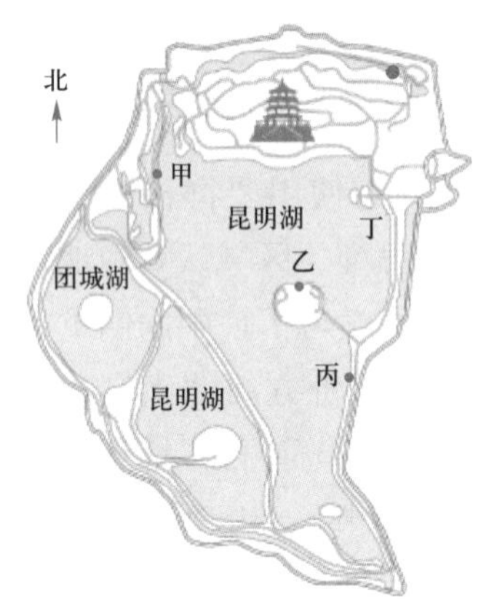

图 4-1-2　颐和园游览示意图

图 4-1-3　小明的绘画作品

1. 能反映当日天气状况的符号是

A. 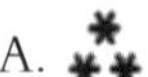　　B. 　　C.　　D.

2. 小明看到颐和园内

A. 迎春花开　　B. 绿柳成荫　　C. 落叶纷飞　　D. 冰封湖面

3. 根据图 4-1-3，判断小明写生的地点最可能在图 4-1-2 中的

A. 甲地　　B. 乙地　　C. 丙地　　D. 丁地

4. 端午节的节日习俗是

A. 卷春饼　　B. 摇元宵　　C. 包粽子　　D. 打月饼

参考答案：

1.D，2.B，3.A，4.C

【案例分析】

本案例所涉及的课程内容是地球的表层和地理工具与地理实践，在命题时需以核心素养为导向，由以往的三维目标立意转变为核心素养立意。命题之初，教师应先明确题目所要考查的核心素养角度与相应的行为表现是什么。例如，天气与气候是地球

表层自然环境部分中很重要的学习内容，通过这部分内容的学习考查学生的地理实践力和人地协调观核心素养。具体到天气与气候来讲，就是考查学生是否能够在生活中坚持观察天气与气候现象及其变化，是否具有观察自然地理环境的兴趣和习惯，如何认识天气、气候与人类的生产生活之间的关系，即如何认识人地关系。地球的表层人文环境中关于习俗的学习内容，主要考查学生的人文情怀，能否理解和尊重不同的文化习俗、树立文化多样性的意识等。地理工具与地理实践内容则主要考查学生的地理实践力核心素养。在分析清楚课程内容所考查的核心素养的基础上，接下来教师要思考与核心素养相应的行为表现有哪些。例如，学生能否通过天气预报中的天气符号识别与判断天气现象；能否根据时间或节气判断物候现象；能否使用地图判断方向，能否通过地图描述地理事物和现象的空间分布特征；能否说出一些中国特色习俗；等等。然后以此为试题立意依据，再寻找合适的情境。本题组选择了端午节小明去颐和园写生这样一个生活情境，从情境素材的选择看，与学业质量描述中“学生在不同情境中，对于从各种媒体中获取的地球表层环境的信息，能够初步从系统、动态的角度，简要分析、概括地球表层自然环境与人文环境的主要特征”相对应，与“能够秉持人与自然生命共同体的理念，选择恰当的实例简要说明地理环境各要素与人类活动的相互影响，协调人地关系的重要性（人地协调观）”相对应。从情境创设的角度看，情境与任务契合度较高，因问设境、主题统领的理念体现得比较到位。情境中的“2022 年的端午节在 6 月 3 日”服务于第 2 题“小明看到颐和园内”和第 4 题“端午节的节日习俗是”这两个具体任务的判断，“当日多云”服务于第 1 题“能反映当日天气状况的符号是”这一任务。情境中的示意图所呈现的信息，与第 3 题“判断小明写生的地点”这一任务相契合。为了完成相应的任务，学生需要全面获取和理解情境中的信息，这种情境的创设方式凸显、贯彻了学业质量描述中的“从各种媒体中获取地球表层环境的信息”的要求。

2. 表现性评价

表现性评价指教师让学生在真实或模拟的生活环境中，运用先前获得的知识解决某个新问题或创造某种东西，以考查学生知识与技能的掌握程度，以及实践、问题解决、交流合作和批判性思考等多种复杂能力的发展状况。表现性评价是注重过程的评价，在课堂教学与评价中受到普遍的重视和推广。表现性评价是通过客观测验以外的表演、展示、操作、写作等更真实的表现来评价学生口头表达能力、文字表达能力、思维能力、创造能力、实践能力的评价方法。

表现性评价有以下六项特点：一是评价的情境性。表现性评价通过设置一个真实的情境让学生把所学内容和生活实际密切联系起来，使他们直接面对有价值的学习任务。例如，让学生做一次关于家庭人口的调查，写一篇关于家庭水资源使用情况的报告等，都属于真实情境中的评价。从普遍意义上讲，评价的情境越真实，学生就越感兴趣，对学习任务也就越重视。二是任务的挑战性。学生在接受表现性评价时，所面对的学习任务是复杂的、具有一定挑战性的，必须综合应用学过的知识进行独立思考才能解决。例如，在学习地球表层部分的人文环境内容时，让学生做一个关于北京古村落的自然和人文调查研究报告，这一学习任务具有很大的挑战性，对学生的学习过程和结果都提出了较高的要求，能对学习目标的达成产生积极的导向作用。三是标准的多样性。由于表现性评价向学生提出的任务是可以用多种方法来完成的，所以评价就不能使用单一的标准。不应以预先制订的固定标准来衡量、评价学生的表现，而是要看他们在完成复杂任务的过程中，能否进行正确而有效的思考、辨析、梳理等。在多数情况下，表现性评价不要求学生的结论符合唯一的标准答案，学生可以寻求自己对问题的解决办法，发挥个人的创造性。四是评价的公开性。在纸笔测验中，学生很少参与试卷的评价与分析，评价的任务由教师来完成，而表现性评价则不同，教师和学生可以事先共同商定评价的标准，使学生清楚地知道在完成某项学习任务时应该达到的要求。在评价结束之后，教师可以展示详细的评价结果，这种评价的内容、程序及结果相较于纸笔测验更加明确和公开。五是评价的过程性。表现性评价有一个非常突出的优势，就是不需要等到课程结束才开始评价，可以与学生的学习活动同步进行，与教学过程融为一体。由于评价在教学过程中自然地展开，评价的情境与教学的情境相一致，所以它能及时检测学生在学习过程中的各种表现，能真实地考查学生核心素养的发展状况。六是信息的翔实性。表现性评价的作用主要是为学生日后发展提供全面、深刻、丰富的支持性信息，帮助学生明确方向，更好地进步与成长。同时，从表现性评价获得的信息，还可以为教师调整教学方法、提高教学质量提供依据、反馈和帮助。

【案例 2】地图要素的教学

（一）课程内容

地图是地理分析的主要工具，也是初中地理课程传统的、经典的教学内容，具有很强的实践性。学生在认识地图的过程中，可以培养空间感；在使用地图的过程中，可以养成读图、析图、用图的习惯，掌握适应现代社会生活的基本技能。新版课程标准中将地图作为地理工具出现，并贯穿整个课程，在强调基础性的同时，更突出了它的工具性和应用性。对这部分内容的任务设计，强调在“做中学”。

新版课程标准要求学生能够在地图上辨别方向，判读经度和纬度，量算距离，识别图例所表示的地理事物或现象，并描述地理事物或现象的空间分布特征。本条目有三个要点：一是辨别方向；二是在各种有比例尺的地图上量算距离；三是在上述技能的学习和训练中，学会识别图例所表示的地理事物和现象，并逐渐理解图例的重要性。对本条目内容要求的落实，有些内容需要单独设课教学，如地图的三要素。

设计“绘制家庭平面图”这一学习任务，重在引导学生学会在各种有比例尺的地图上量算距离，掌握地图的三要素，学会使用地图，认识地图在地理学习和实际生活中的重要性。

（二）学习目标

学习目标要基于学情，依据课程标准，紧紧围绕地理实践力这一核心素养的发展，从预期学习结果出发，设计学习过程，引导学生通过绘制地图掌握地图的使用方法。

本课学习目标如下：

1. 学生能够通过家庭平面图的绘制，进行比例尺的计算，能依据图幅大小确定比例尺。

2. 学生能够通过家庭平面图的绘制，在地图中判别方向，并建立实际景观图与平面图之间的空间关系。

3. 学生能够通过家庭平面图的绘制，掌握地图中方向、图例、比例尺三个要素。

4. 学生能够通过家庭平面图的绘制，认识地图在地理学习和实际生活中的重要性。

（三）学习情境

家庭是学生幸福成长的地方，用地理课堂所学习的地理工具——地图去绘制家庭平面图，贴近学生生活，不仅能引发学生对地理课程的兴趣，还能激发学生对家庭的热爱；不仅能培养学生的地理实践力，还能培养学生的人文情怀。

（四）学习任务及具体要求

1. 学习任务：绘制家庭平面图。

2. 具体要求：

（1）任选家庭中一个区域，如卧室或客厅，用盒尺、卷尺等进行测量，在A4纸上绘制家庭平面图，该图需包含家具或家电等重要物品。

（2）在家庭平面图上标注准确合适的图名、图例、比例尺、指向标。

（3）为保证家庭平面图的准确性，可以选择在晴朗的早晨9:00，站在窗户前拍摄房间实景图，并在地板上放置1米长的参照物（如卷尺、绳子等表示长度的物品），将实景图粘贴在家庭平面图右上角。

（五）家庭平面图绘制评价量规

评价维度及分值	绘图员	绘图工程师	绘图专家
图名（10分）	图上有图名，但图名与内容不完全相符（3分）	图上有图名，且在合适的位置（5分）	图上有图名且在合适的位置，图名与绘制的内容相符合（10分）
图例（10分）	图上有图例，但图例分类不清晰（3分）	图上有图例，图例多样（5分）	图例多样，分类清晰，设计简约且具有代表性（10分）
比例尺（10分）	图上有比例尺，但不准确，比例尺的选择不符合图幅大小（3分）	图上有比例尺，且比较准确，比例尺的选择基本符合图幅大小（5分）	图上比例尺准确且表示规范，比例尺的选择完全符合图幅大小（10分）
指向标（10分）	图上有指向标，但表达方式不准确（3分）	图上有指向标，表示规范（5分）	图上有指向标，表示规范，且与房间内的实物方位一致（10分）
绘图效果（10分）	绘图不够美观和整洁（3分）	美观、清晰、整洁（5分）	不仅美观、清晰、整洁，而且色彩丰富，与房间内的实物一致（10分）

续表

评价维度及分值	绘图员	绘图工程师	绘图专家
学生自评			
组内互评			
教师评价			

（六）学习反思

学生分组讨论在完成“绘制家庭平面图”这一学习任务中遇到的困难和获得的经验，如怎样根据图幅确定比例尺的大小，采用什么样的图例，如何标注记等。

（案例提供：翟媛媛，北京市十一学校）

【案例分析】

本案例以“绘制家庭平面图”为任务情境，关注地理实践力核心素养在地理课程中的落实，在学习任务设计和评价中突出学生的主体地位。为帮助学生完成好学习任务，制订了评价量规，其承载着学习目标，紧贴学习任务，贯穿整个学习过程，为学生开展好自主学习指明了方向。量规引导学生进行自我评价和互相评价，让学生主动发现自身存在的问题或不足，能够有效促进学生不断完善和提升自己。

3. 档案袋评价

档案袋评价是新课程改革中的一个亮点。档案袋，也称成长记录袋、学习档案录等。档案袋评价是根据教育目标，有意识地将学生的相关作品及其他相关资料收集起来，通过合理的分析与解释，反映学生在学习与发展过程中的优势与不足，反映学生在达到目标过程中付出的努力与进步，激励学生进行自我反思并努力取得更高成就的评价方法。它强调学生的主体性，学生有选择地将自己所参与并取得的成果、成绩收集在档案袋里，为自我反思提供依据，激励学生成长。地理档案袋评价应由学生自主安排，教师适当引导，学生间彼此沟通，将真实客观的地理学业表现装进档案袋。档案袋的基本成分是学生作品，主要收集学生在地理学习过程中自然生成的作品，可以包含多种形态，如地理作业、撰写的小论文、绘制的地图、研究报告、设计方案、自制模型等，而非奖惩材料或评价结果记录，用以真实展示学生的进步与成长（表 4–1–1）。地理档案袋评价是学生学业质量评价的重要途径，该评价方式以学生为中心，以学生的具体学业表现为评价依据，目的是给学生提供对作品进行回顾和反思的机会。档案袋评价应重视学生在创建和使用过程中的深度参与，尤其是自我评价和反思，从而引导学生自主学习、自我成长。

表 4-1-1　档案袋评价量表

评价内容	代表作业	自绘图表	自制模型	小论文	研究报告	野外实践	调查问卷	设计方案
课程内容	认识全球□ 认识区域□ 工具与实践□	认识全球□ 认识区域□ 工具与实践□	认识全球□ 认识区域□ 工具与实践□	认识全球□ 认识区域□ 工具与实践□	认识全球□ 认识区域□ 工具与实践□	认识全球□ 认识区域□ 工具与实践□	认识全球□ 认识区域□ 工具与实践□	认识全球□ 认识区域□ 工具与实践□
评价指标	人地协调观□ 综合思维□ 区域认知□ 地理实践力□	人地协调观□ 综合思维□ 区域认知□ 地理实践力□	人地协调观□ 综合思维□ 区域认知□ 地理实践力□	人地协调观□ 综合思维□ 区域认知□ 地理实践力□	人地协调观□ 综合思维□ 区域认知□ 地理实践力□	人地协调观□ 综合思维□ 区域认知□ 地理实践力□	人地协调观□ 综合思维□ 区域认知□ 地理实践力□	人地协调观□ 综合思维□ 区域认知□ 地理实践力□
自我评价								
同伴评价								
家长评价								
教师评价								
综合评价								
备注								

教学建议

第一，评价目标和内容要明确指向核心素养。

核心素养是课程育人价值的集中体现，是学生通过课程学习而逐步形成的正确价值观、必备品格和关键能力。地理课程要培养的核心素养包括人地协调观、综合思维、区域认知和地理实践力。在进行学业质量评价时，要定位在对核心素养形成状况与发展水平的诊断上。学业质量标准是评价内容的标准，它规定了每个学段核心素养要达到的要求，不同的学习内容，核心素养的侧重点也各有不同。教师要在全面理解地理课程要培养核心素养的基础上，结合实际教学内容对核心素养的不同体现进行梳理和分析，进而选取不同的评价路径和评价方法。例如，在组织学生讨论水资源如何保护的问题时，可以通过学生在讨论过程中的表现、参与学习活动的程度以及持有的观点、态度，来判断其是否形成人地协调观。同时，人地协调观核心素养不仅表现在课堂学习中，还表现在日常的生活中，因此评价时还需要关注学生在日常生活中的行为表现，如学生在实际生活中是如何保护水资源的，在学校和家庭中采取了哪些保护水资源的有效措施等，都可以纳入评价体系。

第二，力求评价的多元化，注重过程性评价。

新版课程标准指出："应注重将评价渗透到地理教学过程各环节。"教学中，对学生的答问、演示、绘图、读图与分析、观察与观测等各种活动进行评价，既有对"过程"方面的，也有对"结果"方面的评价，既有学生的自我评价和同伴评价，也有教师对学生的评价。评价方式、评价内容、评价主体等都应该是多元的。以往的学业评价方法比较单一，多关注知识的掌握，且以分数呈现结果，它不再适合新版课程标准下基于学业质量的以核心素养为导向的评价体系。新版课程标准指出："过程性评价侧重评价在日常教学过程中学生所表现出来的学习进步情况，应贯穿整个教学过程。"过程性评价关注地理学习过程中的知识建构、能力发展、学习动机激发、情感态度形成等多元化过程因素，并通过课堂学习、学习任务完成、成果展示、观点交流等多方面考查学生的学习过程及其中表现出的学习态度、学习行为表现，观察、记录学生在学习、实践活动中的典型行为和态度，帮助教师客观分析学生学习地理课程后情感、态度、价值观的变化，发挥评价的诊断、激励和改进等育人功能。

第三，学业质量评价要基于情境和学习任务进行设计。

新版课程标准在"地球的宇宙环境""地球运动""地球表层""认识世界""认识中国"的学业质量描述中，都采用了"学生在不同的情境中……"这一表述，一方面表明学业质量评价一定要依托情境，另一方面也表明学业质量评价可以自主选择情境。不同素养水平的学生，会对同样的情境做出不同的行为选择，这些行为选择往往是在完成具体的学习任务过程中外显出来的。三大部分学业质量都以完成某几项任务为主要内容，每一部分的任务内容都从学科知识、地理思想方法与思维方式、态度与价值观等方面作出了概括性规定。在学业质量描述中，地理任务要求包括说明、描述、分析、概括、选择、获取、运用等，是学业质量评价中最关键和最重要的部分，这些任务要求恰好可以作为评价的指标和依据。

4-1

地图要素的作业设计及点评（微讲座）

关键问题 4-2 如何设计体现核心素养的多层次、多维度作业？

问题提出

随着教育改革的不断深入，地理学科教学聚焦学生核心素养的发展，更加重视体现核心素养的多层次、多维度的地理作业设计。作业是关联课堂教学内容、课外实践内容，促进学生内化形成学科能力及科学观念的重要载体。地理作业设计既是课程评价设计中的重要组成部分，也是最日常、最普遍的课程评价环节。学生在经历地理学习之后，需要通过高质量、多层次、多维度的地理作业进行知识巩固、实践演练、创新应用，提高对地理知识的认知和理解、地理学科能力的转化和应用，促进核心素养的形成和提升。地理作业设计作为一种重要的评价方式应以核心素养为导向，体现育人为本。以素养为导向的作业设计，目的在于形成育人的评价，具体落实需要评价育人的观念，对照相应的课程目标，形成清晰、有序、可评的作业评价目标，明确与核心素养发展水平和关键表现相适应的作业评价标准，是体现核心素养的地理作业设计的前提。

地理作业要超越散碎地理知识和技能检测，达成有一定品质的作业评价表现，指向学生正确价值观、必备品格和关键能力的培育，关注学生知识综合运用、现实问题解决和具体实施过程等表现的考查，这就必须要设计出多层次、多维度的地理课程作业并进行落实。核心素养承载着丰富的内涵，因此也要以内容丰富、形式多样的作业来反馈学习成果。立足学生实际发展需求，形成科学化、系统性的地理作业设计，有助于实现学生核心素养的培养。

问题分析

一、设计体现核心素养的多层次、多维度作业的意义

地理作业设计是教师日常教学活动中的重要组成部分，但目前也存在一些问题需要及时纠正改良：很多作业设计的内容重视作业得出的结果而轻视作业历经的过程，过于注重作业设计的形式呈现而忽视作业内容本身，过多设置机械性重复任务而忽视学生思维水平的提升，强调作业数量以巩固训练而忽视作业质量的重要性，作业设计程式化严重而忽略了学生对问题本质的探索研究等，这些问题迫切需要有效的方式解决。设计体现核心素养培养的多层次、多维度作业，在很大程度上可以避免以上问题的出现。体现核心素养的作业设计，无疑是推动学生人地协调观、综合思维、区域认知和地理实践力发展的有效途径。这样的作业设计是建立在问题分析、问题发现的过

程中，灵活运用理论知识解决生活中存在的问题，不断提升地理作业练习的时效性，促进学生个性化发展的同时，塑造学生完整的核心素养成长过程。设计多层次的地理作业主要兼顾基础性和拓展性作业的层次体现，而设计多维度的作业旨在培育学生基础知识、技能与能力、情感和品质等方面的发展维度，在以核心素养为导向的作业设计中，注重评价作用在多层次、多维度的立体呈现，丰富作业在地理教学中的内涵与外延，反馈对于教与学的诊断信息。

二、设计体现核心素养的多层次、多维度作业的原则

地理作业作为一种有效的评价手段，在设计过程中应特别关注核心素养的体现，注意初中地理作业设计的拓展性、多样性、生活化、实践性原则。

1. 设计有深度的拓展性作业

以提升核心素养为导向的地理作业设计，绝不是固化学生现有思维，而是根据需要拓展研究内容，引导学生发现问题、分析问题、解决问题，从而利用所学地理知识化解真实的地理问题，形成综合能力，保障学生发展的演练过程。这样，多层次、多维度地理作业的设计就一定要遵循拓展性原则，才能基于核心素养拓宽学生视野，不拘泥于现有作业资源，构建有梯度的利于学生发展的地理作业。围绕核心素养培养的作业，本身就需要有深度的拓展性内容来提升学生地理学科能力。拓展研究是在作业设计原有基础上，增加新的研究内容及研究领域，是提升地理作业质量的体现，而非呈现为地理作业数量的增加。

2. 设计有梯度的多样性作业

地理学科综合性强，需要在作业设计中通过有梯度的多样性作业展开系统、动态、辩证的求真创新过程。从学科本身特点的角度设计多样性的地理作业，能实现多层次、多维度的研究地理问题的可能，从形式到内容的多样性作业有助于呈现学生学习目标，能更准确地测评学生核心素养的达成状况。作业缺少多样性的设计，就缺失了丰富的内容和多重的形式，很难调动学生完成作业的积极性。当作业设计遵循了多样性的原则，能照顾到学生的个体差异和兴趣点，从而起到吸引学生有效完成地理作业的作用。另外，多样性的原则也促进学生间的合作探究，这样的作业设计不局限于现有的结论范畴，需要更多的人参与研究，通过有效合作达成作业结果，合作探究的学习过程同时也助力学生发展。

3. 设计有条理的生活化作业

地理学科是立足于生活实际，根据学生对生活的认知和对生活现象的探究学习完成学习过程的学科。地理学科的学习离不开生活，因此，地理作业设计也应体现生活化，帮助学生利用个人生活经验和理论认知，完成抽象知识的概括理解，掌握地理基本知识、技能，形成科学的学科理念。遵循生活化原则可以创设真实的作业情境，形成有意义的作业内容，把地理作业与生活实际相结合，把学习延伸至生活实际问题，体现学科价值，构建要素联系，有助于学生体验对地理知识的深化理解。遵循生活化

原则设计的地理作业，最终指导学生有质量地生活，并带来生存的希望、坚定的信心和掌控的能力，从而有了更强大的规划意识、行事动力和操控能力。

4. 设计有意义的实践性作业

实践是对已学地理知识的深化落实，实践也是地理探究学习的前提条件。在地理作业设计中遵循实践性原则，深入挖掘实践意义，选取地理实验、社会调查、野外考察等具有实践力的作业形式，更有助于学生在真实情境中观察认识地理环境，体验感悟人地关系，通过实践做到知行合一，有效开展更加具备实际意义的作业内容，形成多层次多维度的实践性作业。实践性作业不仅是让学生在学习环节活动起来，更重要的是在设计作业中落脚于有意义的实践，例如，通过设计有社会价值的问卷调查和人物访谈进行区域性的社会调查；操作简单的地理实验，进行模拟演示和虚拟研究；利用地理工具在野外进行实地观察记录和考察观测等。实践性作业强调地理实践力的掌握和运用，通过作业实践实现学科更广阔的用途。与此同时，学生也在完成具有实践性的地理作业时，亲身经历实践学习过程，获得更多的地理生存技能。

问题解决

设计体现核心素养的多层次、多维度作业，致力于以激励学生发展为导向，不断优化地理评价中作业设计的内容，进而形成优质作业评价方案，助力学生核心素养的有效发展。为了达成这样的育人目标，在作业设计时，教师应着力关注学生能力提升、思维建构、观念跃升等方面，从而体现地理作业评价的科学价值和有效作用。

一、立足拓展性地理作业，树立科学价值观

地理学科是一个多要素、多过程、多尺度集成的学科，在学生掌握基础知识和基本技能之后需要大量开发拓展性地理作业，强化地理学科内涵理念，促使学生锤炼综合思维，形成系统、动态、辩证地看待问题的思维方式，树立求真务实、开拓创新的科学精神，形成尊重与保护自然、绿色发展等科学观念，滋养人文情怀。初中阶段地理学科主要涉及的价值观主要有科学的人口观、资源观、环境观、发展观。拓展性作业应紧扣人地和谐的科学观念，资源的开发使用要关注环境保护和可持续发展。在地理作业设计当中可以关联地理学科涉及的价值观，设计相关的拓展性地理作业分析地理信息，逐步提升学生核心素养。

拓展性地理作业内容广泛、形式多样，可以根据学科中相对重要的内容做专题拓展性作业，研究某一专题领域的拓展内容，具有研究的必要性和较强的科学价值。专题的选择可以根据学生的兴趣，也可以根据教师的课程整体规划，这样的拓展性地理作业具备研究的根基、明晰的研究方向和研究结果，是值得尝试的体现核心素养的作业形式。

二、立足多样性地理作业，成就学生自身发展

地理作业的多样性体现在指向核心素养的不同方面，同时也体现在作业内容和形式的多样性上。与当代学生自身发展关联的要求对接，形成多角度、全方位的综合发展过程，例如，为了建立学生间的学习沟通过程，可以设计表达类的地理作业，形成反思总结、表达交流、现场演讲、评价完善等以学生为主体的活动作业形式；为了帮助学生提高地理思维和研究能力，可以设计有主题的论文写作类地理作业，用现有的资料进行初步整理并形成研究基础，结合风土人情、自然风光、区域特点、景观图片等信息形成一定字数的研究报告或小论文，形成研究过程和研究成果，也可以结合这些研究内容开展有一定立场的讨论类作业，组织学生围绕话题进行讨论交流，把自己的主张和讨论结果呈现在记录本上。由于地理学科学习内容具有极其丰富的现实特点，也可以鼓励学生参观家乡的展览馆等，最大限度开发社会资源进行地理作业的布置；学生可以把收获的资料进行梳理整合，在本校进行以班级或年级为单位的成果展览，也是一次有意义的作业历程。总之，多样性的地理作业设计，可以给学生提供更为广阔的发展空间，最终成就学生的自身发展和群体成长。

三、立足生活化地理作业，增强社会责任感

社会责任是一个人对他人、对社会所承担的职责、任务和使命，是一种强烈的自觉意识和崇高的情感、意志，与人的理想、志向和价值观的高度统一。在初中地理学习中深化学生对国情、国力、国策的认识，树立社会责任感，激发热爱祖国的情感是十分必要的。而社会责任感细化到地理作业的设计实施，并不全是宏观抽象的内容，更多的是来自生活实际的细节，这也是设计生活化地理作业的妙处所在。从点滴入手，抓住生活化的细节去合成真实有价值的地理作业，是增强学生社会责任感的有效途径。地理学科核心素养都是密切结合现实世界，必然与日常生活的联系非常紧密，从生活化的角度去渗透学科素养的地理作业，既是对学生学习评价的落实，又是强化学以致用、在做中学的学科理念。

学生通过地理课本学到的知识内容，通过内化灵活应用到生活中指导自身发展，这样的地理作业才是渗透社会责任感的生活化作业，作业设计挖掘生活素材源于学生认知，构成层次分明、综合性强的地理学科研究主题。学生可从常规的地理位置、地形地势、气候条件入手，也可从身边的水资源、土地资源、生物资源等方面进行探究，最终学会运用地理视角和地理思维去分析自然环境和生活环境的变化，并思考人类活动对地理环境的影响和利弊，同时思考人类个体和群体的社会责任所在，树立人地协调观，提升综合思维，增强社会责任感。

四、立足实践性地理作业，培育地理实践力

地理实践力的培育是地理学科核心素养培育中的重要内容之一，这有助于学生在真实环境中运用适当的地理实践活动方式，观察和认识地理环境，体验和感悟人地关系，并在活动中做到知行合一、乐学善学、不畏困难。地理实践力是学生在分析和解决地理实践问题时所具备的行动力和意志品质。地理实践力需要设计实践性地理作业时秉持人地协调观，运用综合思维和区域认知方法，在学生学业成长中稳步落实培育。实践性地理作业帮助学生将理论知识与实践行动建立有机衔接，有利于促进学生地理综合能力的发展，学生应用理论知识解释地理现象，进一步强化自身的地理实践力。

实践性地理作业实施的方法和途径有很多，例如，通过观察记录形成地理观测的实践性作业，根据地理现象调查研究形成调查报告，动手操作地理实验进行对比研究、在某种情境需求中绘制地图并有效应用，等等。这些实践性地理作业的大力开展，为学生搭建优质的实践平台，学生在实践过程中发挥个体能力并参与集体合作，战胜学习过程中遇到的困难。暂时的失败其实是成长中实践过程的有效试错，历经挫败后的成功更值得去体验。学生的地理实践力就是在这样具有实战意义的实践性地理作业的完成中，不断经历、不断积累、不断历练后形成的，而这样的学习过程恰是发展核心素养的必经之路，印证了核心素养的组成是相互联系的有机整体。

【案例1】“亚洲”单元基础性作业

单元名称		第六章　我们生活的大洲——亚洲		总课时		6课时	作业总时长	60分钟
作业序号	作业类型	作业内容描述	预计作业时长	试题来源	情境类型	答题形式	作业难度	本作业预期达成的课程素养目标（依据课程标准和素养导向，落实的学科综合育人目标）
1	复习巩固类	亚洲半球位置	10分钟	改编	学科情境	选择	易	运用地图等资料描述亚洲的半球位置
		亚洲不同地区的人文差异	10分钟	改编	学科情境	填空简答	中	运用地图等资料描述亚洲的位置、范围对自然地理特征及人类活动的影响
		亚洲地形特征	10分钟	改编	学科情境	填空简答	中	运用亚洲地形图和其他资料，描述地形类型及其分布状况，并归纳地形、地势特征； 运用地图和其他资料分析亚洲地形、气候、水系之间的相互关系

续表

2	拓展延伸类	非洲的气候特征	10分钟	自编	学科情境	综合	难	运用非洲气候类型分布图和其他资料描述非洲的主要气候类型及分布，运用主要气候类型的气温曲线图与降水量柱状图描述其气候特征，归纳非洲气候的总体特征
3	综合实践类	大洲研学之旅（一学期2~3次）	20分钟	自编	生产生活情境	综合	难	运用地图等资料简述某大洲的纬度位置和海陆位置； 运用地图和其他资料，归纳某大洲地形、气候、水系的特点，简要分析其自然地理要素的相互关系； 运用地图等资料描述某大洲的位置、范围对自然地理特征及人类活动的影响

（案例提供：张华生，北京市八一学校）

【案例分析】

案例中的课程素养目标是指依据课程标准和学生素养发展导向，落实的学科综合育人目标。作为大洲学习的基础性作业设计，以学生分组自主探究完成，题目选择具有一定的开放性，学生根据自身特点选择适合自己的学习方式，如采取绘制地图、收集地理图片和资料、制作精美PPT等形式完成该作业。教师可以从学生地理探究活动的过程记录、疑难问题及其解答、学习方法和策略总结等方面考查学生区域地理学习的掌握情况。

本作业注重学生创新意识和实践能力的考查，充分重视校内外课程资源的开发利用，着力拓宽学习空间，倡导多样的地理学习方式以及多元评价来激励学生自主学习、迁移应用、积极探究。

【案例2】"水资源研究"拓展性作业

（一）作业研究背景

我国位于太平洋西岸，地域辽阔，地形复杂，季风气候非常显著，因而导致我国水资源地区分布不均、时程变化明显。降水量的地区分布不均造成了我国水土资源不平衡现象，长江流域和长江以南耕地只占全国的36%，而水资源量却占全国的80%；黄、淮、海三大流域的水资源量只占全国的8%，而耕地却占全国的40%，水土资源相差悬殊，我国水资源地区分布不均的现象得到了社会广泛关注。

（二）单元作业研究内容

1. 水资源拓展研究

（1）根据我国水资源分布图和相关文字资料，简述我国水资源空间分布特点，举出一个实例说明其对我国社会经济发展的影响。

（2）选择我国任一跨流域调水工程案例，通过小组合作完成相关资料的学习，分析研究该工程的基本状况、存在意义，明确该跨流域调水工程修建的必要性。

（3）结合具体实例，说明我国水资源安全仍存在现实问题，如水资源供应紧张、利用率低、浪费惊人等，明确节约用水、保护水资源是解决我国缺水问题的重要途径之一，举出两个或两个以上实际生产生活中节约用水、保护水资源的例证。

2. 生活用水调查研究

“生活用水调查研究”活动单

班级:__________　姓名:__________　调查日期:__________

1. 结合家庭用水实际情况，调查记录本月家庭用水量及水费。

本月家庭用水量:________吨

水费:________元

水资源费改税:________元

污水处理费:________元

综合水费合计:________元

附：水费缴纳单粘贴处

2. 记录家庭生活中“我”的一天用水清单。

*每按一次冲水马桶用水12升左右，今天在家上________次厕所，一天用水量为______升；

*浴室淋浴每分钟大概用水10升，今日淋浴_____分钟，共计淋浴用水量为_____升；

*以滚筒洗衣机洗一次衣服用水量80升、波轮式洗衣机洗一次衣服用水量200升计算，今日洗衣共计用水量为_____升；

*此外，洗脸、刷牙、洗碗、洗菜、浇花、拖地等今日水量约为_____升。

*今日“我”的总用水量为_____升。

3. 调查自己家中造成水污染的主要日常用品。

____

4. 为家庭生活如何节水提出合理化建议。

我的节水建议:____

5. 为家人讲述“中水道二元供水系统”“雨水贮留系统”，并推广介绍一种家庭用水、省水用具。

____

（三）作业评价（表 4-2-1）

表 4-2-1 “水资源研究”学习评价量表

环节	接近预期 （20~24 分）	达到预期 （25~29 分）	超过预期 （30~35 分）	额外加分 （12 分）
现状研究	能够根据我国水资源现状的相关图文资料，不完整呈现现存状况分析，关注现存问题	能够根据我国水资源现状的相关图文资料，基本分析现存状况，关注现存问题	能够根据我国水资源现状的相关图文资料，准确分析现存状况，关注现存问题	对我国水资源分布现状及问题研究能有独特见解，并积极交流发言
案例探究	完成部分跨流域调水工程案例的资料学习，在小组内认真倾听跨流域调水工程的基本状况、存在意义、现存问题	基本能够合作完成跨流域调水工程案例的资料学习，在小组内与他人交流跨流域调水工程的基本状况、存在意义、现存问题	能够通过合作完成跨流域调水工程案例的资料学习，在小组内积极组织交流跨流域调水工程的基本状况、存在意义、现存问题	代表本组进行课堂发言，语言流畅，观点清晰
拓展分析	根据现实状况讨论交流我国水资源供应紧张、利用率低、浪费惊人的问题，基本理解节约用水、保护水资源是解决我国缺水问题的重要途径之一，能够举出一个实际生产生活中节约用水、保护水资源的例证	根据现实状况讨论交流我国水资源供应紧张、利用率低、浪费惊人的问题，基本理解节约用水、保护水资源是解决我国缺水问题的重要途径之一，能够举出两个实际生产生活中节约用水、保护水资源的例证	根据现实状况讨论交流我国水资源供应紧张、利用率低、浪费惊人的问题，理解节约用水、保护水资源是解决我国缺水问题的重要途径之一，能够举出两个以上实际生产生活中节约用水、保护水资源的例证	把举例的内容用文字或图表的形式进行总结归纳，形成可视化的交流内容
调查记录	能够在同伴帮助下完成活动单，并在调查记录的过程中体现部分科学态度，在家庭用水、节水方面完成宣传	能够基本完成活动单，并在调查记录的过程中体现较为严谨的科学态度，在家庭用水、节水方面起到一定的宣传推广作用	能够顺利完成活动单，并在调查记录的过程中体现严谨的科学态度，在家庭用水、节水方面起到积极的宣传推广作用	调查过程严谨细致，记录信息书面表述赢得大家广泛的认可
各项得分				
总分				

（案例提供：宋溪，首都师范大学附属玉泉学校）

【案例分析】

水资源对我们的生命起着重要的作用，它是生命的源泉，是人类赖以生存和发展不可缺少的物质资源之一。然而水并不是取之不尽的，地球上的水仅有 2% 是真正可利用的淡水资源。因此，在设计指向核心素养的多层次、多维度作业时，结合我国水资源现状和分布的空间特点呈现单元化地理作业设计，从资源、环境、发展等多层面构建作业内容，指向培育学生人地协调观、综合思维、区域认知、地理实践力核心素养。延续课本内容向现实生活拓展研究，引导学生在有关水资源的一系列分析、调查、研究过程中，通过实践探究形成研究过程、得出研究结果、产生研究结论、收获研究价值，随着作业研究的环节层层深入，不断树立科学的资源观，树立节水意识，增强自身社会责任感。

与此同时，通过设计“水资源研究”学习评价量表突出作业评价环节，强调关注学生个体发展，聚焦学生合作探究，以量化方式进行可操作、好落实的作业评价设计，引领学生更好地完成此次作业内容，起到积极导向作用。另外，评价量化对于作业评定完成的优劣程度和学生研究学习的水平高低起到强有力的诊断、鉴定作用，不断在学生完成作业的过程发挥激励功能，推动学生向着预设目标发展。

教学建议

第一，地理作业设计强调单元化建构。

目前，地理教学课程开发单元化是一种有效重组学习内容的方式，以某个学科核心概念或核心问题作为教学主题，串联相关学习内容，通过真实问题情境和清晰的问题链重组整合教学内容，统筹教学活动。随着地理教学课程单元化，也就有了地理作业设计单元化的建构。由于单元化的地理作业设计重组了教材学习内容，作业内容设计更加丰富、有梯度，相比于传统的作业设计增加了作业的思维含量，更容易表现出多层次和多维度、体现核心素养的地理作业特质。单元化地理作业设计以核心素养要求、学业质量标准和学生发展为指向，结合整体单元设计，重在诊断评价学生阶段性学习成果，强调增加作业的探究性、实践性、综合性，体现出内涵丰富的地域知识、学科技能、认知水平、应用能力和探究意识。

第二，地理作业设计突出跨学科整合。

地理学科本身有着综合性的特点，作业研究中的一部分问题需要结合地理学科及相关学科知识才可能达成研究结果，这使得地理作业设计有了跨学科整合的发展趋势。学科交叉已经逐渐成为一种符合生活实际需要的作业设计特点，跨学科整合的地理作业更容易与真实问题联结，通过加强学科间的相互关联，带动地理作业设计及完成的综合化实施，表现出多层次、多维度和一定研究深度，大大增加了作业内容的承载容量。跨学科整合的地理作业设计提供了一个更加可操作的任务框架，框架内包含学生兴趣、体验、互动，通过良性刺激学生的自身经验获得相应的结果认知，在发现、分析、解决问题的过程中，发展学生核心素养。

跨学科整合的地理作业设计十分重要。通过纳入跨学科的方式达到科学认知真实世界的目的，把作业研究内容放在真实的自然、社会场景之中深刻认知宇宙环境、地球表层和地理环境与人类社会关系。发展学生核心素养的主旨是培养全面发展的人，而学生综合素养的发展是不分学科的，作业设计就可以通过跨学科整合达成体现核心素养的多层次、多维度的地理作业，完成有现实意义的作业设计。

第三，地理作业设计鼓励合作式探究。

优质的地理作业设计既关注动态研究过程，又关注静态量化结果，在巩固基础的同时，拥有深层次的学习过程和诊断效果。面对多层次和多维度、体现核心素养的地理作业，学生以一己之力完成，有一定难度。考虑到这一实际问题，在作业设计初期需要嵌入合作式探究的研究过程，保证学生能凝聚力量、顺利完成相关作业。合作需要交流，学生在完成地理作业时把自己拥有的解决问题的资源提供给伙伴，彼此间相互沟通，实现传输和获取信息，同时改善调整自身存在的问题。学生在合作时以沟通者的身份持续保持高注意力、探究热情，容易抓住作业关键点，从而高效完成任务。地理作业设计鼓励合作式探究，有利于学生在作业完成的同时更好地发展核心素养，促进学生之间的良性互动。

4-2

义务教育地理学科作业设计与实施案例

关键问题 4-3 如何遵照学业质量标准研制真实情境试题?

问题提出

学业质量是学生在完成课程阶段性学习后的学业成就表现，反映核心素养要求。学业质量标准是以核心素养为主要维度，结合课程内容，对学生学业成就具体表现特征的整体刻画。

地理课程要培育的核心素养是贯穿地理课程标准的一条主线，课程目标、课程内容、教学和评价都围绕它来开展。学业质量作为对学生学业成就的总体刻画，本质上也是对学生核心素养发展状况的评价。① 可见，学业质量是地理课程的标尺，既关系教师如何把握教学深度与广度，也关乎学生核心素养提升。

课程标准明确提出学业水平考试是依据学业质量标准和学业要求，对学生学完本课程后课程目标的达成度进行终结性评价的考试。学业水平考试命题以考查学生地理课程目标的达成度为目标，依据学业质量标准，充分体现基于核心素养的命题导向与立意，正确处理核心素养和学科内容、情境、任务之间的关系，准确测评学生地理课程的学业成就，落实素养导向的课程改革要求。课程标准指出应严格依照课程标准命题，坚持素养立意，强化育人导向，试题设计要在素材选取、情境创设、设问方式、评分标准拟定等方面有所创新。

认真研究学业质量标准，以核心素养为导向，创新题目素材背景，研制真实情境试题，既有助于检验学生学习地理课程的达成度，也能够有效指导教师教学，提升教师专业素养。因此，“如何遵照学业质量标准研制真实情境试题”是初中地理教学的关键问题。

问题分析

一、学业质量标准

1. 学业质量内涵与描述

课程标准指出义务教育地理课程内容分为认识全球、认识区域两大部分，共五个主题，地理工具和地理实践贯穿其中。每一部分学业质量都是以核心素养为主线进行描述的，如“地球的表层”学业质量描述中的“能够初步从系统、动态的角度，简要分析、概括地球表层自然环境与人文环境的主要特征”体现了综合思维这一核心素养

① 韦志榕，朱翔. 义务教育地理课程标准（2022 年版）解读 [M]. 北京：高等教育出版社，2022：234.

的内涵，“表现出积极的态度和一定的技能，较好地将所学知识运用于实践中”则对应地理实践力。学业质量是针对学生地理课程的达成度的总体评价，没有区分不同水平层级，需要教师认真研读课程标准并结合学生学情，把握教学深度与广度。

每一部分学业质量描述都是按照“在不同的情境中，运用合适的地理工具和地理实践方法，完成相应的学习任务，表现出一定的态度、观念或情感”的体例组织，由此可以提炼出学业质量描述的四个核心要点，即情境，地理工具与地理实践，学习任务，情感、态度与价值观。这就要求教师在设计组织教学活动时，要广泛收集素材，创设真实情境，引导学生选择恰当的地理工具与地理实践方法，设计具有挑战性的、有意义的学习任务，帮助学生提升核心素养。

2. 学业质量分析

课程标准中的学业质量描述语言高度凝练，是对学生初中阶段学业目标达成度的整体评价。在日常教学过程中，需要进行学业质量分析，将学业质量描述具体化，从而指导教师的教学活动、学生的学习活动。

学习任务是学生学习活动的重要呈现方式。教师在学生完成学习任务的过程中，可以通过观察、测量、分析综合判断学生的核心素养发展水平。因此依据学业质量描述设计恰当的学习任务，有助于帮助学生达到学业质量标准，提升核心素养水平。

例如，课程标准的“认识世界”和“认识中国”学业质量描述中的“能够在认识家乡的地理实践活动中运用所学知识和方法，具有为家乡环境保护作贡献的社会责任感（地理实践力）”这一条目强调“运用知识和方法”“具有……社会责任感”，在设计学习任务时，应当侧重于地理工具运用与地理实践方法，如引导学生调查总结家乡环境保护成就，通过绘制海报、制作视频等形式在校园内或社会发起保护家乡环境的倡议等，从而提升学生的地理实践力核心素养。

二、真实情境试题

1. 学业质量与情境

课程标准明确提出地理课程学业质量标准综合评定学生面对不同的情境时，在完成相应的学习任务过程中，所展现出的价值观、学习态度与学习能力，反映出核心素养的发展水平和课程目标实现的程度。

对应课程内容的五个主题，课程标准均采用了“学生在不同的情境中……”这样的表述，强调创设情境在教师教学活动、学生学习活动、学业水平考试中的重要性。但课程标准并未对选取何种情境给出限制，也是希望能够给予教师和学生充分的自主选择空间。

在学业质量的诸多核心要素中，情境与学习任务相互补充，互为表里。情境往往是学习任务的背景，而学习任务很多时候又依靠情境来组织。

学业质量强调要综合评定学生面对不同情境时的能力与素养，这就要求教学过程中要尽可能创设不同情境，并且引导学生在生活中注意观察，发现不同情境下的地理现象与地理问题，并进行思考探究。

2. 试题应当有真实情境

情境是在教学过程中教师创设的生动具体的场景，旨在引起学生一定的态度体验，帮助学生理解，并使得学生的心理机能得到发展。情境是地理问题产生的背景和基础。在试题命制时，创设不同的情境，考查学生在复杂多样情境下解决问题的能力，有助于引导学生学以致用，学习对生活有用的地理、对终身发展有用的地理，从而提升核心素养。

选取学生生活中真实可感的素材，创设情境命制试题成为近年来试题的整体方向。真实情境试题既可以考查学生在不同情境下解决问题的能力，也能够引导学生认同中华优秀传统文化，培养家国情怀与国际视野，从而落实立德树人根本任务。

真实情境越来越成为试题命制的灵魂，它既是学业水平考试立意得以实现的材料，又是试题连接学生生活的桥梁，还为具体的问题设问提供了基础。丰富多样的真实情境素材使得试题更加灵活，更加贴近生活，也更能考查出学生学业成就的真实表现。

问题解决

一、细致研究学业质量，遵照标准研制试题

纸笔测验是教学评价的重要方式之一，也是日常教学过程中反映学生学业成就、判断学生核心素养水平的重要途径。课程标准强调学业质量标准是地理学业水平考试命题的依据，因此在研制试题之前应当细致研究学业质量，坚持核心素养导向。

在课程标准中，描述学生学习表现的内容包括“内容要求”“学业要求”“学业质量”，这三部分各不相同，构成一个有机整体，在研究学业质量时应注意三部分之间的联系与区别。

“内容要求”的一大特点是行为动词较多，如运用、识别、记住、归纳、分析、描述、说明、认识、掌握、推测等，通过大量行为动词较为具体地说明学习行为要求，与教学联系更加紧密。

“学业要求”可以理解为在“内容要求”的基础上提炼的针对每个主题以核心素养为导向的学生发展水平目标。

“学业质量”更加凝练，在各个主题“学业要求”的基础之上进一步概括出学生学习初中地理课程之后预期的学业成就整体表现。

因此，遵照学业质量标准研制真实情境试题不能仅仅关注“学业质量”的表述，还应当将“内容要求”“学业要求”综合分析，厘清学生核心素养发展水平的具体要求。

如“内容要求”则包括如下几个条目：“运用地球仪或软件，演示地球的自转运动，说出地球的自转方向、周期”“结合实例，说出地球自转产生的主要自然现象及其对人们生产生活的影响”“运用模型或软件，演示地球的公转运动，说出地球的公转方向、周期”“结合实例，说出地球公转产生的主要自然现象及其对人们生产生活的影响”。这部分对应的“学业要求”表述为“学习本主题后，学生能够自主演示地球的自转和公转运动，归纳地球的运动规律，并用现实世界中的事例证明地球运动的存在，形成尊重客观事实的科学态度；能够举例说明地球运动所产生的主要自然现象及其对人们生产生活的影响，以及人们顺应自然规律进行社会活动所展现出的智慧，树立尊重自然、顺应自然的观念”。“地球的宇宙环境”和“地球的运动”的学业质量描述提到“能够初步从系统、动态的角度，简要描述、说明地球自转和公转的特征及其产生的自然现象，并将地球运动与人们的生产生活相联系，扩展对人地关系的认识，建立爱护地球的观念（综合思维、人地协调观）”。分析上述三部分表述，我们不难发现“内容要求”“学业要求”“学业质量”逐级递进，对学生的核心素养水平要求越来越高，在研制试题时应注意题目所考查的具体内容与课程标准是否对应，通过试题考查学生的学业表现与核心素养水平。

【案例 1】以简易模型演示地球运动的试题

某同学用乒乓球、木板、铁丝等物品制作简易模型来演示地球运动。图 4-3-1 是其制作前绘制的演示简图。读图，完成以下三题。

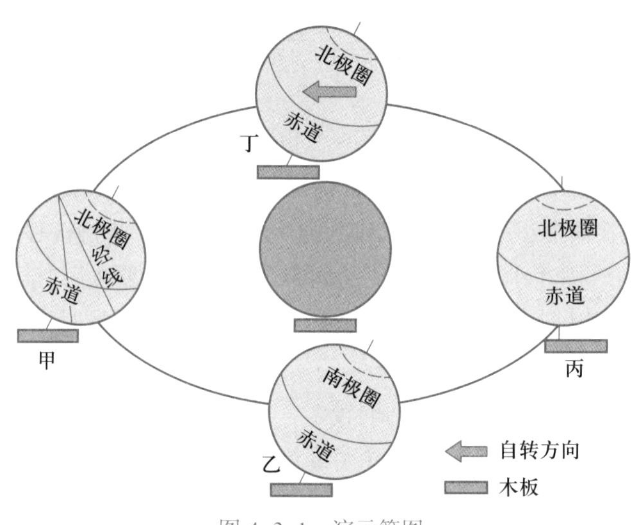

图 4-3-1 演示简图

1. 图中
A. 中心深色乒乓球表示地球
B. 四个浅色乒乓球表示太阳
C. 大的椭圆形表示地球自转轨道
D. 固定在木板上的铁丝表示地轴

2. 演示简图中有些错误，正确的调整是
A. 将甲处乒乓球上的经线改为平行线

B. 把乙处乒乓球上“南极圈”改为“北极圈”

C. 把所有乒乓球倾斜方向调整为与丙处乒乓球一致

D. 将丁处乒乓球所标自转方向改为反方向

3. 演示地球运动的正确操作是

A. 在轨道上移动而不转动乒乓球，演示的是地球的自转和公转

B. 按甲→乙→丙→丁的顺序沿着轨道移动乒乓球，演示地球的公转

C. 按甲→丁→丙→乙的顺序沿着轨道移动乒乓球，演示地球的自转

D. 拨动丁处乒乓球，使其沿着箭头方向转动，演示地球的自转

参考答案：

1. D，2. B，3. B

【案例分析】

本案例以学生制作简易模型来演示地球运动为背景创设情境，考查地球与太阳的位置关系、经纬线特点、地球自转与公转的特点等基础知识。

本案例紧紧围绕课程标准中“内容要求”的“运用地球仪或软件，演示地球的自转运动，说出地球的自转方向、周期”以及“运用模型或软件，演示地球的公转运动，说出地球的公转方向、周期”，对应“学习本主题后，学生能够自主演示地球的自转和公转运动，归纳地球的运动规律”的学业要求，体现学业质量中“能够初步从系统、动态的角度，简要描述、说明地球自转和公转的特征”的相关表述，是遵照学业质量标准研制真实情境试题的典型范例。

通过创设学生制作简易模型这一情境，引导学生学会利用地理工具参与地理实践活动，检验学生是否真正经历学习过程，有助于提升学生地理实践力。

二、围绕热点关注前沿，选择素材创设情境

地理课程贴近生活，地理现象与地理问题往往来源于日常生活，教师在教学中应当创设情境，引导学生观察生活，将所学知识运用于解决实际问题，提升学生在不同情境下的综合能力，促进核心素养提升。

在试题命制时，往往围绕新近发生的社会热点问题、重要事件或科学前沿发展等选取素材创设情境，引导学生关注身边时事和科学发展，在真实情境下提高学生运用地理知识和技能解决实际问题的能力。

社会热点问题和重要事件中蕴含着丰富的地理问题，是创设情境非常好的素材库。近年来我国社会经济发展取得诸多成就，如高速铁路运营里程屡创新高、电子与信息技术产业蓬勃发展、杂交水稻等农业育种技术向全世界推广、我国自主研发的北斗卫星导航系统完成全球组网、中国空间站全面建成等，都已经成为鲜活的试题素材。及时选取新近发生的社会热点问题创设情境命制试题，既考查了基础知识与关键能力，又引导学生关注时事，增强民族自信、文化自信。

地理科学前沿发展对学生而言看似陌生，但很多内容都来自初中地理的主干知识，选取地理科学前沿素材，结合初中地理课程内容与学生学情创设情境，能够有效引导学生深入思考，还能帮助学生初步感受科学研究的魅力。例如，将黄河流域水文站实测数据与科学研究成果作为素材来命制考题，考查学生对河流水文特征及综合治理的认识；借助中国沿海海平面变化研究成果创设情境，引导学生全面认识海洋，树立人地协调观。

联系社会热点创设情境有助于引导学生综合、客观地分析地方、国家、世界等各空间尺度区域的发展成就或问题治理，更重要的是能帮助学生动态地了解地理国情，培养家国情怀与全球视野。引入地理学科前沿知识创设情境有利于引导学生深入思考、探究地理问题，帮助学生了解地理学科发展，认识地理学科对生产生活的价值与意义，增进对地理学科的理解，促进核心素养提升。

【案例 2】“北京的颜色”主题试题

为认识家乡的地理环境及变化，同学们开展了以“北京的颜色”为主题的地理学习活动。阅读图文资料，回答下列问题。

1. 揭秘“白色冬奥”，走近冰雪运动。图 4-3-2 为造雪供水系统示意图。按照冬奥会竞赛标准，滑雪赛道均需采用人造雪铺设。北京市延庆赛区建造了一个造雪供水系统，这个系统通过 ________ 来保证储水池稳定的造雪水源；赛道上的雪融化后回到储水池，实现了水资源的 ________ 利用。

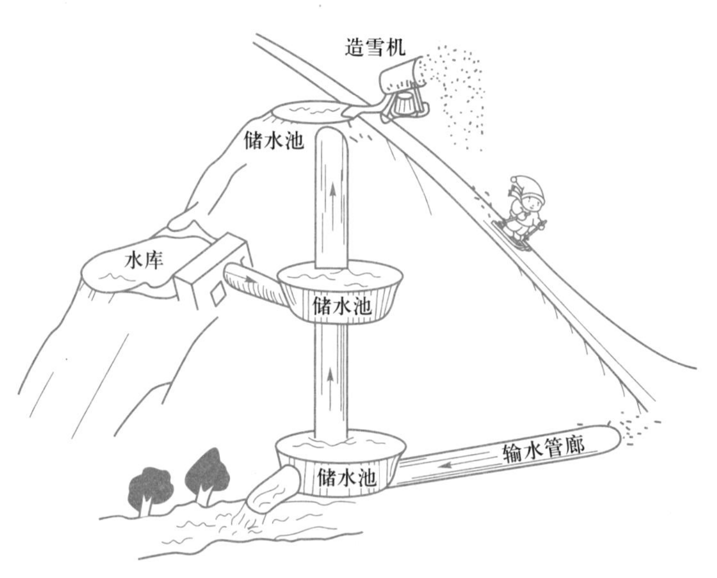

图 4-3-2 造雪供水系统示意图

2. 守护“蓝色天空”，了解大气污染治理成效。图 4-3-3 为 2013—2020 年北京市空气质量各级别天数占比统计图。读图，描述 2013—2020 年北京市空气质量的变化趋势（至少两点）。

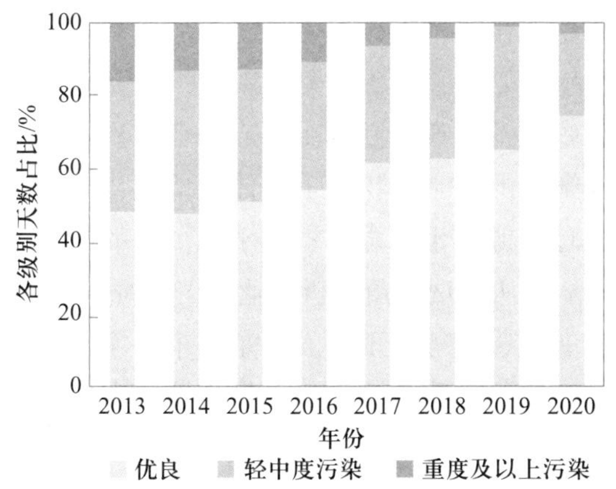

图 4-3-3　2013—2020 年北京市空气质量各级别天数占比统计图

3. 北京的不同“颜色”间有着密切联系。请参考示例，任选两种颜色，写出它们之间的关系。

示例：“绿色”和“蓝色”，增加植被可减少可吸入颗粒物，提高空气质量。

参考答案：

1. 水库；循环。

2. 整体空气质量向好，优良天数增加，污染天数减少。

3. 颜色的含义表达正确，两者关系表达正确。

【案例分析】

本案例紧紧围绕北京冬奥会、大气污染治理等社会热点创设情境，以“北京的颜色”作为主题组织试题，引导学生观察生活，关注社会热点，学习乡土地理。

问题 1 以“白色”为主题，聚焦北京冬奥会这一社会热点，考查学生在真实情境下提取信息、解决问题的能力。与很多关注冬奥会赛场地理位置、地形条件、气候特征的试题不同，这个问题以造雪供水系统为背景，引导学生理解保护和节约自然资源的重要性，有助于提升学生人地协调观核心素养。

问题 2 与学生的生活联系更加紧密，通过统计图考查学生读图分析等基本能力。2013—2020 年北京市空气质量的变化是每个学生都真实可感的，试题情境来源于生活又高于生活，通过试题引导学生总结得出北京市空气质量变化趋势，运用所学知识解决身边的地理问题，很好地实现了“学习对生活有用的地理”的目标。

问题 3 充分体现了真实情境试题的开放性。围绕“北京的颜色”这一主题，设计几乎完全开放的情境，给予学生非常大的空间，激发学生想象力，达成了引导学生认识家乡地理环境及变化的目的。

三、试题贴近生产生活，联系实际学以致用

地理课程强调引导学生学习生活中的地理，试题也应注意引导学生联系实际，学以致用。真实情境试题的素材可以来源于生产实际和生活经验。借助这类应用性素材

可以考查学生在复杂的生产生活情境下运用知识解决实际问题的能力，引导学生经历有意义的学习过程，思考真实问题，促进学生综合思维、地理实践力等核心素养提升。

初中地理课程内容中涉及生产实际的主要有农业生产、工业生产、交通基础设施发展等，这些都是地理学科的主干知识，也是体现地理环境与人类活动之间复杂关系的重要内容。农业是衣食之源、生存之本，关乎每个人的生活，大量试题以农业生产为背景创设情境，引导学生从地理视角分析农业生产特征，探究影响农业生产的因素，理解科学技术对农业发展的影响等。工业发展是一个国家经济增长的重要动力，与农业生产类似，选取贴近生活的工业生产素材创设情境，引导学生关注世界与国家工业与经济发展，培养家国情怀与国际视野。交通基础设施发展更能体现区域差异与区域联系等问题，如以某条高速铁路建设开通为背景创设情境，综合考查学生运用地理知识分析区域差异与区域联系等问题的能力。结合生产实际的真实情境试题兼具应用性与开放性，能够促进学生思维水平提升。

除了生产实际，有大量来源于日常生活的素材可以用来创设试题情境，还可以在情境中融入中华优秀传统文化。日常生活与地理相关的内容涵盖衣食住行等各个方面，其中既有地理原理，还有长期以来中华民族的历史传统和文化底蕴。如以剪纸等中国民间传统艺术为背景创设试题情境，考查学生从剪纸艺术中提取分析区域地理问题的能力，既关注到区域气候、地形、水文等地理特征这一主干知识，也引导学生关注生活中的地理问题，增强民族自信与文化自信。

以生产实际和生活经验为背景创设情境有助于体现“学习对生活有用的地理”的课程理念。通过理论联系实际，考查学生在复杂情境中运用知识和技能解决实际问题的能力，培养学生的探究意识和研究品质，更重要的是帮助学生认识地理学科在分析解决资源、环境、人口、发展等重大问题时的应用价值。

【案例 3】传统民居与地理环境试题

传统民居是反映地方地理环境的一面镜子。图 4-3-4 为我国两地传统民居的简笔画。读图，完成第 1–3 题。

甲地

乙地

图 4-3-4　我国两地传统民居的简笔画

1. 两地民居中

A. 甲地屋顶坡度较小　　　B. 甲地临河流而建

C. 乙地建材多用竹木　　　D. 乙地窗户均朝南

2. 两地中

A. 甲地的传统交通工具为马车　　　B. 甲地的地方传统戏曲为秦腔

C. 乙地为端午赛龙舟的起源地　　　D. 乙地的饮食习俗以面食为主

3. 据图可推断乙地

A. 位于秦岭—淮河一线以北　　　B. 终年高温湿润

C. 位于东南沿海地区　　　D. 河流湖泊众多

参考答案：

1. B，2. D，3. A

【案例分析】

本案例以我国两地传统民居简笔画作为素材创设试题情境，综合考查中国不同地区传统民居特征，由民居特征反映当地地理环境特征。试题注重引导学生理解传统民居与地方地理环境的关系，所谓“一方水土养一方人”，通过创设情境帮助学生更好地认识人类活动与地理环境之间的关系，培养学生区域认知、人地协调观等核心素养。

试题设问层层递进，首先考查学生读图概括传统民居特征的能力，再考查学生由传统民居推断区域地理环境特征的能力，最后考查学生对我国不同地区地理环境特征的认识。这组试题既关注基础知识，又渗透中华优秀传统文化，引导学生观察生活，体会传统民居与地方地理环境的关系，真正实现学以致用，同时增强家国情怀。

教学建议

第一，研制真实情境试题与创设教学情境相结合。

地理课程学业质量标准是地理学业水平考试命题的依据，是对学生学业成就具体表现特征的整体刻画。课程标准并未对每个主题应当选取何种情境给出限制，希望能够给予教师和学生充分的空间进行自主选择。教师可以根据学生学情特点以及自身优势收集素材，创设情境组织教学、命制试题。

教师将研制真实情境试题与创设教学情境相结合，既可以从试题中获得灵感，丰富教学素材，也可以从教学情境出发研制试题。无论采取哪种方式，目标都是引导学生增强在真实情境中解决实际问题的能力，从而提升学生核心素养水平。而将研制试题与教学情境相结合也能够有效推动教师提升教学能力，实现专业成长。

第二，开展教学活动完善试题情境创设。

受到材料篇幅、呈现方式等限制，试题中的情境往往不够完整，且以文字、地图、景观图片等资料为主。试题中有很多情境可以在经过丰富补充后用于教学活动，教师可注意收集整理试题中的情境，补充更加丰富的文字、图片、视频等拓展资料，创设更加完整的情境，通过真实情境试题引导学生关注时事热点、关注科学发展，激发学生兴趣和学习主动性，有助于提高学生在真实情境下运用知识解决实际问题的能力。另外教师在经历关注、收集、整理、研制、诊断等一系列环节的过程中，也能充分提升自身教学能力与学科专业素养。

4-3
遵照学业质量标准研制真情境试题（微讲座）

关键问题 4-4 如何在学习过程中实施表现性评价？

问题提出

新版课程标准在课程实施的评价建议中提出“应注重将评价渗透到地理教学过程各环节”“对学生学习的全部过程进行综合评价，而不是一次性的、针对部分内容的评价”“多途径收集学生在学习过程中的表现、达成课程目标要求的学业成就等信息”“针对学生在学习活动中的表现与反应，给予必要的、及时的、适当的鼓励性评价和指导性评语”。由此可见，评价不再是教学活动的终结环节，而是内嵌于课堂教与学活动中，与教学、学习共同构成了三位一体的关系，三者相互制约，相互影响，共同促进学生核心素养的发展。

传统的纸笔测验通常在教学活动之后进行，学生较难将学习内容与评价内容联系起来，大大降低学习兴趣和效果；教师只关注到学习结果，而忽略了重要的学习过程。从实施效果看，学生认为，所评非所学；教师也较难把握所教即所评的尺度，传统的纸笔测验反映出“教—学—评”的割裂。

表现性评价摒弃传统评价中“以考卷定终身”的评价方式，更注重学生在学习中所表现出的努力程度和学习态度，将过程性评价与终结性评价融合，成为现代教育评价的新形式。表现性评价既是一种课堂活动，也是一种评价活动。学生既在参与学习活动，也在完成评价任务，在积极的学习过程中展现基础知识、社会主义核心价值观、必备品格和关键能力。对教师而言，教师可以收集学生在学习活动中的具体表现信息，来判断学生的目标达成度，及时调整教学内容与策略。表现性评价的突出优势表现在，可以及时诊断学生核心素养发展状况，并对其进行引导帮助其改进，因此成为现代教育评价的发展趋势。

问题分析

表现性评价与核心素养的结合成为现代教育评价研究的主要方向。表现性评价将复杂的核心素养目标转化为可测量的评价任务，在此基础上，观测学生展示的技能，评价学生创造的成果。教师可以依据观测结果改进教学，促进学生核心素养的发展。

一、表现性评价与课程标准的关系

课程标准的核心目标是设计表现性评价的依据，通过对课程标准的内容要求进行分解细化，清晰“学生应该学什么”“学生应该经历怎样的学习过程”“学生应该学到哪种程度”等问题，并通过表现性任务和评价标准来落实目标。

评分标准是依据课程标准的内容标准和任务的表现标准而确定，是对课程标准内容目标和学习表现的描述。评分规则需要列出展现教师和学生通过一定教与学活动达成学习目标的证据。由此可见，表现性评价是落实课程标准核心目标的有效途径。课程标准和表现性任务表现为一种彼此互相依赖的共生关系，它们共同构成综合评价体系的必要组成部分。

二、表现性评价与教学的关系

表现性评价是教学过程的组成部分，可以有效助力教学。表现性评价具有教学性质，学习和评价能同时实施，并能很好地与教学统整在一起。因此，表现性评价也是一项有效的教学活动。从教师的角度看，表现性评价从确定目的、设计任务到确定评价标准，都在推动教师深入研究学生核心素养的培养，创设具有真实情境的表现性任务，逐步实现教学行为的自觉优化。从学生的角度看，学生在参与学习活动的过程中完成表现性评价任务，并根据教师的反馈进一步优化成果，以实现素养能力的提高与发展。

三、表现性评价的构成要素

1. 确定居于课程核心的目标

表现性评价是对学生完成任务的能力展示，超越于对知识做简单的回忆。学生需要调用各种知识和能力，进行深度思维加工和判断，做出有创造性的成果。因此，表现性评价检测的一定是课程最核心的、可以让学生终身受益的目标。这些目标具有超越课程内容本身的特点，多由学生通过探究主动获得，并且将助力学生终身学习，为学生心智的培养提供原动力。

2. 设计具有真实情境的表现性任务

传统的选择题测验只检测到学生“知道什么”，但不能评价学生在现实生活中“能做什么”。表现性评价不是评价学生对某项知识和技能的掌握程度，而是评价学生综合运用已有知识创造性地解决问题的能力，所测的能力可以解决生活中的复杂问题，因此，表现性任务应尽量接近真实生活中的复杂情境。具有真实情境的表现性任务可以激发学生的探究兴趣，也能帮助教师依据学生在问题解决过程中所表现出的情感特征及核心素养状况及时调整教学内容和策略。

3. 确定学生表现的评分标准

表现性评价不仅评价学生行为表现的结果，同时也关注学生行为表现的过程。因此，它没有统一的标准答案，而只有答案的标准，需要评价者依据事先设置好的评分规则，依靠自己的经验来决定学生表现出的可接受程度。[①] 表现性任务的评分标准有以

① 周叶文. 中小学表现性评价的理论与技术 [M]. 上海：华东师范大学出版社，2022：54.

下特点：一是要包含反映学生知识获得、能力与素养发展等的各项指标；二是要对每项指标对应学生怎样的表现有具体的描述；三是每项评价指标要体现出如何区分学生的表现水平。

问题解决

一、细化课标要求，明确评价目标

确立清晰、明确、基于课程标准的评价目标是有效评价的起点，合理的表现性目标有助于设计合理的表现性任务和正确的评价标准。基于核心素养的培养，对课程标准的内容要求进行分解，明确学生应该学什么、需要经历怎样的学习过程，以及学习该内容后学生的能力与素养应有怎样的发展等问题，进而明确具有可观测、可测量的评价目标。

【案例 1】忆长征故事，体会自然环境之恶劣（表现性评价）

（一）评价目标

1. 学生能够运用地形图、气候图等资料，描述长征沿线地区的地形、气候、河流等特征，培养读图能力，提升地理实践力。

2. 学生能够运用地图和相关资料，分析地形、气候、河流及其他地理要素的相互作用，从整体性角度综合概括长征沿线地区的自然环境特征，提高分析问题的能力，提升综合思维核心素养。

3. 学生能够结合地图和相关资料，对比长征沿线不同地区的自然环境特征，从区域的视角说明长征的艰难，提升区域认知核心素养。

4. 学生能够感受长征途中自然环境的恶劣，形成认识自然、尊重自然的观念，形成人与自然生命共同体意识，增强社会责任感。

（二）表现性任务

任选长征途中的历史事件，查找对应区域（小尺度）的图文资料，描述该区域的地形、气候、河流等特征，评价该区域自然环境对红军长征的挑战，感受长征难在何处。具体要求如下：

1. 选择的历史事件及区域有丰富的图文资料。

2. 请从地形、气候、河流等地理环境要素中选取至少 2 个要素进行特征描述和影响评价。

3. 请从地理视角评价红军长征的艰难，其他视角作为补充。

4. 形式可以是手绘插画、视频讲解、不少于 800 字的图文并茂的研究报告。

（三）评价标准（表 4-4-1）

表 4-4-1　忆长征故事案例的评价标准

评价维度	分值	高手	熟手	新手	得分
长征事件与区域的选取	3	选取的事件与区域具有典型性（3）	选取的事件与区域较典型（2）	选取的事件与区域不典型（1）	
	6	有合理、丰富的资料支持（6）	有合理的资料支持（4）	支持资料较少、有误（2）	
自然环境分析与评价	3	选取超过 2 个地理要素（3）	选取 2 个地理要素（2）	选取 1 个地理要素（1）	
	12	结合地图等资料合理地描述地理要素特征（12）	结合地图等资料较合理地描述地理要素特征（8）	地理要素特征描述有误（4）	
	12	结合资料，合理地分析地理要素形成的影响因素（12）	较合理地分析地理要素形成的影响因素（8）	影响因素分析有误（4）	
	12	合理且准确地评价地理要素对红军长征的影响（12）	较合理地评价地理要素对红军长征的影响（8）	未评价地理要素对红军长征的影响（4）	
长征之难的评价视角	6	地理视角为主，其他视角补充（6）	只有地理视角（4）	地理视角内容较单一（2）	
形式	6	图文并茂，内容有逻辑，结构合理，故事生动有趣（6）	图文并茂，内容和结构较合理（4）	没有地图等资料，内容和结构逻辑不清（2）	

（案例提供：岳亚利，北京市十一学校龙樾实验中学）

【案例分析】

本案例围绕“长征之路难在何处？”从地理视角研究红军长征路上险峻的地形、恶劣的气候、凶险的河流，引导学生感受长征自然环境的艰险，理解不怕任何艰难险阻、紧密团结的长征精神的内涵，迁移至规划好当代青少年的“长征路”。对应课程标准的内容要求为“运用地图和相关资料，简要归纳中国地形、气候、河湖等的特征；简要分析影响中国气候的主要因素”。本条课程标准内容强调中国自然环境内容的综合，综合的目的是加强地理环境要素之间的关联，帮助学生初步形成对中国区域自然地理环境的整体性认识。细化课程标准内容要求，结合“长征之难”表现性任务，明确“以历史事件为情境，理解地形、气候、河湖及其相互作用共同构成的区域综合自然特征及其影响”的学习目标，实现学生地理素养水平及综合能力的提升。

二、设计具有真实情境的表现性任务

设计具有真实情境的表现性任务是提升学生实际应用能力的关键。首先，任务设计应模拟现实生活中遇到的挑战，让学生在解决问题时能主动综合运用多学科知识。其次，任务设计应确保目标清晰、评价标准透明。最后，任务设计要确保多样性和包容性，使每位学生都能参与其中。

【案例 2】撰写《世界区域经济发展战略蓝皮书》（表现性任务）

表现性任务如表 4-4-2 所示。

表 4-4-2　基于 GRASPS 模型撰写《世界区域经济发展战略蓝皮书》表现性任务

要素	表现性任务
目标（G）	为任何一个国家或地区的经济发展出谋划策
角色（R）	经济合作与发展组织研究员
受众（A）	对世界区域经济发展感兴趣的公民
情境（S）	疫情暂时逼停了世界各国或地区的经济发展，你作为经济合作与发展组织的一名研究员，请选择一个国家或地区，为其经济发展献计
成果（P）	《世界区域经济发展战略蓝皮书》
标准（S）	《世界区域经济发展战略蓝皮书》应体现以下内容： 1. 区域认知的基本方法： • 能够识别和描述区域地理位置、范围，准确地对区域进行空间定位。 • 能够根据区域地理位置分析区域自然特征，找出区域主导因素，综合概括区域自然地理特征。 • 根据资料综合概括区域人文环境特征。 • 分析自然地理要素、人文地理要素之间的关系，综合概括区域地理环境特征。 2. 因地制宜发展方案： • 综合评价区域发展条件。 • 分析区域环境保护与资源开发利用可能存在的困难。 • 探讨区域可持续发展的策略与途径。 3. 表达： • 科学性——阐述的内容或基本原理、使用的地图等资料符合科学性原则。 • 规范性——地理专业术语的使用、《世界区域经济发展战略蓝皮书》的书写格式规范。 • 准确性——《世界区域经济发展战略蓝皮书》引用的数据、地图等准确无误

（案例提供：岳亚利，北京市十一学校龙樾实验中学）

【案例分析】

GRASPS 模型是一种基于整体表现的评估形式，能让学生在单元学习中通过思考，展示对基本知识、概念理解和所学技能的应用。以世界疫情暂时逼停了世界各国的经济发展为背景，设计撰写《世界区域经济发展战略蓝皮书》这一表现性任务，学生成为经济合作与发展组织的研究员，任务目标是可以选择任何一个国家或地区，为其经济发展出谋划策。这是一个接近真实生活的复杂情境，学生经历三年疫情生活，感受到了经济发展的停滞，触动较深。教师在充分考虑学生学习基础的前提下，找到学生的最近发展区，让学生跳一跳就能感受到成功的喜悦，还大大激发了学生的学习热情和探究兴趣。

三、研制具有指导与改进功能的评价标准

评分标准描述了与标准相关的、期望学生达到的表现水平，告诉评价者应该在学生的表现与作品中找寻什么特征或标志，以及怎样根据事先研制的标准评价这个作品。学生通过教师或同伴的定性或定量评价，确定自己的素养水平，进一步优化实现核心素养的发展。

【案例 3】制作中国长征地形模型（评价标准）

具体评价标准如表 4–4–3 所示。

表 4–4–3　制作中国长征地形模型的评价标准

评价维度	分值	高手	熟手	新手	得分
中国地图的选取	3	地图类型合理准确（3）	地图类型合理（2）	地图类型不合理（1）	
	3	疆域范围准确（3）	疆域范围较准确（2）	疆域范围存在明显错误（1）	
制作三级阶梯地势模型	6	呈现西高东低总趋势（6）	呈现西高东低总趋势，但不明显（4）	未呈现西高东低总趋势（2）	
	6	呈三级阶梯状（6）	呈三级阶梯状，但不明显（4）	未呈现三级阶梯状（2）	
	6	高低比例合理准确（6）	高低比例较合理（4）	高低比例不合理	
制作且标注地形区（阶梯山脉界线、四大高原、四大盆地、三大平原、一个丘陵）	9	19 个位置标注全部准确（9）	12~18 个位置标注准确（6）	小于 12 个位置标注准确（3）	
	9	19 个名称标注全部正确（9）	12~18 个名称标注正确（6）	小于 12 个名称标注正确（3）	
	9	地形特征制作合理准确：山脉走向正确，盆地四周高、中间低，高原四周低、中间高，山地海拔高、起伏大，丘陵海拔低起伏小，平原低平（9）	大部分地形的形态特征制作较合理（6）	较多地形的形态特征制作不合理（3）	
	6	19 个地形区均标注（6）	标注了 12~18 个地形区（4）	标注的地形区小于 12 个（2）	
标注长征路线	3	关键事件的地理位置合理、线路大致准确（3）	关键事件的地理位置合理（2）	关键事件的地理位置不合理（1）	

（案例提供：岳亚利，北京市十一学校龙樾实验中学）

【案例分析】

本案例属于指向特定任务的评分标准，能快速而简单地取得评分，常用于大范围评价。在平时的教学中，如果想了解学生是否掌握了特定的知识或方法，就可以采用特定任务评分标准来为这些特定因素做出解释和描述。

此外，本案例中的评价标准还是学生完成任务的参考标准，学生认领任务后，通过阅读评价标准，明确完成任务的程序性操作及每个环节预期达到的表现水平，指导、激励自己不断改进、优化成果，实现素养水平的发展。

本案例中，学生的模型作品主要存在中国三级阶梯地势不显著，高低比例不够合理等问题，但在地形区的落实方面，学生表现较好。教学实践中，教师可以采用经验分享的方式引导学生依据评分标准自主解释教师或同伴给予的评价结果。

教学建议

表现性评价作为现代教育评价的发展趋势，在教学实践过程中，还需要注意以下问题。

第一，表现性评价可以评价复杂、需要持久理解的、整合多种智能的目标。在教学实践中，表现性评价需要遵循以下三个环节：明确评价的目的；分解课程标准的内容要求，使之成为具体化的评价目标；明确学习的证据。其中，分解课程标准是最重要的环节，可以通过明确学习目标、学习内容和思维技能等方面的内容来细化课程标准，进而界定评价目标。

第二，常见的表现性任务形式有纸笔任务、展示任务、实验与调查、口头表达与角色扮演等。在初学阶段可以给学生提供结构化的任务，方便学生明确如何解决问题；在高阶学习阶段可以设计非结构化的任务，学生需要自主明确问题是什么，完成的步骤是什么，教师可以同步提供脚手架，如书籍、资料、流程图等，帮助学生完成最终的学习任务。

第三，评价标准存在多种形式，如核查表、等级量表、评分标准等。在教学实践中，当你想观察行为或评价学习结果时，核查表可用于同伴观察或学生自我评价；等级量表能评价学生的表现已经达到的程度；评分标准就是对等级量表各等级的表现或特征加以描述。

第四，表现性评价的目的是促进学生的核心素养发展，在教学实践中应秉持“为了改进”的评价理念，关注学生成长过程中的表现。通过解释评价结果环节判断学生的状况和改进细节，促使学生逐步形成并提升地理学科核心素养。

4-4

初中区域地理大单元教学重构——以“世界地理”为例（论文）

关键问题 4-5 如何体现“教—学—评”一致性?

问题提出

义务教育地理课程强调要推进教学改革，倡导以学生为中心的地理教学方式，发挥评价功能，促进学生学业进步和全面发展。教师应不断改进教学方法，突出学生的自主、合作、探究式学习，设计具有整体性的教学活动过程，努力形成教学特色，为学生创设有利于核心素养提升的成长环境。要求教师多途径收集学生在学习过程中的表现、学业成就等信息，在诊断和激励学生的同时也能够有效改进地理教学方式。

根据新版课程标准，教师的教学、学生的学习都不是孤立的，而是有机统一的。教师的教学应为学生创造自主、合作、探究的机会。学生的学习则是在教师的引导下，朝着提升核心素养的方向发展。评价作为诊断、激励学生的工具，还有利于教师改进地理教学。因此，如何体现“教—学—评”一致性是新版课程标准提出后的重要教学课题，也是初中地理教学关键问题之一。

问题分析

初中地理课程理念强调以提升学生核心素养为宗旨，形成能体现地理课程独特育人价值和共通性育人要求的地理课程目标。课程标准要求以考查学生核心素养的发展成就为目标，体现“教—学—评”一致性。

教学设计、学生学习、评价方案应当有机整合，互为表里，体现核心素养培育的整体性。教学设计要考虑地理课程的整体性和学生发展的连续性，还要充分考虑学生差异，关注不同学生的学习程度、个性特点等，以满足学生学习的个性化需求，有利于引导学生主动学习。评价方案既要科学、客观、准确和有效地测评学生核心素养的发展状况，也要为教师改进教学提供学生地理学习行为的证据。“教—学—评”一致性的重要意义主要体现在以下三方面。

一、优化地理课程内容

课程标准强调地理课程内容要更加关注学生发展和社会需求，形成融基础性与时代性、学科性与生活性于一体的课程内容体系，将丰富的地理素材与鲜活的地理活动相结合，促使学生在做中学。

初中地理课程以基础性、学科性为本，重视地理基础知识与基本方法的学习，体现课程标准的基本要求。同时关注时代性、生活性，反映贴近生活、自然与社会的课程性质，体现“学习对生活有用的地理”“学习对终身发展有用的地理”的课程理念。

教师应通过丰富多彩、鲜活有趣的课程内容引导学生学会运用知识解决实际问题。地理活动是培养学生核心素养的路径，要体现实践性、思维性、自主性、教育性和学科性。参与地理活动能够帮助学生获得并积累学习经验，提升核心素养。

二、突出学生主体地位

“教—学—评”一致性是义务教育地理课程的重要理念，要求教师以提升学生核心素养为宗旨，推进以学生为中心的教学改革，从学生发展和社会需求出发组织设计课程内容，充分发挥评价功能，引导学生学习对生活有用的地理、对终身发展有用的地理，为培养具有生态文明理念的时代新人打下基础。

“以学生为中心”是新时期地理教学发展的核心方向，也是全面提高地理教学质量的基础。只有尊重学生的认知基础和成长规律，充分考虑学生的生活经验和差异性，才能真正做到突出学生主体地位。

在初中地理教学实践中，仍有很多学习过程处于浅层学习或表层学习的状态，课堂上以教师讲解为主，学生被动接受知识。从学生学业成就来看，不少学生习惯于进行机械记忆，没有建立起具有逻辑结构的知识体系，更谈不上掌握学科分析方法，提升核心素养了。这就要求教师认真进行教学研究，创设多样化的学习情境，设计学习任务引领学生深度参与地理学习活动，经历有意义的学习过程。

三、发挥评价教育功能

评价不只是反馈学生学习结果，更不是一个分数，教育评价的过程比结果更为重要。地理课程的评价方案应当以学生核心素养发展为目标，持续贯穿整个教学过程。

课程标准强调要发挥评价功能，使评价真正成为教育过程的组成部分。基于“教—学—评”一致性的课程理念，教师应当树立以评促学的育人观念。评价是促进学生学习与教师教学的重要手段，更是促进学生核心素养提升、落实立德树人根本任务的关键工具。

课程标准指出应综合运用过程性评价和终结性评价，过程性评价注重发挥评价的诊断、引导、改进、激励功能，终结性评价注重发挥评价学生地理课程学业成就的作用。过程性评价能够很好地体现“教—学—评”一致性，评价在教学过程中持续进行，促使学生的“学”与教师的“教”都能够在过程中反思改进，不断完善，因此过程性评价应当成为地理课程评价的主要形式。过程性评价能够反映学生在日常地理学习过程中的行为表现与学业水平，教师通过观察、测量、分析学生学习情况并进行评价，能够充分发挥过程性评价的实时诊断作用，为学生学习进步提供反馈与指导，从而提高教学效率。终结性评价更重视结果，一般通过纸笔测验体现，需要评定分数、划分等级，是对学生阶段性学习质量的评价。终结性评价侧重反映学生阶段性地理学业成就，教师在评定分数、划分等级之余，更重要的是引导学生通过多元评价方式对自身地理学习进行诊断、反思、改进，在对学生学业成就分析的基础上，教师也能够改进自身教学行为，全面提升教育教学能力与专业素养。

另外，还应注重评价主体多元化，鼓励学生参与评价，充分调动学生自评、互评的积极性，引导学生理解评价的诊断、改进等功能，帮助学生学会自我诊断、自我反思和自我改进，这样才能充分发挥评价的教育功能。

问题解决

一、探索逆向设计，教师教学目标与学生学习目标一致

逆向教学设计是对初中地理教学长期重教轻学的校正和纠偏。[①] 逆向教学设计与传统教学设计的确定目标、实施教学、课后评价等步骤相反，将预期学生的学习结果放在显著地位，在明确学习结果和评估证据的基础上设计学习过程，体现了以终为始的教学理念。

逆向教学设计是一种适应核心素养导向教学转型的新方法，本质上重视学生主体地位，有助于促进学生核心素养提升。

逆向教学设计为教师提供新思路，在创设情境设计学习任务时要从学生预期的学习结果出发，为学生学习提供充分的支架，否则学生很难达成预设的学业成就。例如，在设计“地图的阅读”学习任务时，按照预期学习结果和评估标准，设计如下学习过程：在多种图示中区分出地图，进而理解什么是地图；在北京市地图中找到著名的山地、水库、城市中心、行政区、河流、运河等，并说明寻找的思维过程，以此来理解什么是图例、什么是注记、图例和注记的基本功能；以图中两个地点为例计算距离、描述方位；用自己的语言描述以上各个任务完成的具体步骤和过程，在此基础上概括出在地图上描述任意两点位置关系的基本思路和方法；应用这种方法在北京各类地图上说出不同的地表事物之间的位置关系。[②] 这样的学习过程与学习目标、评价标准是高度一致的。

课程标准强调地理课程要突出学生的主体地位，推进以学生为中心的地理教学改革，教师应当科学调查并分析学生学情，从预期的学生学习结果出发，明确评价标准，设计体现“教—学—评”一致性的学习过程，引导学生深度学习，促进学生核心素养提升。

---

① 李春艳. 中学地理逆向教学设计：释义与策略 [J]. 天津师范大学学报（基础教育版），2022，23(4):75-80.

② 李春艳. 中学地理“大概念”下的单元教学设计 [J]. 课程 · 教材 · 教法，2020，40（9）：96-101.

【案例 1】校园附近地区交通状况调查（教学目标与学习目标一致）

（一）教学内容

课程标准指出学生应能够初步掌握社会调查等地理实践活动的基本方法；能够在校内、校外的真实环境下，运用所学知识和地理工具，通过地理实践活动，尝试解决实际的地理问题；设计简单的调查方案，利用问卷、访谈等形式进行社会调查。

组织开展地理社会调查实践活动，有助于学生初步掌握科学的研究方法，获取第一手信息，从而了解实际生活，学会用地理学视角认识世界，增强地理实践力，培养人地协调观。

设计“校园附近地区交通状况调查”社会调查课程，引导学生运用所学的地理知识和地理工具，发现并解决实际生活中的地理问题。

（二）教学目标与学习目标

教师的教学目标与学生的学习目标应当体现一致性（图 4–5–1）。紧紧围绕地理实践力这一核心素养，从预期学生学习结果出发，设计学习过程，引导学生观察分析实际生活中的地理现象，并发现地理问题，通过实践活动帮助学生初步掌握社会调查方法。

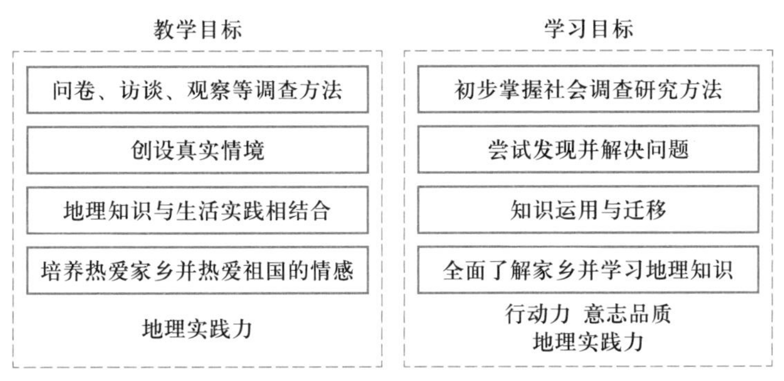

图 4–5–1　教师教学目标与学生学习目标一致

本课学习目标如下：

1. 运用地图和资料，认识校园附近地区主要的交通运输方式。
2. 通过问卷、访谈等方法，收集与校园附近地区交通状况相关的地理信息。
3. 在信息收集的基础上，学习数据分析方法。
4. 结合实例，体会因地制宜对于区域发展的重要意义，为区域发展提出建议。
5. 总结调查成果，提出校园附近地区交通状况改进建议。

（三）学习过程

课程安排	学习目标	学生活动	活动意图
前期准备	1. 运用地图和资料，认识校园附近地区主要的交通运输方式	1. 通过网络、地图等方式收集信息	认识主要交通运输方式及其特点，简单了解校园附近地区的交通状况

续表

课程安排	学习目标	学生活动	活动意图
调查实践	2. 通过问卷、访谈等方法，收集与校园附近地区交通状况相关的地理信息 3. 在信息收集的基础上，学习数据分析方法	1. 发放问卷，访谈周边居民，收集信息	学生通过亲身体验、实践研究，提升沟通交流能力，了解校园附近地区交通状况
		2. 处理分析数据，形成初步研究结果	学习数据分析方法，发现地理规律，提升综合思维与地理实践力
		3. 在数据处理分析的基础上补充调查	通过小组合作学习，积极应对社会调查过程中遇到的困难，不断改进完善调查成果
成果形成	4. 结合实例，体会因地制宜对于区域发展的重要意义，为区域发展提出建议	1. 小组分工协作，完成调查成果	培养学生的团队合作意识与沟通交流能力，引导学生树立严谨求实的科学研究精神，提升综合思维能力
		2. 结合调查成果，提出校园附近地区交通状况改进建议	提升学生运用地理知识和地理工具解决实际问题的能力，培养热爱家乡、热爱祖国的情感，增强责任意识
		3. 小组合作，进行社会调查成果展示分享	通过成果展示分享，锻炼学生的表达交流能力，培养逻辑思维，提升综合思维与地理实践力
反思总结	5. 总结调查成果，提出校园附近地区交通状况改进建议	1. 结合同学互评、教师评价、家长评价结果，修改完善调查成果	引导学生在多元主体评价基础上，不断修改完善成果，培养科学探究精神
		2. 总结社会调查实践活动，完成总结反思报告	引导学生积极总结反思，养成自我反思的优秀品质与学习习惯

（案例提供：刘鑫，北京大学附属中学）

【案例分析】

本案例以“校园附近地区交通状况调查”为情境，关注学生的学习活动与教师的教学设计之间的一致性，引入逆向设计思维，将学生的学习行为与学业表现前置，在教学设计环节就重点突出学生的主体地位。

“教”与“学”的一致有助于激发学生参与地理实践活动的兴趣，调动学生学习的主动性与积极性，在实践中引导学生学习对生活有用的地理，增强运用地理工具、地理知识解决实际问题的能力，促进学生地理实践力提升。

二、引入多元主体，课程评价功能与学生发展目标一致

课程标准要求地理课程评价以课程目标、内容要求、学业要求、学业质量标准为基本依据，多途径收集学生在学习过程中的表现、达成课程目标要求的学业成就等信息；充分发挥评价对地理课程日常教学的正面导向作用，切实引导地理教学方式和方

法朝着培育学生核心素养的方向转变。这就要求教师将评价渗透到地理教学的各个环节，对学生的回答、演示、分析、观察、讨论、制作等各种学习活动进行评价，尽可能及时诊断并反馈给学生，以提高教学效率。

无论采取何种形式、何种方法进行评价，评价都应指向核心素养。学业水平考试是依据学业质量标准和学业要求，对学生学完本课程后的课程目标达成度进行终结性评价的考试。过程性评价侧重评价在日常教学过程中学生所表现出来的学习进步情况，应贯穿整个教学过程。终结性评价与过程性评价都是义务教育地理课程评价的重要环节，缺一不可。

评价主体不应局限于教师，应当积极探索多元主体评价，调动学生自评和互评的积极性，鼓励学生主动参与评价。学生在明确学习目标的基础上，更容易实现深度学习，更能够全身心投入有意义的地理学习过程，实现核心素养提升。

评价在诊断和激励学生地理学习的同时，也能够帮助教师改进地理教学方式。在观察、测量、评价、诊断学生学业表现与成就的同时，教师得以反思教学过程中存在的问题，参考学生地理学习行为表现与测评结果，对自身教育教学行为进行持续改进。

总之，评价与教师的“教”、学生的“学”是三位一体的有机整体。通过多种评价方法以及多元评价主体的参与，发挥评价的诊断、引导、改进、激励功能，有助于学生与教师在过程中反思和改进，使评价真正成为教学过程的组成部分，助力学生核心素养提升。

【案例2】校园附近地区交通状况调查（评价方案）

（一）设计思路

地理实践力指人们在地理实验、社会调查、野外考察等地理实践活动中所具备的行动力和意志品质。鉴于此，对行动力和意志品质的考查贯穿评价方案始终，评价维度涵盖地理信息收集、调查方案设计、地理工具使用、团队合作交流、科学研究态度、调查成果形成等方面。

（二）评价方案

引入学生、家长、教师等多元评价主体，包括学生自评、学生互评、家长评价、教师评价等，这样做既有助于调动学生的积极性，也能够引导学生及时反思总结（表4–5–1）。

表4–5–1 “校园附近地区交通状况调查”评价方案

环节	评价维度	评价内容	评价主体	权重
前期准备，方案设计	地理信息收集	能根据主题收集相关地理信息	学生自评＋家长评价	5%
	调查方法选择	能选择合适的调查方法（问卷、访谈、观察等）	学生自评＋教师评价	5%
	调查方案设计	能设计完整并具有可行性的调查方案	学生互评＋教师评价	15%

续表

环节	评价维度	评价内容	评价主体	权重
调查实践，科学探究	地理工具使用	能合理选择并使用地理工具进行调查	学生自评 + 家长评价	5%
	团队合作交流	能积极、主动与团队其他成员、被调查者等交流	学生自评 + 学生互评	10%
	科学研究态度	能如实记录、客观分析、准确处理调查结果	学生自评 + 教师评价	10%
	问题提出解决	能发现问题并运用知识解决相关问题	学生自评 + 教师评价	15%
成果形成，分享交流	调查成果形成	能科学严谨完成报告，针对调查主题形成观点和建议	学生自评 + 教师评价	15%
	分享交流评估	能客观评价其他同学成果，乐于分享交流	学生自评 + 学生互评	5%
	成果汇报展示	逻辑清晰，表达流畅，重点突出	学生互评 + 家长评价	15%

（案例提供：刘鑫，北京大学附属中学）

【案例分析】

本案例围绕学生的地理实践力核心素养提升，将对学生行动力和意志品质的考查摆在首要地位，评价方案以核心素养为导向，有助于促进教师的“教”与学生的“学”。

引入学生、家长、教师等评价主体，尤其是充分发挥学生自评、互评等方式的激励与改进作用，鼓励学生主动参与评价。通过多元评价对学生学习的全过程进行综合评价，避免一次性评价、总结性评价带来的误差。

评价方案的维度、具体内容与学习目标高度统一，体现了“教—学—评”一致性，引导学生通过评价学会反思和自我改进，使评价真正成为教育过程的组成部分。

三、加强评价诊断，学生学习进步与教师教学改进一致

日常教学过程中，纸笔测验是教师最常用的评价方法，测验之后的讲评环节往往由教师主导，详细讲解各个题目的问题，学生被动接受知识，实际学习效果并不理想。学生在纸笔测验之后更多关注题目答案，而对题目所蕴含的地理原理以及由此引申出的地理学科分析方法并不理解。这主要是因为“教—学—评”之间存在割裂，没能有效发挥评价诊断和改进的作用。

要想充分发挥纸笔测验等评价方法的诊断与改进作用，应当以核心素养为导向，引导学生建构知识体系，通过设计有意义的学习任务帮助学生深入理解地理现象及其背后的原理，全面提升学生地理学科能力。

在每次纸笔测验之后，教师应当就学生作答情况进行细致分析，发现其中反映的

学生学习过程中的问题。如果大部分学生对某知识模块或学科能力掌握不佳，教师应及时回顾教学设计及学生学习过程的各个环节，反思是否存在教学内容简单堆砌、教学情境脱离实际、学习任务缺乏深度、学生落实未及时检验等问题。在此基础上，加强个人教学研究或通过备课组研讨、教研活动等方式改进教学设计，帮助学生归纳总结地理规律与地理原理，建立知识之间的联系，提升学科能力。

在讲评环节也可以探索多种反馈形式，调动学生进行自评、互评，可以引导学生细致分析自己的作答情况，找出错误原因，总结知识漏洞，弥补差距；也可以请学生之间互评，讨论各自答案的优缺点，找准学习过程中存在的问题并及时改进。

总体而言，评价是学生学习与教师教学的重要组成部分，评价能够诊断、引导学生的地理学习过程，可以鼓励学生积极参与评价，引导学生在评价中学会反思和自我改进；同时评价也能够帮助教师有效改进教学行为，提升教学能力与专业素养。

【案例 3】汉江流域情境试题

汉江是长江的支流，丹江口水库是南水北调中线工程的起点。图 4–5–2 为丹江口气温曲线和降水量柱状图。阅读图文资料，说明汉江流域地形、气候的大致特征及对河流的影响，完成下面框图（图 4–5–3）。

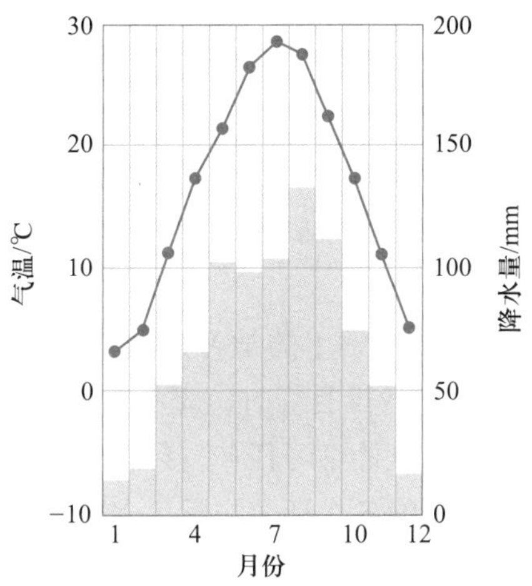

图 4–5–2 丹江口气温曲线和降水量柱状图

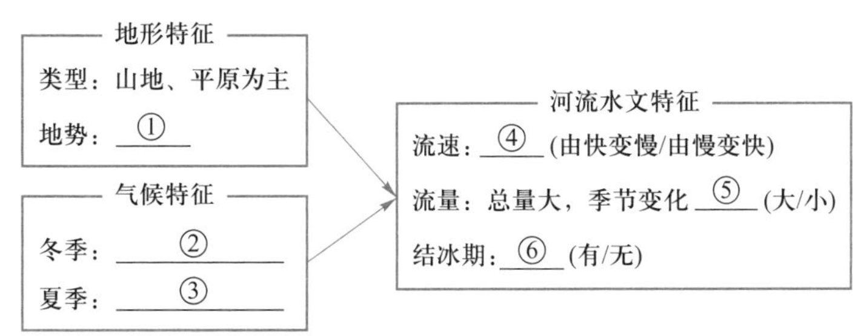

图 4–5–3 框图

参考答案：

①西北高东南低，②温和少雨，③炎热多雨，④由快变慢，⑤大，⑥无。

【案例分析】

本案例以汉江流域为背景创设情境，考查学生对地形、气候、河流等自然地理要素特征及地理要素之间的相互关系的理解。地理要素之间的相互关系体现了地理学科的整体性与系统性特点，这部分内容是初中地理学习的一个难点，学生如果死记硬背，很难建立起要素之间的联系。本题考查学生阅读资料总结归纳地形、气候特征的能力，并考查学生对地形、气候等要素对河流水文特征的影响的认知。

部分学生面对较为陌生的情境不能灵活运用，有的学生没有掌握气温曲线与降水量柱状图的阅读方法，难以准确总结该地区的气候特征；有的学生综合思维素养水平较弱，没能将地形、气候与河流水文特征联系起来。

教师应充分发挥试题的诊断和改进功能，在日常教学中创设真实情境，加强对读图分析方法的总结归纳，引导学生通过案例分析理解自然地理要素之间的相互关系，促进学生综合思维、区域认知等核心素养提升。

教学建议

第一，教师应兼顾教学内容和学情，使地理学习过程中的“教”与“学”紧密联系。教师不仅应关注教学设计的科学性、完整性，更要细致研究学生的认知基础和成长规律，充分考虑学生的生活经验和差异性。通过观察、测量、访谈等方式了解学生。同时积极开展教学研究，创设多样化的学习情境，设计能够激发学生学习积极性的学习任务，引导学生深度参与地理学习活动，促进教师的“教”与学生的“学”有机统一。

第二，教学过程中应细致分析学生的学习过程以及过程中暴露出的问题，避免“教”“学”“评”的脱节。在设定教学目标时，应更多站在学生视角思考问题，基于学生学情和已有地理知识与技能，设计学习任务，帮助学生逐步掌握学科方法，促进核心素养提升。可以在教学过程中的各个环节与学生多交流，了解学生的学习行为与学业表现，及时根据反馈改进教学设计。过程性评价能够对教与学进行实时诊断，提高教学效率，增强教学效果；还可以在教学过程的各个环节鼓励学生主动参与评价，调动学生自评和互评的积极性，让学生在自评和互评中学会反思与自我改进。

第三，应重视纸笔测验反映出的学生学习问题以及教师教学行为问题。在诊断和激励学生地理学习的同时，评价能够帮助教师改进地理教学方式。纸笔测验之后的诊断至关重要，教师可以加强这方面的研究，并反思自身教学行为，理清纸笔测验反映出的真实问题，还可以借助相关工具进行科学分析，促进教学改进。在诊断分析的基础上，教师再次研读课程标准与教材，反思自身教学设计，也可以积极参与教研活动，深入思考学科本质问题，不断优化地理教学，提升自身教学能力与学科素养。

4-5

基于义务教育新课标的初中地理社会调查课程设计（论文）

第五单元

以生活实际为素材
探究地理实践活动

地理实践活动是指学生通过实地考察、实验观察、地图阅读等方式，亲身体验地理现象和问题，实践地理知识和技能的活动。地理实践活动可以激发学生的学习兴趣，培养学生的实践能力和科学精神，提高学生的地理素养。积极开展地理实践活动是初中地理教学的关键问题。

本单元围绕地理实践力培养，从校园内的实验活动到野外的实践考察，从地理学科为主到多学科融合，分别围绕“通过制作地理模型、实验等活动”“依据校园环境特点”“利用乡土地理资源”“结合劳动教育”“跨学科主题学习”设计和实施地理实践活动。让学生深入理解地理知识，锻炼学生的科学思维和创新能力，提高学生的观察和分析问题的能力，培养学生的实用技能和地理学科素养。

关键问题 5-1 如何通过模型制作、地理实验等活动提升地理实践力？

问题提出

地理学科的实践性很强，地理实践力的培育主要是通过地理实践活动来进行的。纸上得来终觉浅，无论是自然地理，还是人文地理，无论是地形、气候、生物、土壤等自然地理要素，还是农业、交通、环境保护等人文地理要素，有实践参与的学习远比纯理论的学习效果要好得多，学生的地理实践力也正是在这样的学习活动中形成和发展的。从国际地理教育的发展趋势看，重视地理实践活动与地理实践力的培养已成为基础教育界的共识。在地理教学中，地理实践活动的色彩会越来越浓，“做中学”成为培育学生地理实践力等核心素养的主要途径。

在地理教学中，教师可以充分开发和利用校内外教育资源，特别是利用校园和教室的空间，精心设计“做中学”实践活动内容，开展探究式、项目式、合作式学习。学生亲身参与和体验地理模型制作、地理实验、地理观测等实践活动，就能更好地观察、分析和认识身边的地理环境和地理现象，更好地理解课堂上所学书本知识以及生活中的现实问题，他们的地理实践力、人地协调观、综合思维等核心素养也将得到很好的提升。

问题分析

一、地理实践力的提升离不开学习生活实际

地理实践力不是来自课堂上教师的直接传授，而是来自学生的亲身参与、体验与提升。地理知识的丰富程度不等同于地理实践力水平的高低，知识的获取固然重要，在人工智能冲击下的当前及未来信息社会，能力和素养的提升才可相伴一生。这就要求地理教学尽量还原生活，贴近学生的学习生活实际，包括学校、家庭和社会生活，地理教学应置于真实的社会和生活环境之中，注意理论联系实际，才能真正提升学生的地理实践力。

二、“做中学”是提升地理实践力的主要途径

“做中学”能让学生在真实的情境中充分认识知识学习的广度、深度和关联度，深度参与地理学习活动，从而培育和提升学生的地理实践力。授人以鱼不如授人以渔，

学生在实践中学习，就可更好地掌握科学学习方法，培养思维能力、动手能力、问题解决能力，以及科学探究的兴趣、实事求是的科学态度、严谨细致的工作作风、坚韧不拔的意志品质等。以学生发展为本，才能为学生提高生存能力、迎接未来挑战打下坚实的基础。

倡导“做中学”的地理实践活动主要有三种途径和方式：一是设计简单的实验方案，利用模拟、虚拟等方式开展地理实验；二是设计简单的调查方案，利用问卷、访谈等形式进行社会调查；三是设计简单的考察方案，利用工具进行观察、观测等野外考察。其中，第一种适合在室内开展，也是目前应用最广、开展最多的地理实践活动，它几乎不受外界环境及其他因素的影响。

三、开发在教室内开展的模型制作、地理实验

教室是师生教和学的主阵地，是落实课程标准要求、传授地理知识、提升学生学科素养的最重要场所。不只是常规课堂教学，很多地理实践活动也都是在教室里开展的。学校一般都配备了丰富的实验器材、设备、教学模型等，有些学校还建有专门的地理教室。因此，基本的模型演示与制作、地理实验类实践活动都可在教室内完成。条件具备的话，地理实验还可用到 VR、AR 等现代信息技术，让学生产生身临其境的沉浸感。

教师要充分了解学校教室及教学器材和设备的特点，据此开发和实施教室内的“做中学”。有些实践活动来自地理教材，如绘制教室平面图，在教室里演示和操作地球的运动、制作板块构造模型、做水土流失模拟实验等，教师可以直接开展，或者根据学校和教学情况稍加改造。有些实践活动还可加入创新的元素，教学模型的设计、地理实验的内容和方式等都可以创新。还有些实践活动可以创造性地利用教室这个空间，例如，用不同的方法测定教室的走向和角度；测量教室里的温度，与天气预报提供的室外温度对照，分析差异及原因；在教室里观测和记录正午太阳高度角及照进室内阳光面积的变化，探讨地球公转的基本规律。这些都能激发学生的兴趣与探求欲。

问题解决

在明确地理实践力培育的意义后，教师可依据新版课程标准要求，结合学校、学生与地理教学的实际情况，梳理、设计适合学校教室内开展的地理实践活动。模型制作、地理实验等室内实践活动的设计和实施要与课程内容结合，与生活实际结合，给学生充分思考与动手实践的机会，让他们体验“认知—实践—深化认知”这一完整的地理实践过程。

地理实践活动要注意体现知识性、趣味性、系统性，确立科学性、操作性强的实践活动主题和目标，设计好以学生为主体的实践活动方案，强调基于学生的真实体验，尽可能创造条件让学生积极主动参与，兼顾自主学习与合作学习，最终指向学生地理实践力等核心素养的提升。具体而言，有助于提升学生地理实践力的教室内地理实践

活动设计有以下三个途径。

一、利用和制作常规模型

地理教学中，有些地理概念空间立体性强，有些地理事物写意抽象，有些地理知识涉及的空间尺度大，对于初中生来说不易理解和掌握，需要借助地理模型。地理模型是对地理原型的高度概括，将地理知识具体化、形象化为科学模型，起到一个中介的作用，能帮助学生深入了解地理事物的本质规律，使抽象的、平面的知识形象化和立体化。

学校通常都配备有地球仪、等高线地形模型、板块运动模型等，部分学校可能还有传统民居模型、洋流运动模型等。这些都属于常规模型，在教材里有相关说明，也能直接从教具商店买到。教师和学生可以直接使用，也可以按照示意图自己制作。通过制作和演示地理模型，学生可以更好地理解相关地理知识，同时可以提升地理实践力。

【案例1】等高线地形模型的制作

（一）活动背景

课程标准的内容要求中关于等高线地形图的表述为“结合地形观察，说出等高线地形图……表示地形的方法”，这一表述较为抽象。在教学实践过程中，很多教师会设计实践活动，要求学生自己制作等高线地形模型，观察辨别各个地形部位，帮助学生加深对等高线地形图的认识与理解。教师一般借助教材中的活动来设计实践活动，引导学生独立或小组合作完成（图5-1-1）。

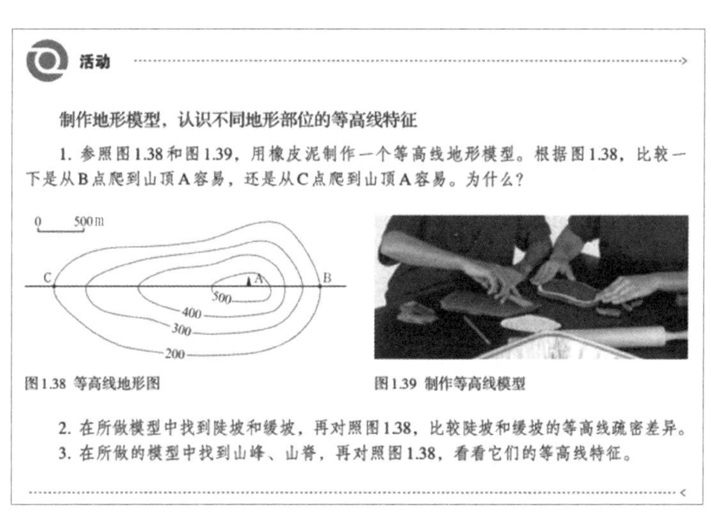

活动

制作地形模型，认识不同地形部位的等高线特征

1. 参照图1.38和图1.39，用橡皮泥制作一个等高线地形模型。根据图1.38，比较一下是从B点爬到山顶A容易，还是从C点爬到山顶A容易。为什么？

图1.38 等高线地形图

图1.39 制作等高线模型

2. 在所做模型中找到陡坡和缓坡，再对照图1.38，比较陡坡和缓坡的等高线疏密差异。

3. 在所做的模型中找到山峰、山脊，再对照图1.38，看看它们的等高线特征。

图5-1-1 人教版《地理》七年级上册教材活动示意

（二）活动目标

1. 学生能够通过制作等高线地形模型，认识等高线及其特征，学会利用等高线地形图辨别地形部位等。

2. 学生能够掌握阅读等值线图的一般方法、实际地形与等高线地形图之间的转换等。

3. 学生能够借助地理模型制作来理解真实世界，提升空间思维能力与实践动手能力。

（三）活动内容及流程

1. 材料准备。教师提前准备多套（依学生分组情况）制作模型所需的材料，包括橡皮泥、吹塑纸、直尺、裁纸刀、胶水、铅笔等。

2. 活动说明。介绍本次活动内容及流程，结合教材活动及准备的材料，制作等高线地形模型，并学会判读等高线地形模型及等高线地形图。

3. 模型制作。按照活动说明，学生分组完成等高线地形模型的制作，教师对学生在制作过程中出现的明显问题进行及时指导。

4. 地形判读。模型制作完成后，学生在组内讨论如何在地形模型上辨别地形部位，与等高线地形图相对照，认识和理解等高线的特征。随后教师集中答疑。

5. 作品评价。组织学生依据评价标准（表 5-1-1）对各小组制作的模型进行打分。也可以在模型制作前在屏幕上展示此标准，学生可以以此为参考来更好地制作模型。

表 5-1-1　等高线地形模型制作评分表

评价指标	赋分	小组自评	小组互评	合计
制作材料选择合理	10			
体现山峰、山脊等地形部位	30			
文字标注正确	10			
体现缓坡和陡坡的区别	20			
正确标注等高距	10			
正确标注部分地理事物海拔	10			
清晰美观，整体效果好	10			
新颖，有创造力	+5			

6. 作品展示。展示优秀小组作品，可以摆放在讲台上当堂展示，或者摆放在教室内作较长时间的课后展示。

7. 活动总结。教师对本次模型制作实践活动进行总结，肯定学生的积极参与及出色的动手实践与合作能力，同时指明共性问题，期待下次的实践活动中学生能有更好的表现。

（案例提供：刘鑫，北京大学附属中学）

【案例分析】

等高线地形图的判读与应用是初中地理教学中的重点之一，也是很多学生理解的难点。如果掌握这一部分知识与方法，之后学习中遇到的其他等值线图的问题也就迎刃而解。

该实践活动通过制作等高线地形模型，让学生亲自感受等高线地形图的绘制过程以及不同地形部位的等高线特征。通过这样的实践活动，学生更容易理解等高线的含义，以及真实世界与等高线地图之间的联系和差异。在教师的引导下，学生初步理解地理工具与地理实践的重要性，体会借助地理工具认识真实世界。在模型制作与分析理解的过程中，学生的动手实践能力与思维能力得到了提升。

地理教材中的模型制作示意图非常局限，规定了动作，如果以此设计实践活动，学生可能只是被动地按步骤完成，实际效果并不好。本实践活动通过评价方案设计，给学生提供更加具体的任务描述和评分标准，帮助他们更好地理解这项实践活动的要求和目标，达到了更好的实践活动效果。

活动最后的作品展示和活动总结环节很重要，教师为学生在本次活动的优秀成果和表现情况做了总结，也指明其中的问题，让学生明确参与实践的意义，以及接下来实践活动的努力方向。

二、创作和应用拓展模型

当前的教育教学越来越重视学生探究精神和创造力的培养，这些在地理实践活动中能得到较好的实现，其本身也可看作是地理实践力的一部分。以地理模型为例，除了上文提到的常规模型之外，教师和学生可以充分发挥聪明才智和创新精神，设计和制作教材上没有的拓展性地理模型和装置，从而促进学生更加深入地学习、理解课程内容。

例如，教师可带领学生设计制作简易日晷、细颗粒物（PM2.5）飘尘采样器、海陆间近地面及高空气流模拟装置等，这些都是可以在室内利用简单材料制作完成的。此外，还可利用仿真、虚拟技术软件，开发宇宙探测、地壳运动、气象变化等虚拟现实（VR）、增强现实（AR）模型。这些新颖的地理模型和装置会激发学生兴趣，从而提升学生的学习效果。

【案例2】日晷的观测、制作与应用

（一）活动背景

在初中地理教学中，“地球的运动”部分难度较大，但是它又和学生的生活作息密切相关。教师一般都会借助地球仪、多媒体动画等演示地球的运动，辅助教学。日晷是古人根据生活中观察到的日影变化设计出的计时仪器，通过太阳视运动，较好地反映了地球运动的特点和规律，是很好的教学与实践活动媒介。

（二）活动目标

1. 学生能够在课前阅读日晷相关资料或实地参观日晷，了解日晷的结构和功能，认识这一展现人类智慧与传统文化的优秀成果。

2. 学生能够通过学习日晷的原理及使用方法，认识日影变化与地球自转和公转的关系，加深对地球运动地理意义的直观认识。

3. 学生能够合作制作简易日晷，并进行实践应用和验证，提高地理实践力和综合思维核心素养。

（三）活动内容及流程

1. 课前准备工作

（1）教师提前准备好若干套晷盘、晷针、支架等部件，具体的材料为圆形硬纸板、铁丝或竹签、木块或橡皮泥，同时准备画笔、尺子、木胶等。

（2）学生在课前阅读日晷相关资料或实地参观日晷，了解日晷的造型与结构，观察晷针的指向及其与地平面的夹角，晷盘的面向、刻度及文字标注等。

2. 日晷制作与演示

（1）教师利用日晷实物或 PPT 课件，简单讲解日晷的结构与原理。

（2）学生依据教师的讲解及课前学到的知识，分组合作制作简易日晷。晷盘刻度和文字可在屏幕上打出，学生参照描写在硬纸板上。教师要提醒学生在组装时特别注意晷针的角度及晷盘的正确摆放。

（3）用手电筒代替太阳光源，分组演示一天之中不同时间晷针日影的变化，包括日影指向、方向和长短随时间的变化等，并解释其与地球自转的关系。

（4）用手电筒代替太阳光源，科学演示夏半年和冬半年太阳的位置、日影出现的晷面及变化特点，并解释其与地球公转的关系。

3. 活动总结与评价

教师对本次实践活动进行总结，简单评价各小组活动情况，肯定学生的实践参与及收获，并再次概括说明日晷的正确使用方法及现实意义。

（案例提供：林雁，北京一零一中学）

【案例分析】

在地理教学中，无论是思想方法、教学工具、教学手段，还是具体的教学内容，都有很多值得拓展和创新的地方，教师可以不断去探索与实践，为学生搭建素养提升和创新发展的平台。

“地球的运动”这部分内容是难点和重点，往往会花费较多的时间，教师多会用到各种媒介和教学手段。本实践活动组织学生通过观察和制作日晷来辅助学习，起到了很好的效果，激发了学生学习和探究的兴趣，培养了学生的综合思维和地理实践力。

日晷的设计和制作原理比较复杂，学生理解不了那么深，本实践活动只是让学生简单了解，更多的则是制作体验与现象观察，引导学生思考其与地球运动的关系，即通过晷针日影方位和长短的变化来探索地球运动的规律。这比较符合学生的认知特点。简易日晷的制作和演示，利用的是简单材料和手电筒光源，方便易行，同时演示效果也很不错。

日晷是中国古代劳动人民智慧的结晶，也是中华优秀传统文化的组成部分，教师应用心挖掘和搜集这样与地理相关的事物，以这类事物来设计和开展有特色的地理实践活动，其影响当然也不只限于地理教育本身。

三、演示和操作地理实验

实验是地理教学中经常采用的直观方法之一，是科学探究地理问题的重要手段。自然界中的许多地理事物发生的时空跨度很大，一些不便或不能观察到的现象和过程，可以通过实验观察得到，学生能理解一些地理概念和基本原理。

地理实验可以比较形象、直观地模拟和展示抽象的地理事物或地理演变过程，尽管与真实的地理现象有较大差别，但能为学生提供一个直接观察和探究的机会，有助于培养学生的观察能力、操作能力和思维能力，促进学生地理实践力和综合思维核心素养的提升。

初中地理教学中可以开展的实验有很多，如地球运动、海陆变迁、天气变化、水土流失、板块运动、土壤分析、植物探究、地震的发生、潮汐的形成等。当然，地理实验要做好实验设计与过程管理，强调科学性、探究性及参与性。

【案例 3】影响水土流失的主要自然因素模拟实验

（一）活动背景

水土流失是常见的自然现象，也是一些区域的典型环境与发展问题，教材对于它的概念、影响因素的表述较为抽象，不利于学生理解和掌握。借助控制变量的模拟实验，可以帮助同学们体验科学探究的过程，理解影响水土流失的主要自然因素，认识水土流失的本质，突破教学难点。

（二）活动目标

1. 学生能够通过实验操作，观察水土流失的现象、过程，对比分析实验结果，认识水土流失的成因，进而认识水土流失的危害、治理措施，理解水土保持的重要性。

2. 学生能够参与实验活动全过程，体会实践学习的乐趣，培养独立与合作探究的习惯、技能，提升区域认知和地理实践力核心素养，深化对生态文明建设内涵的理解，确立人地协调观，并积极为人地协调发展探寻可行措施。

（三）活动内容及流程

1. 实验准备

（1）明确实验任务，设计实验方案和实验报告单（表 5-1-2）。

表 5-1-2　影响水土流失的主要自然因素模拟实验报告单

第________实验小组 组长:________ 组员:________________________________	
时间:________________ 记录人:________________	
实验名称	地面坡度、土质、地表植被覆盖状况、降水对水土流失的影响
实验现象及结论	

续表

序号	实验目的	变量	常量	观察到的现象及数据	分析及结论
实验 1	地面坡度对水土流失程度的影响	地面坡度小	土质、地表植被覆盖状况、降水量和强度都相同		
		地面坡度大			
实验 2	土质对水土流失程度的影响	土质紧实	地面坡度、地表植被覆盖状况、降水量和强度都相同		
		土质疏松			
实验 3	地表有无植被覆盖对水土流失程度的影响	地表全覆盖草皮	地面坡度、土质、降水量和强度都相同		
		地表裸露			
实验 4	地表植被覆盖状况对水土流失程度的影响	地表植被与等高线平行	地面坡度、土质、降水量和强度都相同		
		地表植被与等高线垂直			
实验 5	降水对水土流失程度的影响	降水量和强度小	地面坡度、土质、地表植被覆盖状况都相同		
		降水量和强度大			

（2）学生分组与分工。可以依据“组内异质，组间同质”的原则，对全班同学进行分组。小组长组织本组成员做好分工，明确任务。

（3）准备实验材料。准备好透明塑料盒（两只）、斜坡面且承载力大的托架、双花洒的喷水壶（花洒带有调节水量的旋钮）、烧杯（两只）、土壤、草皮、铲子、清水、水管等。

2. 实验实施

（1）教师指导学生操作演示实验。

教师提出假设：水土流失程度与地表植被覆盖状况有关。引导学生思考：这个实验中，需将哪些因素控制为常量、哪些作为变量？需要观察并记录哪些现象和数据？按步骤指导学生操作实验，提醒全班同学注意观察：

①将两只塑料盒放在托架上，分别均匀地放入约 5cm 厚的相同土壤，一只盒内的土壤被草皮全覆盖，另一只盒内的土壤覆盖的草皮很少。

②将两只烧杯放在两只塑料盒出水口的正下方，喷水壶内加入约 1L 清水，调整两个花洒的旋钮使出水量相同。

③在距草皮约 20cm 的高度，同时将喷水壶的两个花洒的水分别淋在两只塑料盒的土壤上约 5s，模拟降雨。

④静置一会儿后，请操作的同学说出看到的现象和数据：描述两个塑料盒内坡面的状况，比较两个烧杯中水和土的量。

教师展示结果，引导学生说出观察到的实验现象，分析实验结果，得出结论。

（2）学生分小组进行模拟实验，完成实验报告单。

（3）反思总结，迁移应用。

（4）全班汇报分享，教师进行活动评价。

（案例提供：孙士莲，北京交通大学附属中学）

【案例分析】

自然界中很多地理事物和现象比较抽象，发生时空跨度大，真实的自然地理过程难以完整地观察和体验到，地理模拟实验可以起到很好的辅助学习作用。本活动利用现有条件设计"定性＋定量"的模拟实验，以"观"现象取代"讲"现象，就可以化抽象复杂为形象直观，帮助学生体验科学探究的过程，理解其中的科学道理，突破教学难点，并通过动手、合作、探讨等实践活动体验，有效提升学生的思维能力和地理实践力。

本实验从实验材料的准备、实验方法的选取、实验过程及各活动环节的安排都恰到好处。教师引导到位，学生参与充分，时间还可以延伸到课外。学生通过实验可清楚地观察和理解影响水土流失的主要自然因素，认识水土流失的本质，而不只是面对教材自行想象。这是一个科学性与实践性都很强的地理实验活动，对其他类似地理实验的设计和实施有一定的借鉴意义。

从本案例也可看出，地理实验课远比常规授课难度大，包括实验的设计、器材的准备、实验的进程与把控、最后的总结与评价，都需教师付出更多努力。相信这样的教学效果会对学生产生深刻的积极影响。

教学建议

地理实践力的培育和提升对于学生非常重要，是地理教师在教学中要时刻关注和思考的问题，可以在常规课堂教学中渗透思想方法，更多的则要通过地理实践活动来实现。通过模型制作、实验等活动提升学生的地理实践力，教师要注意做好以下三点。

第一，统筹规划实践活动，系统培养地理实践力。

在初中地理教学中可开展的实践活动有很多，地理实践活动也方式多样，每种都有其特点、优势和局限性，教学设计不能为了活动而活动，也不能生搬硬套一些活动方式。学校和教师可以依据课程标准要求、课程内容、学校特点、学生需求等，统筹规划初中阶段的地理实践活动，这样可以有针对性地系统培养学生的地理实践力。考虑到安全、成本等各方面的因素，地理实践活动一般以校内活动为主，校外活动为辅，野外考察活动需在学期开始前就做好规划，模型制作、地理实验等则可随时在教室内开展。

第二，重视学生实践参与度，关注学生实际获得。

义务教育最终要落实到满足学生的真实需求和尊重学生的成长规律，最终追求的是学生的实际获得和成长。以学生为主体，是当今教育教学的主流，实践活动教学更应如此。地理实践活动从最初的选题、方案设计，到活动过程和活动评价，都可由教师和学生一块研讨完成，而不是教师包揽这几项工作形成方案，学生只是严格按既定方案来开展活动，这样他们可能会感觉是被教师牵着鼻子走，活动只是走过场，学习效果必然大打折扣。也就是说，让学生应尽可能全过程参与实践活动，充分发挥积极性、主动性，使每位学生都能享受实践活动的乐趣，学生的“实际获得”必然更多。

第三，鼓励学生积极创新，创造力与实践力协同提升。

当今社会非常重视创新人才的培养，中学是培养学生创造力的关键阶段之一，地理实践活动是培养创新精神和创造力的良好土壤。教师要精耕细作这块土壤，设计和开展丰富多彩且有意义的地理实践活动，鼓励学生拓展学习，积极创新，让学生的创造力与实践力在活动中协同提升。

5-1

影响水土流失的主要自然因素模拟实验（教学设计）

关键问题 5-2 如何依据校园环境特点设计和开展地理实践活动？

问题提出

教育家裴斯泰洛齐说过，在地理教学过程中应该引导学生由近及远，从认识自己所在的学校或乡村开始，逐渐扩大到国家、世界；从直接观察身边的地理事物到思考形成的复杂表象。学生的大部分学习时间在学校，他们对校园里的花花草草、建筑场馆、设施设备、文化景观等校园环境都非常熟悉，这些都可以成为地理实践活动的教学资源和重要载体。

校园是一个微观世界，也是小空间尺度的自然与社会环境，能为学生提供很多可研究的地理内容和实践学习的地理空间。在这里，学生可以观测日月星辰的变化、风的方向与风力的大小、植物的生长、水的循环与利用过程，模拟和操作各种地理实验，调查和访谈各种地理现象。对于学生来讲，这些可能远比课本知识亲切而鲜活。实践的魅力就在于让学生在亲身感受和体验中获得知识、能力与综合素养。

巧用校园环境，设计和开展丰富多彩的地理实践活动，可让学生不用走出校园，也能学到丰富的地理实践知识，提升学生的综合思维、地理实践力等核心素养，同时也为他们将来步入社会、走向未来打下坚实的基础。

问题分析

一、在校园里开展地理实践活动的重要性

地理实践活动是学生学习地理知识、提升学科能力与综合素养的重要途径。从地理学科的发展趋势与学生的发展需求来说，开展地理实践活动意义深远。校园是学生学习生活的最主要场所，开展地理实践活动就显得非常重要。

1. 理论联系实际，激发学习兴趣

地理课程贴近生活，具有很强的实践性。但课堂上的地理知识通常比较抽象，学生理解部分概念和知识比较困难。因此，在常规课堂教学的基础上，还需适当开展一些地理实践活动，出于时间安排的考虑绝大部分都会在校园内进行。通过体验地理实践活动，学生可以将理论知识与生活实践相结合，更好地理解和巩固地理知识，形成全面系统的知识体系。利用地理实践活动的机会，学生把课堂所学知识应用于实践活动，学会观察自然和社会，发现问题和解决问题，对于激发学生的地理学习兴趣、引导学生做好地理知识的活学活用等方面具有积极意义。

2. 培养学生的创新精神与实践能力

创新精神与实践能力是学生适应学习生活和社会未来发展的必备品格和关键能力。地理实践活动通常还会涉及跨学科知识，不仅能促进理论知识与实践的结合，同时也是对课堂学习的一种延伸和拓展。在校园里组织多学科教师开展跨学科融合实践活动，具有天然的优势。学生在教师的引导下，积极地参与实践活动，进行学习与探究，充分发挥潜能和创造性去寻求突破。在实践活动中，学生受到的制约较少，其批判性思维和创造力可以得到充分发展，从而提升核心素养。这也体现了“学习对生活有用的地理、对终身发展有用的地理”的理念。

3. 促进学生自主学习和合作学习

在校园地理实践活动中，时间、器材、安全等问题相对有保障，教师主要起引导和指导作用，活动的主体是学生，而且是全体学生。地理实践活动一般包括小组分工、讨论、资料查询、探究、展示等多个环节，要让每个学生都能充分参与其中，让不同性格和特长的学生在活动中找到自己的定位和分工，做自己愿意做和擅长做的事，学生的学习过程也会变得积极、主动、轻松而活跃。这样的学习不是靠教师推动，而是小组驱动、自我驱动。学生的自主学习能力、合作学习能力、综合思维能力等都会得到提升。

二、充分利用校园环境开展地理实践活动

适合在校园内开展的地理实践活动有很多方式，主要包括地理实验、地理观测、地理集会、调查访谈、科研探究等。设计地理实践活动时，可以选取其中的一种，也可以将多种方式融合，可以在课堂中开展，也可以在课外实施。

教师应充分利用校园资源，开展丰富多彩的地理实践活动。例如，带学生游览校园，绘制校园平面图；探究校园植被，区分落叶植物和常绿植物、阔叶树和针叶树，分析其与气候、土壤的关系；研究学校建筑物的布局、朝向、特色，分析其原因；观察校园路面，开展探究透水砖与不透水砖对水循环及生态环境的影响的实验；关注路边的石头、石雕，研究它属于哪类岩石、来自本地还是外地；记录校园天气，绘制气温曲线图、降水量柱状图，模拟天气预报进行播报；分析校园交通路线是否有优化空间和方案；调查学校用水、用电情况，了解校园水、电的来源；设计美化校园绿地和生态环境；等等。

此外，每所学校在校园位置、自然环境、文化环境等方面都有自己的特点，教师可以利用好这些校园环境特点，设计和开展有学校特色的地理实践活动。例如，学校位于郊外，或者有天文台，可以多开展天文观测实践活动；学校占地面积较大、有校园农场或温室大棚，可以开展农业生产体验实践活动；学校有湖泊或湿地，可以开展生态环境调查与治理实践活动；学校有历史文化遗迹或者标志性文化景观，可以开展实地调研、追寻探究类综合实践活动；等等。部分活动涉及跨学科知识融合，可以邀请相关学科教师一起参与，相信这样的实践活动一定会让学生记忆深刻、受益匪浅。

问题解决

依据课程标准要求，教师可根据学校的校园环境特点，开发具有学校特色的地理实践活动，并科学组织实施。在初中地理课程教学中，梳理适合开展实践活动的知识内容，并与校园环境相结合，进行系统开发与设计，充分考虑学校的软硬件资源，特色实践活动就会源源不断地进入地理教学实践。

一、开发校园“小宇宙”，开展天文观测类实践活动

人类对浩渺的宇宙总是充满了好奇和探索的欲望。“地球的宇宙环境”这一课程主题包括地球在宇宙中、太空探索等内容，旨在帮助学生初步形成科学的宇宙观，增强科学兴趣，提升科学探究意识与科学精神。这一主题内容教学要重视激发学生探索宇宙奥秘的好奇心，从生活中的日月星辰现象出发，让学生发现问题、提出问题，逐步引导学生学会思考、主动学习。

教师可以在校园开展简单的天文观测类实践活动，组织学生用肉眼或望远镜观测太阳、月亮、星空，用地球仪、手电筒等演示地球运动，通过旗杆旗影的变化、室内光照变化等探究地球自转与公转。有天文台、专业教室的学校还可以在中秋节、月全食时开展相关实践活动。总之，开发利用好校园“小宇宙”，能让学生在学好地理知识的同时，激发学习兴趣，提升综合素养。

【案例1】学校中秋赏月活动

（一）活动背景

每年中秋节前后，学校都要举办以“人文，科学，团圆”为主题的中秋赏月活动，地理组教师牵头策划，天文社团学生协同组织，师生齐聚一堂，共同参与一年一度的科学文化盛会。

（二）活动目标

1. 学生能够通过中秋赏月活动，学习天文知识，了解中秋传统文化知识，初步学会望远镜的使用、简易星空图的识别与绘制等。

2. 学生能够通过活动感受灿烂的星空，培养学习天文知识、探索宇宙空间的兴趣，激发勇攀科学高峰、为科学事业的发展而努力学习的情感。

（三）活动内容与流程（表5-2-1）

表5-2-1　中秋赏月活动内容与流程

活动时间	活动地点	活动名称	活动内容	器材和设备准备
18:00—18:30	喷泉广场	猜灯谜	广场两侧悬挂灯笼和灯谜，学生扫二维码猜灯谜	灯笼50个，灯谜200条（包含天文地理、中秋文化相关内容）
18:30—18:35	报告厅	活动启幕	致欢迎辞等	多媒体设备

续表

活动时间	活动地点	活动名称	活动内容	器材和设备准备
18:35—18:45	报告厅	民乐表演	民乐团师生演奏《彩云追月》等曲目	古筝、琵琶等
18:45—19:10	报告厅	天文知识讲座	地月系与月球探测天文知识讲座（专家或天文社骨干成员）	多媒体设备
19:10—19:30	报告厅	文化知识讲座	中秋传统文化知识讲座（语文或历史教师）	多媒体设备
19:30—20:30	阶梯教室	星空伞绘制	绘制秋夜星空与星空伞（天文社骨干成员先讲解，后带领学生绘制星空伞）	活动星图、星空伞各80个，油性笔160支
	录播教室	望远镜制作	学习制作简易小型望远镜	简易望远镜配件40套
	充气天文帐篷	观看天文节目	观看《神奇的宇宙》《星空》等天象节目	充气天文帐篷
20:30—21:00	天文台	观测天体	观测月球、土星等当日可见天体	40mm口径折反射望远镜
	大操场	观测天体与星空	观测月球、土星、天狼星等天体与秋夜星空	在操场看台附近架设6台小型天文望远镜

（案例提供：金梓乔，北京一零一中学）

【案例分析】

该校的中秋赏月活动内容丰富，设计科学合理，充分调动了广大师生的参与积极性。

首先，中秋赏月活动充分利用校园环境特点，设计了猜灯谜、天文知识讲座、观看天文节目、星空伞绘制、望远镜制作、观测天体等多姿多彩的实践活动内容，理论学习与动手实践相结合，每个学生都能充分参与其中，享受汲取知识和动手实践的乐趣，同时提升地理实践力核心素养。

其次，赏月活动中还穿插了民乐表演、文化知识讲座等内容，除了地理学科教师，历史、语文、音乐教师也参与其中，体现了学科融合，同时也让实践活动的主题更加丰满。科学地理知识与传统文化知识的结合，将进一步提升学生的家国情怀、综合思维素养。

最后，中秋赏月活动非常适合中学生，根据初、高中生的天文地理知识储备不同，相应的活动设计可深浅有别，对地理课本知识的拓展处理也应更具针对性，尽量使学生都喜欢上这项活动，并能从中收获满满。

二、制作并利用地理工具，开展工具利用类实践活动

课程标准提出，地理工具部分内容包含地球仪、地图等，旨在帮助学生认识地理工具，并提高使用地理工具分析地理事物和现象的能力，逐步养成读图、用图的习惯，

学会熟练地使用地图，掌握适应现代社会生活的基本数字化生存技能。地理工具的使用贯穿地理教学全过程，学生的学习生活中，地图也是最常用、最好用的地理工具之一。制作并利用好各类地图，以此开展工具利用类实践活动，对帮助学生掌握技能和知识起到重要的作用。

【案例 2】校园寻宝大挑战

（一）活动背景

某校为花园式学校，校园内既有高低起伏的小山，也有宁静碧波的人工湖及参天古木，既有记录校史的石碑与石牌，又有种类繁多的建筑物，这是极好的地理实践活动场所，非常适宜于校园寻宝这类活动的开展。

（二）活动目标

1. 学生能够通过实践活动初步学会使用地图，复习地图、地形图的基本知识。

2. 学生能够通过实践活动进一步熟悉校园，通过小组合作比赛提高学习地理的兴趣，提升合作沟通能力及地理实践力。

（三）活动准备

1. 藏宝图：准备若干张标有藏宝线索的校园地图。保证每人 1 张地图或者每组 1 张地图，每组的藏宝图路线要求不同，但规定在统一时间返回班级，用符号标注上序号。

2. 宝藏方便贴：宝藏内容写在方便贴上，易于隐藏。本校自然小组是 6 个，因此设定 12 个宝藏方便贴。宝藏按照难易程度排序，由教师拟定。寻到宝藏的小组需要将宝藏方便贴带回，背面写好小组成员的名字后交给老师。活动可以有实物奖品，也可以是精神奖励。

3. 线索方便贴：线索写在方便贴上，要与藏宝图对应。线索的多与少视学生情况而定。一般 6 个小组设计 6 条线路，每条线路上有 4 个线索，由 5 个不同的点位串联而成线索。学生不能拿走线索方便贴，因此 30 个点位及线路设计比较重要。其中线路 1 的线索规划如表 5-2-2 所示。

4. 点位物品：点位要分散且不能重复，线路也尽量少有重复。可用写好线索的纸条包裹住糖果，再用食品袋包住纸团。

表 5-2-2　线路 1 线索规划示例

线索	点位	线索方便贴
线索 1	二道门外绿化带自北向南数第 3 棵树南侧的树桩旁	恭喜你找到了这张纸条，你的任务还没有完成。在喷泉广场东侧自北向南第 3 棵树旁，你将找到你想要的东西
线索 2	喷泉广场东侧自北向南第 3 棵树下	恭喜你找到了这张纸条，你的任务还没有完成。在学校东面上山的两条小路上，沿着缓坡的小路你将有新的发现
线索 3	学校东面上山的两条小路中缓坡的小路旁的树坑里	你离宝藏越来越近了。它在哪儿？去学校篮球场的东北角看看吧

线索	点位	线索方便贴
线索 4	篮球场的东北角	恭喜你！宝藏就在“光辉的历程”石牌下面的草丛中
宝藏	“光辉的历程”石牌下	恭喜你们找到我，将你们的名字写在我的背面，带给地理老师，你们获得了一次完成任务奖励

（四）活动流程

1. 地图复习。首先简要复习所学的地图知识，了解辨识方向的几种方法。

2. 活动叙述。教师叙述活动具体要求，明确校园寻宝任务，并解答学生疑问。

3. 寻宝实践。小组分工完成后，开始寻宝实践活动。在学生活动过程中，教师可以到不同点位去观察学生，并给予简单指导。

4. 学生汇报。学生按小组汇报活动情况，汇报过程中，教师可以询问学生在活动过程中遇到的问题及如何解决的方法。

5. 活动总结。教师总结学生在活动中的收获、遇到的问题及解决方法，同时对学生活动中的一些细节进行点评，如小组的分工合作情况、塑料袋和垃圾的处理等。

（案例提供：张雪，北京一零一中学）

【案例分析】

校园寻宝是一种很受学生欢迎的地理实践活动，很容易激发学生的好奇心与学习兴趣。本活动充分利用了校园空间，将地图知识融于实践活动之中，让学生在学习地理知识的同时，进一步了解校园，通过小组合作达到既定目标，享受到成功的喜悦。

要用一节课的时间完成校园寻宝活动，需提前做好各方面的准备工作。本活动的事前准备完善，线索提示到位，教师适时追踪活动进程，保障了活动的顺利开展。教师最后的总结评价也很重要，特别是对实践活动中出现的问题、垃圾的处理等内容进行点评，升华了本次活动的意义，引发了学生更多思考，拓展了学习空间。

当然，作为实践活动的重要一环，活动评价方式还可继续细化，更加科学合理，更好地发挥诊断和激励功能。课上来不及完成的也可延伸到课后探讨。这样有趣、有意义又接地气的实践活动，特别适合在校园里大力开展。

三、设计调查方案，开展地理调查类实践活动

设计简单的调查方案，利用问卷、访谈等形式进行社会调查，是地理实践活动的重要方式之一。社会调查锻炼学生的综合学习技能，是书本理论知识与实际应用的纽带，具有很强的理论性和综合性。

在初中地理教学中，可以围绕与教材内容或社会热点问题密切相关的问题开展调查类实践活动，例如，经济全球化与我国的芯片研制问题，南水北调工程对沿线地区经济和社会发展的影响，城市发展与生态环境保护问题，等等。同样，即使不出校门，也可在学校里开展调查类实践活动，让学生体验“发现问题—设计方案—地理调查—

整理分析—提出策略”的过程，完成地理调查类实践活动，实现地理课程教学的生活化、实用化。

【案例 3】校园水资源利用的调查

（一）活动背景

本实践活动为八年级“水资源”一节的拓展学习，学生已掌握了水资源的概念、我国水资源时空分布特点等知识。本活动将以学校的水资源利用为探究学习内容，通过实践探究、社会调查等方式，分析学校当前的用水问题。

（二）活动目标

1. 学生能够通过地理调查类实践活动，了解学校水资源利用的情况及存在的问题，针对问题说出合理利用与保护水资源的重要性及应对措施，逐步树立节水意识。

2. 学生能够通过问卷调查、访谈、实地调查等实践活动，培养自主学习、合作学习意识，提升地理实践力与综合思维能力。

（三）活动内容及流程

1. 活动导入，明确主题。教师提问：我们学校日常的饮用水来自哪儿？是校园湖中的水吗？学校目前的用水情况怎样？学生进行头脑风暴，引出本次实践活动的主题：校园水资源利用的调查。

2. 学生分组，确定任务。学生自愿组合，每组 6 ~ 8 人，而后再分为 3 个小队，分别完成问卷调查、访谈和实地调查的活动任务。

3. 设计调查方案。问卷调查小队首先设计简单的问卷，8 个左右的问题，而后确定调查对象，应包含同学、老师、后勤人员等，找齐足够的样本。访谈小队设计好访谈提纲，而后选定有代表性的受访谈者，包括具体负责相关工作的校领导。实地调查小队商定需调查的地点，包括教学楼、食堂、宿舍、湖泊、草地、卫生间、体育馆等处，设计好调查路线。调查方案的设计非常重要，可能决定整个实践活动的成败，教师应对各小组方案进行把关指导。

4. 分组开展实践活动并记录过程。在规定时间内，按计划方案开展调查实践活动。注意小队成员的分工与协作，做好活动记录，留下数据及影像资料。教师可以追踪了解部分小队活动的进展情况，及时答疑解惑。

5. 形成问题解决方案。对调查获得的信息资料进行整理分析，研讨问题解决方案，最终形成汇报用的演示文稿或小论文、活动展板。

6. 小组展示汇报。学生分组展示各自的调查实践活动成果，针对问题提出有效解决措施。教师分别点评，最后做活动总结。好的想法和举措可推荐给学校。

（案例提供：夏焕春，北京一零一中学）

【案例分析】

水资源是人类最宝贵的资源之一，很多生活在城市里的学生往往没有水资源短缺的概念，因此，在常规的课堂教学中对学生进行节水教育，难以直达学生的心灵深处。如果让学生亲自去体验，去探究，去发现和解决水资源利用相关问题，能带来很好的学习效果。

本实践活动采用地理调查的方法，学生通过问卷调查、访谈、实地调查等多种方式，探究校园水资源的利用情况，可以较好地实现理论知识与生活实际情况的结合，培养学生多方面的能力，引导学生树立节水意识和人地协调观。

如案例这样的探究校园水资源的利用的实践活动，完全可以在校内进行，实践性和操作性都比较强。条件允许的话，也可扩大社会调查面，将实践活动延伸到学校之外，有助于学生加深对问题的认识和理解。

教学建议

在实际教学中，因为学校的地理位置和校园环境不一样，每位地理教师的专业基础和对课程教学的理解也不一样，设计出来的地理实践活动会形式多样，即使相同的主题，活动内容和方式也会各有特色，这正是地理实践活动的魅力所在。但不管是哪种实践活动，目标都要指向学生核心素养的提升，教师都要做好各个环节的准备工作，以保证实践活动的顺利进行和既定目标的实现。

第一，结合实际确定实践活动主题。

每所学校在校园环境方面都有自己的特点，教师首先要充分观察、开发、利用，可与学生一块探讨确定地理实践活动的主题。例如，学校若建设有日晷、气象站、天文台、人工湖、地理专业教室等，可以开展相关主题的地理实践活动。

第二，设计科学完善的实践活动方案。

工欲善其事，必先利其器，整个实践活动从活动目标的确定，到最后的展示和评价，每个环节都需要事先设计到位，考虑到活动中可能出现的问题并准备相关预案，这样目标明确，活动效率高，执行力强，还可以避免走弯路、做无用功。

第三，做好活动督促与指导工作。

学生参与实践活动的积极性通常比较高，自主学习的意识比较强，但也可能遇到难以解决的问题。因此，在具体的实施过程中，教师不能放任不管，而应积极参与其中，做好督促和适时指导工作。

第四，重视活动总结和评价工作。

不管实践活动成效怎样，每位学生都会有自己的收获，也渴望受到肯定，找到和改进问题，因而活动最后的总结和评价工作也很重要。教师应充分鼓励创新，科学评价，看准问题，画龙点睛，让活动不止于活动本身，而成为下一次实践活动学习的良好开端。

5-2

校园水资源利用的调查（学生活动片段）

5-2

学校中秋赏月活动（学生活动片段）

关键问题 5-3　如何利用乡土地理资源设计地理实践课程?

问题提出

乡土地理是义务教育阶段中学地理课程的重要组成部分。新版课程标准要求，学生能够运用所学的知识、方法和工具，面对世界、中国、家乡出现的人口、资源、环境和发展问题，作出初步的分析和评价，并具有遵守相关法律法规的意识；能够立足家乡、胸怀祖国、放眼世界，初步树立人与自然和谐共生的观念。乡土地理可以广义理解成为学生身边的地理，范围尺度以学生生活的地方为参考。例如，生活在哈尔滨的学生，不仅可以去了解哈尔滨这个省会城市的自然地理、人文地理特征，也可以去了解黑龙江的地理环境、风土人情。

义务教育乡土地理教学的实施方式可以在课堂中依托校本教材，也可以结合搜集的相关资料，让学生有一个直观的理解与认识。对于乡土资源相对丰富，师资力量较为雄厚，跨学科能力突出，德育管理能力较强的学校、年级或班级，可以通过如研学旅行、走进自然环境、融入社会实际生活的地理综合实践课程的形式开展乡土地理的教学，给学生创造真实的环境去体验、深入了解、动手实践。可以说，让学生走出校园，进行乡土地理的学习活动，才最能感受到的身边真实的地理环境。

问题分析

一、学习乡土地理就是了解身边的地理环境与地理资源

新版课程标准对“认识家乡”的内容要求做了详细描述：进行野外考察并利用图文资料，描述家乡典型的自然与人文地理事物和现象，归纳家乡地理环境的特点，举例说明其形成过程及原因；与他人交流各自对家乡的看法并说明理由，感悟人们在不同体验和感知背景下对家乡形成的不同看法；举例说明家乡环境及生产发展给当地居民生活带来的影响和变化，并尝试用绿色发展理念，对家乡发展规划提出合理建议，增强热爱家乡、建设家乡的意识。

综上所述，根据课程相关的要求，将地方课程校本化，通过走进身边的地理，利用野外考察、研学旅行或是综合实践的多样方式，培养学生的家国情怀构成了乡土地理实践课程的发展目标。这也和义务教育阶段地理课程中乡土地理的内容要求高度契合。

二、利用乡土地理资源开展地理实践活动优势显著

1. 创设更为真实的地理学习环境

地理课程内容的选择，在体现地理学科发展的基础上，更加关注学生发展和社会需求，形成融基础性与时代性、学科性与生活性于一体的课程内容体系，将丰富的地理素材与鲜活的地理活动相结合，促使学生在做中学，获得并积累学习经验，关心并乐于探究现实中的地理问题。围绕乡土地理为学生创设更真实、贴近生活的学习环境，学生就是在学习身边的地理，学习对生活有用的地理。

2. 激发学生的兴趣

学生能够初步掌握地理实验、社会调查、野外考察等地理实践活动的基本方法；能够在校内、校外的真实环境下，运用所学知识和地理工具，通过地理实践活动，观察和感悟地理环境及人们生产生活的状态，尝试解决实际地理问题，增强信息运用、实践操作等行动力；能够养成在实践活动中乐于合作、勇于克服困难等品质。

3. 落实学科立德树人根本任务

义务教育阶段立德树人的总体目标就是要培养德智体美劳全面发展的社会主义建设者和接班人。在中学地理教学中，充分利用地方特色教育资源，注重用好中华优秀传统文化资源和红色资源，强化实践性、体验性、选择性，促进学生认识家乡，涵养家国情怀，铸牢中华民族共同体意识，是努力践行立德树人的有利体现。

三、研学旅行是乡土地理资源呈现和地理实践活动实施最有效的结合

研学旅行就是“行走的课堂”，通过引导学生走出校园、走向社会，让学生用综合实践的方式代替传统的看书学习，加深与自然文化的亲近感，提高个人的社会实践能力，增强对集体生活方式和社会公众道德的体验和认知。而综合实践活动课程是国家规定、地方指导、学校自主开发与实施的必修课程，是国家基础教育课程的重要组成部分。自《基础教育课程改革纲要（试行）》明确提出“从小学至高中设置综合实践活动并作为必修课程”开始，不少学校积极探索、大胆实践，在综合实践活动课程的开展上取得了许多成果，积累了一定的经验。之后出台的《中小学综合实践活动课程指导纲要》等文件，为学校开发以综合实践活动为主体的研学旅行课程提供了更为科学有效的指导。

问题解决

教师组织乡土地理教学的最有效的实践方式就是开展研学旅行课程，将乡土地理的课程要素与地理实践活动相结合，开展以学校、社区、城市为主题的地理实践活动，有余力的学校可以开展跨学科的研学旅行，或利用校外地理实践基地的资源提升学生能力，以期取得良好的教育效果。善于抓住身边乡土地理资源的地理实践课程，应该

具备以下关键要素和环节。

一、确立基于乡土地理资源为核心的课程目标

学习乡土地理，很多学校往往选择研学旅行的形式。这是学习乡土地理的有效手段之一，它可以激发学生的兴趣，提升学生地理实践力核心素养。但是构建一门课程，创造一个活动首先要明确它的目标。目标的确立一定要基于身边的乡土地理资源，以其为核心，这样才能保证后续的地理实践活动有效实施。

【案例 1】安徽泾县、歙县“笔墨纸砚”研学旅行项目（课程目标）

（一）课程总体目标

1. 学生能够通过参与校内外传统文化项目学习，感受中华优秀传统文化的精髓与魅力。

2. 学生能够通过向非遗传承人学习，体会匠人精神及文化传承，树立敬业奉献精神。

3. 学生能够以积极投入的态度，亲身体验实践过程，积累生活经验和学习经验。

4. 学生能够通过学习探究问题的基本方法，结合地理学科特点，获取基本信息，对信息进行分析处理，提出自己的观点，独立形成有价值的实践成果。

5. 学生能够通过小组分工协作，及时总结，分享反思，为实现共同的团队目标不懈努力，提高团队合作能力和领导力。

（二）“笔墨纸砚”项目课程目标

1. 理解知识方面：学生能够了解毛笔、徽墨、宣纸、歙砚的制作技艺。运用学过的地理知识，分析安徽泾县、歙县地区成为我国文房四宝核心区域的自然和社会原因。

2. 培养能力方面：学生能够通过对资料的分析处理及亲身实践，能够形成一定的实践成果；通过小组分工协作，提高团队合作能力和领导力。

3. 提升情感方面：学生能够通过实践过程，积累一定生活经验和学习经验；通过参观、体验等实践过程，增强对中华优秀传统文化的了解和热爱。

（案例提供：冯浩，北京大学附属中学）

【案例分析】

本案例中，学生真实得到的身边乡土地理的资源是笔墨纸砚这四样极具中华特色的书画工具。很多学生提到文房四宝都会想到安徽省，安徽的泾县和歙县正是文房四宝的诞生地之一。毛笔的笔头来自什么动物的皮毛？墨块想长久保存需要如何适应当地的气候特点？宣纸的制作离不开哪种植物产生的汁液作为催化剂？这里的石料为什么能造就多样的砚台？这一系列的问题恰好是乡土地理教学中学生最感兴趣的地方，能激发学生极大的兴趣。所以，教师在确立课程目标时就需要考虑这些乡土地理因素包含的兴趣点以及培养学生的地理学科能力。

地理综合实践活动需要在学生能力培养方面确立对应的目标，努力践行立德树人的教育理念，在活动设计上突出学生主体地位，引导学生主动发展；注重文化渗透，增强学生对中华优秀传统文化的认知，坚定民族自信和文化自信；向学生展现完整的生活世界，为学生提供开放的发展空间；注重学生亲身体验和积极实践，发展创新精神和实践能力。这些都是目标中必不可少的内容。

二、设计明确的课程框架和课程内容

乡土地理课程的实施是地理课程的延伸，同时也可以是一所学校校本课程的成果之一。作为一门课程，在设计初期就要有明确的课程框架，进而产生有针对性的课程内容。在框架构建阶段，可以从课程的目标、实施的年级、学校的实际情况等多维度进行思考，形成完善的课程框架。

【案例 2】潍坊风筝制作（乡土地理研学项目课程框架）

课程整体框架如图 5-3-1 所示。

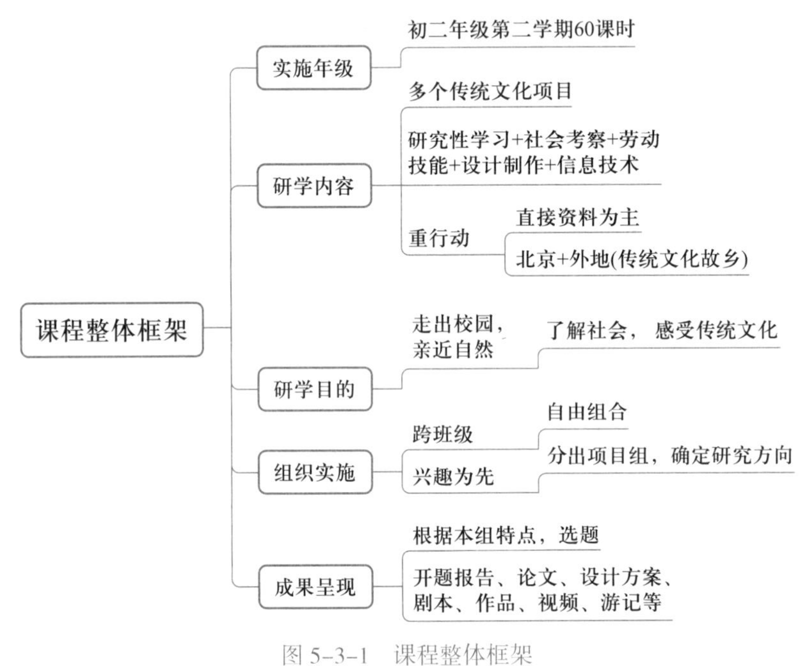

图 5-3-1　课程整体框架

（案例提供：冯浩，北京大学附属中学）

【案例分析】

本案例是对山东省潍坊市开展的乡土地理资源的综合实践研学项目，项目主要内容包含潍坊风筝的制作流程以及潍坊风筝享誉全国的历史、地理、社会等因素，是一次长周期、具有浓厚地理背景的研学项目。课程整体框架围绕实施年级、研学内容、研学目的、组织实施和成果呈现五个方面设计。按照乡土地理教学设计来看，实施年级是基于对学情认知的充分考虑；研学目的则是充分体现课程目标活动的总目标；活动内容就像一节课的教学重点和教学难点的实施；研学活动不同于室内教学，组织实施要全方位地考虑学生外出的安全性、流畅性、保障性等要素；成果呈现方式的多样反映课程的多元化，激发学生更大的参与兴趣。通过本框架可以看出，学校在设计思考过程中考虑到跨学科主题教学和实践：活动的融合，也将传统文化与乡土地理资源调查相结合，培养学生对传统文化的热爱，在实践活动中发挥育人作用。

三、以“学生为主体”为导向

基于乡土地理的实践活动离不开课程的精心筹备。在活动开始前，针对项目，由学校从整体进行规划，成立课程组委会，组委会根据学生特点及认知水平，筛选适合学生身心特点及发展需要的考察项目。同时，由学校综合实践活动组（或地理教研组）对参与指导的教师进行培训，从课程实施及保障安全等多个角度设计课程。有条件的学校可以组织项目教师前往考察地进行预考察，预考察的主要目的是让教师以学生身份亲身体验实践过程，排查可能存在的安全隐患，梳理考察期间活动内容，制订合理考察计划。从课程到生活到学生心理指导，确保教师团队熟悉学生活动的流程、内容要求及突发情况的处理。所以课程流程的每个环节都应凸显学生核心素养的培养，要以学生为主体开展系列化的地理实践活动（图 5–3–2）。

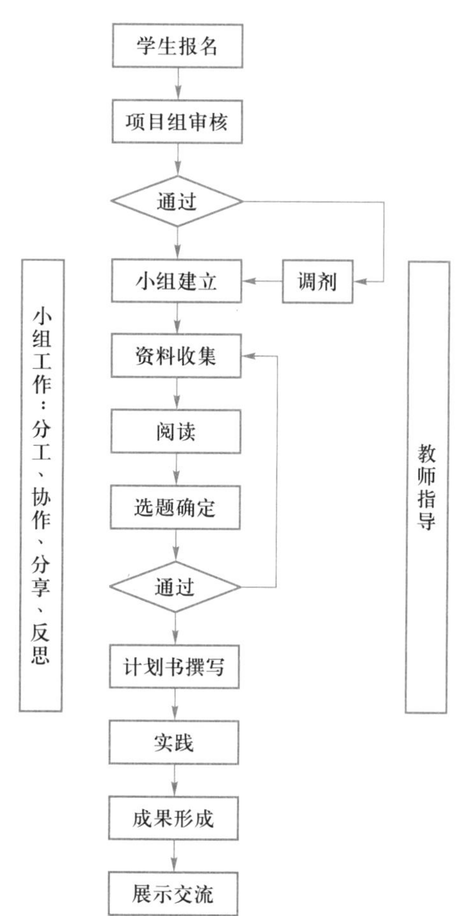

图 5–3–2　乡土地理研学项目流程

在课程设计完毕后，进入学生主要参与的环节。围绕乡土地理资源的研学项目往往是学生参与度极高的课程，需要学校在活动安排上充分考虑学生的主体性。图 5–3–1 的整个流程以学生的亲身体验为核心，学生积极参与项目的每个环节，在各环节中发挥重要地位，而且每个环节的设置都充分体现了育人目标（表 5–3–1）。

表 5-3-1　学生参与及目标培养

基本环节	主要内容	学生任务	能力目标
小组建立	说明分组要求，指导教师不干扰学生，但要特别关注没有小组的学生	按规则分组，组内分工明确，确定小组公约，初拟选题	沟通交流能力
资料收集	各小组根据选题搜集资料	分工查阅，理性运用网络资源	资料收集能力
阅读	参考学科类书籍和工具类书，指导学生选题及撰写论文的方法	了解选题有关内容	阅读理解能力 处理信息能力
选题确定	撰写开题报告，汇报开题，教师评价。汇报合格小组进入下一环节	汇报选题、工作进展及考察方法	合作学习能力 语言表达能力
计划书撰写	包含教师版和学生版，为外出考察做准备	撰写计划书，制作汇报PPT	安全意识
实践	以小组为单位参观、体验、记录等	完成工作日志，进行中期汇报	动手实践能力 团队合作能力
成果形成	根据选题完成论文、视频、游记等	以小组为单位形成成果	问题解决能力
展示交流	面向项目组全体师生及家长进行汇报，项目导师及其他学生进行评价	汇报考察成果	沟通表达能力

而且在课程实施过程中，学生往往以小组为单位参与实践，建议每组 5～6 人，组内成员分工可以包括组长、新闻员、安全员、考勤员、记录员，侧重培养学生不同方面的能力。

四、凸显核心素养的提升

实地考察是围绕乡土地理资源开展的研学旅行项目中的重要一环，学生带着选题走进“行走的课堂”。课程实践环节线路和流程安排主次分明，过程紧凑，在主要的考察地点有详细明确的知识讲解和动手体验，停留时间充足，研学内容符合学生心理特征和认知水平。经过实践，除了完成小组选题、形成一定实践成果外，学生还可以体验项目组内其他选题方向的活动，对整个项目增进了解，获得多个属于自己的研学作品，确保每个学生有所收获。同时，在外出期间，学生不仅要参观、体验，还要完成小组工作日志和中期汇报，在合作学习能力和分析处理资料能力方面得到提高。在外出实践过程中，学生将真实的自然与社会和书本上的知识相关联，能运用相关地理工具进行实践探究。通过研学项目，学生可以获得积极的人生体验和直接经验，并提高动手能力和解决问题能力，以及团队合作能力和与人沟通的能力。同时，外出实践也是培养学生自我管理能力的良好契机。

【案例 3】"笔墨纸砚"研学旅行项目（学生活动内容）

考察内容	主要考察环节	学生活动内容	涉及的课程标准内容
毛笔	参观毛笔厂，体验修笔、刻笔环节；对传承人进行访谈	从整体了解毛笔制作工艺，倾听专家讲座，体验修笔、刻笔环节，做好记录、拍摄等工作；针对选题向传承人请教，整理与选题相关资料	1. 运用地图和相关资料，说出某区域的地理位置和自然地理特征，说明自然条件对该区域经济社会发展的影响，认识因地制宜的重要性。 2. 进行野外考察，并利用图文资料，描述家乡典型的自然与人文地理事物和现象，归纳家乡地理环境的特点，举例说明其形成过程及原因。 3. 举例说明家乡环境及生产发展给当地居民生活带来的影响和变化，并尝试用绿色发展理念，对家乡的发展规划提出合理建议，增强热爱家乡、建设家乡的意识
徽墨	参观徽墨工坊，体验描金环节	了解徽墨制作工艺，体验描金环节，制作自己专属的徽墨作品，做好记录、拍摄等工作；针对选题向传承人请教，整理与选题相关资料	
宣纸	参观宣纸博物馆，体验古法制纸中的捞纸、炕纸、剪纸环节	了解宣纸制作工艺及发展历程，体验制作环节，制作自己专属的宣纸作品，做好记录、拍摄等工作，针对选题向传承人请教，整理与选题相关资料	
歙砚	参观砚雕艺术馆，体验刻砚环节	了解砚的发展，体验砚雕艺术和刻砚环节，制作自己专属的歙砚作品，做好记录、拍摄等工作；针对选题向传承人请教，整理与选题相关资料	

（案例提供：冯浩，北京大学附属中学）

【案例分析】

安徽泾县、歙县"笔墨纸砚"研学旅行项目，带领学生走进传统文化故乡，深度学习体验，拜访相关传统技艺传承人，在传承人的指导下动手实践，在大师工作坊里学习体验，遇到问题可以与传承人们面对面交流。这些活动拉近了学生与传统文化的距离，保障了学生获取信息的准确性。

为了尽量满足学生兴趣的需要，各项目又划分为不同的考察方向：毛笔、宣纸、歙砚、徽墨，这样细致的分组，使得学生在外出期间能更有针对性地对传统文化项目进行了解或着重学习，探究遗产背后与地理要素之间的联系，学生真实地置身于野外的地理课堂，落实课程标准中的部分内容，提高地理学习效率，激发地理学习兴趣。同时，在每一个考察地点，学生有充足的时间进行体验，完成相应的考察任务，使考察不流于形式，让学生更深入地了解和认同中华优秀传统文化。

五、设计多角度、多维度的评价方式

野外考察类地理实践活动离不开多角度、多维度的评价，从课程内容和课程环节中给予充分、准确的学科评价。同时，也要对学生亲身体验、分工合作等环节中的表现给予德育类评价，做到学科渗透和立德树人相结合。

应建立结构清晰、完整的研学项目评价体系（图 5-3-3），评价体系主要围绕整个研学旅行的不同阶段给予评价。在评价的指向上，主要围绕学科评价和参与维度进行展开；在评价的具体实施上，又按照个人、小组或导师的评价者来评价。活动流程的评价方式如表 5-3-2 所示。

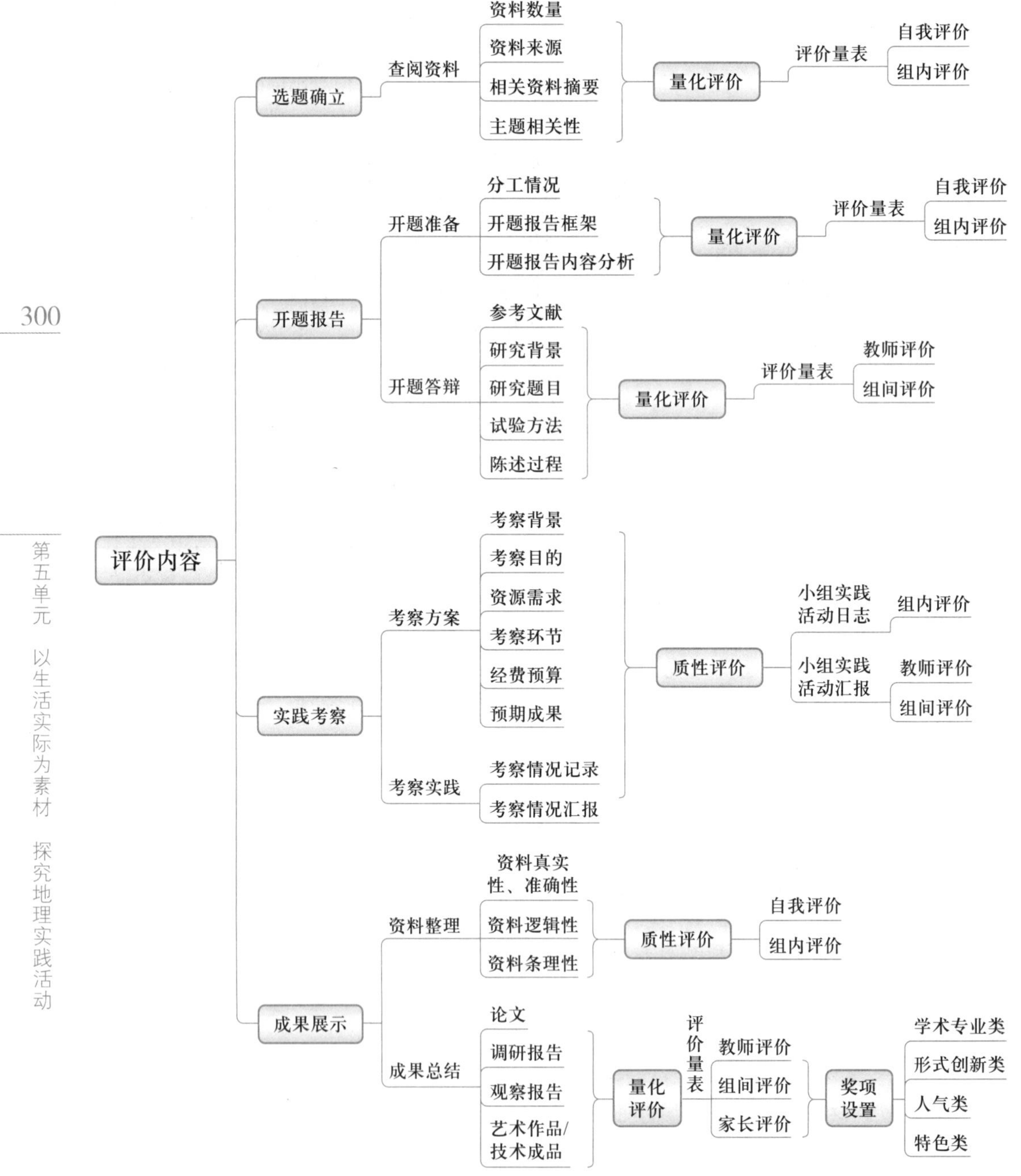

图 5-3-3　研学项目评价体系

表 5-3-2　活动流程评价

阶段	被评价对象	评价人	评价目的
选题确定	个人、小组	导师	了解小组活动进展、个人投入状态
开题汇报	小组	导师、其他项目组学生	评价考察方案的可行性
考察计划书	小组	导师、其他项目组学生	了解考察计划、安全预案、物资清单
实地考察	个人、小组	导师、当地专家	确保实践环节顺利进行
中期汇报	小组	导师、其他项目组学生	了解学生收获感悟
成果形成	小组	导师	了解小组成果进展

在学科展示层面，对每一环节又有更具体的评价细则和标准，评价表如表 5-3-3 所示。

表 5-3-3　开题汇报评价表

项目组：	组名：	指导教师：	
评价项目	具体评价指标	满分	得分
参考文献	查阅文献的数量	5	
	查阅文献的范围和方式	5	
	查阅文献与本组选题之间的相关性	5	
	关键词、核心概念的准确性	5	
研究背景	研究背景的描述	5	
	研究现状的分析	5	
研究题目	可行性：所选题目具有可操作性	10	
	创新性：所选题目的研究价值和意义	10	
考察方法	考察区域的选择，考察阶段的相关安排	5	
	考察方法符合自然科学研究的相关要求	5	
	考察方法与考察环境结合，确立适合考察区域	10	
陈述过程	条理清晰，语言流畅	10	
	有理有据，无明显错误	10	
	符合开题报告的规范及相关要求	10	
总分		100	

而针对学生参与能力的评价，可以通过主观或客观的评价方式结合，参见表 5-3-4 至表 5-3-7。

表 5-3-4　项目安全知识培训记录

时间：　　地点： 1. 项目安全要点：   2. 本人安全要点：   指导教师签字：

表 5-3-5　实施方案计划交流会

时间：　　地点： 1. 内容笔记：   2. 主持人（　　　）在本次主持中的闪光点有：   可以改进的地方有：   指导教师签字：

表 5-3-6　小组实践活动日志

____月____日活动记录 今日活动反思与总结 主持人（　　　）在本次主持中的闪光点有： 可以改进的地方有： 指导教师签字：

表 5-3-7　小组实践汇报记录表

序号	小组名称	汇报情况	我的评价

六、进行安全预案应对突发情况

研学旅行项目要有相对完备的安全预案，需要考虑如遇极端天气等不可抗拒因素的情况，如果遇到突发情况，则立即终止活动，及时到达安全地区。外出实践前，带队教师要针对本项目的特点对学生进行相关的安全培训；实践期间，每位组员须随身携带组内其他成员及带队教师的联系方式，保持通信畅通；小组集合时，考勤员及时清点本组人数，如有缺勤，及时向带队教师汇报，带队教师及时与家长或监护人联系；实践结束回到家中，组员立即向组长报告，组长及时向带队教师报告；考察途中保证队伍最前方引导和队伍最后方收队都由教师负责。

同时，要有突发情况应急处理的能力。例如，考虑当地天气因素，万一有中暑现象，应该赶快急救，以免虚脱危及生命。如遇昆虫叮咬或突发疾病，及时联系医院，遵嘱处理；发生严重过敏现象，及时了解过敏史并就医；若突发流行性疾病，安排患者及时就医并第一时间通知监护人和学校相关领导。考虑学生存在走失、丢失的危险性，务必以全队或小组为单位活动，并定时联系。要注意饮食安全，在野外确保饮水与食物的卫生，不随意食用非自己携带的食物和饮用水；室内活动期间，不去路边摊就餐，在极热天气不暴食冷饮；就餐时，如果发现食物有异味应立即停止。野外活动期间，准备止泻药应对肠胃疾患。注意交通安全，乘车外出时，严格遵守交通规则，学生不随意行动；在高速公路上时，每到服务中心应提醒学生去卫生间，中途不停车；车辆行进过程中，确保学生系好安全带，不将肢体伸出车外，不离开座位，不打闹。

教学建议

各学校在利用乡土地理资源设计地理实践课程过程中，应充分考虑学校和所在地区的实际情况，在以研学旅行为主课程的实施过程中，应注意以下四个方面。

第一，要做敢于“放手”的自主活动设计方案。

学校可以打破常规，在充分保障学生安全和课程顺利实施的前提下，从小组建立到选题再到确定结果呈现形式全部放手给学生。学生自由组合、自主选题、自主设计、自行解决问题，充分发挥学生主动性。

第二，建立有效整合校内外资源的课程保障体系。

建立包含学校、教师以及社会资源等多元综合的保障体系，为课程的深入开展提供必要保障。学校对全体教师进行培训，部分教师担任课程指导教师，部分教师担任管理教师，保障学生外出考察期间安全。另外，学校还聘请相关领域专家进校园进行专题讲座，解答学生在研究课题中的疑问。

第三，整体调度长周期实践项目。

以乡土地理资源为载体开展研学旅行项目，应在学期初就对课时进行整体安排，将研学旅行实践课程纳入校历，安排专门课时，这样的整体调度和统筹协调为实施综合实践课程的外出考察提供了充分的保障。虽然学生走出校园，但并未停止学习的脚步，真正将传统意义上的课堂变成了开放的“社会大课堂”。

第四，通过学习体验传统文化，增强学生民族自豪感。

将传统文化特色与乡土地理实践课程相结合，打造特色研学课程品牌，课程设计中既关注学生发展，也渗透中华优秀传统文化教育，培养学生爱国情怀，增强文化自信。

5-3

安徽泾县、歙县“笔墨纸砚”（实践活动设计）

关键问题 5–4 如何结合劳动教育提升学生地理实践力？

问题提出

2020 年 3 月中共中央、国务院发布的《关于全面加强新时代大中小学劳动教育的意见》要求大中小各学段要把准教育价值取向，引导学生树立正确的劳动观，崇尚劳动、尊重劳动，增强对劳动人民的感情，报效国家，奉献社会。那么，在地理教学中融合劳动教育，帮助学生在劳动实践中锻炼、发展，就成为培育学生地理实践力的重要方式和有效途径。在地理课程实施过程中，关注学生理论学习状况和实践探究能力，通过劳动教育的落实，形成地理实践力与实际生活紧密结合是十分必要的。这就提出了“如何结合劳动教育提升学生地理实践力”的问题，通过这一问题的研究，能够更好地在地理课程中逐步融入地理学科认识世界的方法和实践探究的方法，唤醒学生以人为本的基本意识，形成尊重、维护人的尊严和价值所在，密切关注人在自然界中的生存、发展问题，以及获得幸福感的多重途径体验。

学生在实施劳动实践的过程中，通过独立思考、独立判断、同伴互助，形成多角度辩证分析问题的能力，同时实现地理学习内容与生活实际有机结合，将地理知识落实应用于实际生活。学生在历经相关课程后，领悟不畏困难、坚持探索的科学精神，也能成长为大胆探索尝试、积极寻求科学有效地解决现实问题的达人、能手。在生活实际中寻找素材，密切结合地理实践活动与劳动教育，还能促使学生树立正确的劳动观念、提升劳动能力、体验勤于劳动的智慧、珍惜实践劳动的成果。凸显地理学科的区域性、空间性、综合性等特点，展开实践劳动活动，加强课本知识与现实生活生产的联系，挖掘现有校内外教学资源与学生真实学习需求之间的契合点，最终促成学生在做中学，学有所用。劳动是一个人生存的基本要求，热爱劳动是一种高尚的思想品德。地理课程本身就关注学生在生产生活中的劳动能力和劳动品格，不断渗透于以生活实际素材为依托的地理实践活动之中，形成融合于自然的智慧型劳动本能，创造有科学依据的劳动实践过程。

问题分析

一、劳动教育的内涵

劳动教育是指劳动、生产、技术和劳动素养方面的教育，旨在培育学生正确的劳动价值观、劳动态度和劳动习惯。通过劳动教育，学生能形成一定的劳动技能水平、积极的劳动精神面貌、正确的劳动价值取向。

劳动教育是发挥劳动的育人功能，对学生进行热爱劳动、热爱劳动人民的教育活动。劳动教育具有三个基本特征：一是鲜明的思想性，强调劳动者是国家的主人，一切劳动和劳动者都应该得到鼓励和尊重，反对一切不劳而获、崇尚暴富、贪图享乐的错误思想；二是突出的社会性，要求引导学生走向社会，认识社会，强化责任担当意识，体会社会主义社会平等、和谐的新型劳动关系；三是显著的实践性，以动手实践为主要方式，引导学生在认识世界的基础上，学会建设世界，塑造自己，实现树德、增智、强体、育美的目的。

二、劳动教育与地理课程相结合

开发与劳动教育相关的地理学科实践课程，需要明确地理学科劳动教育实践的内涵。开发初中地理课程，在重视学生自身素养发展的同时，应特别注重与实际生活相联系的教育教学相关素材的挖掘，将劳动教育与地理课程结合在一起，把课程内容有效延伸至生产生活，创设真实情境的体验与研究，实现知识内容与实践操作有效对接。例如，秉承科学态度开展环境治理的社会实践活动，开展动手制作等高线模型的劳动实践活动，分享展示地理观测后创造性的记录结果，等等。这样既落实了劳动教育实施的实践过程，也延展了地理课程开展的广度与深度。地理课程本身具备实践性和生活性的课程特征，融合自然与人文领域的综合内容，蕴含众多的劳动教育资源，具有开展劳动教育实践的巨大优势。由于地理学科实践性强的学科特点，地理学科劳动教育实践呈现出形式多样、内容丰富、包容性强的特点，沿着人地关系和谐发展的主线，开展具有体验感和探究式的地理课程学习过程，学生在学习过程中产生全方位的身体、心理、认知、情感、意志多方面的蜕变。

三、劳动教育与地理课程相结合的重要性

人类的劳动是作用于地理环境的过程，地理环境中的环境资源是人类生产和发展的基础。因此，地理课程结合劳动教育开展实践，有着丰富的可开发内容，融合的素材富有广泛的现实价值和长远意义。初中地理课程内容综合性较强，如区域资源、环境、开发、发展、对应措施等多重劳动创造观念性问题不仅与自然环境有着密切的联系，还与人类劳动过程的生产活动关系也很密切，在树立正确的劳动价值观上发挥积极作用。初中地理实践活动包括考察、记录、模拟、绘制等多重操作性内容，对学生的实践劳动能力有着提升和促进作用，为学生在野外实地勘察劳动提供规范操作的科学依据。学生在结合劳动教育的地理课程参与过程中，成就自身劳动价值，领会地理学科核心的因地制宜、因时制宜、因人制宜的理念，通过亲身参与感悟劳动的获得感。

在真实性的、结合劳动教育的地理实践中，学生形成独自解决问题的能力，在社会性互动中回应人生、感受幸福、衡量道德，通过真实的求真手段，达成现实育人的学科价值。结合劳动教育的地理实践过程，是学生个体成长、个性塑造的过程，又是

学生作为社会人的社会性表征。学生通过不断获取、评估、沟通信息，完成多项互动和协作后达成目标，形成地理学科知识和能力向学科以外的事物和问题的延伸、课堂教学向课外教学的延伸、学校教育向社会大环境的延伸。

问题解决

一、开发与劳动教育相关的实践性地理课程

开发与劳动教育相关的实践性地理课程，既是落实劳动教育的一种理想途径，也是丰富地理课程的一种有效方式。在开发课程时需要注意以下三个方面。

1. 确定开发课程体现的培养目标

实践性地理课程的培养目标内涵是丰富的，如何确定与劳动教育相关的实践性地理课程、开发怎样的与劳动教育相关的实践性地理课程，是首先需要考虑和确定的问题，只有明确了课程的培养目标，才能够有效建构课程内容并逐步实施。

2. 落实实施课程的操作环节

有了课程培养目标作为依据，操作环节的制订是实施课程的有效保障。依据课程培养目标和学情进一步确定课程如何操作，进行实际操作环节的规划和设计。课程开发本身就是一个创新过程，应灵活选取身边的素材进行整合，同时关注题材选取的角度、真实体验的过程、实际操作的意义、提出质疑的求真过程，在分享交流中互助与善于合作的品质培育等。

3. 凝练课程实施中的现实问题和对策

新开发的与劳动教育相关的实践性地理课程，是一个有待检验的“半成品”，在初步实施的过程中发现问题，找到对应的解决措施，形成对策才能进一步调整完善。边实施、边调整，是将课程实施计划有效实施的另一个保障。另外，如果在课程实施过程中遭遇的新问题是关于研究课程本身发现的现实问题，那就需要师生一起在课程当中梳理问题是什么、由什么引发的，并针对问题寻找解决对策。

【案例 1】探寻温室大棚（课程设计）

（一）总目标

1. 学生能够通过实地考察北京市海淀区四季青镇果林所，探究温室大棚对人类农业生产的实际影响和积极作用，评价温室大棚对该地区发展的有利影响。

2. 学生能够通过观察温室大棚外部和内部结构，记录温湿度数值并进行对比，结合种植在大棚里的蔬菜和水果生长习性，进行调查研究，提升在真实情境中实践研究的综合能力。

3. 学生能够通过完成“探寻温室大棚”这一实践活动提高团队协作能力，树立人与自然和谐共生的观念，体验劳动过程，具备满足生存发展需要的基本劳动能力，形成良好的劳动习惯。

（二）课程实施

课程实施环节	具体活动
开启课程	导入：你知道四季青镇的由来吗？这要从李墨林老先生的故事说起，他曾在一百多间温室大棚里种出青菜、黄瓜、红果等反季节果蔬，得到了毛主席的赞誉。从此北京的老百姓在冬季也能吃上新鲜的蔬菜和水果，四季青镇也由此得名。温室大棚究竟有哪些作用呢？它能为植物的生长提供什么优越条件？如何制作温室大棚的手工模型？让我们带着这些疑问开启本次探究之旅吧！
活动准备及注意事项	1. 物资准备：携带智能手机（具备 GPS 功能）、温度计、湿度计、尺子、铁丝、塑料布、钳子、剪刀、双面胶、签字笔、记录表和活动单、相机、饮用水等。 2. 知识准备：学习测量知识、手机 GPS 应用、平面图使用等。 3. 参观建议：可以提前去四季青镇李墨林纪念馆参观。 4. 注意事项：进入温室大棚不要随意触碰设备，尽量不接触大棚中的植物，注意个人安全
实践考察	1. 观察温室大棚外部和内部结构，挑选一处大棚在活动单上绘制其的基本形态。 2. 利用温度计和湿度计测量温室大棚内外的温度和湿度，并把有效数据记录在记录表中并进行对比，归纳总结温室大棚起到的实际作用。 3. 结合温室大棚里种植的蔬菜或水果自身的生长习性，交流和评价温室大棚对该地区发展的有利影响
体验动手操作	1. 在温室大棚内体验种植、培育等劳动生产活动，满足劳动体验的愿望，形成正确的劳动价值观，树立劳动光荣、劳动崇高、劳动伟大的观念，体会劳动创造美好生活。 2. 在室内利用尺子、铁丝、塑料布、钳子、剪刀、双面胶等工具设计并制作温室大棚模型，模拟温室大棚在生产过程中的使用，理解合理改造自然环境、达到人与自然和谐共生的重要性
成果展示与交流	1. 交流分享在劳动实践活动中的收获，提出开放性、有价值的问题。 2. 展示和分享手绘的温室大棚结构图、手工制作的温室大棚模型、记录表和活动单上的内容概要。 3. 分享温室大棚对农业生产及经济发展的突出作用，研讨温室大棚对地区发展的有利影响，形成调查报告

（案例提供：宋溪，首都师范大学附属玉泉学校）

【案例分析】

校本课程“探寻温室大棚”以核心素养培育为目标，关联劳动教育内容，根据北京市海淀区四季青镇的名字由来和前期发展特点进行课程的开发。确定开发课程培养目标是首要任务，预设实践探究—调查分析—实地体验—合作交流—展示分享等环节，统领课程整体实施。选取学生身边熟悉的劳动素材进行地理实践活动的整合，课程开发角度新颖，特别重视了学生的真实体验，课程设计关注可操作性。在课程总目标和实施环节预设中，特别鼓励学生发现问题及时质疑，搭建活动中学生交流互动的平台。

二、完善有价值、可落实的地理学科劳动教育活动

活动是地理课程的特色，更是地理课程与劳动教育相结合后形成的课程特色，地理学科劳动教育活动是培养学生地理实践力的重要路径，学生在活动中历经地理知识建构的过程，并在这一过程中体悟和养成正确价值观、必备品格和关键能力，提升地理实践力。当然，有价值、可落实的地理学科劳动教育活动在提升地理实践力的同时，还能体现思维性、自主性、教育性和科学性。

1. 优化课程结构和课程内容

地理学科劳动教育活动操作性强，在完善中需要不断优化课程结构和课程内容才能达到可落实的课程目标。从最初设想，到能够初步实施的课程活动，再积累到基本成熟的课程活动，需要不断优化。除了在理论层面、文本层面梳理相关内容外，教师的前期采访调研也起着至关重要的作用。教师可以组建课程开发团队，根据所开发的课程需求进行实地走访，解决课程活动实施过程中需要破解的问题，尤其是操作性较强的课程活动。有必要的话，教师可以先亲身经历操作体验，为学生顺利实施课程、做好课程结构和课程内容的逐步优化打好基础。

2. 以学生发展为中心完善课程活动

如何体现地理学科劳动教育活动的价值，重在前期了解学生发展的需求。学生地理实践力的培育是一个不断连续变化的过程，既有发展的连续性，又有发展的阶段性，在以劳动教育为载体的活动中，学生在不同阶段的发展需求是不同的，这就需要确定学生发展的诉求和课程发展的愿景。确定学生发展诉求的方法很多，比如制作相关内容的问卷调查，可以发放电子版或纸质版问卷，学生填写后回收整理。这样的调查方式可以获取学生发展诉求的第一手资料。确定课程发展愿景，主要是课程开发的教师团队结合实际目标进行商讨而定。把学生带到哪里？要实现什么？使学生获得哪些成长？都是课程所向往的前景。总体来说，课程活动的完善，需要高质量的课程发展愿景支撑。

【案例 2】探寻温室大棚（活动过程片段）

（一）考察地点：北京市海淀区四季青镇果林所

进入果林所，在导览图前停留，拍摄导览图，读图并填写信息。

1. 我身在何处?

果林所在地球上的位置：位于________E，________N（经纬度）。打开手机全球定位系统软件，判断自己的经纬度位置。

果林所在北京市的位置：位于北京市_______区_______镇_______路和_______路交叉口。

2. 初识温室大棚

你见到了哪些形态的温室大棚？请选择一种你感兴趣的温室大棚，把它的简图手绘在下面。

3. 利用尺子测量温室大棚的高度、长度和宽度，并记录数据。

高度为＿＿＿＿＿m　　长度为＿＿＿＿＿m　　宽度为＿＿＿＿＿m

（二）考察地点：温室大棚内

1. 回答以下问题。

温室大棚内种植的植物是＿＿＿＿＿＿＿＿＿＿＿＿＿＿＿

种植在这里的原因主要是＿＿＿＿＿＿＿＿＿＿＿＿＿＿＿

＿＿＿＿＿＿＿＿＿＿＿＿＿＿＿＿＿＿＿＿＿＿＿＿＿＿

2. 利用温度计和湿度计，分别测量温室大棚内部和外部的温度、湿度。

经过测量，温室大棚的室内温度为＿＿＿＿＿＿，湿度为＿＿＿＿＿＿；

温室大棚的室外温度为＿＿＿＿＿＿，湿度为＿＿＿＿＿＿。

经过对比，发现温室大棚有＿＿＿＿＿＿＿＿的作用。

3. 利用尺子、铁丝、塑料布、钳子、剪刀、双面胶等工具设计并制作一个温室大棚的模型。

4. 通过观察、测量和制作温室大棚的模型，我们发现：＿＿＿＿＿＿＿＿＿＿＿

＿＿＿＿＿＿＿＿＿＿＿＿＿＿＿＿＿＿＿＿＿＿＿＿＿＿

示例：发现了温室大棚是采用透光材料作为全部或部分覆盖围护，具有一定环境调控设备，用于抵御不良天气条件，以保证作物能正常生长发育的农业建筑设施。

（案例提供：宋溪，首都师范大学附属玉泉学校）

【案例分析】

由于案例的课程内容特别丰富，关联信息较多，需要优化课程结构才能保证完整地课程实施。完善活动本身需要围绕有价值、可落实这两个关键词。在课程目标的指引和课程环节的指导下，活动是体现课程实施中思维性、自主性、教育性和科学性的保障。为了达到更好的课程体验效果，教师在课程实施前进行了多次实地走访调查，重复体验学生在课程中经历的活动过程，对衔接的每一个环节都进行了反复推敲，最终形成相对合理的活动记录单。完善课程活动的同时关注了学生发展的诉求和课程发展的愿景，制作了“探寻温室大棚”调查问卷并发放给学生填写，充分体现以学生发展为中心完善课程活动。有了完善后的课程活动，就有了提升学生地理实践力的有效路径，历经课程活动建构知识与能力的过程，最终达成有价值、可落实的结合劳动教育的地理课程的愿景。

三、立足学校校本课程实施的劳动教育实践基地

与劳动教育相关的实践性地理课程实施，需要有相对稳定且安全的实施场所，学校校本课程实施的劳动教育实践基地无疑是最佳选择。有条件的学校已经开发了校内的劳动教育实践基地，形成条理清晰的管理系统和实施策略，暂时没有校内劳动教育实践基地的学校，也可以联系校外相关的实践基地，与其建立合作关系，作为本校校本课程相对稳定的实施场所。无论是校内还是校外的教育实践基地，都有助于所开发课程的实施。因此，立足学校校本课程实施的劳动教育基地才是课程开花结果的理想场所。为学生提供真实、复杂的场景和实际操作的综合活动场所，可以磨炼学生意志品质，拓宽学生眼界，通过地理实践性活动增强学生劳动技能。

【案例 3】探寻温室大棚（校本课程实践基地）

四季青镇是北京市海淀区西部的一个乡镇，它是北京市“三山五园”历史文化景区核心区域。众所周知，“三山五园”的“三山”指玉泉山、香山、颐和园的万寿山。四季青镇的北部正好是这三座山，面积约 40 平方千米，在人们的印象中，四季青原本就是以种植蔬菜和瓜果梨桃为主的地区。每年，四面八方的朋友来到四季青，进行草莓、樱桃采摘等农事体验活动，这让生活学习在四季青镇的学生对辅助生产农作物的温室大棚产生了浓厚兴趣。四季青镇的温室大棚使用可以追溯到什么年代？温室大棚种植有什么作用？温室大棚搭建的结构怎样？

由此，学校将校本课程实践基地设在四季青镇果林所。四季青镇果林所北望玉泉山，东邻四环路，占地 14 公顷，集樱桃研究培育开发、精品高效生产、良种苗木繁育、栽培新技术推广、产品苗木营销及旅游、观光、采摘服务于一体的多元化体验场所，学生可以在这里考察温室大棚种植。

（案例提供：宋溪，首都师范大学附属玉泉学校）

【案例分析】

在师生的能力范围内，用简单、可操作的方法去探究问题，这就需要依附于校本课程实施的劳动教育实践基地。学校联系了四季青镇果林所，果林所同意作为校本课程实践基地，从而诞生了“探寻温室大棚”这个主题活动。学生在果林所实地观察记录，体验温室大棚的作用。校本课程实践基地为学生提供实际感知、操作的可能，是实现结合劳动教育的实践性地理课程的必备条件。开阔眼界要在真实世界中去见识，磨炼意志要从口头的说教到真正的实践参与，这样的课程才能够增强学生的劳动技能、提升学生的地理实践力。

教学建议

第一，结合劳动教育提升学生地理实践力，需要教师活化课程内容。

有关地理实践力的课程通常是通过地理实验、社会调查、野外考察等地理实践活

动进行的，结合劳动教育在校内或校外开展地理课程的方式更是丰富而独特的。这就要求教师在课程开发、课程实施两个阶段中进行课程内容的活化，保障二者结合后课程应用效果的最终实现。在这一过程中，教师得到专业成长和实施课程能力的升华。

第二，结合劳动教育提升学生地理实践力，需要学生探索课程问题。

学生的发展包括知识形成、思维发展和人格发展等多层面的内容。学生发展需要自身主动探索，只有这样才能依托课程形成自我体验、自我感悟、自我提升。学生探索课程相关问题，也是发现、梳理、解决问题的过程，是一种积累学习经验的有效方式，是学生历经课程实现自我成长的内在动力，探索课程问题也是学生主动成长的体现。

第三，结合劳动教育提升学生地理实践力，需要创新精神和务实精神。

地理课程与劳动教育的结合，本身就是一种创新行为，需要打破之前的要求、做法和思维，进行整合的创造性行为。而多样化的表征和操作性强的特点，再加上经历体验式的学习过程，开发课程也需要务实精神作为基本保障。实践探究离不开求真务实的精神，勤俭、奋斗、创新、奉献的劳动精神更离不开求真务实的精神。因此，与劳动教育相结合的地理课程是在务实的前提下进行的大胆探索。

5-4

四季青果林所探寻温室大棚（实践活动设计）

关键问题 5–5 如何开展以地理学科为中心的跨学科主题学习?

问题提出

中国学生发展核心素养体系总框架以培养“全面发展的人”为核心，包括自主发展、社会参与和文化修养三个方面，综合表现为人文底蕴、科学精神、学会学习、健康生活、责任担当、实践创新六大素养。具有跨学科要求的综合类课程是非常好的培养学生核心素养的平台。目前在我国的发展已经提到了新的高度，但各学校在校本化实施过程当中，出现了时间与空间管理制度缺乏弹性，课时难以落实，学生活动空间较为封闭，活动方式单一化，学校未形成基本的规范和制度，随意性较大，主题涉及面过于狭窄，活动评价重结果、轻过程等问题。

在新版课程方案的基本原则部分，对跨学科主题学习做了充分描述：“加强课程内容与学生经验、社会生活的联系，强化学科内知识整合，统筹设计综合课程和跨学科主题学习。加强综合课程建设，完善综合课程科目设置，注重培养学生在真实情境中综合运用知识解决问题的能力。开展跨学科主题教学，强化课程协同育人功能。”

同时，义务教育阶段地理课程跨学科主题学习的课时容量明确不少于本课程总课时的 10%。各地区或学校可以根据实际情况统筹安排地理课程跨学科主题学习，具体学习活动可以结合课程标准的内容要求，充分挖掘本地区的课程资源，进行自主设计。在设计跨学科主题学习活动时，可以根据不同的学习目标和要求，在跨学科主题学习框架下，体现不同的学习方法和路径。

问题分析

一、以地理学科为中心的跨学科主题

以地理课程为中心的跨学科主题学习是基于学生的基础、体验和兴趣，围绕某一研究主题，以地理课程内容为主干，运用并整合其他课程的相关知识和方法，开展综合学习的一种方式。

以地理课程为中心的跨学科主题学习立足核心素养的培育，关注学生探究能力、创新意识、实践能力、社会责任感的培养，促进学生全面发展和师生共同发展，以物化的学习产品（如各种文本、模型、设计图等）为基本学习成果。

以地理课程为中心的跨学科主题学习要求贴近学生生活实际，符合学生年龄特点，聚焦真实问题的发现和解决，体现鲜活的实践特征。

二、以地理学科为中心的跨学科主题设计

以地理课程为中心的跨学科主题学习的设计包括确定学习目标、选取学习主题和内容、选择学习形式、选定学习场所、开展学习评价等环节，设计时要注意各环节之间的联系，突出整体效果。

学习目标要以地理知识和方法为基础，以地理学习方式和过程为支撑，融入多学科的知识和方法，旨在让学生增长见识、提升综合认知和解决问题的能力，并达到学以致用、知行合一的要求。

学习主题和内容主要包括生态文明建设、环境保护、资源利用、家乡环境与人们生产生活的变化、乡村振兴等方面真实存在的事物和现象，设计的问题应具有研究价值和现实意义。

学习形式要根据学习内容适当选择，如项目式学习、单元式学习等。主题学习要突出实践性和可操作性，以学生自主学习、合作学习和探究学习为主。

学习场所不局限在校内，要调动相关社会资源，引导学生走进自然和社会大课堂，提高学生在真实环境下学习多学科知识并运用其解决问题的能力。

学习评价要围绕学生核心素养的提升和发展水平展开，充分运用过程性评价、终结性评价、增值性评价、综合性评价等方式，对学生在活动中的表现、变化及学习成果等进行及时有效的评价。

三、综合实践类课程是最好体现跨学科主题学习的实施方式

跨学科主题学习既是是一种教学形式，同时也是学生进行学科活动的一种学习方式。很多学校会将这种形式体现在综合类实践课程（活动）中，不局限某一个学科，真正做到多学科融合。

综合实践类课程是国家规定、地方指导、学校自主开发与实施的必修课程，是国家基础教育课程的重要组成部分。《基础教育课程改革纲要（试行）》明确提出“从小学至高中设置综合实践活动并作为必修课程”，很多学校积极探索、大胆实践，在综合实践活动课程的开展上取得了许多成果，积累了一定的经验。以北京市为例，在理论研究、实证研究等基础上先后出台了《综合实践活动指导意见》《综合实践活动指导纲要》等文件，明确指出了综合实践课程的指导思想、基本原则、总目标、总任务，为开设综合实践活动课程的一线老师提供了更为科学有效的指导。

2014 年，《教育部关于全面深化课程改革落实立德树人根本任务的意见》明确提出：“要在发挥各学科独特育人功能的基础上，充分发挥学科间综合育人功能，开展跨学科主题教育教学活动，将相关学科的教育内容有机整合，提高学生综合分析问题、解决问题能力。充分利用现代信息技术手段，改进教学方式，适应学生个性化学习需求。强化教学的实践育人功能，确保实践活动占有一定课时或学分。”

由此可见，综合实践类课程以学生现实的生活实践活动为主要课程资源，以实践

性主题活动为基本教学方式，以学生自主学习和直接体验为主要学习方式的教育理念已经深入影响到各个学科的课程改革。走出校门、超越课堂边界，“不少于地理课程总课时 10% 的课时进行跨学科主题学习”的课时保证，“以一定形式计入考试评价体系”等评价方式的变革，“破除学科课程、综合课程和活动课程间相互不融通的壁垒”的课程整合，更是将综合实践类课程与跨学科主题学习形式紧密结合，纳入国家教育综合改革的体系和框架中，提到了前所未有的高度。

问题解决

一、明确跨学科主题学习的研究方向与教学目标

1. 跨学科主题学习需要统筹融合研究方向

跨学科主题学习研究方向应该是学生感兴趣的。在课程内容方面，应该突破传统课程的学科体系，结合初中阶段学情进行开发；其内容既与初中阶段所有学科相关，又结合学生最感兴趣的领域。一般来说，文学、历史、艺术、民俗、经济、法律、自然、科技、建筑、军事、地理等领域都是学生喜闻乐见的研究方向。特别强调的是，这里的“自然”绝不单纯的是生物学科领域的自然，而是结合了地理学科中自然要素的自然方向。跨学科主题学习应该让学生基于兴趣，自主选择，自行设计，形成自我参照、生生之间、师生之间、学校与社会、中国与世界、人与自然等不同半径的立体成长空间，促进学生全面发展。

2. 跨学科主题学习需要系统的课程目标

各学校需要根据校内跨学科主题学习和校外跨学科主题学习（或称综合实践类课程和研学旅行课程）建立不同的课程目标。

【案例 1】校内、校外跨学科主题学习的课程目标

一、总体目标

1. 学生能够增进对自然的了解与认识，逐步形成关爱自然、保护环境的意识和能力；主动积极地参与社会活动，增进对社会的了解与认识，增强社会实践能力，并形成社会责任感。

2. 学生能够以积极投入的态度，亲身体验实践过程，积累生活经验和学习经验。

3. 学生能够发展主动获得知识和信息的能力，养成主动获得信息的学习习惯和主动探究的态度，发展信息素养、探究能力和创造精神。

4. 学生能够通过小组分工协作，及时总结，分享反思，提高团队合作能力和领导力，为实现共同的团队目标不懈努力。

二、校内、校外跨学科主题学习的课程目标

1. 以校内课程为主的课程目标

（1）学生能够通过学习探究问题的基本方法，获取基本信息小组合作完成电子报制作、小论文写作。

（2）学生能够通过小组分工协作，及时总结，分享反思，提高团队合作能力和领导力。

（3）学生能够形成亲近自然、了解社会、尊重他人的品质，形成强烈的社会责任感，为实现共同的团队目标不懈努力。

2. 以校外课程为主的课程目标

（1）学生能够学习探究问题的基本方法，获取基本信息，对信息进行分析处理。

（2）学生能够通过小组分工协作，及时总结，分享反思，提高团队合作能力和领导力。

（3）学生能够形成对自然、社会和自我的整体认识，积累生活经验和学习经验。

【案例分析】

跨学科主题学习是基于多门学科融合而进行的学习，既然是学科学习方式，就需要有明确的课程目标或学习目标。案例中既给出了课程的整体目标，又根据实施场域的不同，给出了在学校内的课程学习目标以及在校外进行跨学科主题学习的学习目标。同时，课程目标的设计也充分考虑了学生参与后的收获以及在核心素养、学习能力及社会能力方面的提升，努力做到构建有立德树人思想的课程。

二、根据跨学科主题学习课程目标选择可探究的考察地

跨学科主题学习的实施空间非常广阔，可以是在某一节常规课程中融合跨学科主题学习的内容。例如，组织进行“京味儿”文化的调查，同学们依据自己对于北京民俗的兴趣方向，通过阅读书籍、网络查询资料完成考察报告。当然也可以是走出学校的综合实践类课程。

【案例 2】考察明十三陵的跨学科要素分析

基本情况介绍：明十三陵是中国明朝皇帝的墓葬群，坐落在北京昌平区天寿山南麓，是中国乃至世界现存规模最大、帝后陵寝最多的一处皇陵建筑群。

地理要素分析：明十三陵地处东、西、北三面环山的小盆地之中，周围群山环抱，其山属太行余脉，西通居庸，北通黄花镇，南向昌平，中部为平原，有小河曲折蜿蜒，山明水秀，景色宜人。

历史要素分析：明十三陵是明朝迁都北京后 13 位皇帝的陵寝的总称，涉及成祖、仁宗、宣宗、英宗、宪宗、孝宗、武宗、世宗、穆宗、神宗、光宗、熹宗、思宗。

建筑要素分析：明十三陵，既是一个统一的整体，又各自为独立的单位。2003 年，明十三陵被列入《世界遗产名录》。明朝皇家陵寝依照精心选址，将数量众多的建筑物巧妙地安置于地下。它是人类改变自然的产物，体现了传统的建筑和装饰思想。

（案例提供：冯浩，北京大学附属中学）

【案例分析】

相比起课堂中的跨学科主题学习，利用学校所在城市周边资源开展的校外的跨学科主题学习更受学生的喜爱。在这类资源的选择上，一定注意具有综合性和可操作性。综合性指的是考察地一定能够有效实现多学科融合，便于2门以上的学科共同开展跨学科主题学习。可操作性指的是能够完成跨学科主题学习以及考察地相对规范、安全、有保障。

选择明十三陵作为考察地开展跨学科综合实践课程，不仅围绕该校跨学科主题学习，可以进行地理、历史、建筑等方向的研究。同时在选题的设立、研究的过程和研究的结果等方面也进行了综合考量，为学校开展跨学科主题学习或综合实践课程提供帮助。

三、基于可操作性强，设计以地理学科为中心的跨学科主题学习

有了明确的课程目标，根据目标也确定了研究的方向和考察地，那么进行多学科的有效融合，以及顺利开展跨学科主题学习成为接下来讨论的重点内容。地理学科本身就是一门综合性极高的学科，很容易和其他学科进行有效融合。众所周知，地理学科往往能做到文理兼容，而且中学地理在进行区域认知的时候也主要考虑自然地理要素和人文地理要素。所以从学科的融合角度，以地理学科为核心的跨学科主题学习大致分为三类，即与理科类学科融合、与文科类学科融合以及考虑到学生实际情况和认知水平的综合活动类主题学习。下面我们以三个基于明十三陵为考察地，且以地理学科为中心的跨学科主题学习方案为例进行分析。

1. 与理科类学科融合（相关学科：地理和生物）

【案例3】特定区域范围内土地利用类型调查

考察项目及要求	1. 在明十三陵选择有针对性的考察点。建立对比小组。针对考察点方圆一千米范围内的土地进行调查，测量。 2. 运用指南针、定位系统、测量尺等工具测量出单位面积内农业用地、工业用地、道路、铁路、河流、居民区、林地等不同土地利用类型的面积。 3. 利用比例尺和图例绘制完成一平方千米范围内的土地利用类型分布图，并分析这种分布形成的原因（从自然及人类活动两方面综合考量）。 4. 根据所查阅相关数据及本组测量结果，对比该区域土地利用类型是否发生变化，并分析原因
资料查询	1. 在相关网站查询明十三陵现有土地利用类型及大致分布。 2. 查询近年来明十三陵土地利用类型变化情况及相关数据
学科知识准备	1. 熟悉地图三要素的主要内容：比例尺的计算，图例的应用，方向的辨别。 2. 学会等高线地形图的判读。 3. 相关测量工具的使用，如量尺、定位仪、指南针等
结果呈现形式	1. 示意图：《明十三陵土地利用类型分布示意图》。 2. 论文：《明十三陵某区域土地利用类型现状》。 3. 论文：《近年明十三陵土地利用类型变化及原因》。 4. 论文：《人类活动及旅游业发展对当地土地利用类型的影响》

续表

考察地点	1. 裕陵陵墓外墙及向北 1 千米地区（直至半山）。 2. 茂陵村及向北 1.5 千米地区（以平原为主）。 3. 以康陵村为基点方圆 1.5 千米地区
考察安排	第一日：到达考察点后，检查相关仪器、工具。沿考察点周边进行测量、绘图。对考察地区图样进行修改、填充，测量相关农作物类型面积大小，取得论文相关数据。 第二日：前往考察点进行相关补测（解决第一天遗留问题），进行论文数据汇总和地图完善
需要工具	等高线地形图每人一份，指南针两个，GPS 一部，皮尺一卷，铅笔、橡皮若干，硬皮夹每人一个，望远镜一台，计算器一台
项目预计分组	6 组（每个考察点设立两组，确保样方准确性）
其他要求	1. 能够熟练掌握相关仪器基本操作（例如 GPS 的基本使用）。 2. 有较强的团队协作能力。能够吃苦耐劳，能够适应长时间野外徒步考察（至少一天半在野外从事观测，考察，登山等活动）

（案例提供：冯浩，北京大学附属中学）

【案例分析】

从地理学科的角度来看，本方案重视地理实践能力的落实。在考察中，学生需要对地图知识的学习进行有效的运用，同时也需要充分应用等高线地形图判读的相关知识。学生在野外考察过程中激发兴趣，学会操作使用基本的地理野外考察工具。土地利用类型的使用是中学地理课程“土地资源”这一节的实践应用，同时可以和生物学知识相结合，充分了解北方地区的植被类型或所选区域内主要种植的农作物类型以及生长习性的调查与了解。

2. 与文科类学科融合（相关学科：地理与社会）

【案例 4】未开发陵园景区的规划

考察项目及要求	1. 参观开发成熟的定陵景区，观察记录景区的建筑、配套设施、相关物品（绿化带，环保用品等）位置和作用、相关提示牌、标语，以及陵园外部交通、道路、周边酒店等。 2. 以小组为单位设计未开发陵园景区的规划并制作景区参观地图。包含核心景区、售票窗口、服务中心、周边交通、餐饮设施、景区环境布置等要素。要求设置合理，符合景区整体规划水平。 3. 设计景区附属设施，包含相关指示牌、网站宣传页、门票样式、景区宣传片、景区介绍词等，要与景区所规划内容、陵园主人身份和地位相吻合，突出明十三陵地区的特色。 4. 从人文地理角度分析该景区能为周边村民带来哪些经济效益，对门票价位进行合理性分析，针对新有景区开发的环境古文物、古建筑提出保护、维护措施，要求切实可行，真实可用

续表

资料查询	1. 明十三陵相关旅游书籍。 2. 园林景区设计相关文献资料。 3. 明朝皇帝相关文献资料
学科知识准备	1. 对学校周边景区进行走访，了解园林景区规划应有哪些硬件设施及其基本作用。 2. 复习并应用熟练地图三要素的基本内容。 3. 具有基本的电脑制图能力
结果呈现形式	1. 地图：景区（陵园）旅游地图。 2. 论文《明十三陵某陵园景区规划设计草案》。 3. 论文《明十三陵景区开发面临的问题及古建筑维护建议》。 4. 论文《旅游资源的开发及合理利用对当地自然环境和人类活动的影响》
考察地点	1. 定陵（含地宫）。 2. 康陵景区（含康陵内部以及康陵民俗村）
考察安排	第一日：观察记录已开发的定陵景区建筑、配套设施、相关物品（如绿化带，环保用品等）位置和作用、相关提示牌、标语，以及外部交通、道路、周边酒店等内容。进入康陵景区进行景区规划。设计未开发园陵景区的规划并制作景区参观地图，包含核心景区、售票窗口、服务中心、周边交通、餐饮设施、景区环境布置。要求位置合理，符合景区整体规划水平。用电脑制图，设计康陵旅游平面图。 第二日：参观康陵民俗村，了解民俗游以及康陵民俗游特色，为规划康陵配套设施加以规划。规划方案进行整合，完成草案。设计景区标志、标语等。在时间允许下整合照片，完成简单照片宣传的制作
需要工具	铅笔若干，彩色笔若干，纸张若干，硬皮夹一个，皮尺一卷，橡皮若干；相机一部，电脑一台，数码摄像机一台
项目预计分组	2 组
其他要求	1. 要求每组中有学生掌握基本电脑制图操作，以及应有队员掌握相对熟练的摄影技术。 2. 对所参观陵区以及旅游开发设计的陵区墓主人及生平事迹应有充分了解。 3. 熟悉地图三要素的应用，有一定的文学基础。 4. 要求仔细认真，善于发现细节。 5. 善于沟通，具有一定的口头表达能力，能够主动和游客，相关景区工作人员交流

（案例提供：冯浩，北京大学附属中学）

【案例分析】

这种类型的跨学科主题学习在实际考察中深受学生的喜爱。不仅将课本中学习的内容通过实地考察的方式得到印证或确认，同时也给了学生充分发挥的空间。本案例中应用到旅游地理的相关知识，虽然初中学生没有接触到高中阶段关于旅游地理的知识，但是学生有非常深厚的兴趣。教师在设计方案中可以将难度下调，培养学生观察能力，增强其体验感。例如，通过观察了解一个成熟的景区应具备哪些旅游资源和旅游设施，同时激发学生兴趣，围绕一个未开发景区进行设计开发。不仅要运用地理课程中学习比例尺绘制地图，进行地图和实际的真实转换，同时还可以结合社会学科，有效规划景区的开发与使用，探究如何增加客流量、如何设计的景区更贴合历史沿革，也激发了学生在历史学科方面的兴趣，一举多得。

3. 综合活动类（定向越野活动）

【案例 5】明十三陵自由行旅游线路开发（定向越野）

考察项目及要求	1. 组织学生进行为期两天的徒步穿越明十三陵活动，在过程中记录所走路线和途径的休息区、村落、便利店、餐饮设施等。 2. 学生尝试设计明十三陵徒步穿越二日游方案，以自由行为主要游览方式。要求方案合理，旅游要素齐全，具有一定的可行性。 3. 完善旅游线路并作出合理报价
资料查询	明十三陵旅游资源概况
学科知识准备	1. 良好的身体素质。 2. 了解旅游六要素
结果呈现形式	徒步穿越明十三陵二日游方案
考察地点	明十三陵及周边村落。
考察安排	第一日：徒步穿越泰陵、景陵段，沿途考察当地特色饮食文化以及民俗活动。前往定陵、昭陵（沿途记录可供休息的地点），随后至思陵参观，为思陵地区设计“小型超市”。完成徒步穿越明十三陵线路图。 第二日：车行至德陵地区，徒步参观德陵、永陵等。完成徒步穿越地图及餐饮推荐表
需要工具	纸笔若干，相机一部，录音笔一台，数码摄像机一台
项目预计分组	2 组
其他要求	1. 一切行动听指挥，过程中严格按照地图线路完成，中途未经允许不许擅自离队。 2. 具有一定的读图辨图能力。 3. 具有较强的团队协作能力，以及良好的体能

（案例提供：冯浩，北京大学附属中学）

【案例分析】

在跨学科主题学习的过程当中，教师一定要充分了解学生情况，设置不同的主题项目。因为学生对于不同学科的融合与认知都有自己能够接受的度，而跨学科主题学习除了在落实学生学科能力提升之外，激发和保护学生的兴趣也是重要的要素之一。本案例紧密围绕地理实践力在初中阶段的实施手段之一——定向越野活动开展设计，注重兴趣的提升。可以充分考虑学科能力相对薄弱的同学，培养他们的兴趣，完成实践活动。

四、实践成果满足学生多元自主的发展方向

跨学科主题学习的实践成果往往要根据学生项目的选择而决定，不能以偏概全或者统一要求，应尽可能满足学生多元自主的发展方向。从形式上，可以有小论文、考察报告、设计图纸、宣传片、手绘地图等。从内容上，可以根据学生个人或所在小组研究方向不同而展开。

【案例6】学生实践成果（图5–5–1至图5–5–3）

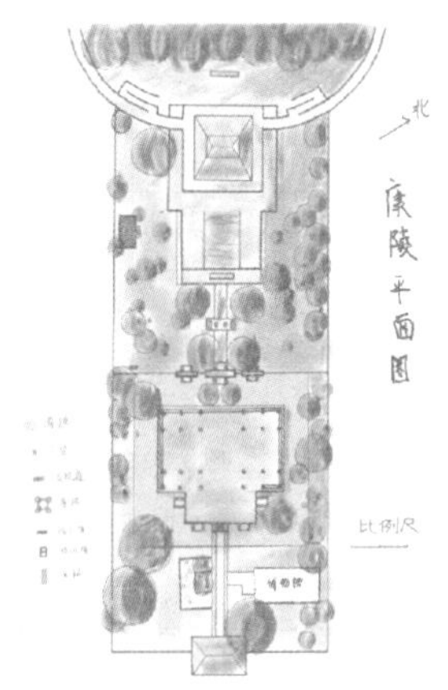

图5–5–1　康陵景区开发示意图

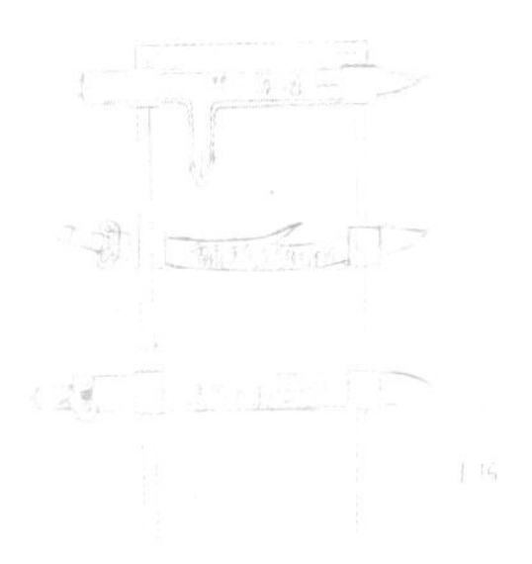

图5–5–2　明十三陵指示牌设计示意图

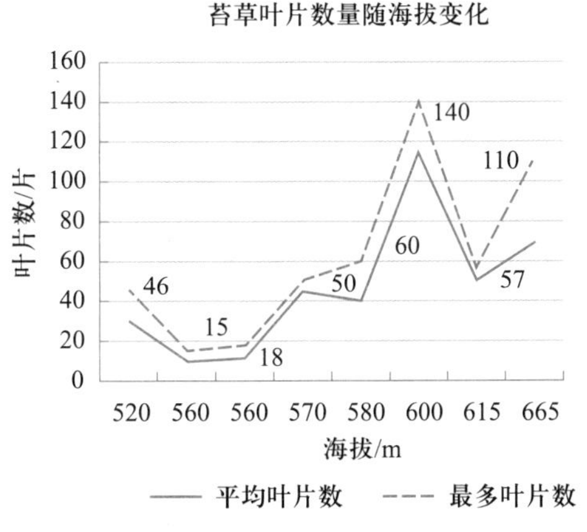

图5–5–3　生物结果研究折线图

（案例提供：冯浩，北京大学附属中学）

【案例分析】

本案例形式多样、内容新颖。图5–5–1大量运用地理课程中“地图”一节的知识，地图三要素跃然纸上。图5–5–2充分结合了社会调查和历史学科的特色，设计新颖，紧扣主题；图5–5–3则将地理学科中海拔高度的相关知识和生物学科相结合，体现严谨的学科素养，同时正确地使用了折线图表达两者的关系。可见相同的活动，在不同学科的融合下，呈现的结果也是不同的。

五、跨学科主题学习要和不同维度的评价方式有效结合

在评价方面，既要考虑到活动中每个环节的评价，同时在结论部分也要注重成果性的积累和评价。可以设计如表 5–5–1 和表 5–5–2 所示的实地考察评价表和论文答辩评价表。

表 5–5–1　实地考察评价表

项目组：	组名：	指导教师：	
评价项目	具体指标	满分	得分
考勤	每次集合准时到岗	10	
手册记录	资料整理逻辑清晰，主要内容切合选题	10	
过程参与	动手实践认真投入，积极学习	50	
文明礼仪	考察过程文明礼貌，不打闹，尊重他人	10	
中期汇报	语言表达清楚，思路清晰	10	
工作日志	每天更新，组员轮换撰写	10	

表 5–5–2　论文答辩评价表

项目组：		组名：		指导教师：	
项目	论点鲜明	论据充分	论述清晰	语言流畅	总分
满分	15 分	15 分	10 分	10 分	50 分
要点	论点明确 研究背景清楚 参考文献翔实	真实 丰富 说服力强	有理有据 符合逻辑	清晰流畅 有感染力	
得分					

跨学科主题学习过程中，往往有不同环节，指导教师必须根据每一个环节，设置不同的评价维度，同时要注意对学生学科能力和成长方面的评价。以上两个评价表格恰好从两个维度进行了评价，考察过程中更重视学生能力的培养与落实，设计的维度主要以亲身体验和收获为主；而在论文展示环节更重视学科能力的展现。

教学建议

跨学科主题学习已经在很多学校的地理教学中取得了显著的教育成果。例如，构建了常态化可开放的课程整体框架；促进学生全面成长的课程实施方案；有效整合校内外资源的课程保障系统；促进学生体验过程、及时反思的课程评价系统。开展跨学科主题学习要做好以下三点。

第一，跨学科主题学习要以“立德树人”为根本导向，促进学生社会责任感和交往能力。

在跨学科主题的学习中，学生观察、探究并发现名人故居的保护、传统艺术的传承、自然环境的保护、古代建筑的保护等问题。这一系列的探究明显增强了学生的社会责任感。更为难能可贵的是，活动交往的模式让学生在交往中学会了责任和传承。在一节小小的地理跨学科主题教学中渗透立德树人的根本思想，培养学生成为有情怀、有责任、有担当的优秀公民。

第二，跨学科主题学习需要以学生的自主发展为活动设计核心。

应激励学生以积极的状态投入到实践过程，充分发挥跨学科主题学习的课程魅力。学生可以通过专家介绍、影视资料、博物馆参观、实地采访等方式获得对自然、社会的认知。随着学习研究的不断深入，学生会发现要与许多陌生人打交道，专家要采访，参观地要预约，各种信息要采集……这些都成为摆在他们面前实实在在的困难，同时也激发了学生与人交往、面对社会的极大兴趣。

第三，跨学科主题学习要培养学生的学习能力和文化修养。

学生通过跨学科主题学习的主要环节，在参与选题、开题、新闻发布会、博物馆参观、实地调查、采访、查阅资料、预答辩、答辩、形成成果等活动的过程中，不仅在自己所喜欢的领域有了一定的涉猎，而且通过活动中的各种交流形式，对一些未知领域也发生了极大的探索兴趣。许多学生进一步地探讨他们感兴趣的未知话题，并关注生活中发生的事件，形成了思考的习惯，懂得关注生活，懂得发现生活中的问题，并尝试了解这些问题及困惑可以通过什么样的方式进行解决，学习能力和文化修养得到提升。

5-5

“探秘十三陵”地理与社会调查（跨学科活动设计）

后记

本书依据《义务教育地理课程标准（2022年版）》，结合教师在教学过程中遇到的实际困难，选取不同模块、不同类型的教学关键问题，通过理论与实践相结合的方式探索关键问题的解决策略，可操作性、可推广性强，对初中地理教学具有较高的参考价值，有助于教师的专业发展。本书是对落实立德树人根本任务、培育地理学科核心素养路径的重要探索，是北京市海淀区地理教师集体智慧的结晶、专业研究成果的集中展示。

本书从策划、成稿到出版，凝聚着编委会每位成员的心血，也得到了各方领导和专家的鼓励与支持。吉小梅老师作为主编，负责团队组建、组织协调、内容研制，赵煜、张玲、王杰、潘红梅、刘鑫、冯浩老师负责统稿与内容审核等工作，一大批骨干教师为本书提供了优秀的教学案例，高等教育出版社王文颖编辑对书稿体例和内容提出了具有建设性的修改意见，使得项目研究和书稿撰写得以顺利进行。在此表示衷心的感谢！

各单元执笔人如下：

单元	执笔人
第一单元	吉小梅　王晓玲　马文华　陈云谦　潘红梅　宋　溪
第二单元	赵　煜　冯　浩　刘　鑫　岳亚利　潘红梅　杨珺雯
第三单元	张　玲　潘红梅　王　杰　赵　煜　姜　烨　范　兰
第四单元	马文华　翟媛媛　刘　鑫　宋　溪　岳亚利
第五单元	冯　浩　夏焕春　宋　溪　王卫宁

本书的编写使用了大量鲜活的教学案例，感谢老师们提供的宝贵案例：

案例作者	工作单位	案例名称
吉小梅	北京市海淀区教师进修学校	中国的省级行政区划
范兰	北京市一零一中学	“因水而兴”——长江三角洲地区的农业生产
		因时而动——从“南粮北运”到“北粮南运”
林雁	北京市一零一中学	日晷的观测、制作与应用
金梓乔	北京市一零一中学	学校中秋赏月活动
张雪	北京市一零一中学	校园寻宝大挑战
夏焕春	北京市一零一中学	校园水资源利用的调查

续表

案例作者	工作单位	案例名称
潘红梅	首都师范大学附属中学	海陆的变迁
		探究地震分布与板块构造的关系
		太阳直射点的移动模拟实验
		探究日影长度及昼夜长短变化规律
		中国科技馆研学探究活动
王翀	首都师范大学附属中学	从成达守望农场瞭望美国农业
程子序	首都师范大学附属中学	Google Earth 在地图教学中的应用
杨倩	首都师范大学附属中学	纬度和经度
王佳	首都师范大学附属中学	天文观测活动
王丽冰	首都师范大学附属中学	透过冬奥看地形——等高线地形图的判读与应用
翟媛媛	北京市十一学校	地图要素的教学
刘畅	北京市一零一中学	因地制宜发展农业
岳亚利	北京市十一学校龙樾实验中学	中国的自然资源
		设计北纬 30° 沿线的环球旅行路线
		忆长征故事，体会自然环境之恶劣（表现性评价）
		撰写《世界区域经济发展战略蓝皮书》（表现性任务）
		制作中国长征地形模型（评价标准）
翟吉璇	北京市十一学校一分校	世界气候和人类生产生活之间的相互影响
刘鑫	北京大学附属中学	自然资源的基本特征
		校园附近地区交通状况调查
		等高线地形模型的制作
冯浩	北京大学附属中学	“多民族的国家”课标要求与项目式学习目标的关系
		“地形图的判读”项目式学习
		基于网络资源下的区域地理项目式学习
		“笔墨纸砚”研学旅行项目
		“潍坊风筝制作”乡土地理研学项目
		乡土地理研学项目式学习
冯颐	北京大学附属中学	从人类认识地球的过程到我国航天事业的发展
刘雪晴	北京交通大学附属中学	世界的气候
孙士莲	北京交通大学附属中学	影响水土流失的主要自然因素模拟实验
赵煜	北京市八一学校	中国的土地资源
		“认识河流”单元教学设计

续表

案例作者	工作单位	案例名称
张华生	北京市八一学校	“亚洲”单元基础性作业
张玲	北京市上地实验学校	中国的地形
		景观图的阅读
王贤立	北京市上地实验学校	中国的气温
		中国的降水
王卫宁	北京市上地实验学校	“长江三角洲地区”板书设计
		天气与气候
王晓玲	北京市上地实验学校	“关注热点，认识中国”暑期作业设计
		民族
杨珺雯	北京市上地实验学校	撒哈拉以南非洲
姜烨	教师进修学校附属实验学校	区域生态保护和可持续发展单元
宋溪	首都师范大学附属玉泉学校	中国行政区划研究——散落在各地的中华优秀传统文化
		发展与合作
		“水资源研究”拓展性作业
		探寻温室大棚
李丹君	北京市第二十中学附属实验学校	跟着主席品“湘漓”
王杰	北京市海淀北部新区实验学校	亚洲
		中国的地理差异
郑文欣	中国人民大学附属中学航天城学校	因地制宜的经济发展

为适应本书正文内容，其中部分案例以节选等不同形式呈现在正文中，有一定程度的修改。

衷心盼望本书能够为广大一线教师的教学提供启示和借鉴，能够激发更多的教师对学科教学关键问题的深入思考和持续研究。由于编者水平有限，书中难免有疏漏和不足之处，敬请读者指正。

本书编委会

2023年10月

读者意见反馈

为收集对教材的意见建议，进一步完善教材编写并做好服务工作、读者可将对本教材的意见建议通过如下渠道反馈至我社。

咨询电话 400-810-0598

反馈邮箱 gjdzfwb@pub.hep.cn

通信地址 北京市朝阳区惠新东街 4 号富盛大厦 1 座　高等教育出版社总编辑办公室

邮政编码 100029